57 Habicht/Kalkwand
58 Kirchdachspitze
59 Kesselspitze Padaster Kogel
60 Nößlachjoch
61 Besinnungsweg Stubai
62 Peilspitze/Blaser
63 Wetzsteinschroffen
64 Jochkreuz, Neder
65 Nockspitze/Spitzmandl
66 Überfallgründl
67 Glungezer
68 Naviser Sonnenspitze
69 Schafseitenspitze
70 Mölser Berg
71 Hängebrückenrunde
72 Kreuzjoch-Kapelle
73 Wetterkreuzspitze
74 Kraxentrager
75 Hoher Riffler
76 Gamshütte – Höllenstein
77 Berliner Spitze
78 Großer Löffler, Gigalitz
79 Ahornspitze
80 Brandberger Kolm
81 Kirchspitze
82 Speickspitze
83 Galtenberg, Gamskopf
84 Gratlspitze
85 Kragenjoch
86 Großer Pölven
87 Scheffauer
88 Pyramidenspitze
89 Maiklsteig
90 Fellhorn
91 Hohe Salve
92 Gerstinger Joch
93 Großer Rettenstein
94 Gamshag
95 Wildseeloder
96 Schlieferspitze
97 Hoher Zahn
98 Krapfenkarspitze
99 Telfer Weißen
100 Meraner Höhenweg
101 Sarner Weißhorn
102 Stoanerne Mandln
103 Salten, Tschögglberg
104 Bozner Erdpyramiden
105 Villanderer Berg
106 Kassianspitze
107 Karspitze
108 Wilde Kreuzspitze
109 Eidechsspitze, Kempspitze
110 Großer Moosstock
111 Piz da Peres
112 Astjoch
113 Peitlerkofel
114 Stevia-Klettersteig
115 Völseggspitze
116 Trudner Horn

loewenzahn

# Tiroler Bergtouren Handbuch

Kurt Pokos
Franz Hüttl

168 lohnende Ziele für Wanderer und Bergsteiger

# Zur Einführung

Bereits zum achten Mal haben wir uns an den Schreibtisch gesetzt, um unsere im Lauf der Zeit zusammengetragenen Tourenvorschläge, Berg- und Wandertipps wieder in eine handliche Buchform zu bringen. Die Leserinnen und Leser der Tiroler Tageszeitung kennen uns beide ja längst, denn schon seit vielen Jahren bemühen wir uns, ihnen die Schönheiten unseres Tirolerlandes so in Wort, Bild und Buch umzusetzen, sodass es kein Problem bereiten sollte, diese Vorschläge in die Tat umzusetzen. Unser ganzes grafisches Berufsleben haben wir beide fast an einem gemeinsamen Schreibtisch verbracht. Mit der Bergsteigerei, die auch in allen Spielarten unser ganzes Leben durchzogen hat, haben wir es aber so ähnlich gehalten wie Napoleon mit dem Motto: getrennt marschieren, gemeinsam verarbeiten. So haben sich unsere Tourentipps für Bergsteiger, Skitourengeher und Mountainbiker als wöchentlicher Dauerbrenner vor vielen Jahren in der Tiroler Tageszeitung eingenistet und viele Bergfreunde haben es sich zur Gewohnheit gemacht, sie regelmäßig auszuschneiden und zu sammeln. Immer wieder waren wir überrascht, wenn uns Bekannte ganz stolz ihr Archiv von losen Zeitungsausschnitten präsentierten. Besser aufgehoben als in fliegenden Blättern sind die Tourentipps aber wohl in gebundener Form, und so haben wir unsere besten Tipps der letzten Jahre für dieses umfassende Bergtouren-Handbuch zusammengestellt.

Die Auswahl der Tourenvorschläge soll auch diesmal wieder unser ganzes Land abdecken. Wir haben uns bemüht, keinen Bezirk und keine Talschaft auszulassen und so ziemlich alle der 17 Gebirgsgruppen, welche unsere Nordtiroler Landesnatur ausmachen, zu präsentieren. Allerdings, und damit wollen wir den Kritikern gleich den Wind aus den Segeln nehmen, schon wieder kein Berg von Osttirol. Einleuchtende Erklärung ist wohl, dass wir beide, bedingt durch die geografische Entfernung, auch nicht solche Insider der Osttiroler Bergwelt sind, welche im Übrigen genügend Material für ein eigenständiges Buch abgeben sollte. Dafür findet der Benützer aber eine Menge von Vorschlägen südlich des Brenners. Die altbekannte Tatsache, dass sich der Alpenhauptkamm oft als klassische Wetterscheide aufbaut, bringt es mit sich, dass die kurze Flucht durch die Regenschauer über den Brenner oft schon in Sterzing mit trockenem Wetter und in Brixen bereits mit Sonnenschein belohnt wird.

Ein paar Worte zur Auswahl der Tourenvorschläge: Ein guter Teil rekrutiert sich aus den in der Tiroler Tageszeitung in den letzten zwei, drei Jahren erschienenen Tourentipps, aber um einen guten Querschnitt zu erhalten hat sich speziell der Franz

in die für uns Innsbrucker immer noch weißen Flecken der Tiroler Landkarte auf den Weg gemacht, um besonders schöne Gipfel und Touren ausfindig zu machen.

Die meisten im Buch beschriebenen Bergtouren und Bergwanderungen verlaufen auf markierten Wegen. Die Orientierung sollte mit Hilfe des Landkartenausschnittes kein Problem sein. Auch die vor ein paar Jahren begonnene und landesweit einheitliche Beschilderung mit den gelben Tafeln ist eine große Hilfe. Darüber hinaus sorgen die Tourismusverbände und vor allem die alpinen Vereine in ihrem Bereich meist für eine ebenfalls vereinheitlichte rot-weiße Wegmarkierung. Dabei sei auch einmal all jenen Idealisten Dank ausgesprochen, die sich in den Dienst der guten Sache stellen und als unbekannte Heinzelmännchen unsere Bergwege in Schuss halten, sie nach jedem Unwetter mit Pickel und Schaufel wieder in Stand setzen und die alten Markierungen auffrischen.

Die einzelnen Touren haben wir, was ihren Schwierigkeitsgrad betrifft, in drei Kategorien eingeteilt. Eine mit einem Dreieck gekennzeichnete Wanderung ist als reine Genusstour zu betrachten, zwei Dreiecke können einen bereits ganz schön ins Schwitzen bringen, ein mit drei Dreiecken eingestufter Weg verlangt jedoch schon ein gehöriges Maß an Trittsicherheit und dass man auch einmal die Hände zu Hilfe nehmen muss. Er kann mitunter auch durch absturzgefährdetes Gelände verlaufen, wobei es bei viel begangenen Anstiegen meistens Drahtseilsicherungen gibt.

Auch ein paar richtige Klettersteige, sowohl sehr schwierige als auch ganz leichte, haben sich in dieses Büchl verirrt, aber nur solche, die unmittelbar in den letzten Jahren in den Fels geschraubt wurden. Nach der Intention der Erbauer sollen sie die Attraktivität eines Gebietes erhöhen und eine eigene Spezies von Bergsteigern anlocken. Da diese neuen eisenbewehrten Anstiege noch nicht in der spezifischen Führerliteratur aufscheinen, wollen wir sie den Klettersteigfreunden vorweg vorstellen.

Auch werden aufmerksame Betrachter öfters das Fahrrad-Symbol entdecken. Das Bergradl wird dabei aber nur bei solchen Touren empfohlen, wo es absolut Sinn macht und eine spürbare, tatsächliche Erleichterung darstellt. Der Aktionsradius für eine Bergtour wird dadurch wesentlich erweitert. Vor allem bei langen Talmärschen oder wo besonders schöne Fahrwege zum Radeln einladen. Bergauf treten mag zwar wesentlich anstrengender sein als locker zu wandern, aber der Rückweg bzw. die mühelose Talfahrt macht diese Plage dann mehr als wett. Natürlich kann man auch zu Fuß durch die Karwendeltäler zu seinem Bergziel wandern, mit dem Rad macht man eine Zweitagestour aber leicht an einem Tag.

Die Ansprüche der Bergsteiger sind ja oft grundverschieden. Selber ist man auch nicht immer für 1500 Höhenmeter aufgelegt und genießt manchmal eine unbeschwerliche Wanderung mit weniger Zeitaufwand. Auch sei nichts gesagt über einen Menschen, der jeden Sonntag dieselbe Berghütte besucht, aber gerade in diesem Buch sollte er genügend Anregungen finden, einmal abseits seiner vertrauten Umgebung etwas Neues zu entdecken und sein Heimatland besser kennenzulernen.

Bleibt uns nur noch, allen Benützern dieses Buches recht schöne Bergtage zu wünschen, eindrucksvolle Bergerlebnisse und eine unfallfreie Heimkehr.

Kurt Pokos und Franz Hüttl

# 1 Hirschpleiskopf 2546 m
# Stanskogel 2757 m

Die Leutkircher Hütte, darüber die Weißschrofen- und Roggalspitze.

**Lechtaler Alpen**
**Pettneu a. A.**

▲▲

Von der Valluga in St. Anton zieht – großteils auf der Südseite – der Europahöhenweg Nr. 4 bis zum einzigen 3000er der Lechtaler Alpen, der Parseierspitze. Auf unserer Runde erwandern wir ein Teilstück davon, nämlich die Verbindung Leutkircher Hütte–Kaiserjochhaus.

**Zeit/Höhendifferenz:** 6:30–7:00 Std./ 1530 Hm. (ohne Stanskogel 1:00 Std./230 Hm. weniger)
**Charakter:** Die Lechtaler Gipfel und Hütten haben den Ruf, nur auf ausgesetzten, sehr steilen Wegen erreichbar zu sein. Diese Runde – allerdings ohne Stans-

kogel – bildet die sog. Ausnahme von der Regel: die schönen, breiten Hütten- und Verbindungswege verlangen weder besondere Trittsicherheit noch Schwindelfreiheit.

**Tipp:** Bei Übernachtung auf der Leutkircher Hütte kann man die Wanderung in St. Anton (Galzig oder Valluga) starten.

**Beste Jahreszeit:** Während der Hüttenöffnungszeiten

**Ausgangspunkt:** Pettneu a. A./Parkplatz Lavenar, 1370 m

**Leutkircher Hütte, 2261m**
Tel. 0664/9857849

**Kaiserjochhaus, 2310m**
Tel. 0664/4353666
Beide geöffnet Anf. Juli–Ende Sept.

Der auch mit Wegnummer 601 versehene Höhenweg führt aussichtsreich von der traumhaft gelegenen Leutkircher Hütte über den Hirschpleiskopf in wenig anstrengendem Auf und Ab ostwärts zum Kaiserjochhaus – übrigens in diesem Abschnitt auch als „Tiroler-Adler-Weg“ beschildert. Und damit die Tour nicht zu kurz wird, hängen wir noch die 200 Höhenmeter zum Stanskogel an und genießen von dort aus die prächtige Aussicht südwärts auf die Silvretta- und Verwallberge.

**Zum Ausgangspunkt:** Auf der Arlbergschnellstraße Richtung St. Anton; bei der Ausfahrt Pettneu a. A. rechts hinüber ins Dorf bis zur Kirche und auf der Dorfstraße weiter zum links hinaufzeigenden Wegweiser Lavenar (auch „Hütten+Almen“). Auf der steilen einspurigen Schotterstraße zum Parkplatz vor dem schon von der Schnellstraße aus sichtbaren Hotel Lavenar.

Beim Biotop „Hirschlacke“.

Auf der nun ein Stück asphaltierten Straße entlang der Sesselbahn Bränd zur Nessleralpe (nach 25 Min. Gehzeit Abstecher nach links zum Biotop „Hirschenbad“). Nächstes Ziel „Leutkircher Hütte“: Dazu von der Alpe hinauf zum Fahrweg. Der Markierung 644 folgend zum Ende des Forstweges und auf der Skipiste steil weiter. Etwas abwärts quert man den Lengeruibach, steigt zur Walchererhöhe auf und quert einen weiteren Graben westwärts. Bleibt bei einer unbeschilderten Wegteilung links – hier sieht man erstmals hoch oben auf dem grünen Südrücken unser erstes Etappenziel; 2:00–2:30 Std./860 Hm. Von der Hütte 100 Hm. aufwärts zu Wegteilung: links (Hirschpleiskopf/Stanskogel). Im Zickzack über den giftgrünen Hang zum Steinmann; 30 Min. Am Grat weiter nach Osten zu einem Vorgipfel (ebenfalls Steinmann; hier gelangt man beim Rückweg über kurze, steile Serpentinen hinunter zum Höhenweg). Auf dem schrofigen, ausgesetzten Steig – heikle Stellen drahtseilversichert – zum südlich eines Schartls gelegenen Stanskogel-Gipfelkreuz; 45–60 Min./230 Hm. Zurück zum besagten Steinmann und links hinunter zum Adlerweg, auf diesem in ein Bergsturzkar (mit pfeifenden Murmelen), aufwärts zum allerletzten grünen Zapfen und abwärts zum in einer schönen Grasmulde liegenden Kaiserjochhaus; 3 Stunden mit Stanskogel ab Leutkircher Hütte.

Steiler Abstieg auf Weg 641 bis ca. 1800 m, scharf rechts (WW Pettneu über Nessleralm) über den Zeinsbach. Mit kurzen Gegenanstiegen zur Piste und diese abwärts zur ebenfalls bewirtschafteten Almgaststätte. Der Parkplatz Lavenar sollte in 1:30–1:45 Stunden ab Hütte erreicht sein.



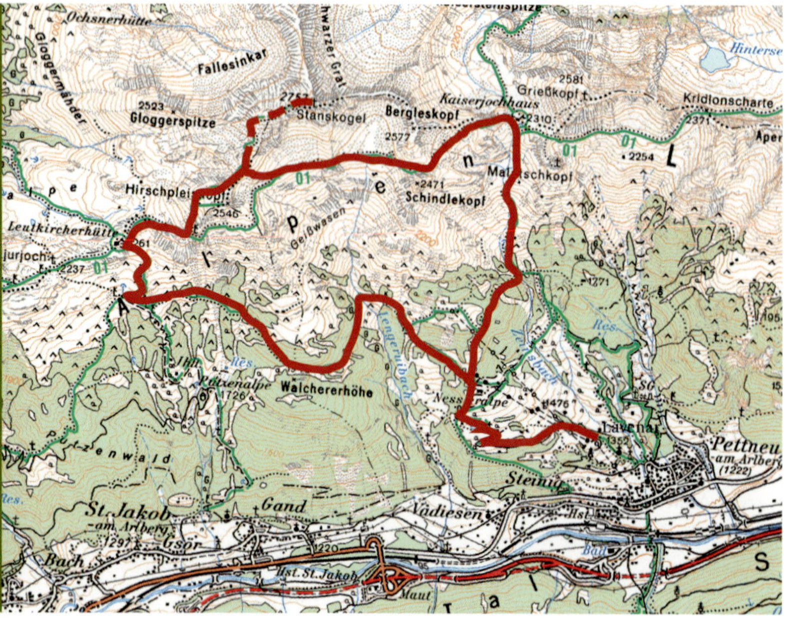

# 2 Jöchelspitze 2226 m

Die Jöchelspitze in der Bildmitte und der Verlauf des Alpenrosensteiges.

**Allgäuer Alpen**
**Lechtal**

Als eine der schönsten Blumenwanderungen in den Allgäuer Alpen gerühmt wird der Weg von der Jöchelspitze zum Bernhardseck. Dazu gibt es Lifthilfe.

**Stützpunkt:** Bernhardseckhütte (1812 m)

**Zeit, Höhendifferenz:** Bergstation (1768 m) – Jöchelspitze (2226 m) 1:15–1:30 Stunden, 450 Höhenmeter; Panoramaweg (Bergstation – Rothornjoch – Bernhardseck) 2:30 Stunden, oder Alpenrosensteig (Bergstation – Lachenkopf – Bernhardseck) 1:30–2 Stunden. Abstieg zum GH Klapf, über Seesumpf retour zur Talstation 2 Stunden. Ohne Liftbenützung 2 Stunden mehr.

**Charakter:** Der Alpenrosensteig oder der Lechtaler Panoramaweg an den Hängen der Jöchelspitze bis zum Bernhardseck ist ein Höhepunkt für botanisch interessierte Wanderer.

**Tipp:** Unmittelbar nach der Schneeschmelze beginnt hier das Massenblühen von Küchenschellen und Anemonen. Hauptblütezeit von Anfang Juli bis Mitte August.

**Beste Jahreszeit:** ab Mitte Juni bis September

**Ausgangspunkt:** Bach im oberen Lechtal, Liftstation

Die Berge beiderseits des Lechs sind bekannt für ihre üppige Alpenflora, sowohl die Lechtaler Alpen auf der orografisch rechten Talseite als auch die Ausläufer der Allgäuer Berge, die sich links der Talsohle aufbauen. Wir befinden uns hier auf der Allgäuer Seite des Lechtals, Ziel ist die grasgrüne Jöchelspitze, die als wunderbarer Aussichtspunkt (mit Lifthilfe) leicht erreichbar ist und zudem für Blumenfreunde gleich zwei schöne Wanderwege in unterschiedlicher Höhenlage bietet.

Die talnahen Wiesenhänge stehen bereits ab Mitte Juni in voller Blüte, aber auf den Berghängen kommt die berühmte Gebirgsflora – je nach Verlauf der Schneeschmelze – erst einen Monat später so richtig in Schwung. Als erste Frühlingsboten sind die Küchenschellen und vor allem gelbe und weiße Anemonen zu bewundern und ganze Inseln von gelben Trollblumen wiegen sich im Wind. Aber täglich wird die Blütenpracht schöner und erst im Juli wird sie ihren Höhepunkt erreichen. Auch ein paar Schneefelder sind zu Saisonbeginn noch zu berücksichtigen. Zwar kommt man auf die Jöchelspitze bald einmal trockenen Fußes, am Alpenrosensteig ist der eine oder andere Schneefleck problemlos zu queren. Den höhergelegenen Panoramaweg muss man – je nach Fortschreiten der Schneeschmelze – nach eigener Einschätzung beurteilen.

Von Reutte durch das Lechtal bis Bach. Vom Inntal kommend ist die Route über das Hahntennjoch die kürzeste Zufahrt. Genau beim Ortsschild von Bach noch vor der Lechbrücke rechts abzweigen und der Beschilderung folgend Auffahrt zum Parkplatz der Lechtaler Bergbahn (Berg-/Talfahrt € 12, ab 9 Uhr). Von der Bergstation leicht ansteigend nach rechts bis zu einem Paragleiterstartplatz und danach etwas steiler bergwärts auf den Lachenkopf. Hier zweigt bereits der „Alpenrosensteig“ ab, auf dem man zwar eine reichhaltige Gebirgsflora bewundern kann, aber keine einzige Alpenrose entdecken wird. Anfangs senkt sich dieser Weg in den unteren Karboden, dann zieht er ziemlich waagrecht durch die grünen Hänge zum Bernhardseck (bewirtschaftete Hütte). Der eine Stufe höher verlaufende „Lechtaler Panoramasteig“ zweigt noch ein Stück weiter oben, dort wo sich der letzte Buckel zur Jöchelspitze aufsteilt, nach rechts ab, quert das Kar bis in das Rothornjoch und zieht hoch über dem Alpenrosensteig ebenfalls hinüber zum Bernhardseck. Zum Gipfel der Jöchelspitze (2226 m) gelangt man problemlos über den begrünten Rücken, auch könnte man wahlweise nach Norden über den Grat ins Rothornjoch absteigen und am Panoramaweg zum Bernhardseck wandern oder sogar noch die Rothornspitze (2393 m) mitnehmen.

### Abstieg ins Tal

Will man nicht mehr zur Bergstation, muss man vom Bernhardseck 15 Minuten am Alpenrosensteig zurück bis zur beschilderten Abzweigung ins Tal. Immer am Steig bleiben, auch wenn man sich in der Richtung vom Parkplatz immer mehr entfernt. Kurz oberhalb des GH Klapf führt ein bezeichneter Wanderweg über den Seesumpf zurück zur Talstation. Wunderschöne Talwiesen und die Brücke über die Modertalschlucht sind ein würdiger Abschluss.

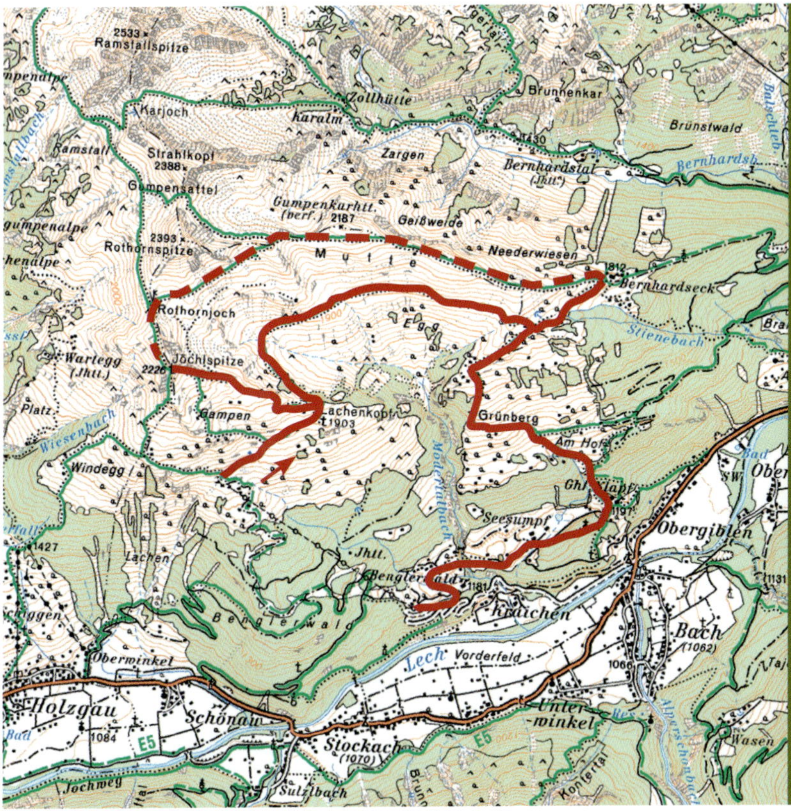

# 3 Kogelseespitze 2638 m

Überraschender Tiefblick vom Gufeltaljoch auf den dunkelgrünen Gufelsee.

**Lechtaler Alpen**
**Parzinngruppe**
▲▲

Das Mini-Dörfchen Boden an der Hahntennjochstraße ist Ausgangspunkt für diesen landschaftlich großartigen Gipfel im Herzen der Lechtaler Berge.

**Stützpunkt:** Hanauer Hütte (1922 m), Tel. 0664/2669149, offen von Mitte Juni bis Anfang Oktober.

**Zeit, Höhendifferenz:** 1:30–2 Stunden zur Hütte, 2–2:30 Stunden zum Gipfel. 570 Höhenmeter zur Hütte, 720 Höhenmeter zur Kogelseespitze.

**Charakter:** Landschaftlich hervorragende Bergtour auf guten Wegen mit beeindruckender Kulisse.

**Tipp:** Die Umrundung der Dremelspitze ist ebenfalls ein lohnendes Unternehmen. Man beginnt bei der Hanauer Hütte und macht die Runde im Uhrzeigersinn.

**Beste Jahreszeit:** Nicht zu früh im Jahr, meist erst ab Mitte Juli, wenn die letzten Schneefelder verschwunden sind, bis Spätherbst.

**Ausgangspunkt:** Boden (1356 m) an der Westrampe der Hahntennjochstraße.

Die Umgebung ist wahrlich beeindruckend. Die Kogelseespitze selbst, die im weiten Bogen von mächtigen Felsenburgen eingekreist ist, wirkt dagegen eher harmlos und ist auf einem guten Steig erreichbar. Sie gilt auch als einer der am leichtesten ersteigbaren Gipfel in den Lechtaler Bergen. Von Stufe zu Stufe, von einem See zum nächsten, erklimmt man in ständig wechselnder Bergkulisse das Gufelseejoch, wo das langgestreckte Gipfeldach ansetzt. Den Kogelsee selbst berührt man bei diesem Anstieg nicht, man sieht ihn erst, wenn man das Ziel erreicht hat, tief unten im Kar heraufschimmern. Erfahrene Bergsteiger, die sich einen schwierigeren Gipfel zutrauen, versuchen sich an der dominierenden Dremelspitze, wo auf dem markierten Normalweg einige Kletterstellen im alpinen, lies brüchigen Gelände (Schwierigkeitsgrad II) zu überwinden sind. Auch die Umrundung dieser mächtigen Felspyramide ist ein ausgiebiges Unternehmen. Ausgangspunkt all dieser vielfältigen Möglichkeiten ist die Hanauer Hütte.

Vom Lechtal bei Elmen über Bschlabs nach Boden. Von Imst auf das Hahntennjoch, nach der Passhöhe ca. 5 km abwärts bis zur Abzweigung nach Boden. Im Dorf bei der Kirche links bergwärts zu kleinem Parkplatz am Beginn des Weges zur Hanauer Hütte. Man kann auch noch ca. 500 m weiter fahren bis zum Fahrverbot. Zu Fuß auf dem Versorgungsweg im Angerletal einwärts bis zur Materialseilbahn. Längst hat man die auf dem Parzinnbühel thronende Hütte im Auge, mit der alles überragenden Dremelspitze dahinter. Erst noch auf gutem Steig bis unter die von der Hütte abfallende Felswand, dann in steilen Kehren, zum Schluss auf gut ausgebauten Stufen zur der aufwändig renovierten Hütte.

**Zur Kogelseespitze:** Hausberg des Gebietes ist die Kogelseespitze, deren Gipfel man aber erst am Gufelseejoch zu Gesicht bekommt. Von der Hütte auf Weg 621 (gut beschildert) in den Blumenhängen zum fast ausgetrockneten Parzinnsee. Bei der Wegverzweigung links halten (rechts Kogelseescharte, Gramais) und allmählich steiler in immer noch grasigem Gelände, zum Schluss am Geländerseil, auf das Gufelseejoch mit dem darunter liegenden dunkelgrünen Bergauge des Gufelsees. Nach rechts, knapp unterhalb des Grates auf das mäßig geneigte Gipfeldach zu und in den zerborstenen Dachziegeln bis zum Vorgipfel und zum Schluss durch die Westflanke zum höchsten Punkt. Abstieg am gleichen Weg.

### Umrundung der Dremelspitze

Zuerst erklimmt man auf Weg 625 die Östliche Dremelscharte, also den von der Hütte aus gesehen linken Einschnitt, steigt auf der Südseite steil ab zum Steinsee, von dessen Ufer wieder ein mühsamer Gegenanstieg auf die Westliche Scharte herauf führt. Eine riesige Schutthalde leitet hinunter zur Parzinnalpe und zurück zur Hanauer Hütte. Für die komplette Umrundung muss man 4:30 bis 5 Stunden rechnen, man kommt auf 800 Höhenmeter.

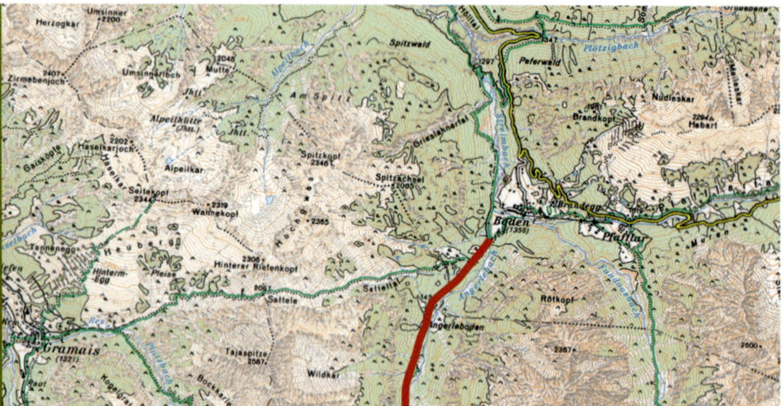

# 4 Steinkarspitze 2650 m<br>Parzinnspitze 2613 m

Links über dem Dach der Steinseehütte ragt die Steinkarspitze auf.

**Lechtaler Alpen**
**Steinseegebiet**
**bei Zams**

▲

„Schöner, leichter Klettersteig auf die Steinkarspitze mit wunderbaren Aus- und Tiefblicken ins Steinkar mit der Steinseehütte und dem idyllischen Steinsee." So steht es im Internet – wir können uns dem nur anschließen und eine Verlängerung der Tour auf die „wilde" Parzinnspitze empfehlen.

**Zeit/Höhendifferenz:** 3:30 Std./1450 Hm.; gesamt 6:00 Std./1500 Hm. Mit Parzinnspitze: plus 1:15 Std./ 130 Hm.

**Charakter:** „Wilder Kletterberg" – trotz der mäßigen Schwierigkeit (A/B mit Stellen C) sollte man auf ein Klettersteigset nicht verzichten.

**Tipp:** Früher Aufbruch (vor 8 Uhr ab Parkplatz) sichert schattigen Anstieg zur Hütte

**Beste Jahreszeit:** Während der Hüttenöffnungszeiten

**Ausgangspunkt:** Zams/Parkplatz Alfuzalm, 1263 m

**Steinseehütte, 2061 m** Geöffnet Mitte Juni–1. Okt., bei Schönwetter 1 Woche länger; Tel. Hütte 0664/4036451, Tal 05442/67879

Im Sommer 2006 wurde dieses Highlight im Steinkar von der OeAV-Jugend Landeck abgeschlossen, mit einem neuen guten Zustiegsweg (blau mark.) versehen und der Abstieg aus der westlichen Parzinnscharte fast durchgehend stahlseil„entschärft“. Also steht einer Tour auf diesen wilden Kletterberg nichts mehr im Wege – trotz der mäßigen Schwierigkeit (A/B mit Stellen C) sollte man auf ein Klettersteigset nicht verzichten, weil man so gesichert die rund 200 Höhenmeter fast frei erklettern kann. Noch etwas Wichtiges: „Nicht-schwindelfreien“ Adabeis ist ein Besuch der einmalig gelegenen Steinseehütte mit dem grünen See oberhalb in dieser majestätischen Bergumrahmung wärmstens zu empfehlen – sie werden es nicht bereuen.

**Zum Ausgangspunkt:** Von der A12 bei der Ausfahrt Zams abfahren. Links auf der B171 Richtung Schönwies/ Imst. Nach der Lawinengalerie links (Tafel Steinseehütte) unter der Autobahn durch und gleich

Unterwegs am toll versicherten Steinkar-Klettersteig.

rechts auf eine steile, anfangs ruppige Bergstraße bis zum kleinen Parkplatz Alfuzalm (4,3 km).

Auf Weg 625 (WW Steinseehütte/2:30) abwärts zum Starkenbach und auf schmalem Fahrweg hoch über dem Wildbach zur Kote 1621 m. Hier macht der Steig einen Schwenk nach Osten und erreicht (teils unterhalb der Materialseilbahn) nach 830 Hm. den sehr zu empfehlenden Kletterstützpunkt; 1:45–2:00 Std. Zum Klettersteig: Mittels WW Württemberger Haus (601) einige Meter abwärts, nach wenigen Minuten rechts (WW Klettergebiet) aufwärts ins obere Steinkar (Haflingerweide), immer auf die auffällige Berggestalt des Spiehlerturms zu. Schon bald übernehmen blaue Punkte und Pfeile die Orientierung und führen uns direkt (linkshaltend) zum Klettersteigeinstieg in der Ostwand (ca. 2430 m); 45 Min. Ein durchgehendes Stahlseil – überreich mit Trittstiften und Klammern ergänzt – spannt sich auf bombenfestem Fels bis zum Gipfel; ebenfalls 45 Min. Schwierigste Stelle (C) ist eine wunderbare Rampe im zweiten Drittel.

**Abstieg:** Rechts (blauer Pfeil) über teilversichertes Schrofengelände abwärts (hier kann es im Frühsommer oder nach sommerlichen Schneefällen etwas heikel werden – Auskunft beim Hüttenwirt Karl Juen) und zu einer Scharte mit großem Steinmann (zwischen Steinkar- und Parzinnturm) queren. Die Geröllschlucht (fast durchgehend versichert) hinunter zum Einstieg und abwärts zur Hütte und AP.

**Zur Parzinnspitze** (Voraussetzungen: etwas Mehrkondition, Klettergefühl für IIer-Gelände und Gespür für Wegsuche in unmarkiertem Terrain): Blickt man hinüber zur im Norden gelegenen senkrechten wilden Felsgestalt (mit schönem Gipfelkreuz), scheint es unmöglich, dass hier ein Weg mit leichten Kletterstellen hinaufführt. Man geht linkshaltend hinüber zu einer Steinrinne am Fuße der Parzinnspitze und folgt den Steinmännchen und Trittspuren hinauf zum grandiosen Aussichtspunkt in die Lechtaler, hinab zum grünen Gufelsee (s. Tour Kogelseespitze) und Hanauer Hütte. Fürs Hin/Her von/zur Scharte benötigt man ca. eineinviertel Stunden (130 Hm.).

**Zum Schluss:** Das Steinseegebiet hält ein reiches Angebot an Kletterrouten im mittleren Schwierigkeitsbereich bereit, alle sicherheitstechnisch saniert und darum auch „Durchschnittskletterern“ Freude bereitend. Kleiner Führer mit Topos auf der Hütte erhältlich.

Kogelsee
Kogelkar
Plattigspitzen
2558
Kogelseescharte
2497
2647
Kogelseespitze
Parzinnseen
Gufelsee
Hintere Gufelalpe
2613
Parzinnspitze
2095
Gufelhütte
Vordere Gufelalpe
Steinkarspitze
2650
Gufelgrasjoch
2382
Mittelkopf
2390
Roßkarscharte
Hanauer Htt.
1922
Schlenkerkar
Parzinnhtt.
2048
Parzinnalpe
2178
Kl. Schlenkerspitze
2746
2827
Kleinkar
Dremelspitze
2733
Schneekarlesp.
2641
Hanauer Sp.
2553
Großkarscharte
Schönjöch
Verborgene Gratscharte
2222
Steinsee
2081
Steinsee-Htt.
Bergwerkskopf
2728
2479
Gamspleis
Wildkarlejöchl
2616
Wildkarle
Starkenbach
1916
Gebäudalpe
Hinterstarkalpe
Grubigjoch
2586
1509
Vorderstarkalpe
2496
Vileidkopf
Grubig
Vileidhütte (verf.)
2020
Kreuzjochspitze
2672
Heisenegg
1663
Vileidbach
Jägerhütte Alfutz
Alfutzalpe
1261
2453
Sonnenpleiskopf
Silbertal
Alfutzwald
Starkenb.
Silbersattel
Silberhütte
2116
1188
1305
Garseilkopf
2461
Silberspitze
2006

Von Zams

# 5 Große Schlicke 2059 m

Die Otto-Mayr-Hütte mit Blick zu Gehrenspitze und den Nordabstürzen des Gimpel.

**Allgäuer Alpen**
**Tannheimer Berge**
**Raintal**

Noch einmal bäumen sich die schroffen Nordwände der Tannheimer Kette in den blauen Himmel, noch ein paar grüne Kuppen mit der Großen Schlicke, dann enden die Tiroler Berge unvermittelt. Weit schweift der Blick von dieser letzten Bastion ins Alpenvorland, der Weißensee und der Forggensee blinken in der Sonne.

**Stützpunkt:** Otto-Mayr-Hütte (Tel. 05677/8457), offen von Anfang Mai bis Ende Oktober (ebenso benachbarte Füssener Hütte).

**Zeit, Höhendifferenz:** 2:30–3 Stunden zur Otto-Mayr-Hütte (1530 m), 700 Höhenmeter; 1:15–1:30 Stunden, 530 Höhenmeter, zum Gipfel der Schlicke (2059 m).

**Charakter:** Leichte Bergwanderung in großartiger Umgebung.

**Tipp:** Guter Mountainbikeweg bis zur Hütte, 9,5 km, zu Beginn (2 km) sehr steil, dann gut fahrbar, 1:30 bis 2 Stunden.

**Beste Jahreszeit:** Ab der Hütte ein reiner Sonnenhang, oft schon ab Anfang Mai aper. Bis Spätherbst.

**Ausgangspunkt:** Musau, Gasthaus Bärenfalle (830 m).

Kombinierte Bergtouren mit dem Mountainbike mögen vielleicht nicht jedermanns Sache sein. Hier aber ist die Fahrradunterstützung geradezu ideal. Zwar ist es eine feine, doch recht ausgiebige Wanderung durch das romantische Raintal, das auf der linken Seite von den düsteren Wandfluchten der Tannheimer Kletterberge wie Gimpel und Rote Flüh und rechts von sonnigen Latschenhängen eingerahmt ist. Doch immerhin ist der Fahrweg zur Otto-Mayr-Hütte gut 9 km lang, es lässt sich für den Wanderer zwar etwas abkürzen, aber erfordert immerhin 2:30 Stunden Gehzeit. Einkalkulieren muss man ja auch den Rückweg, für den man mit nicht viel weniger Zeitaufwand rechnen muss. Für gewiefte Wanderer und Nordic-Walker sicher kein Problem, wie man am regen Besucheraufkommen feststellen kann. Trotzdem, ein Rad hat hier seine Vorteile, denn selbst wenn man als nicht so geübter Biker den ersten steilen Anstieg schieben müsste, ist es immer noch rentabel, denn ab dem Eingang ins Raintal ist der Almweg für jeden gut fahrbar. Hinter der Musauer Alm wurde er erst im letzten Herbst frisch eingeschottert und gewalzt. Und wie fein ist es, wenn man sich nach erfolgter Gipfelbesteigung aufs Rad schwingt, ohne zu treten nur mehr die Bremsen zu betätigen braucht und die Wanderer mit einem leisen Klingelton zu Seite scheuchen kann.

Die Große Schlicke, ein harmloser Grasberg.

**So kommt man hin:** Von Reutte-Zentrum nach Musau oder in Breitenwang auf der Umfahrungsstraße bleiben bis zur Ausfahrt Reutte-Nord (7 km nach Reutte), nun Richtung Musau und bereits vorher links zum GH Bärenfalle. Vom Gasthaus noch 400 m weiter bis zur ersten Rechtskehre beim Schranken. Genügend Parkmöglichkeit. Musauer Alm, Otto-Mayr-Hütte oder (die unmittelbar benachbarte) Füssener Hütte lautet nun die Wegweiserrichtung. Am Fahrweg über die erste Steilstufe in ca. 30 Min. zum Eingang in das Raintal bei einer Betonbrücke. (Hierher gelangt man auch direkt von Musau/Gemeindehaus, auf steilem Fußsteig über den Achsel, wo man mit dem Fahrweg zusammentrifft, kaum Zeitgewinn.) Der Wanderer marschiert nun links am alten Weg neben dem Sababach talein, der Radler fährt rechts über die Brücke (MB-Wegweiser) und biegt erst eine Kehre höher ins Tal ein. Ein Stück nach der Musauer Alm kürzt ein direkter Steig zur Otto-Mayr- und Füssener Hütte die Fahrwegkehren ab.

Zur Schlicke, die man vom Talboden aus den ganzen Tag nie als richtige Berggestalt zu Gesicht bekommt, führt von den beiden Hütten ein problemloser Steig durch eine kurze Waldzone, dann durch lockeres Latschengelände und zum Schluss über einen Grasschrofenhang zum weithin sichtbaren metallenen Gipfelkreuz. (Bereits bei der Musauer Alm ist ein direkter Aufstieg zur Schlicke möglich, 20 Min. kürzer). Eindrucksvoll ist die Rundumsicht über die nahen Tannheimer Berge und nach Norden ins Allgäu zu den vielen Seen im Flachland rund um Füssen.

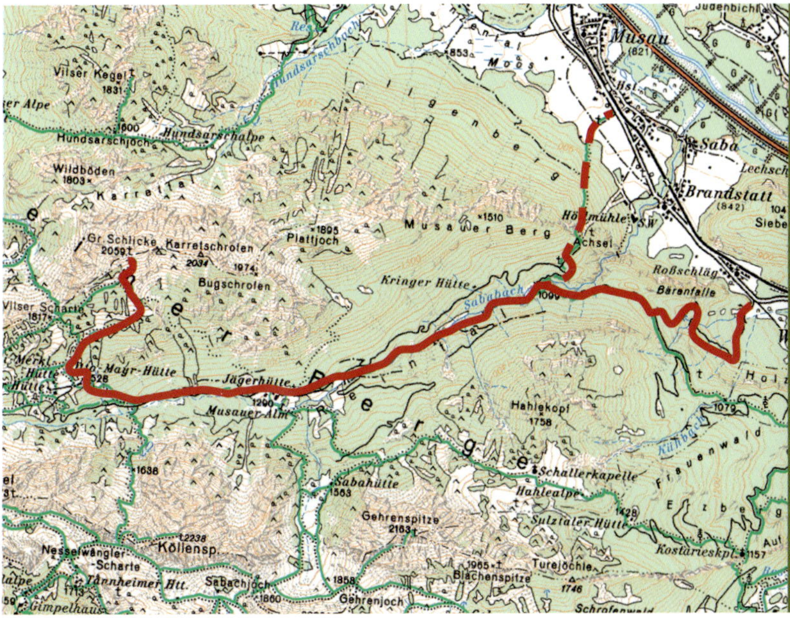

# 6 Thaneller 2341 m

Blick vom Thaneller-Gipfel über den Talkessel von Reutte bis zum Forggensee.

**Lechtaler Alpen**
**Außerfern**
**Zwischentoren**

▲▲

Ein Bergstock wie der Thaneller ist immer ein Aussichtspunkt ersten Ranges. Tief unten schlängelt sich der Plansee wie ein Fjord in die engen Berge, dahinter lässt sich bereits die Weite des Alpenvorlandes ahnen.

**Zeit, Höhendifferenz:** Berwang (1342 m) oder Rinnen (1262 m) – Thaneller (2341 m) 2:30–3 Stunden, Abstieg 1:30 Stunden, 1000 Höhenmeter.

**Charakter:** Eine feine Bergwanderung, ideal für die Spätherbsttage, bis der Schnee kommt. Ein Anstieg, bei dem man keinen einzigen Schritt umsonst macht, ohne an Höhe zu gewinnen.

**Tipp:** Sehr empfehlenswert für Blumenfreunde ist der südlich gegenüberliegende Hönig mit prächtigen Blumenwiesen bis zum Gipfel. Start in Rinnen, Richtung Kögelehütte.

**Beste Jahreszeit:** ab Mitte Juni bis Spätherbst.

**Ausgangspunkt:** Berwang/Thanellerkarlift oder Rinnen/Ortsanfang.

Es ist ein idealer Anstieg, wo alles zusammenpasst. Ein guter Bergsteig ohne jede Tücke, einfach zu finden und fast durchwegs in der Sonne. Der Weg ist nicht einmal übermäßig steil, nirgends ausgesetzt und den schauerlichen Tiefblick ins düstere Thanellerkar, wo von Heiterwang her ein nur im Hochsommer zu empfehlender Steig heraufführt, gibt es erst am Gipfel. Auf den Meter genau 1000 Höhenmeter haben Sie überwunden, wenn Sie beim Gipfelkreuz angelangt sind. Man braucht auch nicht schon in der Morgenkälte aufzubrechen und kann die sonnigen Mittagsstunden nützen, vor allem im Herbst. Begeistert sein werden Sie von der Aussicht, wie sie nur von so einem gänzlich frei stehenden, rundum von weiten Tälern eingefassten Berg möglich ist. Starten kann man beliebig entweder gleich hinter Berwang beim Thanellerkarlift oder ein kleines Stück weiter kurz vor der Ortschaft Rinnen. Der größere Parkplatz ist beim Lift. Beide Wege kommen bald zusammen, auch zeitmäßig gibt es kaum einen Unterschied.

**So kommt man hin:** Von Ehrwald oder von Reutte kommend in Bichlbach abzweigen und nach Berwang. Durch das Dorf, dem Wegweiser Rinnen folgend, und gleich nach dem Ortsausgang nach rechts zum Mooslift und kurz weiter zum Thanellerkarlift. Großer Parkplatz.

Zuerst auf der Skipiste kurz aufwärts und oberhalb der kleinen Schottergrube allmählich nach links immer schräg ansteigend bis zum Zusammentreffen mit dem von Rinnen kommenden Steig. Bald darauf ist das Latschengelände erreicht, der Blick wird freier, Berwang liegt schon tief unten, und am südlich gegenüber liegenden Wiesenberg des Hönig kann man genau ermessen, wie viel an Höhe man bereits gewonnen hat. Bei einem Sendemast an der Latschengrenze ist die 2000-m-Linie erreicht. Dann wird der Weg etwas schott-

Tief unten der Plansee.

riger, führt durch Grasschrofen und zum Schluss über Karrenfels, bleibt aber immer gut gangbar und ohne Probleme bis zum Gipfel. Der Tiefblick nach Norden auf den Heiterwanger See und Plansee und über die weite Bresche des Talkessels von Reutte ist der erste Höhepunkt von dieser Aussichtswarte. Von Osten über Süden bis Westen reihen sich im weiten Bogen Gipfel an Gipfel. Von der Zugspitze zu den Lechtaler, Allgäuer und Tannheimer Bergen reicht das umfassende Panorama. Absteigen muss man wieder auf dem gleichen Weg. Genügend Getränke mitnehmen, denn Einkehrstationen unterwegs gibt es keine.

**Ausgangspunkt Rinnen:** Etwas direkter verläuft der Anstieg von Rinnen. Kurz vor den ersten Häusern Parkstreifen links, ein paar Schritte entlang der Straße zurück zum gelben Wegweiser und nun gerade über einen Wiesenhang hinauf zum Waldrand. In vielen kurzen Serpentinen durch den immer lockerer werdenden Wald ins Latschengelände, wo von rechts der von Berwang kommende Weg einmündet.

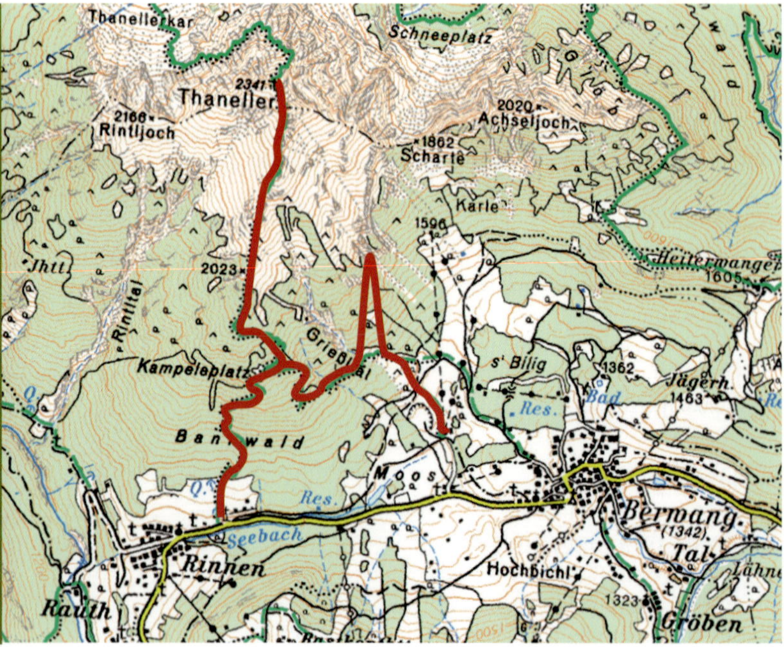

# 7 Tschachaun 2334 m Maldongrat 2544 m Namloser Wetterspitze 2553 m

Die Namloser Wetterspitze mit dem vorgelagerten Grubigjoch.

**Lechtaler Alpen**
**Heiterwandgebiet**
▲▲

Leicht ist man versucht, sich bei Sommerhitze das Bergsteigen vergällen zu lassen. Gleich viel angenehmer wird es mit einem Ausgangspunkt über 2000 m.

**Stützpunkt:** Anhalter Hütte (2038 m), Tel. 0664/4618993, Mitte Juni bis Ende September

**Zeit, Höhendifferenz:** Hahntennjoch (1894 m) – Steinjöchl (2198 m) – Anhalter Hütte (2038 m) 1:30 Stunden. Tschachaun (2334 m) 1 Stunde, 300 Höhenmeter, Namloser Wetterspitze (2553 m) 2:30–3 Stunden, 720 Höhenmeter. Steinjöchl – Falscher Kogel (2383 m) 0:45 Min., Maldongrat (2544 m) 1 Stunde.

**Charakter:** Vom Hahntennjoch ist die Anhalter Hütte rasch erreicht. Wanderberge mit Gehzeiten zwischen 1 und 3 Stunden hat man zur Auswahl. Die Bergflora prangt hier

mit hundert verschiedenen Arten von Blumen und Kräutern.
**Beste Jahreszeit:** Mitte Juni bis Ende September
**Ausgangspunkt:** Hahntennjoch (1894 m)

Wunderschön und kontrastreich ist die herrliche Landschaft der Lechtaler Alpen mit den grünen Matten und im Gegensatz dazu die acht Kilometer lange Felsflucht der Heiterwand. Am westlichen Ansatz dieser gewaltigen Felskette ist das Steinjöchl eingekerbt, das den Übergang vom Hahntennjoch zur Anhalter

Der Falsche Kogel am Steinjöchl.

Hütte vermittelt. Bereits von hier hat man zwei Gipfel zur Auswahl: den Maldongrat rechts, den Falschen Kogel links, in weiterer Folge über dem Grubigjoch die formschöne Pyramide der Namloser Wetterspitze und den Grasmugel des Tschachaun genau über der Anhalter Hütte, der die geringste Mühe bereitet. Auch er gehört zu den viel gelobten Blumenbergen der Lechtaler Alpen und an seinen Hängen findet der Botaniker den Gelben Enzian und noch auf der obersten Gipfelkuppe ein üppiges Feld von Trollblumen und Sumpfdotterblumen. Wissen muss man auch, dass die Anhalter Hütte eine der wenigen Bergsteigerdomizile Tirols ist, die von keinem Fahrweg und keiner Materialseilbahn erschlossen wird und zum Großteil mit dem Hubschrauber versorgt werden muss. Die tägliche Frischware, Salat und Eier, werden wie in alten Zeiten auf dem Buckel übers Joch geschleppt.

**So kommt man hin:** Von Imst oder vom Lechtal kommend auf das Hahntennjoch. Parken genau auf der Jochhöhe. Von der Straße ein paar Schritte abwärts in die Wiesensenke und auf dem schottrigen und oft von Gewittern stark mitgenommenen Weg auf das zwischen Falschem Kogel und Maldongrat eingeschnittene Steinjöchl (1:30 Stunden). Von hier können beide Gipfel auf schmalen Steigen leicht erreicht werden. Nordseitig auf dem Felsensteig hinunter in den obersten Karboden und am Gegenhang hinauf zur Anhalter Hütte, die vom üppig grünen Tschachaun überragt wird. An der Hütte rechts vorbei, parallel zum Felszug der Heiterwand, bis zum Kromsattel. Ein mit Bändern ausgestecktes Geviert des Quellschutzgebietes sollte an seiner rechten Seite umgangen werden. Erst am Kromsattel nach links und auf einem Erdsteiglein durch die Grasflanke zur Gipfelkuppe (0:45–1 Stunde).

### Namloser Wetterspitze

Wesentlich mehr Gehzeit und einen frühen Aufbruch erfordert die Besteigung der Namloser Wetterspitze. Dazu muss man von der Anhalter Hütte nochmals ca. 200 Höhenmeter absteigen, bis links auf Höhe 1830 m der Anhalter Höhenweg abzweigt. Auf ihm hinauf bis zum Grubigjoch (2185 m), kurz danach rechts über den Grubigkopf (2275 m) und einem ausgeprägten Schotterrücken zur Wetterspitze (2553 m).
2:30–3 Stunden ab Anhalter Hütte, ca. 4 Stunden ab Hahntennjoch. Einrechnen muss man noch den bereits bekannten Gegenanstieg aufs Steinjöchl.

Die grüne Kuppe des Tschachaun mit der Anhalter Hütte, rechts die Heiterwand.

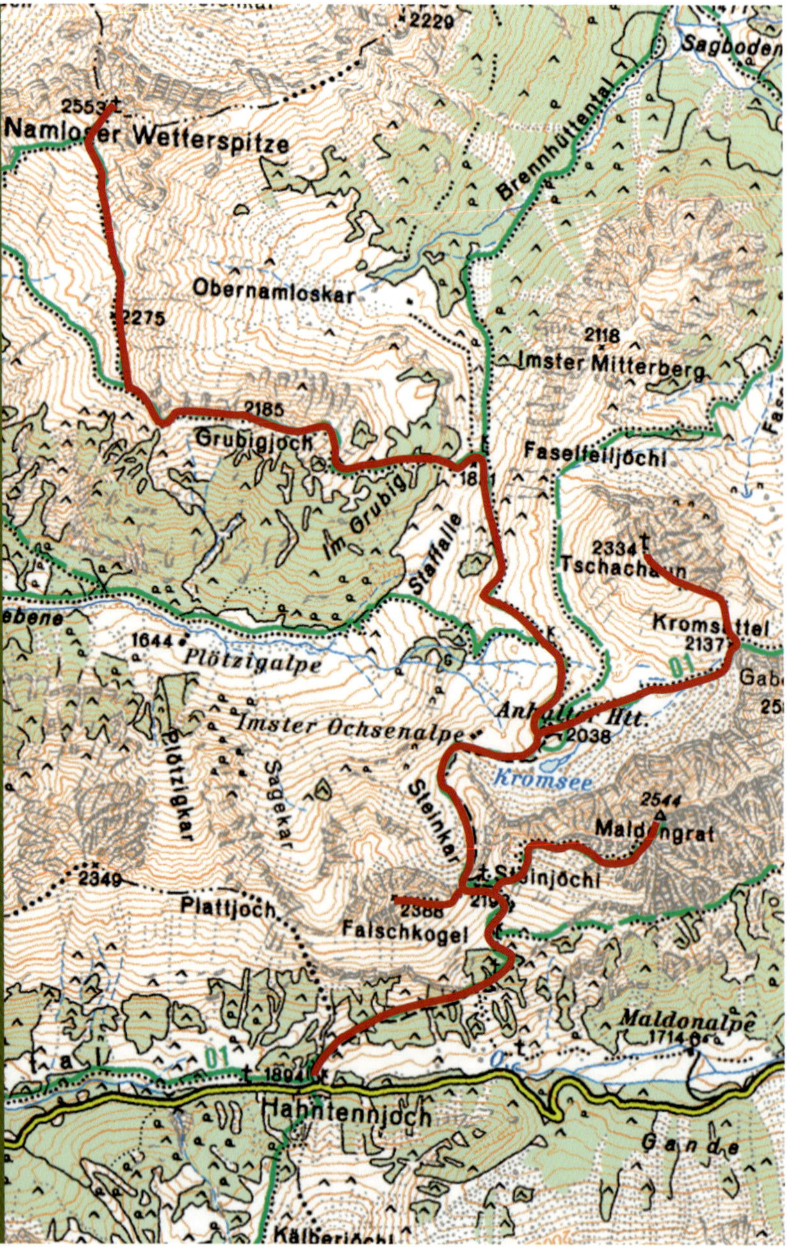
2229
Sagboden
2553
Namloser Wetterspitze
Brennhüttental
Obernamloskar
2275
2118
Imster Mitterberg
2185
Grubigjoch
Faselfeiljöchl
Im Grubig
Staffalle
2334
Tschachaun
Kromsattel
2137
1644
Plötzigalpe
01
Imster Ochsenalpe
2038
Kromsee
2544
Maldongrat
Plötzigkar
Sagekar
Steinkar
Steinjöchl
2349
Plattjoch
2388
Falschkogel
Maldonalpe
1714
01
1894
Hahntennjoch
Gande
Kälberjöchl

# 8 Judenköpfe 2021 m

Auf der Südseite leitet ein Zuntersteiglein zum höchsten Punkt.

**Mieminger Kette; Telfs/Strassberghaus**

▲

Schon bei der Anfahrt nach Telfs sieht man rechterhand/nördlich vor sich die mächtigen weißen Kalksteinfelsen der Mieminger Kette. Südlich/links davon einen grünen Zunterrücken – die Judenköpfe, getrennt durch das „Alpl“, ein bis in den Juni hinein gefülltes Schneekar. Ein Tourentipp nach dem Motto: „Hinauf durch Zuntern, hinab durch Schotter“.

**Zeit/Höhendifferenz:** 2:30 Std./ 850 Hm.; ges. 4:15–4:30 Std.

**Charakter:** leichte, stellenweise ausgesetzte Bergwanderung

**Tipp:** Zur Verlängerung der Tour um gut 300 Hm. sei der Anstieg von Lehen durch die Klamm (E-Werk) empfohlen

**Beste Jahreszeit:** Herbst/Spätherbst

**Ausgangspunkt:** Telfs/Lehen; Parkplatz Strassberghaus, 1180 m

**Strassberghaus, 1191 m** Geöffnet: 1. Mai–1. Nov.

**Neue Alplhütte, 1504 m;** Geöffnet: 25. Mai–1. Nov.

Diesen grünen Rücken zu umrunden bzw. dem höchsten, 2021 m hohen aufs Haupt zu steigen und dabei den einmaligen Nahblick zu den breiten, fast bedrohlich wirkenden Südwänden von Hochplattig, Hochwand und Karkopf bis zur Munde hinaus zu genießen, ist mittels der vorgeschlagenen Runde von den konditionellen Anforderungen her leicht. Aber Trittsicherheit und Schwindelfreiheit – besonders für den kurzen Gipfelabstecher – sind unabdingbar, und: Kleinkinder ans kurze Seil. Noch eine Bemerkung in „eigener Sache“: In Meyers „Deutsche Alpen“ aus dem Jahre 1912 steht wörtlich: „Berggeher benötigen für 333 Höhenmeter im Aufstieg eine Stunde, im Abstieg zwei Drittel dieser Zeit.“ Diese technischen Daten habe ich für diesen Tourentipp – aber auch für die meisten anderen leichten bis mittleren – so übernommen.

**Zum Ausgangspunkt:** Von der Autobahnausfahrt Telfs-Ost am Liebherr-Werk vorbei zum Kreisverkehr beim M-Preis, links weiter nach Telfs, bis man bei einem großen Kruzifix rechts Richtung Post/Lehen abbiegt. Nun immer den kleinen gelben Schildern folgend hinauf nach Lehen (GH) und von dort 3 km auf Schotter zum Wanderparkplatz (gratis) vor dem Strassberghaus.

„Wilde Zapfen“ im Schneekar.

Vom Schranken in zehn Minuten zum inmitten von Lärchenwiesen idyllisch gelegenen, renovierten, trotzdem urig gebliebenen Berggasthof mit großem Gastgarten und Fuhrpark für kleine Besucher. Weiter am Fahrweg zur Neuen Alplhütte; nach 15 Min. geradeaus auf dem Rodelweg weiter und schon 3 Min. später links über den Alplbach (WW Wildermieming). Bei der Abzweigung des steilen MTB-Weges zur Alplhütte wieder links weiter fast zum Ende des Forstweges. Bald hat man einen Umkehrplatz mit Bank erreicht und folgt dem ersten Schild „Judenköpfesteig“ zu einer Kehre und rechts einen Hohlweg – rot-weiß-rot markiert – hinauf zu einer gelben WW-Tafel. *Mag bei manchen Tourentipps die mangelnde, manchmal sogar falsche Beschilderung von uns kritisiert werden – so muss im Gegensatz dazu das vorbildliche und überreich markierte und beschilderte Wege-*

*netz im Großraum Telfs/Mieming einmal gebührend gelobt werden. Die Autoren bedanken sich dafür an dieser Stelle im Namen der Benutzer herzlichst.* Durch ein kurzes steiles Waldstück hinauf zum durch Windwurf arg verwüsteten Rücken, dort Jäger„nieder"stand – mit tollem Tiefblick ins Inntal. Bevor sich der Rücken richtig aufsteilt, zieht links – einige Meter abwärts – der Steig hinaus in die steile Südflanke. Durch die ausgeschnittenen Latschen ohne viel Höhengewinn auf/ab zur weithin sichtbaren Scharte im Südgrat der höchsten Erhebung. Fünf Minuten davor rechts hinauf roter Pfeil „Alpl"/ links weiter zur Judenscharte. Hier zwei Möglichkeiten für den wirklich ausgesetzten Gipfelgang: 1. hier rechts aufwärts oder 2. noch zur Scharte und auf dem ebenfalls markierten, gut sichtbaren, mit einigen Holzstufen versehenen Steig durch Latschen und brüchiges Gestein zum höchsten Punkt der Runde, 2021 m (umgefallener Trigonometer); 2:30 Std.

**Rückweg:** Hinunter ins Schartl und nach rechts (Neue Alplhütte/ 45 Min.) auf deutlich besserem Steig – teils nylonseilversichert –

Im Spätherbst entfaltet sich die ganze Farbenpracht beim Strassberghaus.

hinüber in die Judenscharte (Stempelstelle) und jenseits steil ins Alplkar. Achtung, nicht talauswärts zu den Schotterreißen queren, sondern besser auf dem nun spärlicher markierten Weg – eher links haltend – abwärts ins hinterste Karende (übrigens tolles Figlgelände bis in den Frühsommer hinein). In der Talmitte zur in einem grünen Waldköpfl versteckt gelegenen Alplhütte und beliebig auf dem alten Fahrweg und/oder Abkürzungen benützend hinaus zum Strassberghaus bzw. Parkplatz; 1:30 Stdn. ab Gipfel.

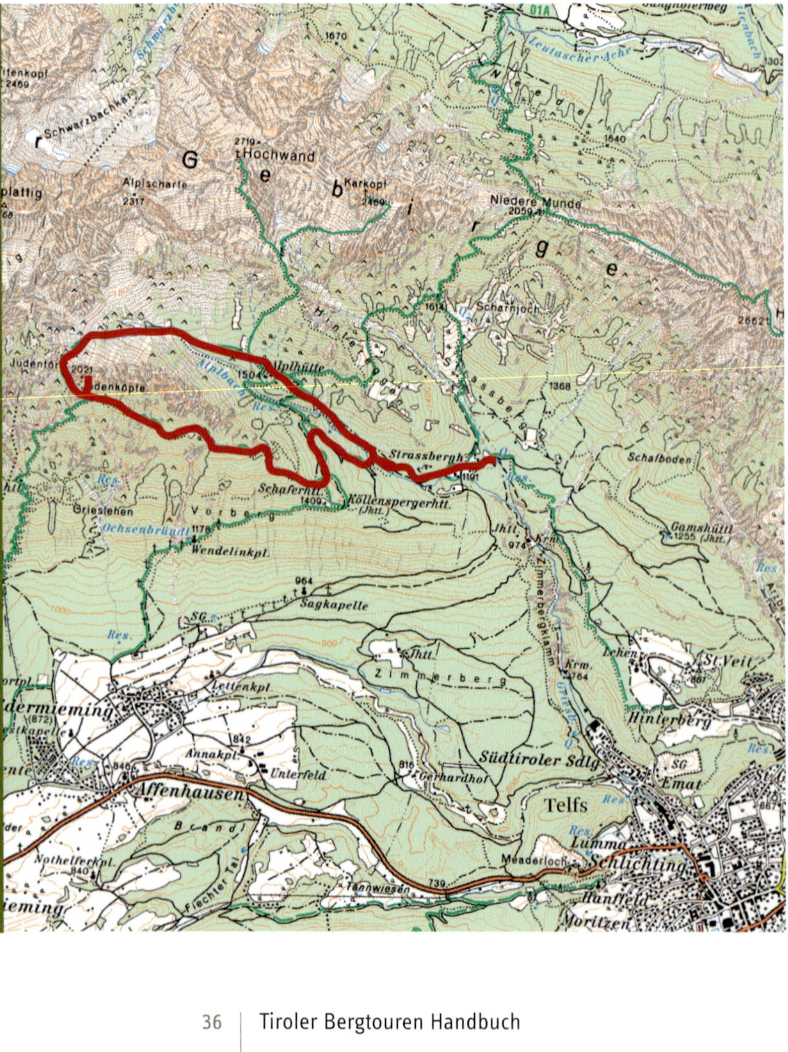

# 9 Rauthhütte 1600 m

Blick von Buchen hinab nach Telfs und zum Mieminger Plateau.

**Wettersteingebirge**
**Telfs/Buchen**
▲

Wenn die Tage kürzer werden, sich in Buchen die Buchenwälder (Nomen est omen) in allen Herbstfarben präsentieren – dann ist die richtige Zeit gekommen für eine mehr oder weniger lange, leichte Wanderung zur Rauthhütte am grünen Ostrücken der Hohen Munde.

**Zeit/Höhendifferenz:** 4:30–5:00 Std./ 1050 Hm.; mit beschriebenen Varianten entsprechend kürzer
**Charakter:** Schöne Bergwanderung mit mehreren Aufstiegs- und Abstiegsvarianten
**Tipp:** An Wochenenden lohnt ein Abstecher zum Bauernmuseum in Buchen bei den Ropfnerstuben
**Beste Jahreszeit:** Herbst, aber auch Sommer (Anstieg großteils im Schatten)
**Ausgangspunkt:** Telfs/Parkplatz Birkenberg, ca. 700 m

**Rauthhütte, 1600 m** Ganzjährig geöffnet; Tel. 0664/2815611
**Jausenstation Buchner Höhe, 1253 m**

Die Hohe Munde.

Das Wanderwegenetz auf der Südseite von Telfs hinauf nach Strassberg, besonders aber zum Leutascher Plateau nach Buchen und Mösern ist gut ausgebaut, übersichtlich und mit den neuen gelben Wegweisertafeln „fast perfekt" beschildert. Aus diesem reichhaltigen Angebot haben wir eine schöne Bergwanderung – bis 1600 Meter Höhe – ausgewählt. Je nach Lust, Laune und verfügbarer Zeit können Sie zwischen zwei verschieden langen Aufstiegen und drei Abstiegsvarianten wählen (im Kartenausschnitt strichliert).

**Zum Ausgangspunkt:** Von der Autobahnabfahrt Telfs-Ost beim Kreisverkehr Richtung Seefeld/Leutasch, weiter zum Kreisverkehr beim M-Preis; hier 2. Ausfahrt halbrechts und sofort links (kleine gelbe WW Birkenberg) am Kindergarten vorbei steil hinauf zum gebührenfreien Parkplatz unterhalb der Tennisanlage.

**Lange Runde:** Am Tennisplatz vorbei und links aufwärts zum Bergwachtsteig, diesen eben ostwärts zur Arzbergklamm und vor der Brücke rechts (WW Kupf). Durch schönen Föhrenwald in das Sattele hinterm Kupf zum Ende der MTB-Strecke. Diese 100 Hm. abwärts zu Abzweigung (hier war noch im Sommer 2006 amtliches „Sperrgebiet" wegen Lawinenverbauungen); weiter links (WW Kochental/Buchen). *Hierher gelangt man eine halbe Stunde kürzer direkt von Birkenberg herauf.* Auf bestens in Stand gesetztem Weg durch üppige Botanik und unter spektakulären Felsabbrüchen der Munde zum Talschluss des Kochentals (WW für Rückwegvariante). Über den Einsterbach und mittels angenehmer Serpentinen (von hier sieht man oberhalb einen rot-weiß-roten Sendemast – dort befindet sich nahe die Rauthhütte) hinauf in den schönen Buchenwald und zur Buchener

Straße. Die Kehre entlang und bei einem Hochspannungsmast links ab (WW Rauthhütte/ 1:30 Std.), im Hohlweg aufwärts hinauf zum Katzenloch. Schon nach wenigen Minuten wieder links (Hohe Munde). Obwohl das Gelände in der Karte und auch in natura ziemlich steil wirkt, erreicht man in einer Stunde (ab Buchen) – ohne kurzatmig zu werden – das Tagesziel. Schöner Ausblick durch die großen Scheiben der Gaststätte, noch umfassender von der Panoramaterrasse. Gesamt 2:30–3:00 Std./ 1000 Hm.

**Rückweg mit Varianten:** Retour zur Straße und auf Weg 78 hinab ins Kochental und entweder dieses hinaus oder den Buchener Steig retour und über die Forststraße zurück zum Ausgangspunkt (beide Varianten ca. eine halbe Stunde kürzer).

**Länger, dafür aussichtsreicher:** Nach Erreichen der Asphaltstraße diese 500 Meter abwärts (einzige fehlende Tafel) und rechts (Bairbach, Brand etc.). Der anfangs ausgewaschene Weg – mit schönen Tiefblicken – wird flacher, breiter und führt uns zum Weiler Brand mit Kapelle. Steil rechts hinunter (Schild Birkenberg) ins Kochental und vor dem Bach nochmals rechts über einen Steg zur Einmündung des Kochentalweges. Einziger kleiner Schönheitsfehler dieser Tour: Es folgt ein 10-minütiger Aufstieg hinauf zum Birkenbergweg, diesen abwärts zur Kontumazanlage (für Nicht-Lateiner: Quarantäneanstalt) und Besamungsanstalt. Eine Besichtigung des barocken Maria-Hilf-Kirchleins von Birkenberg mit schönen Kuppelfresken beschließt besinnlich unsere Tour.

Maria-Hilf-Kirchlein in Birkenberg.

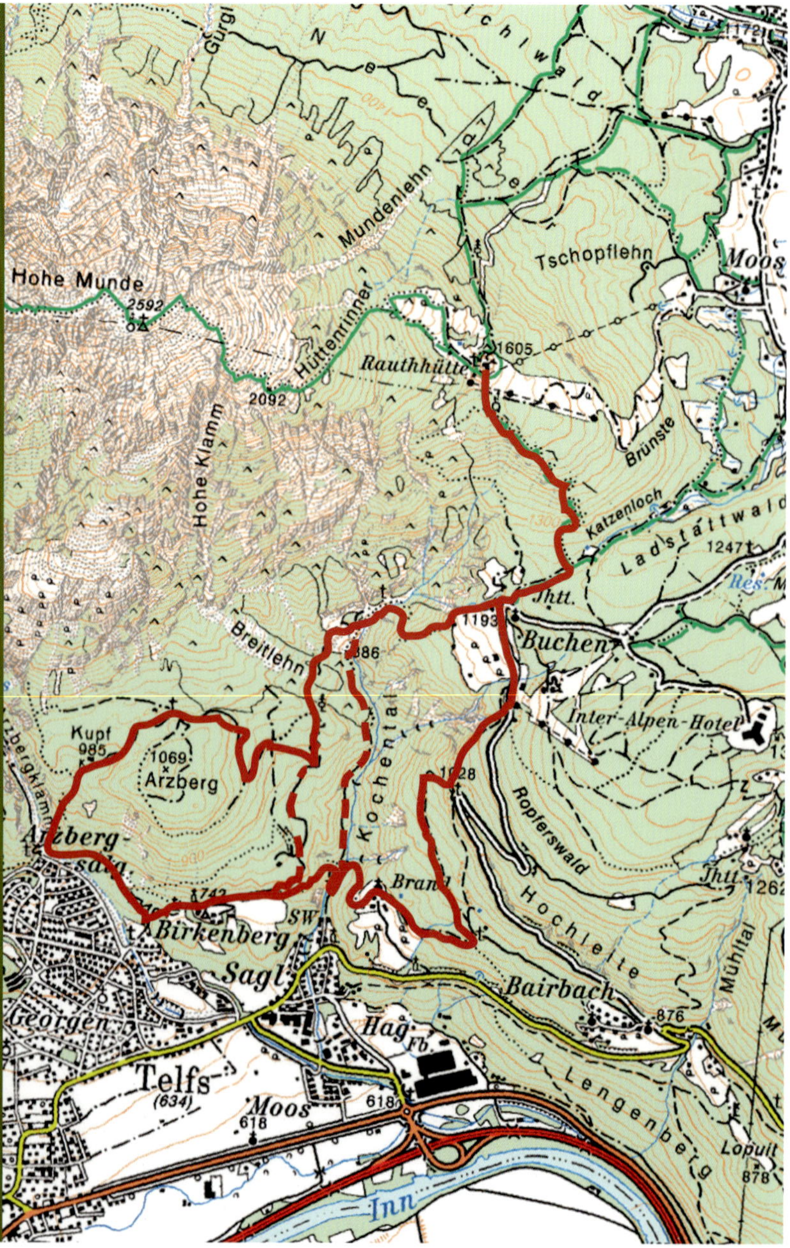
Gurgl
Mundenlehn
Hohe Munde
2592
Hüttenrinner
Tschopflehn
Moos
1605
Rauthhütte
2092
Hohe Klamm
Brünste
Katzenloch
Ladstattwald
1247
Res.
Jhtt.
1193
Buchen
Breitlehn
886
Inter-Alpen-Hotel
Kupf
985
1069
Arzberg
1028
Kochental
Ropferswald
Hochleite
Jhtt.
1262
Brand
742
Birkenberg
SW
Sagl
Bairbach
876
Mühltal
Georgen
Hag
Fb.
Telfs
(634)
Moos
618
618
Lengenberg
Lopuit
878
Inn

# 10 Gehrenspitze 2367 m

Die Erinnerungshütte am Scharnitzjoch vor den Südwänden des Wetterstein.

**Wettersteingebirge Hauptkamm**

▲▲

Den Wettersteinwänden unmittelbar vorgelagert erhebt sich die Gehrenspitze unmittelbar über dem Leutaschtal. Bis in den Spätherbst ein schönes Ziel für den Bergsteiger. Nur-Wanderer bleiben am wurzeligen Steig.

**Stützpunkt:** Wettersteinhütte, Wangalm

**Zeit, Höhendifferenz:** Parkplatz Stupfer (1170 m) – Wangalm (1753 m) 1:30–2 Stunden, Gehrenspitze (2367 m) 1:30–2 Stunden, gesamt 3–3:30 Stunden. 600 Höhenmeter zur Wangalm, 600 Höhenmeter zum Gipfel, gesamt 1200 Höhenmeter.

**Charakter:** Gegenüber der Schüsselkarsüdwand ist die Gehrenspitze ein lohnendes Ziel für Bergwanderer, die gerne in der Sonne sind und sich für Kletterwände begeistern können.

**Tipp:** Ebenfalls eine schöne Wanderung ohne Gipfel ist der seinem Namen alle Ehre machende Wurzelige Steig von der Wangalm zur Hämmermoosalm. (1:30 Stunden).

**Beste Jahreszeit:** ab Juni bis Spätherbst

**Ausgangspunkt:** Oberleutasch, Ortsteil Klamm, Parkplatz Stupfer

Sitzt man am Gipfel der Gehrenspitze, bietet sich ein selten schönes Gebirgspanorama, das bei Kletterern gleich ein Kribbeln verursacht. Die prallen Wände der Scharnitz- und Schüsselkarspitze sind zum Greifen nahe und weit schweift der Blick über das Leutaschtal, wo in der Ferne die Stubaier Gletscher glänzen. Der Großteil des Aufstiegs zur Gehrenspitze über die Wangalm und bis hinauf zur Erinnerungshütte ist recht angenehm, erfordert aber in der obersten Gipfelregion auf den schottrigen Steigen doch etwas Aufmerksamkeit. Ohne Gipfelambitionen wandert man einen Stock tiefer gemütlich über den Wurzelsteig von der Wang- zur Hämmermoosalm. Beide Almen haben vom Frühsommer bis in den Spätherbst geöffnet, die Wangalm meistens noch länger – bis es „zuschneibt". Die Zeitangaben auf den gelben Wegschildern sind sehr reichlich bemessen.

Hochwanner und Oberreintalschrofen.

**So kommt man hin:** Von Oberleutasch der Beschilderung Gaistal folgend zum Ortsteil Klamm. Parken beim ersten Parkplatz (Stupfer) nach der Maut (Parkgebühr 4 €/Tag). Wenige Minuten auf der breiten Forststraße, dann Abzweigung rechts und auf den Fußsteig mit der Beschilderung Wettersteinhütte und Wangalm. Der Fahrweg wird dabei zweimal überschritten, beim dritten Mal, wo er ein Stück eben verläuft, bleibt man auf ihm bis kurz vor dem Bachgraben und steigt (wesentlich kürzer) links auf einem wurzeligen Bergsteig direkt zur Wettersteinhütte hinauf. Dann am Fahrweg zur etwas höher liegenden Wangalm. Weiter gerade talein durch die begrünten Flanken auf die Südwand der Scharnitzspitze zu. Beim großen

Block mit den Gedenktafeln im Bogen nach rechts auf das Scharnitzjoch und über Grashänge zur Erinnerungshütte. Die vermeintliche Gehrenspitze erscheint von hier als zackige Felsbastion, der mit einem Sender gezierte Gratkopf ist aber noch nicht der Gipfel. Der problemlos zu begehende Steig wendet sich nun in die steilere Südseite des Berges und zieht unterhalb des Grates durch schrofige Grashänge zum höchsten Punkt mit Gipfelkreuz. Zurück muss man auf demselben Weg.

Achtung: Nicht empfehlenswert, die Markierung zwar noch zu finden, aber aufgelassen, nicht mehr gewartet und auch nicht mehr in den Karten enthalten ist der in Leutasch-Gasse beginnende direkte Anstieg zur Gehrenspitze.

**Wurzeliger Steig:** Seinen Namen zu Recht hat der Wurzelige Steig, der – bei der Wettersteinhütte beginnend – nach links durch die Latschenfelder zur Hämmermoosalm hinüber zieht. Ebenfalls schön und aussichtsreich ist der etwas höher verlaufende Steig hinter dem Roßkopf zur Rotmoosalm. Beschilderte Abzweigung beim Gedenkstein im Scharnitzkar.

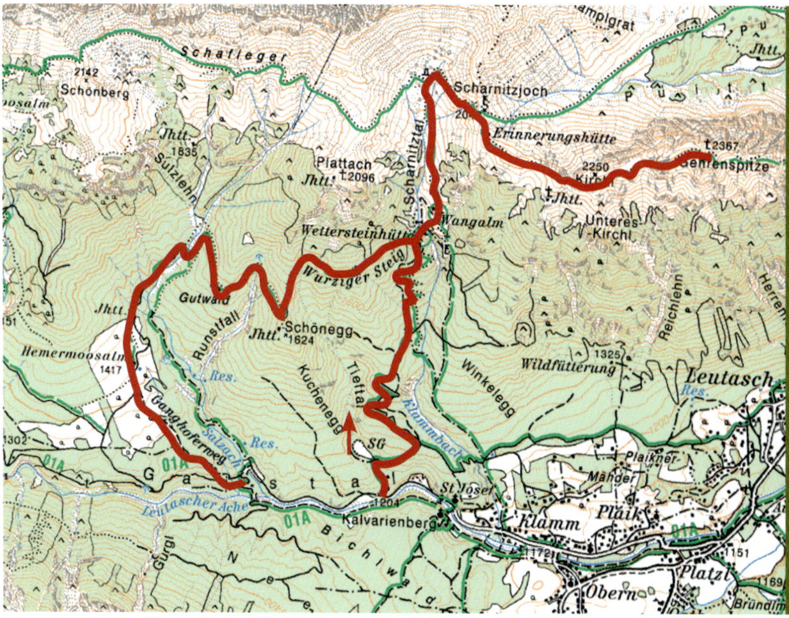

# 11 Ahrnplattenspitze 2117 m

Um zum Gipfel zu gelangen, muss man schon die Hände zu Hilfe nehmen.

**Wetterstein**
**Ahrnspitzkamm**
▲▲▲

Eine Viertelstunde anregende Kraxelei in gutem Fels, erleichtert durch eine lückenlose Markierung, ist die prickelnde Krönung dieser Bergtour.

**Zeit, Höhendifferenz:** Ortsteil Ahrn – Hoher Sattel – 1 Stunde, Weislehnkopf 1:30 Stunden, zum Gipfel 30 Minuten, insgesamt 2:30–3 Stunden, 1070 Höhenmeter.

**Charakter:** Kriterium bei diesem Anstieg ist die ca. 70 Höhenmeter aufweisende Kletterstrecke am Gipfelaufbau im zweiten Schwierigkeitsgrad.

**Tipp:** Auch an den Abstieg denken! Wer sich nicht hundertprozentig sicher fühlt, sollte Seilhilfe in Anspruch nehmen.

**Beste Jahreszeit:** Juli bis Spätherbst

**Ausgangspunkt:** Leutaschtal, Ortsteil Ahrn, Parkplatz

Nur der Segelflieger, der in kühnen Achterschleifen die drei Ahrnspitzgipfel umkreist, hat eine noch schönere Aussicht als ein Bergsteiger, der auf dieser so frei dastehenden Felszinne seine beschauliche Gipfelrast hält. Genau zwischen Wetterstein und Karwendel (geografisch zugeordnet aber dem ersteren), flankiert vom Leutaschtal und dem Seefelder Plateau, ist die Ahrnplattenspitze – die westlichste des dreigipfeligen Ahrnspitzkammes – eine recht kurzweilige, pfiffige Bergtour. Nach einer morgendlichen Aufwärmstrecke im schattigen Satteltal wird über einen etwas mühsamen Latschenhang ihr Westrücken erreicht. Der Gipfelaufbau, felsgepanzert und in der Draufsicht unnahbar, entpuppt sich dann in der Nähe als gut gestuftes und leicht kletterbares Felsgelände. Man muss kein Extremkletterer sein, aber Trittsicherheit und ein Minimum an Berggewandtheit sind Voraussetzung.

Von Seefeld in die Leutasch, gerade durch Weidach zum Ortsteil Gasse und Abzweigung rechts in Richtung Unterleutasch. Beim Ortsteil Ahrn wiederum rechts ab (alles beschildert) hinüber zur Ache. Parkplatz gleich hinter der Brücke oder noch ein kurzes Stück bergauf bis zu Schranken und Fahrverbotstafel.

Erst geht es noch bequem auf einem breiten Fahrweg durch das Satteltal auf den Hohen Sattel (Mountainbikeroute, ca. 3 km, durchwegs sehr steil). Wo der Weg am Hohen Sattel die freie Wiesenfläche erreicht, Abzweigung links zur Ahrnplattenspitze. (Nicht verwechseln mit dem Weg zur Großen Ahrnspitze, der ca. 100 m weiter östlich bei der Jagdhütte abzweigt.) Ebenso erreicht man den Hohen Sattel auch von Scharnitz bzw. Gießenbach her.

Nun wird es aber steil. Ein kurzer Waldgürtel ist rasch überwunden und nach einem Schotterhang windet sich der rot markierte Steig in kurzen Serpentinen durch die Latschenfelder. Mit gutem Höhengewinn ist bald der langgestreckte Rücken beim Weislehnkopf erreicht und der Weg biegt nach rechts auf den jetzt gut überschaubaren Gipfel

Ist Fliegen wirklich schöner?

zu zum Ansatz des Felsturms. Ab hier gut sichtbare gelb-schwarze Markierung. Der ca. 70 m hohe Steilaufschwung zum Gipfel ergibt sich überraschend leicht, denn der Fels ist gut gestuft und kaum brüchig. Trotzdem heißt es jetzt auf Allrad umschalten und alle viere benützen. Man muss nur genau den gelben Punkten nachklettern, die in kurzen Abständen den leichtesten Weg anzeigen. Wer sich in diesem Gelände nicht hundertprozentig sicher fühlt, sollte sich aber besser von einer hilfreichen Hand ans Seil nehmen lassen. Ein 20-m-Strickl zur Sicherung wäre ausreichend.

Für den Abstieg sollte man unbedingt wieder den bekannten Aufstiegsweg benützen. Der am Weislehnkopf auf den Wegweisertafeln angezeigte Steig über den Westrücken („Für Geübte“) ist bis zum Zwirchkopf noch recht passabel, dann aber bricht der waldige Sockel des Ahrnspitzstockes überaus steil und unwegsam ab, der Steig ist oft kaum kenntlich, die Markierungen schwer auszumachen. Einziger Vorteil, dass man direkt in Ahrn landet.



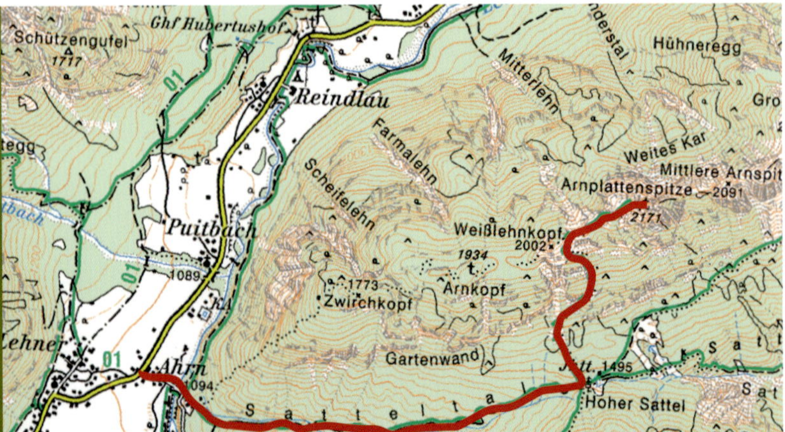

# 12 Obere Wettersteinspitze 2305 m Grünkopf 1588 m

Als mächtige Felsburg zeigt sich die Obere Wettersteinspitze über dem Ferchensee.

**Wettersteingebirge östlicher Hauptkamm**

▲▲▲

Direkt über dem beliebten Badesee bei Mittenwald erhebt sich diese unnahbar ausschauende Felsbastion. Wesentlich leichter geht es zum Grünkopf.

**Zeit, Höhendifferenz:** Mittenwald/Ferchensee (1080 m) – Obere Wettersteinspitze (2305 m) 2:30–3 Stunden, 1220 Höhenmeter; Franzosensteig – Grünkopf (1588 m) 1:30 Stunden, 500 Höhenmeter.

**Charakter:** Ein Steig, der einige Schweißtropfen fordert und wo der Hinweis „Für Geübte" seine volle Berechtigung hat. Dafür ist die Markierung optimal.

**Tipp:** Nach der Tour erfrischt ein kühles Bad im Ferchensee, also Badezeug nicht vergessen.

**Beste Jahreszeit:** ab Juli bis September, ideal an heißen Tagen
**Ausgangspunkt:** Ferchensee (1080 m), von Mittenwald 5 km, mit Rad oder Taxibus

Im Wetterstein gibt es nicht viele Berge, die auf einem normalen Steig erklommen werden können. Und wo man sich nach erfolgreicher Besteigung mit einem Sprung ins kühle Nass erfrischen kann. Die Obere Wettersteinspitze im östlichen Ausläufer des Wetterstein-Hauptkammes bietet beides. Einen schon etwas anspruchsvolleren Aufstieg und danach ein feines Badevergnügen. Ihr Gipfel thront genau über der Leutasch, die Besteigung erfolgt aber über die bayerische Nordseite, also von Mittenwald her. Sie ist auch noch kein richtiger Kletterberg, aber der Steig bewegt sich die meiste Zeit im felsigen Gelände. Er sucht sich zwar die leichtesten Stellen durch die in die Wandfluchten eingelagerten Latschenzonen, ist aber durchwegs schmal und steil, dafür bestens markiert. An ein paar Stellen kann man sich an Drahtseilen anhalten, aber im Allgemeinen ist Trittsicherheit unbedingt notwendig. Vor allem im Gipfelaufbau oberhalb des Gemsangers, wo man nur mehr den roten Farbtupfern nachfolgt, braucht man die Hände zum Mitklettern im gut gestuften Fels.

Nach Mittenwald. Parken an der Ortseinfahrt, noch vor der Isarbrücke, hinter der die Straße in die Leutasch abzweigt. Die 5 km zum Ferchensee fährt man am besten mit dem Rad. Auf der Leutascher Straße bis zur ersten Kehre und der Beschilderung nach auf guter Asphalt- und später Schotterstraße zum See. (Ein Taxibus fährt ab 9 Uhr in halbstündlichen Intervallen vom Dekan-Karl-Platz zum Ferchensee, € 2.50 einfach, € 4 hin und zurück).

Vom Ferchensee aus gesehen schiebt sich die Untere Wettersteinspitze viel auffälliger ins Blickfeld und scheint die „Obere“ an Höhe deutlich zu übertrumpfen. Vor Erreichen des Sees, bei einer überdachten Ruhebank, links ab (WW Franzosensteig, Wettersteinspitze) und erst flach, dann leicht ansteigend über dem See nach Westen. Der Franzosensteig biegt bald links ab, man behält die Marschrichtung bei, bis nach der Waldgrenze bei einer kleinen Schutthalde der Weg zu den Felswänden hinführt. Mit Drahtseilsicherung über die erste Felsstufe ins darüberliegende große Kar und an seinem rechten Rand aufwärts. Der Steig folgt meistens den eingelagerten Latschenzonen, quert dann auf Bändern nach links und erreicht eine Scharte, wo man sich ganz unvermittelt auf einer grünen

Wiese, dem Gemsanger, befindet. Ein feiner Platz für eine ausgiebige Rast. Der Gipfelaufbau ist nun gut gestuftes Felsgelände. In leichter Kletterei – immer den roten Punkten nach – wird der höchste Punkt erklommen. Schöner Tiefblick in die Leutasch und auf das benachbarte Karwendel. Der Abstieg am selben Weg erfordert wesentlich weniger Mühe, aber volle Aufmerksamkeit, und der Ferchensee rückt nur langsam näher.

### Auf den Grünkopf

Wesentlich kürzer und bequemer kann man über den Franzosensteig auf den Grünkopf (1588 m) steigen und sich danach länger am See vergnügen. Bereits nach 20 Minuten zweigt dieser Steig links ab, führt durch Buchenwald oberhalb der Ferchenseewände auf den waldigen Ausläufer des Wettersteinkammes. (Von der Tiroler Seite gelangt man genauso gut auf den Grünkopf. Wegbeginn in Unterleutasch beim GH Mühle.)

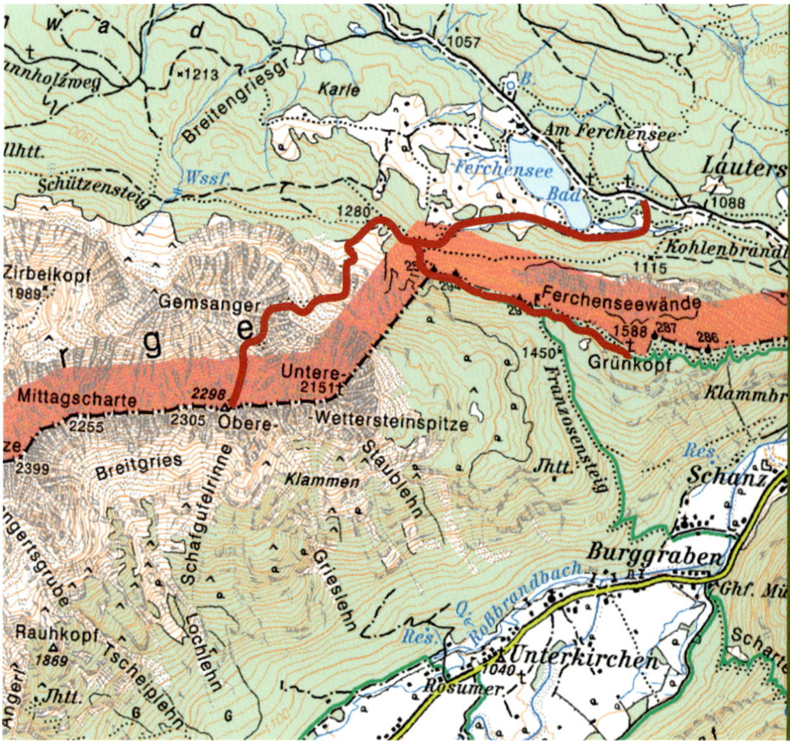

# 13 Herzogstand 1731 m Heimgarten 1790 m

Gratwanderung zwischen dem im Nebel liegenden Kochelsee und Walchensee.

**Estergebirge**
**Bayern**

**Als eine der hundert schönsten Gratwanderungen der Alpen gepriesen wird der Übergang vom Herzogstand zum Heimgarten. Links nur Berge, rechts das Flachland.**

**Stützpunkt:** GH bei Bergstation, Ohlstädter Hütte am Heimgarten

**Zeit, Höhendifferenz:** Parkplatz Herzogstandseilbahn (804 m) – Herzogstandgipfel (1731 m) 2–2:30 Stunden, Übergang zum Heimgarten (1790 m) 1:15–1:30 Stunden, Abstieg 1:30 Stunden. Ganze Runde ca. 6 Stunden, 1150 Höhenmeter, mit Seilbahn nur 400 Höhenmeter.

**Charakter:** Nur ein kleiner Berg über dem bayerischen Walchensee, aber mit gewaltiger Rundumsicht. Unbedingt die Überschreitung zum Heimgarten einplanen.

**Tipp:** Mit Seilbahn geht es gleich viel leichter: Von der Bergstation ist man in 45 Minuten auf dem Gipfel. 4 Stunden braucht man für die ganze Runde.

**Beste Jahreszeit:** ab Mai bis Spätherbst

**Ausgangspunkt:** Walchensee, Parkplatz Herzogstandbahn

Der Herzogstand ist die letzte Erhebung im bayerischen Estergebirge, dahinter breitet sich unmittelbar die weite Ebene. Gleich acht bayerische Seen sind beim Blick nach Norden vom Gipfelpavillon aus zu sehen, bei klarer Luft sind die Türme der Münchner Frauenkirche zu erkennen. Im Süden schieben sich nur Bergketten ineinander, vom Karwendel bis zu den fernen Stubaiern, aber dass man von hier auch den Großglockner sehen soll, das wollte ich kaum glauben. Na ja, man braucht zwar ein starkes Fernglas, aber tatsächlich lässt eine Bresche zwischen den Bergen den Blick zu den Hohen Tauern frei.

Für Seilbahnfahrer ist der Herzogstand nur ein kurzer Ausflug durch das Zickzack des Latschenhanges (30-40 Minuten). Geht man jedoch vom Parkplatz am Walchensee zu Fuß und steigt auf dem Serpentinensteig herauf zum Herzogstand-Gasthaus, dann hat man bereits 800 Höhenmeter bewältigt. Am schönsten ist jedoch die Gratüberschreitung hinüber zum Heimgarten. Eine Wanderung, wie sie gegensätzlicher nicht sein könnte, links nichts als Bergketten, rechts im Dunst die glitzernden Seen.

Brotzeit am Heimgarten.

**So kommt man hin:** Von Scharnitz über Mittenwald, Krün, Wallgau (Beschilderung München-Kochel) zum Walchensee (25 km). Am See entlang, durch den gleichnamigen Ort zum Parkplatz der Herzogstandseilbahn (Parkgebühr 2 €, Bergfahrt 7.50 €). Beginn des Fußsteiges, der gut angelegt mit vielen Serpentinen durch die steile Flanke des Fahrenberges zieht. Beim Gasthaus, dem einstigen Jagdhaus des Bayernkönigs, trifft man mit dem Seilbahnrummel zusammen und wandert in Kolonne durch die breiten Latschengassen zum Gipfelpavillon (2:30 Stunden). Ruhiger wird es wieder beim Übergang zum Nachbargipfel, dem Heimgarten. Erst steigt man ca. 100 Höhenmeter ab, überquert einige Gratköpfe und hat noch 160 Höhenmeter im Gegenanstieg zu bewältigen. Der Weg über den schmalen Latschengrat ist gut gangbar, die wenigen ausgesetzten Stellen sind bestens mit Seilgeländern gesichert. Die kleine Hütte unmittelbar hinter dem Gipfel ist im Sommer bewirtschaftet (1:30 Stunden).

### Abstieg zum Walchensee

Am Weg in Richtung Süden bis zur Ohlstädter Alm im Sattel vor dem Rotwandkopf. Dann 10 Minuten Gegenanstieg (keine Abkürzungen versuchen!) auf einen Waldrücken und auf dem endlosen Zickzacksteig durch den Buchenwald zurück zum Parkplatz (alle Wege sind gut beschildert).

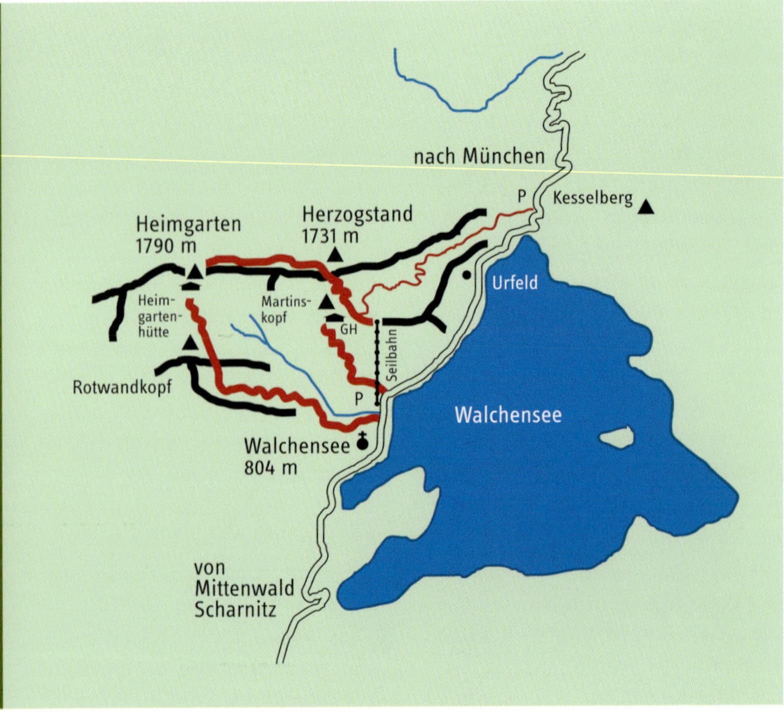

# 14 Schöttelkarspitze 2050 m Signalkopf 1895 m

Blick vom Seinskopf zum Gipfelaufbau der Schöttelkarspitze.

**Karwendel**
**Soierngruppe**
▲▲

Nicht mehr so hoch, gerade an die 2000 m, aber gar nicht so ohne sind die Karwendel-Vorberge bei Mittenwald. Besonders der weite Blick über das Isartal, zum Walchensee bis ins Flachland begeistert hier die Bergsteiger.

**Zeit, Höhendifferenz:** Mittenwald-Nord, Parkplatz am Seinsbach (910 m) –Feldernkreuz – Schöttelkarspitze (2050 m) 3–3:30 Stunden, 1150 Höhenmeter; Signalkopf (1895 m) 2:30–3 Stunden, 1000 Höhenmeter.

**Charakter:** Gleich hinter Mittenwald am Übergang zum Alpenvorland bildet die Soierngruppe einen eigenständigen Bergstock mit südseitigen Anstiegen.

**Tipp:** Im Hochsommer wählt man besser den Anstieg von Krün auf den Seinskopf.

**Beste Jahreszeit:** ab Juni bis Spätherbst

**Ausgangspunkt:** Mittenwald, Parkplatz am Seinsbach; Krün

15 m Klettersteig zum Gipfel.

Der bequemste Weg führt zwar von Krün über den Seinskopf zur Schöttelkarspitze, aber die besonders am Morgen lange im Schatten liegende Westflanke ist nur an heißen Tagen eine gute Alternative. Da sind die südseitigen Flanken meistens wesentlich angenehmer, die Wege mitunter recht steil, dafür voll in der Sonne. Nur genug zum Trinken muss man sich mitnehmen, denn Einkehrstationen gibt es erst wieder im Tal. Schön ist die gesamte Rundtour mit dem Direktanstieg zur Schöttelkarspitze und dem Abstieg über Seinskopf und Signalkopf. Wer es lieber kürzer haben will, begnügt sich mit dem Signalkopf allein.

**So kommt man hin:** Von Scharnitz nach Mittenwald. Auf der Umfahrungsstraße bleiben bis zur Ausfahrt Nord, weiter über die Isar-Brücke und unmittelbar danach (km 111) zu kleinem Platz mit Wegteilung. Am mittleren Weg noch kurz zum Parkplatz am Seinsbach. Beschilderter Wegbeginn zur Vereiner Alm (Fereinalm). Auf der stark ansteigenden Schotterstraße ca. 3 km talein (45 Min.), nach einem Flachstück sieht man links eine Almhütte. Hier Aufstieg zur Schöttelkarspitze (Wegweiser und Markierung). Ein Schotterbachbett wird überschritten, dann auf recht gutem Steig bis zur Waldgrenze. Durch den dort ansetzenden Latschenhang nach links und über einen begrünten Steilhang direkt hinauf zur Grathöhe, wo man mit dem vom Seinskopf her kommenden Weg zusammentrifft. Schräg rechts aufwärts zur Gratscharte beim Feldernkreuz, von wo man erstmals den Aufbau der Schöttelkarspitze erblickt. Kurzer Abstieg nordseitig und in wenigen Minuten zum Gipfel.

**Auf den Signalkopf:** Er wird von den Einheimischen auch gerne als selbstständiges Ziel besucht, denn er ist ein ausgezeichneter Aussichtspunkt über das ganze Werdenfelser Land. Es führt zwar nur ein winziger Steig bis unters Gipfelkreuz, zu dem man am Schluss noch über ein paar Eisenklammern hinaufturnen muss. Der Weg ist zwar nicht markiert, aber gut erkennbar, wichtig ist nur, seinen Anfang zu finden. Startpunkt genau dort, wo die Vereinalmstraße nach anfänglich starker Steigung einen Knick macht und komplett flach wird (nach ca. 40 Min.). Dort steigt man auf die Böschung, sieht einen Baum mit drei weißen Ringen und gegenüber einen Baum mit rotem Punkt. Und nun in vielen kurzen Serpentinen durch lockeren Wald und Latschenhänge in mehreren Stufen zuerst auf den Lausberg und weiter zum Signalkopf (2:30 Stunden). Von hier zur Schöttelkarspitze braucht man noch ca. 0:45 bis 1 Stunde.

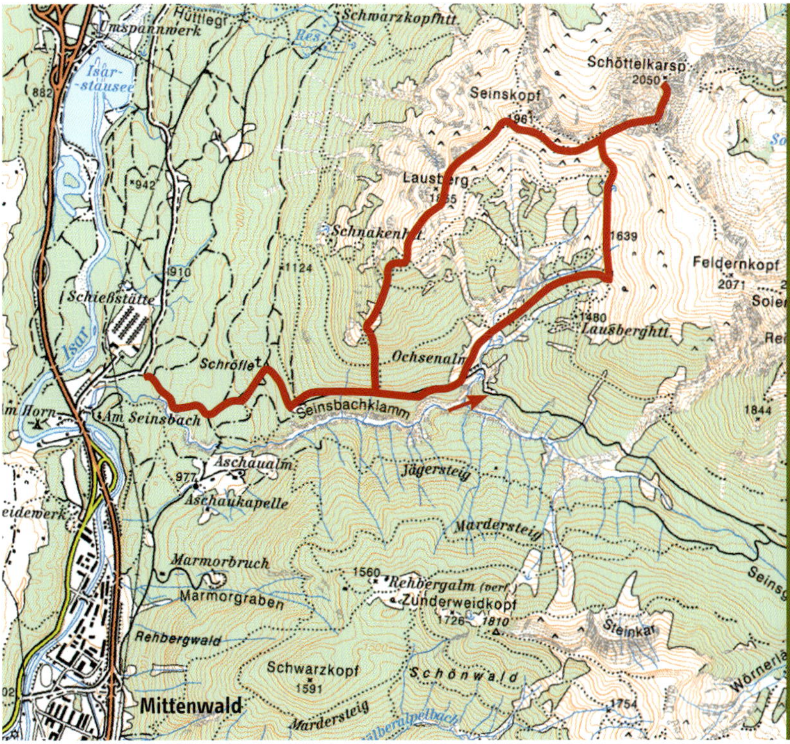

# 15 Brunnenstein 2179 m

Links die Westliche Karwendelspitze mit dem Grat zum Brunnenstein.

**Karwendel nördliche Karwendelkette**

▲▲

Der Eckpfeiler der nördlichen Karwendelkette ist das Ziel einer lohnenden Bergtour. Am schönsten ist seine Überschreitung mit Beginn in Scharnitz.

**Stützpunkt:** Brunnsteinhütte (1560 m), Mittenwald, geöffnet Mitte Mai bis Mitte Oktober.

**Zeit, Höhendifferenz:** Scharnitz (964 m) – Adlerkanzel – Brunnenstein (2179 m) 3–3:30 Stunden, Rotwandlspitze (2193 m) 5 Min., Abstieg zur Brunnsteinhütte 1 Stunde, ins Tal 1 Stunde, zurück nach Scharnitz 20-30 Minuten. Ganze Runde 5:30–6 Stunden. 1200 Höhenmeter.

**Charakter:** Sowohl von der Tiroler als auch von der bayerischen Seite kann man auf den Brunnenstein steigen. Mit Start in Scharnitz steil im Aufstieg, dafür wesentlich schönere Wege abwärts. Eine super Überschreitung.

**Tipp:** Der Gipfel sollte jedoch schneefrei sein, was man, von Seefeld kommend, bereits beim Play-Castle gut überblicken kann.

**Beste Jahreszeit:** ab Mitte Mai bis Spätherbst

**Ausgangspunkt:** Scharnitz (964 m)

Am bequemsten ist die Besteigung des Brunnensteins über seine Westflanke auf der bayerischen Seite des Berges, gleich hinter der Scharnitzer Grenze. Tadellose Bergsteige in weitausholenden Serpentinen führen durch die riesigen Latschenhänge auf den Brunnsteinsattel und über die unmittelbar benachbarte Rotwandlspitze zum Gipfel. In halber Höhe hat man mit der Brunnsteinhütte eine feine Labestation. Wer lieber auf unverfehlbaren Wegen bleibt, sollte diese Route wählen.

Wesentlich schweißtreibender ist der Anstieg auf der Tiroler Seite, dafür ergibt sich eine nette Überschreitung. Direkt von der Ortsmitte in Scharnitz zieht ein winziger Steig in einer geraden Linie über den Südrücken auf den Brunnenstein. In natura ist er aber bei weitem nicht so schön, wie auf den Panoramatafeln verlockend hingemalt – für den berggewohnten Geher jedoch kein Problem. Beim Abstieg hat man dafür den guten Serpentinensteig zur Brunnsteinhütte und wandert im Tal parallel zur Bundesstraße oberhalb der Bahn zurück nach Scharnitz.

Die bayerische Brunnsteinhütte.

**So kommt man hin:** Man parkt in Scharnitz am Ortsausgang, am besten beim ehemaligen Zoll (oder in Bahnhofsnähe), und marschiert im Ort zurück bis zum Tourismusbüro bei der Isarbrücke. Hinauf zur Bahnüberführung und beim Haus danach links in den Wald (WW Adlerkanzel/Brunnenstein). Erst noch auf gutem Waldsteig bis zum Aussichtspavillon, dann wesentlich ruppiger, meist gerade bergwärts. Immer steil, über ein paar harmlose Felsstufen, wo man gut auf die verblasste Markierung achten muss, bis hinauf in die Latschenzone. Ein felsiger Vorkopf wird auf seiner Ostseite rechts umgangen, die Wegspuren links gehören nur den Gämsen. Dahinter wird die Grathöhe erreicht und bald der kreuzgeschmückte Gipfel. Über den Wiesengrat kommt man in ein paar Schritten zur Rotwandlspitze, hinter der sich die winzige Tiroler Hütte (privat) verbirgt.

Wesentlich angenehmer gestaltet sich jetzt der Abstieg. Über die Grasflanke hinunter in den Brunnsteinanger, wo man auch noch als nächsten Gipfel die Kirchlspitze mitnehmen könnte. Vom Sattel abwärts noch kurz im schottrigen Gelände mit ein paar fixen Halteseilen, bald aber auf schönem Steig durch den riesigen Latschenhang zur Brunnsteinhütte (Ausgangspunkt für den Mittenwalder Klettersteig, Übernachtungsmöglichkeit). Weiter Abstieg ins Tal auf gutem Weg, bei Wegteilung links Richtung Scharnitz bis zur Talstation der Materialseilbahn. Gleich unterhalb auf breitem Waldweg links und oberhalb von Bundesstraße und Bahn zurück zum Ausgangspunkt (1,5 km).

**Von der bayerischen Seite:** Wählt man die angenehmere Wegvariante über die Brunnsteinhütte, parkt man ca. 1,5 km nach dem ehemaligen Zoll, sobald man rechts ein Bauernhaus erblickt. Parkstreifen links und rechts unmittelbar an der Straße. Auf dem Fahrweg im Linksbogen zur Materialseilbahn. Kürzer auf dem Waldsteig gerade empor, bis man wieder in den von Mittenwald kommenden, breiteren Hüttenweg einmündet.



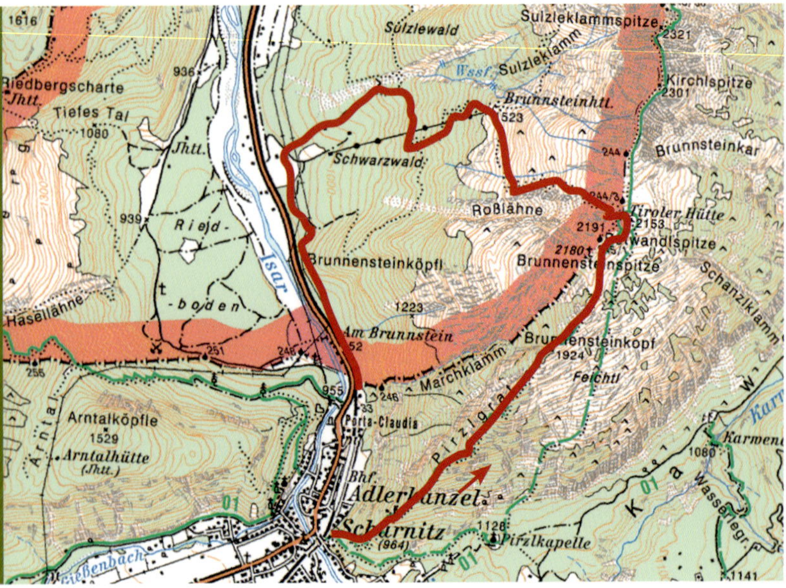

# 16 Eppzirler Scharte 2102 m

Auf der Eppzirler Scharte. Blick zu Großen und Kleinen Solstein.

**Karwendelgebirge**
**Erlspitzgruppe**
▲▲

Die kürzeste Überschreitung einer Karwendelkette nahe der Erlspitze führt hinüber ins Eppzirler Tal. Mit dem Zug fährt man zurück nach Hochzirl.

**Stützpunkt:** Solsteinhaus (1805 m), Eppzirler Alm

**Zeit, Höhendifferenz:** Hochzirl (922 m) – Solsteinhaus (1805 m), 2–2:30 Stunden; Eppzirler Scharte (2102 m) 1–1:15 Stunden, Abstieg Eppzirler Alm (1459 m) 1 Stunde, talaus nach Gießenbach (1012 m) 1:30–2 Stunden. Gesamt 6–6:30 Stunden, 1200 Höhenmeter.

**Charakter:** Eine typische Karwendeltour mit vielen landschaftlichen Höhepunkten. Grauer Fels, grüne Weideböden und glasklare Bäche.

**Tipp:** Das wunderschöne Eppzirler Tal ist eine beliebte und nicht sehr schwierige Mountainbike-Kurzstrecke. Gießenbach – Eppzirler Alm 7 km, 450 Höhenmeter, Fahrzeit 1–1:15 Stunden.

**Beste Jahreszeit:** Juli bis Oktober

**Ausgangspunkt:** Hochzirl, Bahnhof (922 m). Rückfahrt nach Gießenbach im 1–2 bzw. 2-Stunden-Takt.

Westlich der Erlspitze und flankiert von bizarren Türmen und Nadeln bildet die Eppzirler Scharte eine schmale Bresche in dem zur Kuhljochspitze weiterführenden Grat. Ein idealer Übergang in das nach Norden führende kleine Tal, das kurz vor Scharnitz in Gießenbach mündet. Im Frühsommer sollte man sich vergewissern, ob auch die nordseitigen Hänge schneefrei sind, sonst könnte man beim Abstieg zur Eppzirler Alm Probleme bekommen. Dafür ist diese an landschaftlichen Schönheiten reiche Bergtour noch bis in den Spätherbst möglich, denn das Solsteinhaus und auch die Eppzirler Alm haben meistens bis Mitte Oktober geöffnet, bevor wieder die totale Einsamkeit ins Gebirge einkehrt. Wem die ganze Überquerung zu aufwändig ist, der begnügt sich mit einem Ausflug zum Solsteinhaus allein, wo Franz-Senn-Hütten-Sohn Fankhauser jun. – die Familientradition fortsetzend – in Hüttennähe einen kleinen Klettergarten, einen Übungsklettersteig und für die Kinder eine Flying Fox eingerichtet hat. Wenn man sich aber noch die kurze Mühe macht, vom Solsteinhaus durch die Schutthalden zur Eppzirler Scharte hinauf zu steigen, gelangt man jenseits in einen karwendeltypischen Talkessel, mit grünen Weideböden am Ende der grauen Schuttströme und wandert dann gemütlich neben dem glasklar sprudelnden Bach talaus nach Gießenbach, wo man in den Zug steigt.

Risserturm und Solsteinhaus.

**So kommt man hin:** Mit Auto oder Zug nach Hochzirl (genügend Parkplatz) und der Beschilderung folgend am anfangs steilen Steig (Weg 213) bis zu dem vom Krankenhaus her kommenden Forstweg. Auf ihm bis Oberbach und weiter am Steig zur Solnalm und unbedingt bis zum Solsteinhaus (und nicht schon vorher gerade in der Höllreiße aufsteigen). Der schmale Einschnitt der Eppzirler Scharte ist gar nicht so mühsam, wie es den Anschein hat. Man folgt zuerst dem Freiungen-Höhenweg in Richtung Nördlinger Hütte (über dem Solsteinhaus nach links), quert ein paar Runsen und gelangt ins Höllkar zur großen Schuttreiße, die in die schmale Einkerbung zwischen Erl- und Kuhlochspitze hinaufzieht. Der Steig ist recht gut, erst die allerletzten Schritte im lockeren Geröll hinauf zur Scharte sind dann doch ein wenig mühsam. Nordseitig Abstieg auf gutem Serpentinensteig zu den Latschenhängen und zur bewirtschafteten Eppzirler Alm. Talaus am bequemen Almweg zur Bahnstation Gießenbach. Züge in Richtung Innsbruck bzw. nach Hochzirl verkehren nachmittags stündlich um 14.38, 15.38, 16.38, 17.38, 18.38, 19.38 Uhr. Bitte Fahrzeiten kontrollieren.

Raststation Eppzirler Alm.

**Mountainbike-Kurztour:** Besonders angenehme und gern befahrene Mountainbikeroute von Gießenbach zur Eppzirler Alm, mit nur kurzen Steilstücken. Parken in Gießenbach gleich hinter den Bahngleisen oder Zufahrt bereits mit dem Rad von Seefeld oder Scharnitz. Nach steilem Auftakt zu Beginn geht es locker talein, bei der Abzweigung rechts folgt wieder eine steilere Stufe, danach im flachen Weideboden bis kurz vor die Alm, wo es zum Schluss nochmals etwas kräftiger ansteigt. Anspruchsvoller wird die Runde, wenn man talaus noch den Aufstieg zur Oberbrunnalm dazuhängt.

Gießenbach
Mühlberg
Marendköpfl
Schrofenegg
Vorderes Lehntal
Hinteres Lehntal
Mittagkopf
Zäunlkopf
Zunterkopf
Elbenwald
Durch den Boden
Grünbodenlehtl.
Würflklamm
Simmlberg
Schlagkopf
Reiserigklamm
Reither Tal
Gaisburgls Boden
Karltal
Oberbrunnalm
Lehenwald
Bodenalm
Mühlegg
Angerschlag
Schlagbrand
Luchsfallenschrofen
Lehntal
Sunntigköpfl
Brunstkopf
Mäderegg
Roßhütte
Hochegg
Seefelder Joch
Köpfl
Hermannstal
Jagerwaldl
Türnklamm
Karlspitze
Marchkopf
Samstagkarspitze
Seefelder Spitze
Seefeld-in Tirol
Eppzirler Alm
Fleischbankspitze
Sunntigköpfl
Hochanger
Härmelekopf
Reither Kar
Gamsgarten
Kotzengruben
Reither Jochalm
Reither Spitze
Fleischbanktürme
Gschwendt
Ursprungsattel
Nördlinger Hütte
Erlspitze
Maximilianshütte
(Ichthyolwerk)
Freiungspitzen
Kuhlloch
Eppzirler Scharte
Schartenbach
Rauhkar
Kuhljochspitze
Schartlehnerhaus
Höllkar
Rauhenkopf
Grieskar
Kreuzjöchl
Mitterbergl
Holzköpfl
Solnalm
Garberskopf
Durschkopf
Oberbach
Reith bei Seefeld
Grieskarbach
Kaiserstand
Brunstkopf
Brunnensteinschrofen
Garbersalm
Die Pleiner
Kalkofen
Leithen
Zirler Berg
Zirler Wald
Landeskrankenhaus
Hochzirl
Schloßwald
Ehnbach
Hörbstenboden
Pfaffersmahd

# 17 Naturlehrweg Karwendel

Romantischer Rastplatz in der Schlucht des Gleirschbaches.

**Karwendelgebirge**
**Gleirschtal**

▲

Den Wanderer für die Naturschönheiten und die Besonderheiten des Karwendelgebirges sensibel zu machen, ist das Ziel dieses Naturlehrweges.

**Stützpunkt:** Solsteinhaus (1805 m), Zirler Kristenalm

**Zeit, Höhendifferenz:** Die Etappen: Bhf. Scharnitz – Kreidebrücke 30 Min., Gleirschklamm/Helfertal 2 Stunden, Amtssäge/Kristenalm 3:30 Stunden, Solsteinhaus 5 Stunden. Abstieg nach Hochzirl 2 Stunden. Gesamtgehzeit Scharnitz – Hochzirl ca. 7–8 Stunden.

**Charakter:** Naturlehrpfad mit 9 Stationen im westlichen Karwendel. Eine Berglandschaft neu entdecken lernt man bei der langen Wanderung von Scharnitz nach Zirl.

**Tipp:** Als kurze Schnuppertour zum Kennenlernen bietet sich die Wanderung durch die wildromantische Gleirschschlucht an. Danach Rückweg zum Schönwieshof.

**Beste Jahreszeit:** Juli bis September

**Ausgangspunkt:** Scharnitz, Bahnhof

Arntalhütte
Adlerkanzel
Scharnitz
Pürzlkapelle
Karwendelsteg
Pleisenhütte
Kienleitenkopf
Gießenbach
Mühlberg
Marendköpfl
Mittagkopfklamm
Mittagkopf
Hochwald
Gleirschhöhe
Isar
Hinterau
Gleirschklamm
Waschtal
Schrofenegg
Vorderes Lehntal
Hinteres Lehntal
Zäunlkopf
Tröglgraben
Hochwaldkopf
Zunterkopf
Isertalhütte
Schlagkopf
Reiserigklamm
Reither Tal
Karlstal
Gaisburgls Boden
Oberbrunnalm
Gauggenkopf
Wengertal
Lehntal
Sunntigköpfl
Kreuzjöchl
Wengertalalm
Roßhütte
Seefelder Joch
Brunstkopf
Maderegg
Angerle
Repsgaben
Jagerwaldl
Tunnklamm
Karlspitze
Raggenklamm
Lärchalm
Seefelder Spitze
Marchkopf
Samstagkarspitze
Zischgenkopf
Am Stangger
Eppzirler Alm
Zirmalm
Guggeler
Fleischbankspitze
Härmelekopf
Reither Spitze
Jochrinnerspitze
Kotzengruben
Fleischbanktürme
Kristenalm
Sandeggwald
Ursprungsattel
Nördlinger Hütte
Erlspitze
Freiungspitzen
Kuhlloch
Eppzirler Scharte
Rauhkar
Kuhljochspitze
Wilde Iss
Sandegg
Höllkar
Jöchlwald
Knappenwald
Rauhenkopf
Grieskar
Kreuzjöchl
Mitterbergl
Erlalm
Fuchsschwanz
Holzköpfl
Rosengartl
Solnalm
Großer Solstein
Kleiner Solstein
Garberskopf
Griesbach
Oberbach
Kalbiboden
Kaiserstand
Brunstkopf
Gerbersalm
Kamini
Edelweißgufel
Die Pleiner
Paffersmahd
Neue Magdeburger Hütte
Schoberwaldhütte
Altweiberbrand
Martinsberg
Landeskrankenhaus
Hochzirl
Ehnbach
Hörbstenboden
Hinteregg
Schloßwald
Kirchbergköpfl

Das Karwendelgebirge ist das größte Naturschutzgebiet der Nördlichen Kalkalpen. Die am meisten besuchten Anziehungspunkte sind der Große und Kleine Ahornboden, doch das stille Gebirge hat auch abseits dieser Touristenattraktionen noch jede Menge an Naturschönheiten parat. Man muss sie nur zu entdecken wissen. Dazu verhilft der durch das Gleirsch- und Kristental über den Erlsattel ins Inntal führende Naturlehrweg Scharnitz – Hochzirl. Anschaulich wird an neun Stationen das natürliche Kräftespiel des Gebirges, des Wassers und der Erosion, und im Vergleich dazu die Einflussnahme des Menschen in die Natur aufgezeigt. Basierend auf einer Idee des früheren Alpenpark-Koordinators Manfred Kahlen und seines Nachfolgers Günter Haselwanter ist diese Wanderroute durch den Westteil des Karwendels durchgehend mit braunen Holztafeln als „Naturlehrweg" gekennzeichnet. Was man für das noch bessere Verständnis aber unbedingt braucht, ist die Broschüre „Wandern als Naturerlebnis", Band 8, in dem die Besonderheiten der Landschaft detailliert beschrieben sind. Erhältlich ist die Lehrschrift im Infozentrum Karwendel in Scharnitz sowie bei den Tourismusbüros in Scharnitz und Zirl (Schutzgebühr 2 €).

Glasklares Karwendelwasser.

Die Hin- und Rückfahrt zum Ausgangspunkt Scharnitz und Endpunkt Hochzirl macht man idealerweise mit dem Zug. Die Route verläuft von Scharnitz-Bahnhof zuerst entlang der Isar zum Eingang in die Karwendeltäler bis zur ersten Brücke bei der Schottergewinnung. Auf der anderen Bachseite auf schönem Weg gelangt man in die Schlucht des Gleirschbaches. Auf einem Steig durch den urigen Felsentobel und kurzer Aufstieg zum oberhalb verlaufenden Fahrweg in Richtung Möslalm bis zur Amtssäge. Dort Abzweigung rechts ins Zirler Kristental zur bewirtschafteten Kristenalm. Die eindrucksvollste und wildeste Gebirgslandschaft erlebt man im riesigen Schotterkar der Wilden Iss unter den Nordabstürzen der beiden Solsteine. Letzter Anstieg zum Solsteinhaus und Abstieg nach Hochzirl. Als Tagestour ist dieser Lehrpfad eine ausgiebige Wanderung von rund acht Stunden, zwar auf schönen Wegen und markierten Bergsteigen, aber doch mit einer gehörigen Anforderung an die Kondition. Mit einer Nächtigung am Solsteinhaus lässt sich die Tour gleich viel gemütlicher gestalten.

### Mit dem Mountainbike

Mit dem Fahrrad kann nach dem einen Kilometer langen steilen Aufstieg am Krapfen gemütlich durch das Gleirschtal ins Kristental radeln. Von der Kristenalm kommt man mit dem Rad noch bis zu den Schuttströmen der Wilden Iss. Steigt man zu Fuß noch bis zum Solsteinhaus hinauf, hat man auch so einen Großteil des Naturlehrweges kennengelernt. Mountainbike-Strecke Scharnitz – Kristenalm 13 km, 400 Höhenmeter.

An neun Haltepunkten werden die Besonderheiten des Gebirges erklärt.

# 18 Birkkarspitze 2749 m über Ödkarspitzen

Die letzten Meter zum Karwendelhaus sind bald geschafft.

**Karwendelhauptkamm**

Um den höchsten Gipfel des Hauptkammes und des ganzen Karwendels zu bezwingen, benötigt man ein Mountainbike. Zu Fuß braucht man mindestens 13 Stunden und teilt die Tour besser auf zwei Tage auf.

**Zeit/Länge/Höhendiff.:** Bike: 2:00 Std./ 20 km/820 Hm.+Rückweg 1:00 Zur Ödkarspitze: 2:30/1030; zur Birkkarspitze: 1:00/150 Gesamt: 8:00–9:00 Std./ 40 km/2000 Hm.

**Charakter:** Anspruchsvolle, zeitaufwändige Tour auf den höchsten Gipfel des Karwendels.

**Tipp:** Obwohl Auf- und Abstieg großteils auf der N-Seite verlaufen, „erwischt" einen schon am frühen Vormittag die Sonne – daher allerfrühester Aufbruch

**Beste Jahreszeit:** Während der Hüttenöffnungszeiten

**Ausgangspunkt:** Scharnitz/Parkplatz ehem. Mühlberglift, 960 m

**Karwendelhaus, 1771 m** Geöffnet Anf. Juni–Mitte Okt.; Tel. 05213/5623

Welcher Bergsteiger hat nicht den Ehrgeiz, einmal den „Höchsten" eines Gebirges zu erklimmen. Die schön geformte Felspyramide mit umfassender Aussicht in alle Himmelsrichtungen und steil abfallenden Wänden nach Norden und Osten wurde vom genialen Hermann von Barth 1870 erstbestiegen. Heute verhilft eine Steiganlage vom Birkkarhüttl dem Normalbergsteiger zum problemlosen Gipfelsieg (Schwindelfreiheit und Trittsicherheit im „Karwendelbruch" sind aber schon Voraussetzung). Nachdem ein Hin-und-her-Weg dem Autor ein Gräuel ist, wird hier eine Rundtour über die Ödkarspitzen vorgeschlagen (Mehraufwand eine gute Stunde) – man kommt damit auf vier Gipfel.

Teilversicherte Ödkarspitzen.

**Zum Ausgangspunkt:** Von Innsbruck/Seefeld kommend nach der Ortstafel von Scharnitz rechts in den „Mühlbergweg", über die Geleise und nochmals rechts zum kostenfreien Parkplatz beim aufgelassenen Skilift.

Mit dem Bergradl entlang der Karwendelbahn nach Scharnitz und rechts zum Beginn der „Karwendeltäler". Achtung: Beim letzten gebührenpflichtigen Parkplatz (an der Isar) nicht geradeaus, sondern links steil hinauf (WW Karwendelhaus; auch Teilstück der Tirol-Vital-Route). Nach 150 Hm. – links Klettergarten Scharnitzer Sonnenplatten – leicht abwärts und eben zur Larchetalm (ebenfalls bewirtschaftet). Weiter fast mühelos zum Talschluss (km 15). Über zehn lange Kehren – im Durchschnitt 9% steil – die letzten 400 Hm. hinauf zum schon lange sichtbaren Karwendelhaus (1777 m).

**Bergrunde** (nur mit festem Schuhwerk): Beim WW „Ödkarspitzen über Brentlsteig" hinauf zu den Lawinenverbauungen und ins unterste Schlauchkar (Rückweg), bis nach 20 Minuten rechts ein Steig (Tafel am Boden) abwärts ins Kar abzweigt, das man quert und zum steilen Rücken des Ödkar-N-Grats gelangt – der schrofige Weg (mit einzelnen braunen Stahlseilen) ist schon von weitem gut sichtbar. Am grünen Kamm südwärts, bis man in einer Höhe von 2300 m rechts unter den Felsen auf einem Band hinaus ins Marxenkar queren kann. Bald erreicht man die Abzweigung zur Pleisenhütte und steigt links über wüstenartige Schuttfelder und gestufte Schrofen zum Westgrat, über diesen zur Westlichen Ödkarspitze (gut passender Name); 2:30 Std./1030 Hm. Nun auf dem ausgesetzten südseitigen Steiglein oder direkt am Grat über die Mittlere (kleines Holzkreuz) und Östliche Ödkarspitze in den Schlauchkarsattel zum Birkkarhüttl (alle etwas schwierigen Passagen olivendraht-seilversichert); 45 Min. Wie eingangs erwähnt in der teils plattigen, teils schrofigen SW-Flanke die letzten 100 Hm. zum Gipfelkreuz der Birkkarspitze.

**Rückweg:** Abwärts zum Birkkarhüttl, weiter ins erste Sattele und steil rechts hinab – anfangs grob blockig, später erleichtern oder erschweren Schotterreißen den Abstieg ins Schlauchkar. Weiter fast eben durch Latschen an den W-Hängen des Hochalmkreuzes zum Aufstiegsweg, ehe man nach 1:30–2:00 Std. ab Gipfel ziemlich „geschlaucht" – besonders an einem schönen Sommertag – die Hüttenterrasse für eine „bierige" Einkehr erreicht. Der Rest der Tour ist mit dem MTB nur mehr ein mühelos-fröhliches „Ausklingenlassen der Tour".

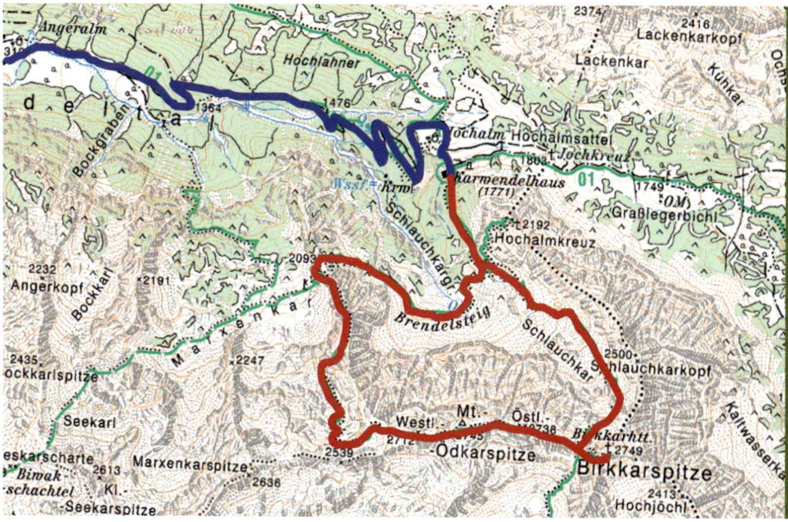

# 19 Steinfalk 2348 m über Mahnkopf 2099 m

Der Steinfalk bietet einen grandiosen Karwendelrundblick.

**Karwendel**
**Risstal**

Betrachtet man die Umrisse des Karwendelgebirges auf einer Landkarte, dann findet man ziemlich genau in seiner geografischen Mitte (daher fantastischer Karwendelüberblick) den Bergstock der „Falkengruppe" – in der Form eines nach Norden zu offenen Hufeisens – mit der gleichnamigen Hütte.

**Zeit/Länge/Höhendiff.:** Bike: 2:00 Std./15 km/890 Hm.; ges. 3:30/32/950
Hike: 1:45 Std./700 Hm.; ges. 3:15/750
Bike+Hike: 6:30 Std./32 km/1700 Hm.

**Charakter:** Umfangreiche Tour mit Übernachtung bzw. mit lohnenden Mountainbike-Alternativen

**Tipp:** Am schönsten im Herbst wegen der Verfärbung der Ahorne im Laliderer Tal

**Beste Jahreszeit:** Während der Hüttenöffnungszeiten

**Ausgangspunkt:** Risstal/Mautstelle Alpenhof; besser ein Parkplatz kurz vorher; 945 m

**Falkenhütte, 1848 m** Geöffnet Anf. Juni–Mitte Okt.; Tel. 05245/245

Auf den südlichen Trabanten – den Steinfalk –führt ein gut gangbarer markierter Steig (Trittsicherheit erforderlich). Totenfalk, Risser und Lailiderer Falk sind den Karwendelfreaks vorbehalten – Spezialisten für Wegfindung in brüchigem Gestein. Unsere Kombitour vom Risstal aus ist zu Fuß fast nur mit einer Hüttennächtigung zu machen (mind. 10 Stunden ab Mautstelle). Mit Hilfe eines Mountainbikes kann man die Berggruppe noch umrunden – also Auffahrt durchs Johannestal und Abfahrt durchs Lalíderer Tal – und schafft das Ganze unter sieben Stunden: als Tagestour.

**Zum Ausgangspunkt:** Von Innsbruck–Achenpass–Sylvenstein–Vorderriss–Hinterriss zum Herzoglichen Alpenhof bei der Mautstelle Eng (90 km).

Mit dem Bike 1,5 km südlich Richtung Eng; rechts (WW Johannestal) abwärts über den Karwendelbach. Nun entweder bachabwärts zur alten grobschottrigen Auffahrt (mit Radfahrverbot, macht nichts: man muss sowieso schieben) oder leichter, aber länger auf dem Forstweg talein und mit einer großen Kehre in den Eingang des Johannestales hoch über der sehenswerten Bachschlucht (s. Karte). Auf rauem Fahrweg mit kurzen Abfahrten 8 km talein zu Wegteilung; links auf der MTB-Strecke Falkenhütte weiter. In Kehren zur Ladizalm, 1573 m/km 12. Hier heißt es für die meisten aus dem Sattel steigen und zumindest hinaufschieben bis zur nächsten Wegteilung (li. Fußweg/re. Fahrweg zur Falkenhütte); ab dort locker zur Hütte.

**Zum Steinfalk:** Auf spärlich markiertem Wiesenweg (ohne Tafel) links ums Ladizköpfl herum ins Ladizjöchl. Weiter nordwärts über Weidezaunübertritte steil hinauf zum grünen Mahnkopf, 2099 m; 45 Minuten. Weglos abwärts in den breiten Almsattel, wo man wieder auf Markierungen

Der „Bayrische Enzian“.

trifft (für den Rückweg). Nochmals steil hinauf in zunehmend felsigeres Gelände. Den ersten Felskopf umgeht man links abwärts sehr ausgesetzt und gelangt in eine Steinrinne. Darüber wieder auf gutem Steig überraschend leicht – zum Schluss von rechts her über Kletterfelsen – zum Gipfelkreuz (Aussicht siehe Einleitung). Abstieg: Zum grünen Sattel retour und den ausgetreteneren Weg rechts abwärts zur Latschenzone (einzelne mark. Holzpflöcke). Sanft fallend um den Mahnkopf westlich herum ins Ladizjöchl und am Aufstiegsweg zur Falkenhütte: gesamt 3:15 Std./750 Hm.

**Bikerückweg:** Von der Hütte den Fahrweg hinunter zur „Via Alpina". Links durchs Gatter schiebend auf dem Weg zum Hohljoch unterhalb der berühmten Laliderer-Nordwände bis zu einem meist ausgetrockneten Bachgraben. Steil hinab zum Fahrweg Laliders-Niederleger-Hochleger. Nun kann man wieder aufsitzen, gelangt auf ruppiger Unterlage zum Laliders-Niederleger und fährt auf gutem Almweg mit mäßigem Gefälle durch Ahornbestände talaus. Später rechts des Bachs etwas aufwärts zum Talausgang und Straßenteilung. Achtung, nicht links (WW Hinterriss) den ausgewaschenen Fußweg nehmen, sondern rechts (unbeschildert) den breiten Fahrweg hinaus zur Engtalstraße und auf dieser ca. 5 km retour zum Ausgangspunkt.

Das Mountainbike, dein treuer Partner in den Karwendeltälern.

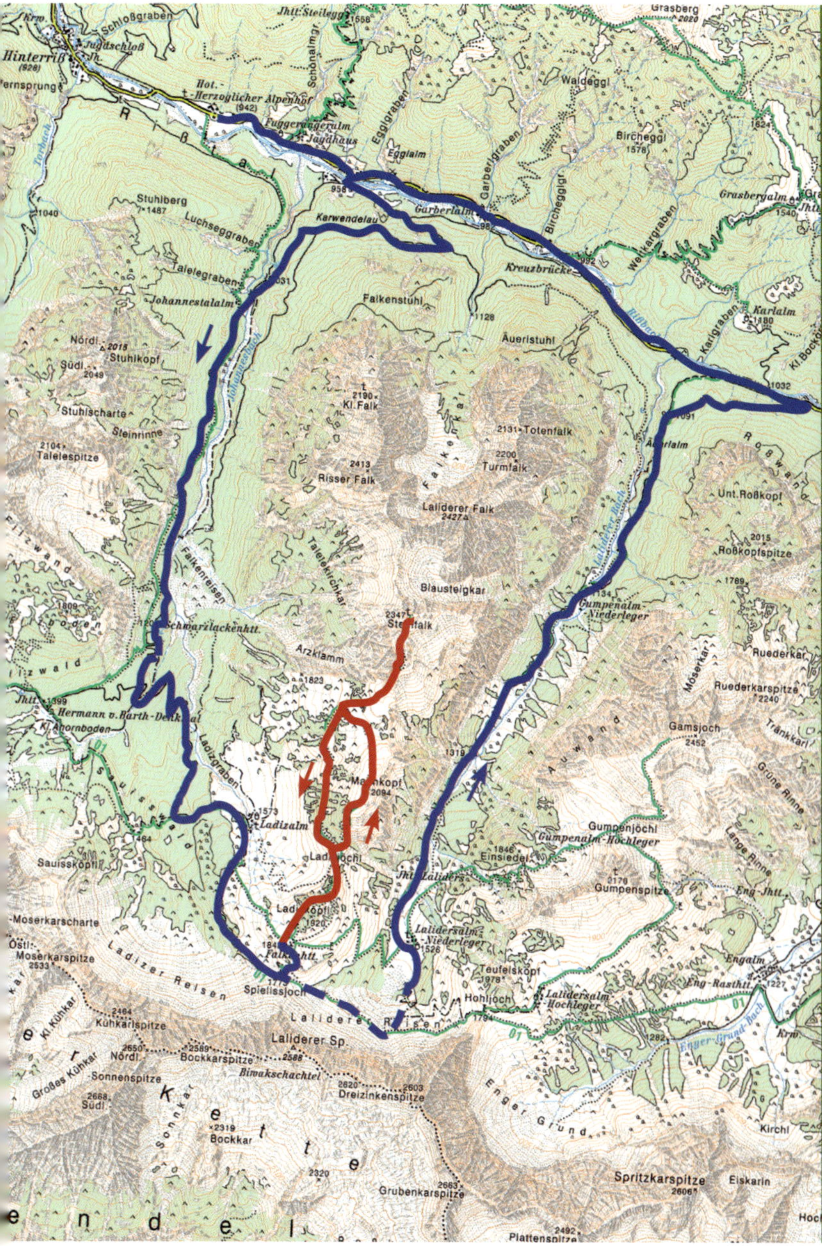
Hinterriß
Schloßgraben
Jagdschloß
Hot.-Herzoglicher Alpenhof
Fuggerangeralm
Jagdhaus
Egglalm
Jhtt. Steilegg
Schönalmgr.
Egglgraben
Garberlgraben
Garberlalm
Waldeggl
Bircheggl
Bircheggigr.
Grasberg
Grasbergalm
Weitkargraben
Kreuzbrücke
Karlalm
Karlgraben
Stuhlberg
Luchseggraben
Talelegraben
Karwendelau
Johannestalalm
Falkenstuhl
Äuerlstuhl
Nördl. Stuhlkopf
Südl.
Stuhlscharte
Steinrinne
Talelespitze
Kl. Falk
Totenfalk
Turmfalk
Risser Falk
Laliderer Falk
Unt. Roßkopf
Roßkopfspitze
Falkenreisen
Talelekirchkar
Blausteigkar
Schwarzlackenhtt.
Steinfalk
Gumpenalm-Niederleger
Arzklamm
Rüederkar
Rüederkarspitze
Hermann v. Barth-Denkmal
Kl. Ahornboden
Ladizgraben
Mahnkopf
Gamsjoch
Auwand
Ladizalm
Laliderer Jöchl
Gumpenjöchl
Gumpenalm-Hochleger
Einsiedel
Sauisskopf
Jhtt. Laliders
Gumpenspitze
Ladizköpfl
Falkenhtt.
Laliderersalm-Niederleger
Teufelskopf
Moserkarscharte
Östl. Moserkarspitze
Ladizer Reisen
Spielissjoch
Laliderer Reisen
Hohljoch
Laliderersalm-Hochleger
Eng-Rasthtt.
Engalm
Kl. Kühkar
Kühkarlspitze
Laliderer Sp.
Bockkarspitze
Biwakschachtel
Dreizinkenspitze
Großes Kühkar
Sonnenspitze
Sonnkar
Bockkar
Grubenkarspitze
Enger Grund
Spritzkarspitze
Eiskarin
Plattenspitze
Karwendel Kette

# 20 Sunntigerspitze 2321 m

Eines der Schaustücke des Karwendels ist der Halleranger mit Alm und AV-Hütte.

**Karwendelgebirge**
**Roßlochkamm**

Mit dem Mountainbike zur Kastenalm, von dort aber besser zu Fuß zum Halleranger. Der Sunntiger ist ein leicht erreichbarer Aussichtsberg in einem Seitengrat des Karwendel-Hauptkamms.

**Stützpunkt:** Kastenalm, Hallerangerhaus, Hallerangeralm

**Zeit, Höhendifferenz:** Kastenalm – Halleranger (1770 m) 1:30–2 Stunden, Sunntigerspitze (2321 m) 1:15–1:30 Stunden, insgesamt 3–3:30 Stunden, 1100 Höhenmeter.

**Charakter:** Der Sunntiger ist ein leicht ersteigbarer Gipfel im Kamm, der von der Roßlochspitze nach Westen zum Reps hinzieht. Ungemein eindrucksvoll.

**Tipp:** Mit dem Mountainbike von Scharnitz (980 m) durch das Hinterautal zur Kastenalm (1220 m) 15 km, 1:15–1:30 Stunden.

**Beste Jahreszeit:** ab Anfang Juli bis September

**Ausgangspunkt:** Scharnitz, Parkplatz am Eingang in die Karwendeltäler

Er ist wohl einer der eindrucksvollsten Plätze inmitten des Karwendels – der Halleranger. Ein grünes Hochtal mit satten Almweiden, überragt von den mächtigen Nordwänden des Lafatschers und der Speckkarspitze, die sich bis zum Bettelwurf erstrecken. Eine AV-Hütte und eine Almwirtschaft versorgen den Wanderer, der vom Halltal her über das Lafatscherjoch oder durch das Hinterautal dieses Ziel erreicht hat. Die Fahrt mit dem Rad durch das nur mäßig ansteigende Hinterautal, der Isar entlang, ist ja ein beliebtes Ziel, doch immer öfter tauchen auch Radfahrer am Halleranger auf. Aber nur solche, denen steile und ausgewaschene Schotterwege nichts ausmachen. Wo es absolut unfahrbar wird, schleppen sie unverdrossen ihr Bike über das Lafatscherjoch hinüber ins Halltal und haben damit eine richtige Gebirgsüberquerung geschafft. Besser ist es aber und gar nicht viel langsamer, wenn man nach der feinen Fahrt entlang der Isar sein Mountainbike unten bei der Kastenalm parkt und zu Fuß heraufsteigt zum Halleranger. Von dort führt noch ein schöner Steig auf die Sunntigerspitze, von der man einen umfassenden Blick auf die gewaltigen Nordwände der ganzen Hinterautalkette genießt. Nur Kare und Wände – Karwendel. Und irgendwo in den Wandfluchten des Bettelwurfs am Überschalljoch hat sich der Halleranger-Drache verkrochen – ein deutlich erkennbares, natürliches Felsbild, das aber nur Eingeweihte zu erblicken vermögen.

**So kommt man hin:** In Scharnitz bei der Kirche rechts zum Parkplatz am Eingang in die Karwendeltäler (3 €/Tag). Oder gratis beim aufgelassenen Mühlberglift neben der Bahn am südlichen Ortsrand. Der Isar entlang bis zum GH Wiesenhof, dann mit leichter Steigung hoch über der Schlucht und sanfte Abfahrt in das Flusstal. Auf der guten Naturstraße talein zum Isar-Ursprung, jener fast zu einer bajuwarischen Kultstätte hochstilisierten Stelle, ab der der Gebirgsfluss auch in der Trockenzeit immer wasserführend ist. Bald darauf ist die Kastenalm erreicht (15 km). Fahrradmasochisten plagen sich am steilen Schotterweg weiter. Weiter oben wird der Weg wohl etwas flacher und besser fahrbar, ist aber oft von den Gewittern stark mitgenommen. Zu Fuß ist man zumindest beim Aufstieg um nichts langsamer. Nach dem Lafatscher-Niederleger wird es merklich flacher und bald erreicht man die Weggabelung zu Hallerangeralm links und Hallerangerhaus rechts. Der Steig zum Sunntiger beginnt unmittelbar bei der Hallerangeralm. Er zieht durch den langen Latschenhang nach links und wendet sich beim Melzer-Denkmal nach rechts zur Grathöhe. Links geht es zum etwas niedrigeren Reps und rechts zur Sunntigerspitze.

**Ein Taxi gibt es auch:** Ohne Fahrradhilfe zieht sich das Hinterautal ganz schön in die Länge, auch wenn man genügend Langstreckenwanderer trifft, die auf Schusters Rappen unterwegs sind. Leichter geht es mit dem alle Karwendeltäler bedienenden Taxibus, der gleich oberhalb des Parkplatzes in Scharnitz startet. Taxi zur Kastenalm hin/retour 12 €, Abfahrt 9 Uhr. Taxi Mair, Tel. 05213/5363.



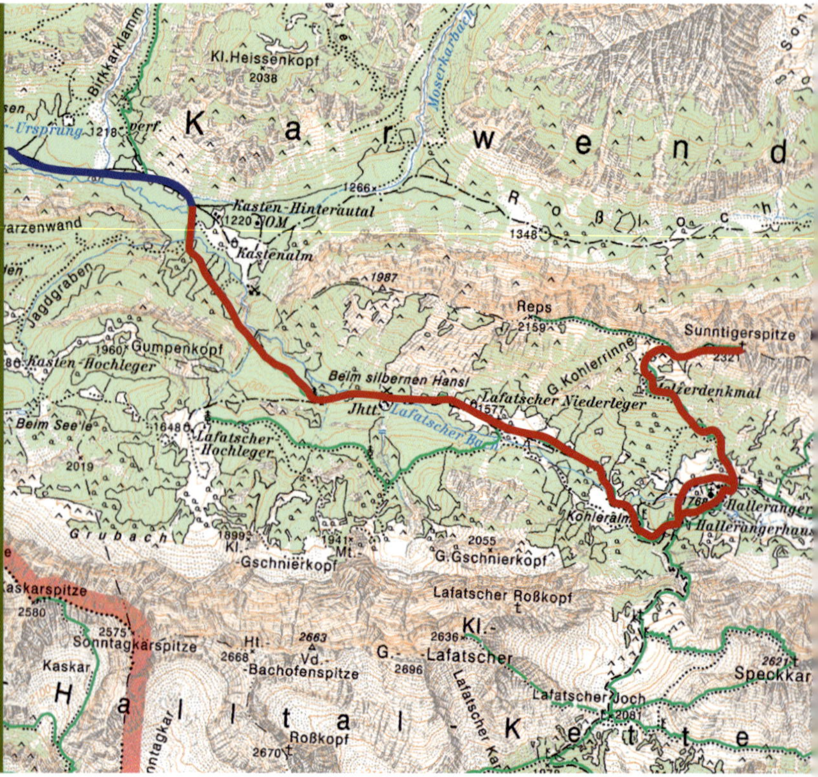

# 21 Hintere Bachofenspitze 2668 m

Sonntagskarspitze und Hintere Bachofenspitze über der Pfeishütte.

**Karwendel**
**Gleirsch-Halltal-Kette**
▲▲▲

Stolz des AV-Zweiges Innsbruck ist die schmucke Pfeishütte hinter der Nordkette. Ein neu markierter Anstieg führt aus dem Sonntagskar zur Hinteren Bachofenspitze.

**Stützpunkt:** Pfeishütte (1922 m), Tel. 0512/292333, Anfang Juni bis Anfang Oktober.

**Zeit, Höhendifferenz:** Hafelekar-Bergstation (2269 m) – Goetheweg – Pfeishütte (1922 m) 1:45 bis 2:15 Stunden; zur Bachofenspitze 2 bis 2:30 Stunden, 750 Höhenmeter ab Hütte.

**Charakter:** Etwas für Individualisten. Vielfach nur Steigspuren und wegloses Gelände, aber aufwändig markiert. Trittsicherheit erforderlich.

**Tipp:** Neu versicherter Steig von der Thaurer Alm zum Kreuzjoch (2 Stunden).

**Beste Jahreszeit:** Anfang Juli bis Spätherbst.

**Ausgangspunkt:** Bergstation Hafelekar oder Thaurer Alm.

Immer wenn der Gostner-Fritz aus Thaur – einer jener Idealisten, die das bis hierher reichende Wegenetz seines Gemeindegebietes markieren und in Stand halten – von der Pfeis ins Sonntagskar heraufsteigt, schaut er mit gemischten Gefühlen hinauf zur Hinteren Bachofenspitze. Gott sei Dank, das Gipfelkreuz, das er selbst errichtet hat, steht noch. Der Zweifel ist berechtigt, ging doch vor einiger Zeit im Karwendel ein seltsamer Spinner um, der das Gebirge – so scheint es jedenfalls – wieder in seinen Urzustand versetzen wollte. Demolierte Gipfelkreuze, beschädigte Wegweiser und Seilsicherungen waren seine Spuren. Wie es scheint, war er auch im Sonntagskar unterwegs.

**So kommt man hin:** Am leichtesten erreichbar ist die Pfeishütte vom Hafelekar her über den Goetheweg mit seinen fantastischen Tiefblicken auf die Landeshauptstadt oder etwas mühevoller ohne Seilbahnhilfe von Rum oder Thaur aus über die umliegenden Grateinschnitte. Auffahrt von der Hungerburg mit der neuen Nordkettenbahn. Von der Bergstation am Goetheweg zur Mandlscharte und Abstieg zur Pfeishütte. Ohne Seilbahn geht man am besten von der Thaurer Alm über das Kreuzjöchl. Auch hier wurde erst im Vorjahr der Steig (beginnend beim Thaurer Roßkopf) an einer ausgesetzten Stelle im Grasschrofengelände entschärft und mit einem Geländerseil versehen.

**Zur Bachofenspitze:** Die Besteigung der Hinteren Bachofenspitze ist wohl nur ausgesprochenen Karwendelliebhabern anzuraten, die leichtes Klettergelände (Schwierigkeitsgrad II) auch im Abstieg sicher

Blick aus dem Sonntagskar zurück zu Rumer Spitze und Arzler Scharte.

bewältigen. Erleichtert wird dies mit einer super Markierung, welche stets die genaue Route vorgibt.

Von der Hütte hinüber zum Fahrweg, ein paar Schritte talab, bis zum Wegweiser ins Sonntagskar. Auf schmalem Steig, später nur mehr auf Steigspuren, der alten runden Markierung folgend, bis zur Verzweigung der beiden Anstiege. Ab hier neue, unübersehbare Rotweißrotmarkierung. Im gut gangbaren Grasgelände in den obersten Karboden zum Ansatz der Schutthalden, an deren Fuß ein 40-köpfiges Gamsrudel seinen Wohnsitz hat. Nun wird es mühsam. In einer großblockigen, flachen Rinne rechts hinauf zum unteren Rand der Felsbarriere, auf dem brüchigen Band so weit nach links, bis ein Pfeil im roten Kreis in die Höhe weist. Ab hier gut gestuftes, aber brüchiges Klettergelände (II). In einer kaminartigen Rinne hat unser Wegwart sogar ein paar Trittstifte angebracht. Ist die Grathöhe zwischen Bachofenspitze und Roßkopf erreicht, am flacher werdenden Rücken nach links zum Gipfelkreuz.

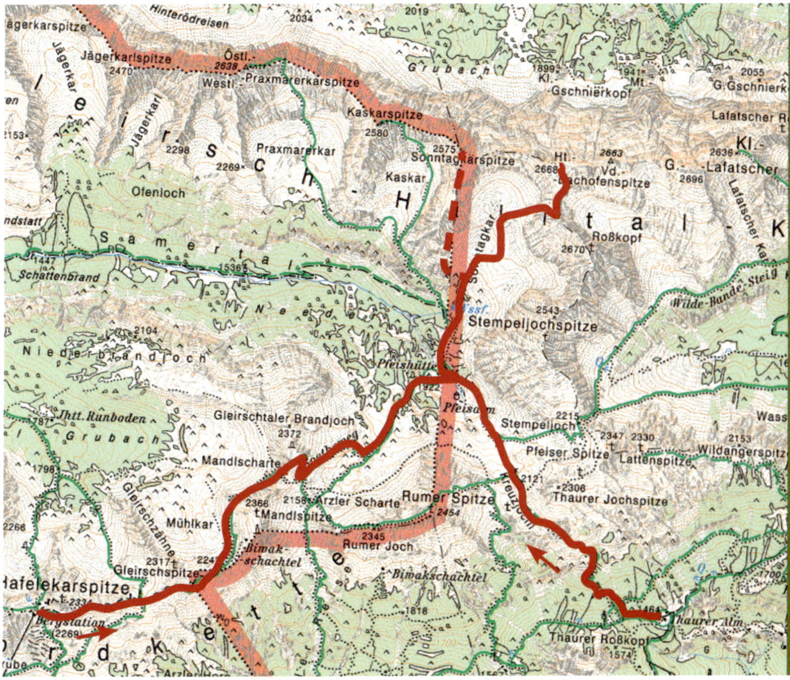


Tour 21 Hintere Bachofenspitze

# 22 Hochmahdkopf 1738 m
# Haller Zunterkopf 1966 m
# Thaurer Zunterkopf 1918 m

Die Kaisersäule, errichtet in Erinnerung an den Besuch Kaiser Franz I.

**Karwendel**
**Ausläufer der Nordkette**

▲▲

Hat man nach kräfteraubendem Aufstieg den Hochmahdkopf erobert, marschiert man wesentlich befreiter durch die Latschengassen zu den beiden anschließenden Zwillingsgipfeln.

**Stützpunkt:** Thaurer Alm (1464 m), Almgasthaus

**Zeit, Höhendifferenz:** Absam/Bettelwurfsiedlung (769 m) – Hochmahdkopf (1738 m) 2:30 Stunden, 970 Höhenmeter; Übergang zum Haller Zunterkopf (1966 m) 45 Minuten, + 220 Höhenmeter; zum Thaurer Zunterkopf (1918 m) 30 Minuten; Abstieg nach Thaur und Rückweg zum Halltaleingang 2:30 Stunden. Gesamte Runde ca. 6 Stunden. Gesamt 1250 Höhenmeter.

**Charakter:** Nicht schlecht für die Kondition und nicht zu unterschätzen ist die Überschreitung vom Hochmahdkopf über die beiden Zunterköpfe zur Kaisersäule.

**Tipp:** Stellt man sich vorher ein Fahrrad zum Adolf-Pichler-Bründl, erspart man sich den fast einstündigen Marsch zum Halltaleingang.

**Beste Jahreszeit:** ab Mai bis Spätherbst

**Ausgangspunkte:** Absam/Halltaleingang; Thaur/Stollen oder Adolf-Pichler-Bründl

Steil sind sie alle, die schmalen Steige, die durch die Zuntern – wie die Latschen oder Legföhren hier genannt werden – durch die Sonnenhänge nach oben führen. So steil, dass man „stehend grasen" könnte, wie ich Bergsteiger am Gipfel respektvoll reden hörte. Ganz gleich, ob man vom Halltaleingang auf den Hochmahdkopf steigt oder von Thaur direkt über Guggermauer auf den Haller Zunterkopf. Am bequemsten, dafür auch am weitesten ist noch der Anstieg über die Kaisersäule auf den Thaurer Zunterkopf. Ein gutes Konditionstraining ist es allemal, ob Sie nun das Gesamtpaket annehmen oder sich nur einen der drei Gipfel allein vornehmen. Am schönsten ist jedoch die komplette Überschreitung aller drei Latschenköpfe.

Die Zunterköpfe über Absam.

## Auf den Hochmahdkopf

Man startet in Absam vor dem Halltaleingang, marschiert kurz im Halltal einwärts und biegt bei der Panoramatafel nach links auf den Runstboden-Rundweg ein, folgt ihm bis auf die Hangkante, wo man auf einen Steig trifft, der direkt an den Bergkörper hinleitet. Nach oben zunehmend steiler zu den Lawinenzäunen und durch Latschenhänge auf den Hochmahdkopf (Abstieg nach St. Magdalena möglich). Nun wesentlich flacher auf den Felsansatz des Haller Zunterkopfs zu. Dort wartet noch eine kurze nordseitige Passage über eine 20 m hohe Felsstufe, die bestens mit Fixseilen versichert ist, dann führen die letzten Schritte weiter im Latschenfeld auf den Haller Zunterkopf, womit der höchste Punkt erreicht ist. Auch in der Senke vor dem Anstieg zu seinem Thaurer Nachbarn gibt es noch eine kurze Drahtseilpassage. Der Abstieg zur Kaisersäule zur Thaurer Alm und hinunter nach Thaur verläuft dafür auf breiten Wegen in weit weniger steilem Gelände. Abstieg nach Thaur und zurück am Adolf-Pichler-Weg nach Absam (ca. 6 Stunden für die ganze Runde).

**Zum Haller Zunterkopf:** Der kürzeste Anstieg beginnt bei den obersten Häusern von Thaur beim Stollen. Vom Gasthof Purner gerade durch die Stollenstraße bis zum Parkplatz am Stollentor. Nach rechts und auf schönem Waldsteig in Richtung Thaurer Mähder, dann zur Guggermauerhütte und danach durch den steilen Latschenhang direkt zum Gipfel (2:30 bis 3 Stunden, 1200 Höhenmeter).

**Der Thaurer Zunterkopf:** Er ist noch der Gemütlichste des Dreigestirns. Von Thaur beim Gasthof Stangl links durch die Langgasse und gerade weiter auf der Forststraße bis herauf zum Adolf-Pichler-Bründl (Parkplatz für Wanderer). Entweder am Fahrweg oder dem steilen Abkürzungssteig über den Haselberg zur Thaurer Alm, nach rechts in die so genannte Schlung und zur Kaisersäule. Gleich über dem Steinobelisken rechts und das letzte Stück ebenfalls steil zum Gipfel (3 Stunden, 1050 Höhenmeter).



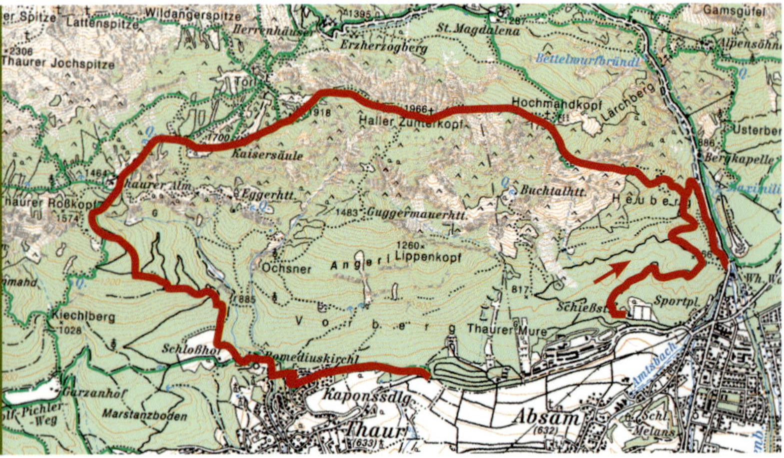

# 23 Hüttenspitze 1858 m

Prächtiger Einblick in das innere Halltal bei der Alpensöhnehütte.

**Karwendel**
**Bettelwurfmassiv**
▲▲▲

Unscheinbar, aber nicht zu unterschätzen ist der dem Bettelwurfmassiv vorgelagerte „Hütteler" an der Ostseite des Halltals.

**Stützpunkt:** Alpensöhnehütte (Getränke, nur Wochenende)
**Zeit, Höhendifferenz:** Halltaleingang/Mautstelle (780 m) – 1. Ladhütte – Alpensöhnehütte (1345 m) 1:15–1:30 Stunden, 550 Höhenmeter, Abstieg über Bettelwurfeck und Fluchtsteig ca. 1 Stunde. Zur Hüttenspitze (1858 m) 1–1:15 Stunden, 500 Höhenmeter; insgesamt 2:30 Stunden, 1100 Höhenmeter.
**Charakter:** Feine Rundwanderung im Halltal zur Alpensöhnehütte. Dazu ein kleiner Gipfel für Geländegängige.
**Tipp:** Im Frühsommer, wenn der Bettelwurf noch tief im Schnee steckt, ist der Anstieg zur Hüttenspitze längst aper.
**Beste Jahreszeit:** Mai bis Spätherbst
**Ausgangspunkt:** Absam, Halltaleingang

Der erste Teil unserer Wanderung durchs Halltal zur Alpensöhnehütte ist wunderschön und problemlos. Die Steige wurden unlängst ausgebessert und sind in bestem Zustand. Mit Abstieg zum Bettelwurfeck und Rückweg am Fluchtsteig hat man eine kurze, aber feine Runde mit schönen Aussichtspunkten.

Mit der Hüttenspitze, die sich genau über der Alpensöhnehütte und der Winklerwand aufbaut, sich aber nirgends so recht von der dahinter aufragenden Wechselspitze abhebt, ist es wesentlich anders. Zwar führten auch hier ein Steig oder besser gesagt Steigspuren auf den kleinen Latschengipfel, aber dieser Anstieg ist wirklich nur dem trittsicheren, berggewohnten Geher zu empfehlen. Trotzdem erhält der „Hütteler", wie im Gipfelbuch ersichtlich, regen Besuch.

Von Hall über die Salzbergstraße zum Eingang des Halltals. Parken bei der Bettelwurfsiedlung, noch vor dem „Mautomaten", denn die 1,5 km bis zur 1. Ladhütte spaziert man auch zu Fuß talein. Genau beim Parkplatz der 1. Ladhütte überquert man die Straße und findet einen zuerst noch unscheinbaren Steig, der aber gleich in schönen Spitzkehren an der rechten, östlichen Flanke des Halltals durch das „Klamml" bergwärts zieht. Allfällige Winterschäden am Steig werden immer rasch behoben. Man passiert erst noch eine Privathütte, erreicht bald darauf eine Wegteilung zur Hinterhornalm, geht links und ist gleich bei der Alpensöhnehütte angelangt (1:15–1:30 Stunden ab Mautstelle). Ausgeschenkte Getränke gibt es nur an Sonntagen, wenn man Glück hat, vielleicht auch am Samstag, werktags plätschert ein Brunnen vor der Hütte. Der Abstieg führt an der Hütte vorbei durch lichten Wald hinunter zum mächtigen Schuttstrom der Bettelwurfreiße, wo man in den Weg zur Bettelwurfhütte einmündet. Gleich ist die 2. Ladhütte beim Bettelwurfeck erreicht. Wenn man nicht Asphalt treten will, benützt man besser den oberhalb der Straße verlaufenden historischen Fluchtsteig.

Auf noch kürzerem Weg erreicht man die Alpensöhnehütte vom Parkplatz bei der 2. Ladhütte oberhalb vom Bettelwurfeck (Maut € 4). Wegbeginn zur Bettelwurfhütte, bald darauf Abzweigung rechts (0:45–1 Stunde).

### Auf die Hüttenspitze

Unmittelbar bei der Alpensöhnehütte über die Stufen empor, dann nach rechts zu einem freien Wiesenplatz mit Bank. Der Aufstieg durch den steilen Wald ist hier nur mehr schwer zu erkennen, führt im Prinzip vom Bankl kerzengerade bergwärts. Man darf sich von den vielen Schafsteigen nur nicht zu weit nach rechts verleiten lassen. Hat man dann die Latschenzone erreicht, findet man eine blasse, aber gut sichtbare Markierung. Der jetzt bessere Steig führt zu einer mit roten Lettern als „Merklrinne" angeschriebenen Felsrunse, danach durch brüchiges Schuttgelände, bis wiederum die obere Latschenzone erreicht ist. Trittsicherheit, besonders für den Abstieg, ist hier wichtig. Am Gipfel schöner Blick übers ausgebreitete Inntal und ins innere Halltal.

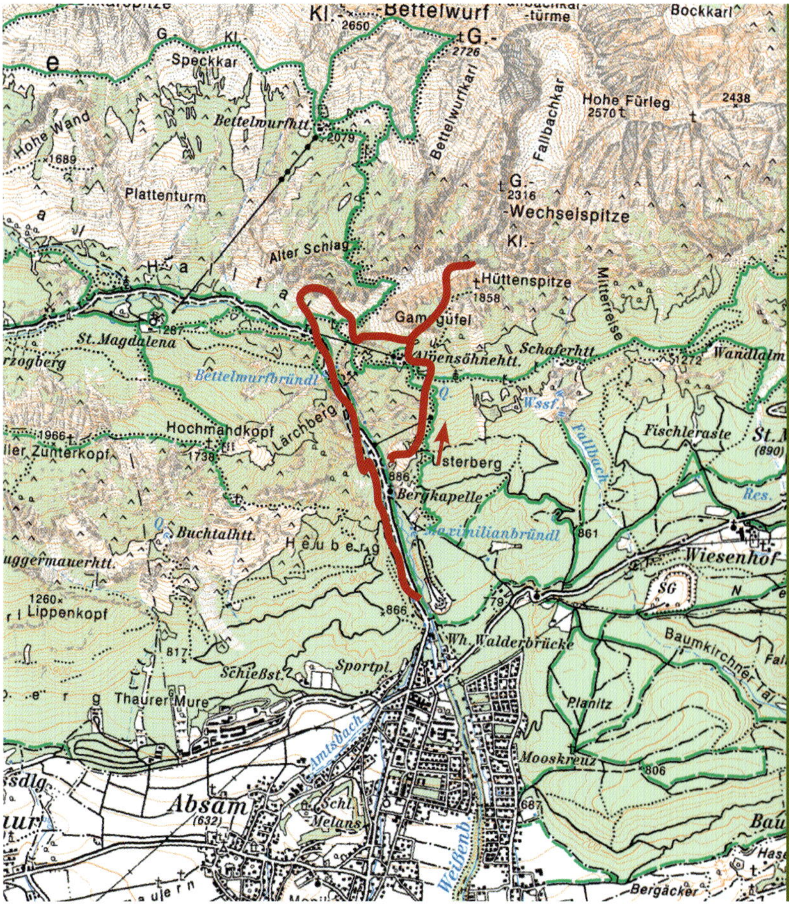

# 24 Lamsenspitze 2508 m Hochnissl 2546 m

Lamsenhütte, Lamsenhüttenturm und die pralle Ostwand der Lamsenspitze.

**Karwendelgebirge Hauptkamm**

▲▲▲

Gute Nachrichten für Bergsteiger und Klettersteigfreunde. Die Sanierung aller versicherten Steiganlagen im Lamsgebiet ist abgeschlossen. Zum Schluss kam auch noch der Hochnissl dran.

**Stützpunkt:** Lamsenjochhütte, Tel. 05244/62063, geöffnet von Juni bis Mitte Oktober

**Zeit, Höhendifferenz:** Gramai (1265 m) – Lamsenjochhütte 1953 m) 1:30–2 Stunden, 700 Höhenmeter; Bärenrast (1040 m) – Lamsenjochhütte 2:30–3 Stunden, 850 Höhenmeter; Lamsenspitze (2508 m) 2–2:30 Stunden, 550 Höhenmeter ab Hütte. Hochnissl (2546 m) 3 Stunden.

**Charakter:** Wieder an verlässlichen Sicherungsseilen festhalten können sich die Bergsteiger auf den Normalanstiegen zu diesen beiden berühmten Karwendelbergen.

**Tipp:** Klettersteig Lamstunnel als Zugang zu den Steigen von Hochnissl oder Lamsenspitze 0:45–1 Stunde.

**Beste Jahreszeit:** Juli bis Ende September

**Ausgangspunkt:** Pertisau/Gramaialm oder Fiecht/Bärenrast

Bei den Wanderern und Bergsteigern hat es sich mittlerweile herumgesprochen, dass alle Normalanstiege von der Lamsenspitze bis hin zum Hochnissl in bestem Zustand sind. Wenn auf manchen Internetseiten immer noch vor desolaten Seilsicherungen bei den Anstiegen im Bereich der Lamsenjochhütte gewarnt wird, so gehört diese Meldung längst zum alten Eisen. Der beliebte Klettersteig durch den Lamstunnel, welcher einen wesentlich interessanteren Zugang zu Lamsenspitze und Hochnissl vermittelt, wurde bereits vor zwei Jahren erneuert und in festeres Gelände verlagert. Im Sommer 2006 kam als letztes auch der Hochnissl an die Reihe, wo ebenfalls alle Sicherungsseile und Anker ersetzt wurden. Zu verdanken ist dies den Männern der Bergrettung Schwaz, welche die Arbeit bewerkstelligten, und der Münchner DAV-Sektion Oberland, die für die Finanzierung aufkam. Nicht allein deshalb wurde die Lamsenjochhütte mit dem Umweltgütesiegel des DAV ausgezeichnet. Zu schätzen wissen die Hüttenwanderer aus der Schwazer Gegend auch den geräumigen Parkplatz, den die Gemeinde Vomp bei der „Bärenrast" errichtet hat.

**So kommt man hin:** Kürzester Zugang zur Lamsenjochhütte von der Gramaialm (2 Stunden). In Pertisau den Wegweisern folgend zum Eingang in die Karwendeltäler. Nach der Mautstelle (€ 3.50) links ab ins Falzturntal und in 7 km zur Gramaialm.

Etwas länger braucht man durch das Stallental. Von Fiecht auf der Zufahrt nach Georgenberg bis zum Pilgerparkplatz in Weng. Gleich danach links zum obersten Bauernhof (Bauhof) und weiter auf dem Forstweg zur „Bärenrast", wo vor über hundert Jahren der letzte Braunbär in Tirol

Karwendelbewohner.

erlegt wurde (großer Parkplatz). Geradeaus talein zur Stallenalm und weiter zur Lamsenjochhütte (2:30 Stunden).

**Normalweg Lamsenspitze:** Am Serpentinensteig in den begrünten Hängen im rechten Teil des Lamskars empor, Querung nach links, knapp unter der Ostwand der Lamsenspitze, und mit Seilsicherungen über eine plattige Wandstufe auf die Lamsscharte. Kurzer Abstieg und rechts im Schutthang aufwärts zum Beginn der felsigen Turnerrinne. Im gut gestuften Fels mit neuen Seilsicherungen zu einer Schotterterrasse und zum Schluss auf schmalem Steig zum Gipfel. Sauberes Gehen erforderlich, keine Steine abtreten, ebenso Achtung auf Steinschlag durch Vorausgehende (2 Stunden).

**Klettersteig Lamstunnel:** Der für Geübte nicht sehr schwierige Klettersteig durch den Brudertunnel links vom Lamsenhüttenturm ist ein kurzweiliger Zugang auf die Grathöhe, sowohl für die Lamsenspitze als auch für den Hochnissl. Von der Hütte zum Fuß der Nordwand der Rotwandlspitze und zum Beginn der total erneuerten und in festeres Gelände verlegten Steiganlage. Schwierigste Stelle ist der Ausstieg aus der Höhle durch einen engen Schluff. Unmittelbar darauf ist der zum Hochnissl führende Steig erreicht, rechts geht es zur Lamsscharte (0:45–1 Stunde).

**Normalweg Hochnissl:** Vom Ausstieg des Brudertunnels am Steig durch die Flanke nach links, dann in einigen Kehren auf die Grathöhe und zum Gipfel der Rotwandlspitze. Nun immer in Kammnähe zum kleinen Felshorn der Steinkarlspitze, welches ebenfalls überschritten wird. Abstieg durch einen Kamin und letzter Anstieg in der Südflanke auf den Hochnissl. Alle Seilsicherungen wurden im Sommer 2006 erneuert, trotzdem sind Trittsicherheit und Berggewandtheit auf der über 2 km langen Gratstrecke nötig (3 Stunden).

Ausstieg aus dem Brudertunnel.

Schaufelspitze
2306
1994
Bärenlahnersattel
Bärenlahner
Gramaikar
Sonnjoch
2457
Bärenwandkopf
1871
Brunntal
Hirsch
Brunntalkopf
1718
1218
Naudersgraben
1756
Gramaijoch
Gramaialm Hochleger
1263
Gramaialm
Nauderer Kar
Rappenspitze
2223
Binssattel
Hahnkampl
2080
Sunntiger
Lunstkopf
2143
Gramaier Grund
Lunstsattel
Rizuelhals
1506
Brentenkopf
2024
1940
Westl. Lamsenjoch
Rauher Knöll
2278
Grubachgraben
K
a
r
w
e
n
Lamsenspitze
2508
Schafjöchl
2157
Lamsscharte
Graf-Thun-Hütte
Stallenhütte
Lamsenjochhütte
Stallenalm
1340
Erkarlspitze
2418
1700
Rotwandlspitze
2322
Mitterkar
Steinkarlspitze
1799
Lamskar
Steinkarl
Mittagspitze
2332
Fiechter Spitze
2299
2547
Hochnissl
2439
Schneekopf
2313
Jöchl
1913
Hirschkopf
2292
Zwerchloch
Bärenkopf
1942
Jhtt.
1665
Jhtt. Zwerchbach
1030
1859
Sonnschartspitze
Jhtt. Fleischbank
1274
Jhtt. Damald

# 25 Rappenspitze 2223 m
# Lunstkopf 2142 m

Die Rappenspitze, ein stiller Gipfel abseits frequentierter Touristenpfade.

**Karwendel**
**Rauher-Knöll-Verzweigung**

▲▲

Das Weidevieh bevölkert die großen Wiesenmulden bei der Naudersalm, einen Stock höher haben die Schafe ihre Ruheplätze und die Gipfelregion der Rappenspitze gehört allein den Gämsen und den Wanderern.

**Stützpunkt:** Stallenalm, Sommerbewirtschaftung

**Zeit, Höhendifferenz:** Parkplatz Bärenrast (1020 m) – Stallenalm (1340 m), 1 Stunde, Rizuelhals (1943 m) 1:15 Stunden, zum Lunstkopf (2142 m, 30 Min.) – Naudersalm (1890 m) – Kaserjoch – Rappenspitze (2223 m) 2:30 Stunden; 1200 Höhenmeter.

**Charakter:** Von der Stallenalm über die Nauderer Stiege zum Rizuelhals und zur Naudersalm führt unser Weg in einer weiten Spirale zur Rappenspitze.

**Tipp:** Bergradler fahren nach der Bärenrast auf dem breiten Wirtschaftsweg zuerst links und zweigen dann rechts „in die Stallen" ab (4,5 km ab Bärenrast).

**Beste Jahreszeit:** ab Anfang Juli bis Spätherbst

**Ausgangspunkt:** Fiecht, Parkplatz Bärenrast (1020 m)

Die Rauhe-Knöll-Verzweigung ist jener Seitenast des Karwendels, der vom Lamsenjoch gegen das Stanser Joch hin nach Osten streicht. Dort befinden sich diese unspektakulären Gipfel, die aber eine großartige Aussicht auf den gesamten Hauptkamm bieten. Kommt man vom Stallental über den Rizuelhals zur Naudersalm, muss man die Rappenspitze erst komplett umrunden, um auf dem leichtesten Weg auf ihren Gipfel zu gelangen. Schaut ein wenig kompliziert aus, ist aber trotzdem ganz einfach, denn die Wegfindung ergibt sich ganz logisch. Viel kürzer, gemütlicher und mit fast genauso schöner Aussicht geht es auf den breit vorgelagerten Lunstkopf.

Almweiden und Gämsrevier.

Von der Autobahnausfahrt Schwaz nach Fiecht und am Stift vorbei, der Beschilderung folgend nach Georgenberg. Gleich nach dem Parkplatz in Weng links ab und auf dem Asphaltweg zum obersten Bauernhof (Bauhof). Auf dem Schotterweg weiter bis zur Bärenrast, jener denkwürdigen Stelle, wo vor über hundert Jahren der letzte Bär Nordtirols erlegt wurde. Großer Parkplatz.

Auf schönem Wanderweg geradeaus talein zum grünen Stallenboden und bei Verzweigung rechts zur bewirtschafteten Stallenalm. Hinter der Stallenalm ein kurzes Stück auf dem Fahrweg zu einer Jagdhütte und ab hier auf dem Steig am Rand des tief eingeschnittenen Grubachgrabens zur Waldgrenze. Dort scharf nach rechts durch breite Latschengassen und die stufenlose „Nauderer Stiege" zum Rizuelhals, wo man unvermittelt zu den Stützen der Materialseilbahn gelangt. (Kurz nach links, Richtung Lunstsattel, und durch Latschen empor, wenn man sich mit dem Lunstkopf begnügt.)

Leicht absteigend zur Naudersalm, über der die Rappenspitze thront. Von der Alm rechts hinauf auf den Wiesensattel, dahinter flach in ein grünes Kar und in seiner Mitte weglos über harmlose Grashänge auf das Kaserjoch, wo man wieder auf den markierten Weg trifft. Man befindet sich jetzt auf der Nordseite der Rappenspitze und erkennt weiter oben einen deutlichen Steig, der von links nach rechts aufwärts die Schutthalden quert. Bitte unbedingt beachten: Dieser verlockend ausschauende Weg ist von tief ausgewaschenen Gräben unterbrochen und somit fast unpassierbar. Darum ein paar Schritte ins Nauderer Kar absteigen bis in die Karmulde am Auslauf der Schutthalden. Dort quert man zum gegenüberliegenden Wiesenhang und steigt über den begrünten Rücken auf eine Schulter westlich des Gipfels. Noch 10 Minuten mühsam auf steilem Schottersteig zum Gipfelkreuz. Abstieg auf dem gleichen Weg.

# 26 Mondscheinspitze 2106 m

Aufstieg vom Schleimssattel, rechts, danach Abstieg zum Plumsjoch.

**Karwendel-Vorgebirge**
**Achenseegebiet**
**Pertisau**
▲▲▲

Wie es eben so ist auf den Karwendelbergen: Auch die Normalwege erfordern ein gewisses Maß an Trittsicherheit im steilen Schrofengelände.

**Stützpunkt:** Plumsjochhütte (1600 m)
**Zeit, Höhendifferenz:** Parkplatz Pletzach (1050 m) – Schleimssattel (1550 m) – Mondscheinspitze (2106 m) 3–3:30 Stunden, Abstieg Gernalm 2–2:30 Stunden. 1050 Höhenmeter zum Gipfel + 120 m Gegenanstieg zum Montscheinkopf.
**Charakter:** Überschreitung vom Schleimssattel zum Plumsjoch. Bestens markiert, Felsstufen Schwierigkeitsgrad II.
**Tipp:** Trittsicherheit im steilen Schrofengelände unbedingt notwendig. In der beschriebenen Richtung leichter als umgekehrt.
**Beste Jahreszeit:** ab Juli, Hochsommer, Herbst
**Ausgangspunkt:** Parkplatz hinter der Pletzachalm (1050 m).

Bereits in den Karwendel-Vorbergen liegt dieser schöne Aussichtsberg nahe dem Achensee, auf den von Osten und durch die Südflanke steile Bergsteige führen. Eine Überschreitung bietet sich demnach geradezu an. Aber ganz gleich, von welcher Seite man sich der Mondscheinspitze nähert, die letzten 300 Höhenmeter der Gipfelpyramide werden recht steil und schottrig, sogar ein paar leichte Kletterstellen im gut gestuften Fels sind zu bewältigen. Hilfreich ist die überaus üppige Markierung, trotzdem verlangen die steilen Steige perfekte Trittsicherheit und Berggewandtheit. Ideal ist der Aufstieg aus dem Gerntal zum Schleimssattel und der Abstieg zum Plumsjoch. Hier hat man den schlechteren Steig wenigstens im Aufstieg und den um eine Spur besseren für den Abstieg. Nicht wundern darf man sich über die verschiedenen Schreibweisen in den Landkarten. Die sich aus dem Mittelhochdeutschen ableitenden Begriffe Mont- oder Mande (bei Mantschen) – bedeuten alle dasselbe, nämlich Berggegend, Monat und auch Mond.

Karwendelgipfel raten.

**So kommt man hin:** Nach Pertisau und am Ortsanfang zur Mautstelle am Eingang in die Karwendeltäler (€ 3.50). Geradeaus weiter ins Gerntal, vorbei an der Pletzachalm, aber gleich dahinter (Abzweig Feilkopfalm) großer Parkplatz rechts. Wegbeginn zum Schleimssattel. Wer die angegebene Gehzeit von 1:30 Stunden unterbietet, sollte sich nicht zu früh freuen, die gewonnene Zeit braucht man dann im zweiten Teil der Tour. Am Sattel links flach weiter bis zum Wegweiser und nun auf schmalem Steig durch lockeren Lärchenwald ins freie Gelände unter dem Kelberg. Kommt der Gipfel in Sicht, kann man bereits erahnen, dass der Schlussanstieg kein Honigschlecken wird. Der Steig quert die Flanke des vorgelagerten Grünbergs, senkt sich hinunter in eine felsige Runse, aus der eine kurze Kletterstelle im festen Fels nach oben führt. Genau bei den Markierungen bleiben! Steil, aber gut gangbar führt der schottrige Steig durch die begrünte Schrofenflanke zum Gipfel (3–3:30 ab Parkplatz). Faszinierend ist der Blick nach Süden zur lückenlosen Mauer des Karwendelhauptkamms.

Abstieg auf etwas besserem Steig, aber auch hier gibt es einige Kletterstellen im gut gestuften, recht festen Fels zu bewältigen. Vom Einschnitt der Mondscheinsenke Gegenaufstieg zum Mondscheinkopf (15 Min.) und jetzt auf schönem Steig zum Plumssattel und erste Einkehrmöglichkeit in der Plumsjochhütte. Für den Abstieg vom Gipfel bis zur Gernalm muss man gut 2 Stunden rechnen.

**Leichtere Variante:** Wer es lieber etwas gemütlicher mag, wandert von der Gernalm auf dem breiten Fahrweg zum Plumssattel und hier nach rechts zu dem der Mondscheinspitze vorgelagerten Mondscheinkopf (1921 m, Gipfelkreuz, in manchen Karten als Plumsjoch bezeichnet) und hat auch einen kleinen Gipfel in der Tasche.

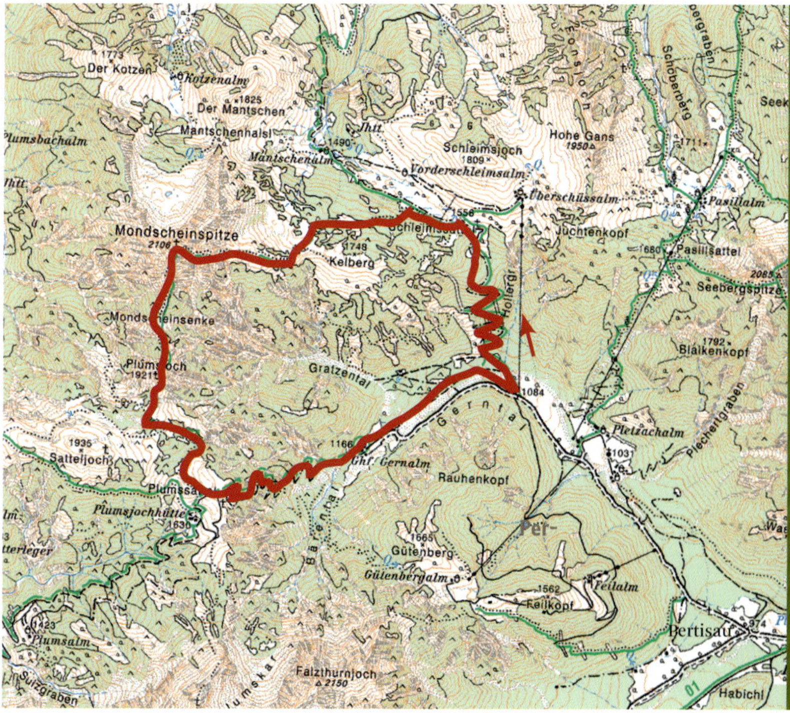

# 27 Voldöpper Spitze 1509 m

Blick von der Voldöpper Spitze über das Inntal zum Großen Galtenberg.

**Brandenberger Alpen**
▲

Klein, aber oho. Der kleine Waldberg, der sich über dem Tiroler Seenland bei Kramsach aufbaut, ist mit seinem steilen Anstieg nicht zu unterschätzen.

**Stützpunkt:** GH Berglsteiner See, Mo/Di Ruhetag

**Zeit, Höhendifferenz:** Krummsee (570 m) – Voldöpper Spitze (1509 m) 2–2:30 Stunden, 940 Höhenmeter. Abstieg 1:30 Stunden. Rückweg über Heumesseralm zum Berglsteiner See 1:30–2 Stunden. Vom See zur Landesstraße und 1 km zurück zum Ausgangspunkt, 30–40 Minuten.

**Charakter:** Steiler Anstieg, der sich zur Hälfte auf Forststraßen entschärfen lässt. Gutes Konditionstraining für Bergläufer, aber genauso für Genießer.

**Tipp:** Eine runde Sache wird es, wenn man für den Abstieg den bei weitem nicht so steilen Weg zur Heumesseralm und zum Berglsteiner See wählt.

**Beste Jahreszeit:** Mai bis November

**Ausgangspunkt:** Kramsach, Krummsee

Man startet bei dem nur wenig über der Talsohle des Inntals liegenden Krummsee auf nicht einmal 600 Meter Seehöhe und macht in einem Zug fast 1000 Höhenmeter. Ein gutes Training ist es allemal, besonders wenn man einmal nur einen halben Tag Zeit hat. In der unteren Hälfte des Anstiegs kann man entweder den neuen Forstweg benützen oder am alten Waldsteig bleiben, der in gerader Linie durch den Buchenwald emporzieht und immer wieder in die Kehren des Forstweges einmündet. Kurz vor seinem Ende nützt dann nichts mehr und man muss der braunen Spur im Bergwald folgen. Skistöcke sind dabei eine gute Hilfe und natürlich gutes Schuhwerk. Ideal ist, dass man diesen Bergsprint schon recht früh im Jahr und natürlich auch bis zum Winterbeginn machen kann.

**So kommt man hin:** Von der Autobahnausfahrt Kramsach in Richtung Mariathal und der grünen Beschilderung folgend „Zu den Seen" und bis zum Krummsee. Gleich in der Rechtskurve nach dem Campingplatz erblickt man die gelben Wegweiser, die den Wegbeginn anzeigen. Kleine Parkmöglichkeit unmittelbar beim Ausgangspunkt, der große, gebührenpflichtige Parkplatz befindet sich 300 m weiter (2 €/Tag). Vom Wegbeginn folgt man erst kurz dem Asphaltsträßchen, bis es in den Forstweg übergeht, der nun in vielen Windungen über den Südwestrücken des Berges bis in eine Höhe von ca. 1100 m hinaufführt. Man kann entweder immer am breiten Weg bleiben oder den alten Steig benützen, der kerzengerade durch den steilen Buchenwald in die Höhe zieht und immer wieder den Fahrweg überquert. Die Abkürzungen sind stets mit den neuen gelben Schildern angezeigt. Erst wenn nach gut einer Stunde Gehzeit nur mehr eine hölzerne Tafel zur Voldöpper Spitze weist, ist es Zeit, den bald in eine Sackgasse mündenden Forstweg zu verlassen und auf den alten Steig einzuschwenken, der jetzt über mehrere Aufschwünge und kurze

Ein Berg für jede Jahreszeit.

flache Stufen gipfelwärts zieht. Allmählich lichtet sich der Wald und bald sieht man den freien Grashang, der das Ende des Anstiegs ankündigt. Vom Gipfel schaut man gerade hinunter in den Reintaler See und genießt einen freien Blick über das Inntal bis zum Wilden Kaiser. Von der hinteren Gipfelkuppe schaut man nach Norden ins Brandenberger Tal und zum alles überragenden Guffert.

### Abstieg zur Bärengrube

Dazu folgt man erst dem Gratrücken nach Osten bis zu zwei leeren Stadeln, muss jetzt nordseitig ein kurzes Stück steil hinunter bis zu einem Fahrweg, folgt ihm nach rechts (Beschilderung Breitenbach/Berglsteiner See), gelangt auf einen erst im vorigen Herbst fertig gestellten neuen Forstweg, den man aber bald wieder verlässt und am alten Heumessersteig absteigt bis in die Bärengrube. Am Forstweg nach links, so lange, bis man nach rechts zum See gewiesen wird. Zur Erfrischung noch ein kurzes Bad, dann am Seeufer zum Gasthaus und Abstieg am breiten Wanderweg zum Parkplatz beim Reintaler See und der Straße entlang in 15 Min. zurück zum Ausgangspunkt.



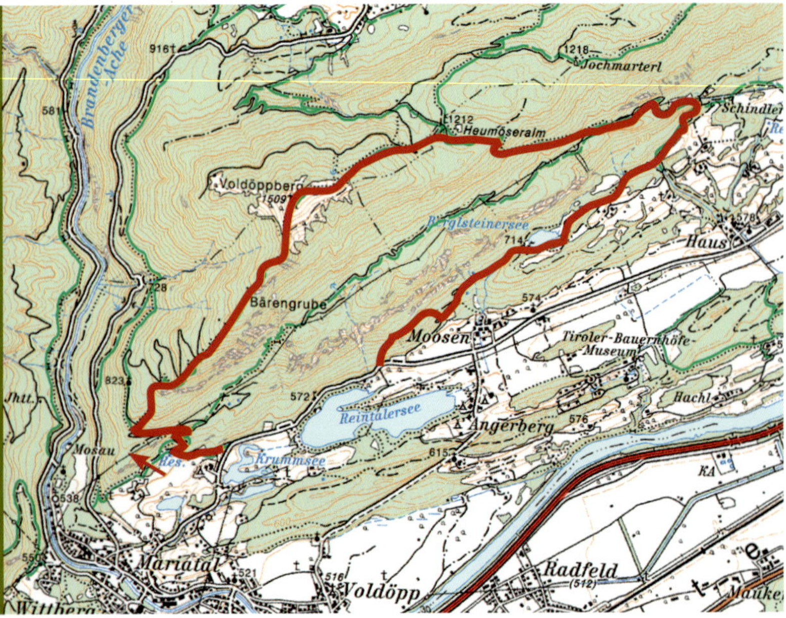

# 28 Großer Mutzkopf 1978 m

Seltenes Naturkleinod mit vielen Besonderheiten ist der Schwarze See bei Nauders.

**Sesvennaberge Ausläufer**

Zwischen Reschenpass und der nahen Schweizer Grenze liegen die beiden Mutzköpfe und in einer Senke dazwischen zwei wunderschöne Bergseen.

**Zeit, Höhendifferenz:** Bergstation Kleinmutzkopf (1812 m) – Schwarzer See (1721 m, 1 Stunde) – Grüner See (1854 m, 30 Min.) – Großmutzkopf (1978 m, 30 Min., 350 Höhenmeter), Ganze Runde 3–3:30 Stunden, ca. 600 Höhenmeter. Zu Fuß ab Talstation über Riatsch zum Schwarzen See 1–1:30 Stunden.

**Charakter:** Wanderung für Naturliebhaber am Dreiländereck in Nauders zum Großen Mutzkopf.

**Tipp:** Im Schwarzen See gibt es keine Fische, aber hier blühen die höchstgelegenen Seerosen der Alpen.

**Beste Jahreszeit:** Juli bis Spätherbst

**Ausgangspunkt:** Nauders, Talstation Mutzkopflift (1430 m)

Seerosen blühen im Juli.

Es ist ein kleinräumiges Naturkleinod und mühelos zu erwandern. Unmittelbar in Nauders, neben der zum Reschenpass führenden Straße und gegen das schweizerische Engadin hin, breiten sich zwischen den waldigen Mutzköpfen die Hochmoore und der Schwarze und der Grüne See aus. Ganz angenehm kann man den Tag gestalten, wenn man sich vom Sessellift auf den Kleinmutzkopf tragen lässt und bereits auf 1800 m Seehöhe startet. Als erstes kommt man dann zum Schwarzen See, danach zum etwas höher liegenden Grünen See, von dem man noch auf den Großen Mutzkopf steigen kann. Gemütlich wandert man auf schönen Wegen über den Riatschhof zurück ins Tal. Auch mit dem Mountainbike gelangt man zu den beiden Seen und kann die Runde noch bis zur Schweizer Grenze hin ausdehnen.

**So kommt man hin:** Entweder von Pfunds auf der Reschenstraße nach Nauders oder von der Schweizer Grenze in Martina über die Norbertshöhe. Egal ob zu Fuß oder mit der Sesselbahn: Ausgangspunkt ist der Parkplatz beim Mutzkopflift. Bergfahrt auf den Kleinen Mutzkopf, 3.80 € (zu Fuß eine Stunde auf steilem Steig, Wegbeginn unmittelbar links der Lifttrasse).

Von der Bergstation auf Weg Nr. 9 abwärts, vorbei an der Mutzkopfhütte. Mehrere Hochmoore mit weißem Wollgras werden auf Holzstegen passiert, und nach einem kurzen Gegenaufstieg ist bereits der 2,3 ha große Schwarze See erreicht (1 Std.). Erfolgreich trotzte er einst mit seinem grundlosen Moorufer allen Versuchen, ihn zum Badesee auszubauen und ist seit 1968 als Landschaftsschutzgebiet ausgewiesen. Fische gibt es in diesem dunklen Gewässer wegen des niedrigen Säuregrades keine, wohl aber viele Frösche und Libellen und einige Brutpaare von Stock- und Reiherenten. Seine Besonderheit aber ist das Vorkommen der weißen Seerosen am höchstgelegenen Standort der Alpen, die ab Juli ihre Blüten öffnen.

Der Grüne See, in den die Fischer ihre Angel nicht vergebens tauchen, weil sich hier Regenbogenforellen, Karpfen und sogar gefräßige Hechte tummeln, liegt noch eine Stufe höher. Man umrundet den Schwarzen See, gleich in welcher Richtung, und erreicht auf Weg 6 oder 6a das grünlich schimmernde Gewässer (30 Min.). Von seinem Ostufer führt der Steig zum Schluss auf den Großen Mutzkopf (30 Min.). Zurück ab dem Grünen See auf dem Fahrweg zur Jausenstation Riatschhof und am Asphaltweg zur Talstation des Liftes.

#### Mit dem Mountainbike

Man startet ebenfalls bei der Talstation des Liftes nach links auf dem asphaltierten Sträßchen zum Riatschhof und weiter auf gutem Forstweg zu den Seen. Markierte MB-Route Nr. 4 zum Schwarzen See, weiter auf 4a zum Grünen See. Am gleichen Weg zurück oder beim Tiefhof auf Route 4b über einen wurzeligen Trialweg hinunter zur Reschenstraße (insgesamt 12 km, 10%, 550 Hm., leicht bis mittel).

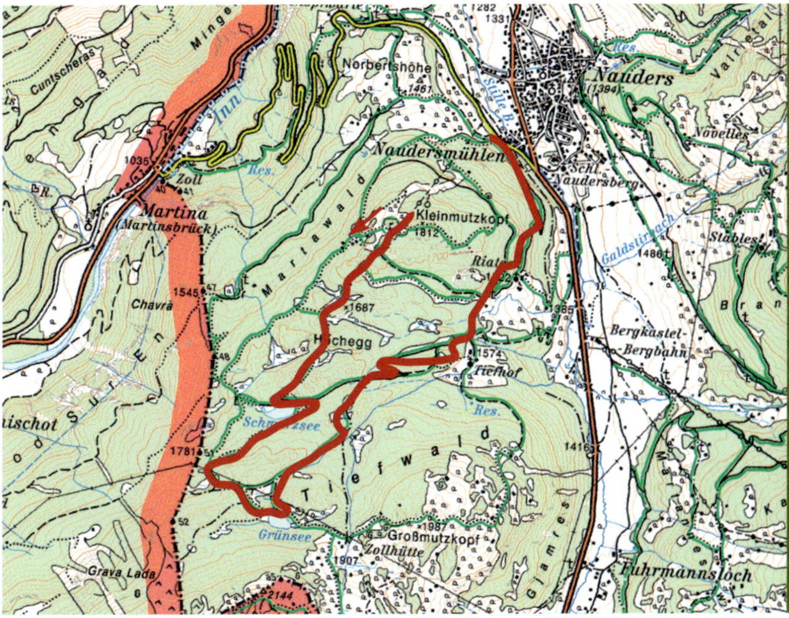

# 29 Zwölferkopf 2596 m
# Oberer/Hint. Sattelkopf – Vorderer Brunnenkopf

Die Schöngamp- oder Fisser Alm bietet perfekten Radverleih.

**Samnaungruppe**
**Fiss**

Was hat ein „richtiger“ Bergwanderer/-steiger, dessen Credo die unberührte Natur ist, in so einem extrem ausgebauten Fremdenverkehrsgebiet verloren? Weil er hier den Gegensatz von technisch erschlossener und fast unberührter Gebirgslandschaft hautnah vorgeführt bekommt.

**Zeit/Länge/Höhendiff.:** Siehe einzelne Varianten
**Tipp:** Bei kürzeren Varianten unbedingt das reichhaltige Fun-Angebot – wie Fisser Flieger und Flitzer – ausprobieren.
**Ausgangspunkt:** Fiss, 1436 m
**Beste Jahreszeit:** Während der Bergbahnbetriebszeiten
**Schöngampalm, 1878 m** Geöffnet Mitte Juni–Ende Okt., Tel. 05476/53075
**Rest. Bergdiamant, 2432 m** Geöffnet bei Bahnbetrieb

Und er wird bass erstaunt sein, wenn er von der Tourvariante 1 zu den wohlgefüllten Parkplätzen bei den Fisser Bergbahnen zurückkommt und sich frägt, wo all diese Leute waren, denn auf der Gipfelrunde und durchs Urgtal war er ja fast mutterseelenallein unterwegs. Nun geschenkt ist diese Runde nicht zu bekommen: 12 km – allerdings leichtes – Bergradeln und fünf Stunden Gehzeit muss man in die insgesamt 1400 Höhenmeter schon investieren. Es geht aber auch etwas leichter bis ganz leicht, wenn man die hier vorhandene Infrastruktur – wie tolle Bikewege, Seilbahnen mit Gratisfahrradmitnahme und vor allem einen Bikeverleih für die Abfahrt (siehe Varianten 2+3) – nutzt.

**Zum Ausgangspunkt:** Von Landeck (oder durch den Umfahrungstunnel) Richtung Reschen bis nach Prutz; kurz dahinter nach rechts über den Inn und hinauf nach Serfaus/Fiss. Für Variante 1 in Fiss rechts haltend zum Hotel Toalblick, dort rechts (WW Schöngampalm/4) steil hinauf zum Asphaltende und Fahrverbot (genügend Parkmöglichkeit). Für alle anderen Varianten der

Berg-Kleinod Urgsee.

Beschilderung „Bergbahnen" folgend zur Schönjochbahn.

**Variante 1** (24 km Bike/7:00 Std./ 1400 Hm.): Vom Holzlagerplatz auf einer Traumstraße – an einem Erlebnisspielplatz vorbei – in einem langen Linksbogen um den Matekopf herum ins Urgtal. 450 Hm. verteilen sich auf 12 km und erfordern erst auf den letzten 100 Hm. kräftigeren Oberschenkeleinsatz; 1:15 Std. zur Schöngampalm. Weiter zu Fuß: Auf der Piste aufwärts zum querenden Skiweg und links hinaus zur Almbahn. Den WW folgend über mit Schneelanzetten gespicktes Pistengelände zum Fisser Joch, 2436 m; 1:15 Std./550 Hm. Nun rechts (WW 23/23a) auf dem Skiweg an der Zwölferkopfbahn vorbei zum ersten Gipfel unserer Runde, dem noch viel besuchten Zwölferkopf, 2596 m. Ab hier wird es fast einsam: Abwärts zur Tafel „Spinnseeweg", die rechts hinaus in Urgtal weist (wäre Abkürzung unserer Runde). Wir nehmen geradeaus den markierten Weg (aber ohne WW) zum nahen Oberen Sattelkopf, 2596 m; ab Fisser Joch 45–60 Min./240 Hm. Weiter auf dem felsdurchsetzten Rücken südwestlich zum Hinteren Sattelkopf – immer im Blick: links unten die Technik mit den Sprengbahnen, weißen Gasbehältern und gekrümmten Gaskanonen für die Lawinenabsprengung und rechts das hintere Urgal mit den Spinnseen, darüber eine mächtige einsame Bergkette. Nun auf grünen Schafweiden zum vierten und höchsten Gipfel, dem Vorderen Brunnenkopf mit schönem Gedenkkreuz, 2682 m; 1:45 Std./400 Hm. Erstmals Blick zum 3094 Meter hohen Furgler mit seinem winzigen Schneefeld. Ab hier schwarz (für schwierig) markierter Abstieg zum Brunnenjoch, Kote 2575 – die Rinnen und Felsquerungen sind aber mit Ketten gut gesichert. Im Fels noch einige Meter weiter und rechts (Spinnsee/Urgtal) abwärts auf gelegtem Plattenweg zur obersten Talstufe, weiter abwärts und das Hochtal querend einige Meter hinauf zu einem Steg über ein Seitenbächlein und mittels WW „Schöngampalm/17" auf der linken Talseite zur Lader Urgalpe beim idyllischen Urgsee und in zehn Minuten zur Fisser Alm; für die 950 Hm der Bergrunde benötigt man ca. fünf Stunden. Der Talweg zum Parkplatz ist etwas vom Feinsten, was Tirol Bikern zu bieten hat: Ohne viel zu bremsen und trotzdem in flotter Fahrweise erreicht man mühelos in einer halben Stunde den Ausgangspunkt.

**Variante 2** (Auffahrt mit dem eigenen Bike mit den Schönjochbahnen/Hin-und-her-Abstecher zum Oberen Sattelkopf, 2596 m: 1:30 Std./300 Hm./16-km-Abfahrt nach Fiss/€ 7.90 für Tiroler): Vom Fisser Joch Abstecher zu Fuß (auch mit Bikeschuhen) je nach Lust und Laune über den Zwölferkopf bis evtl. zum Brunnenkopf. Wieder zurück erfolgt die etwas anspruchsvolle Abfahrt über Skiwege und Pistenteile zur Schöngampalm; von dort leicht (s. Variante 1) nach Fiss.

**Variante 3, leicht bis mittel** (Auffahrt mit Gondelbahn; Abstieg zur Schöngampalm/1 Std. oder Bergrunde wie Variante 1: 3:30–4:00 Std./400 Hm.; Abfahrt mit Leihbike nach Fiss: € 7.90 + € 10 fürs Rad), diese Variante ist auch für Kinder ab 10 geeignet, denn es gibt auch Leihbikes für Kids um € 6.

Zum Abschluss noch die Betriebszeiten der Schönjochbahn: Anf. Juni–Mitte Okt. tägl., bis Ende Okt. Mo, Mi, Fr, Sa, So 8.30–17 Uhr; Tel. 05476/6396; Radverleih Sport Schmid, Tel. 05476/20122. Wählt man eine kurze Variante, bleibt noch Zeit (und Geld?), das reichhaltige Fun-Angebot – wie Fisser Flieger und Flitzer – auszuprobieren.

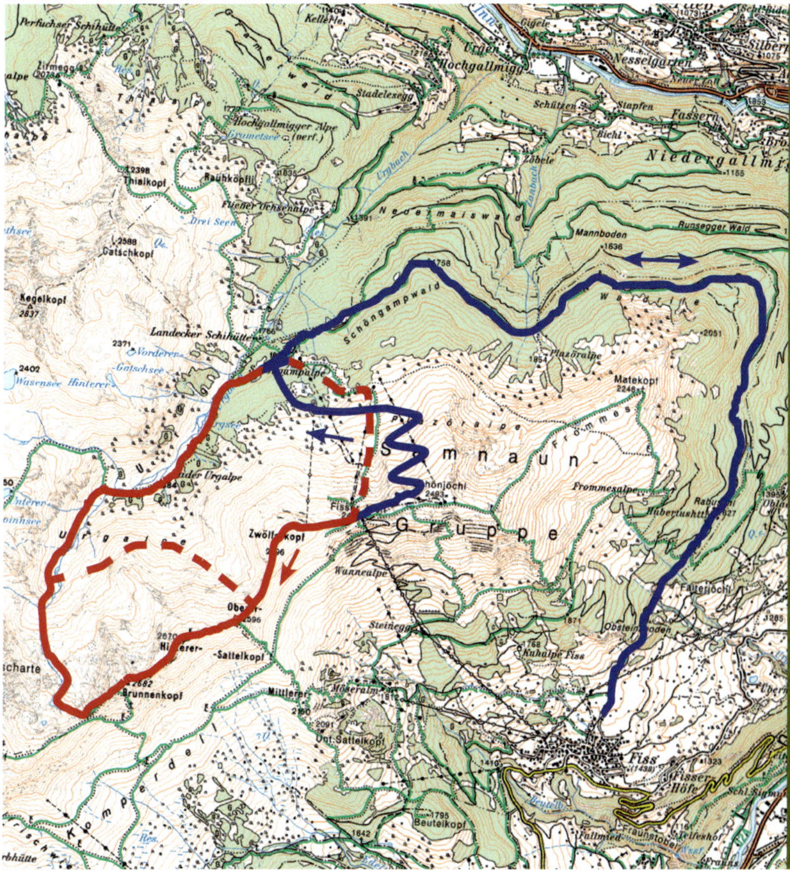

# 30 Thialspitze 2398 m

Querung hinüber zum Rücken mit dem Rauhköpfli.

**Samnaungruppe/ Oberes Inntal bei Landeck**

▲▲

Mit diesem Tourentipp möchten wir Sie auf einen wenig besuchten Berg im Tiroler Oberland entführen, der auf dem vom Land Tirol mit fünf Sternen ausgezeichneten „Thialkopfweg" mittels einer leichten, aber sich doch etwas ziehenden Bergrunde erreicht wird. Resümee: „einsam und aussichtsreich".

**Zeit/Höhendifferenz:** 5:00 Std./ 1070 Hm.
**Tipp:** Essen und Trinken mitnehmen, keine Einkehrmöglichkeit
**Charakter:** Aussichtsreiche Wanderung durch liebliche Tälchen und vorbei an den „Drei Seelein"
**Beste Jahreszeit:** Frühsommer, bis in den Spätherbst möglich
**Ausgangspunkt:** Hochgallmigg/Siedlung „Stadelsegg", 1340 m

Die Thialspitze – und nicht Thialkopf – ist die letzte höhere Erhebung eines westlichen Seitenkammes der nördlichen Samnaungruppe, die hier kurz südlich von Landeck ausläuft, zwischen dem Paznauntal und Urgtal gelegen. Ausgangspunkt ist Hochgallmigg, eine zur Gemeinde Fließ gehörende, auf der westlichen Inntalseite gelegene ehemalige Knappensiedlung, wo zwischen dem 16. und 19. Jahrhundert nach Kupfer geschürft wurde – heute vermittelt sie den Eindruck einer Schlafsiedlung. Wenn Sie nach der Wanderung im einzigen Gasthof zukehren (falls geöffnet), versäumen Sie nicht der 1707 erbauten und schön renovierten Kirche einen Besuch abzustatten. Warum und weshalb dem „Thialweg" fünf Sterne verliehen wurden, darüber bilden Sie sich am besten selbst ein Urteil – er ist weder perfekt markiert, sogar entscheidende Wegweiser fehlen, einige Wegteile sind vom Almvieh arg in Mitleidenschaft gezogen, daher die Runde bei Regen nicht zu empfehlen.

**Zum Ausgangspunkt:** Von der Landeshauptstadt kommend durch den Landecker Umfahrungstunnel und gleich danach auf der Bundesstraße 3,5 km retour bis Urgen (Richtung Fließ), hier links ca. 5 km hinauf nach Hochgallmigg; an der Kirche und Volksschule vorbei weiter steil bis zur neuen Siedlung „Stadelsegg" (Kote 1340 m); Parkplätze rechts.

Hier beginnen wir unsere Runde nach links (WW Thialkopf Nr. 17/4:30) zur unbewirtschafteten Fließer Ochsenalm, Fahrwegende. Nun über eine sumpfige Wiese zu einem Graben, an dessen Rand aufwärts zu Markierungen über den Bach. Kurz danach gelangt man zu einer Wegteilung bei einer Weidezaunöffnung: beide Möglichkeiten ohne Wegweiser (s. Einleitung); wir gehen rechts aufwärts. Nach einer Stunde Abzweigung zur Landecker Skihütte, hier rechts aufwärts in einen Almkessel – auf Markierungen auf Steinen und Pflöcken Obacht geben – und etwas ausgesetzt einen Bach querend an einzelnen Zirben vorbei hinaus zum grünen Rücken mit dem Rauhköpfli, 2142 m, dessen Trigonometer nach 750 Hm. in gut zwei Stunden erreicht sein sollte (Gipfelkreuz der Thialspitze in Sicht). Nun entweder auf Weg 17 zur Wegteilung (für Rückweg) oder – kürzer – direkt den grasigen Rücken hinauf und ebenfalls zum gut sichtbaren WW im Kar. Weiter links aufwärts zu den „Drei Seelein", die allerdings durch die vergangenen heißen Sommer stark gelitten haben. Der unproblematische Weiterweg zum Gipfelkreuz mit Gedenkplatte für gefallene Gebirgsjäger hält erst am Schluss ein paar Steinblöcke fürs felsige Finale bereit; vom AP 3:00 Std./1040 Hm. Phantastische Rundumsicht: besonders zum Hohen Riffler (im W), zur Parseier Spitze (im N) und zur prächtigen Felsgestalt der Rofelewand (im S). Für Gipfelsammler: Auf Steigspuren unschwierig zum 2588 m hohen Gatschkopf (hin/her: ca. 45 Min.).

**Abstieg:** Zurück zum Wegweiser unterhalb der „Drei Seelein" und links Richtung Hochgallmigg/ Nr. 18. Auf der linken Talseite in 45 Minuten zum ebenfalls „schwindenden" Gondelsee (auch Gramelsee), weiter durch schönes Skitourengelände abwärts zur verfallenen Hochgallmigger Alm und im Lärchenwald zur Forststraße, auf dieser sind es noch 300 Hm. Abstieg zum Parkplatz.

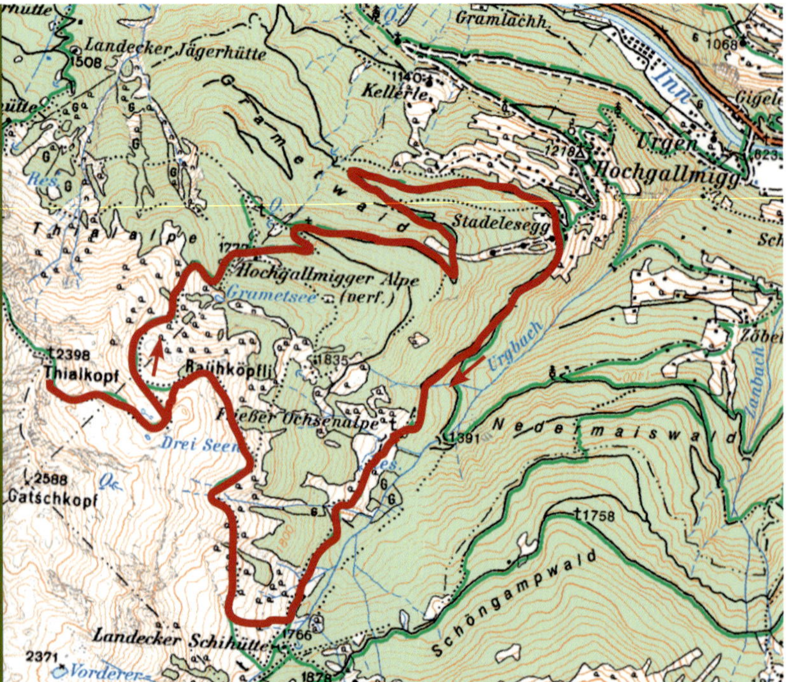

# 31 Hohe Aifnerspitze 2779 m über Aifnerspitze 2558 m

Aifnerspitze und Hohe Aifnerspitze, genau über dem Wegweiser.

**Ötztaler Alpen**
**Kaunergrat**
▲▲

Die kleine fast selbstständige Berggruppe der Aifnerspitze, Hohen Aifnerspitze, Kreuzjöchl bildet den nördlichen Ausläufer des Kaunergrats – zwischen Kaunerberg, Piller Höhe und vorderem Pitztal gelegen. Der Mehr-Täler-Blick bei der Höhenwanderung zur Hohen Aifnerspitze ist außergewöhnlich schön.

**Zeit/Höhendifferenz:** 3:00–3:30 Std./ 1200 Hm.+Rückweg (2:00–2:30)
**Charakter:** Einfache, gut markierte Wanderwege mit tollem Panoramablick
**Tipp:** Auffahrt zur Aifenalm mit Pkw gestattet

**Beste Jahreszeit:** Während der Almrosenblüte
**Ausgangspunkt:** Wenns/Piller Höhe, 1530 m
**Aifneralm, 1980 m** Bewirtschaftet (sehr einfach, aber gut) während der Almzeiten

Aber nicht nur wegen des Panoramablicks sollte man diesen formschönen, erst im obersten Bereich etwas felsigen Grasbergen einen Besuch abstatten. Einfache, gut zu gehende und bestens markierte Wege machen die Tour zu einem echten Wandergenuss. Wer etwas Gespür für freie Wegsuche mitbringt und über Trittsicherheit verfügt, der kann mit dem Abstieg auf dem ehemals markierten Weg 2 eine feine Bergrunde gestalten – empfehlenswert nur bei guter Sicht und trockener Bodenbeschaffenheit. Sonst ist der Abstieg auf dem Aufstiegsweg vorzuziehen.

Segelmast statt Gipfelkreuz.

**Zum Ausgangspunkt:** Im Pitztal bis Wenns; beim GH Pitztaler Hof rechts aufwärts nach Piller. Von dort am Torfmoor-Lehrpfad vorbei bis zur Piller Höhe und zum ersten großen Parkplatz links: „Gacher Blick" – mit Herrgott, Tafel „Hubertusloipe" und Wegweisern. Will man mit dem Auto zur Aifenalm, fährt man vom „Gachen Blick" abwärts zum Weiler Puschlin mit dem ehem. GH Alpenrose, 2 km weiter befindet sich links die beschilderte Auffahrt (Fahrverbot mit Ausnahmeregelung).

Man nimmt nicht den Forstweg, sondern rechts davon Weg Nr. 3 – „Aifneralm/Aifnerspitze". Ohne Höhengewinn zu einem Hochspannungsmasten, erstmals freier Blick zu den Aifnerspitzen. Leicht bergab über Almgelände verlässt man bald den schönen Wiesenweg links aufwärts – bei den gusseisernen Tafeln nach Schweizer Vorbild. Nach Umgehung einer Wiese mit Moorsee zu einem Forstweg – diesen auf super beschildertem Steiglein mehrmals querend – erreicht man nach einer guten Stunde endgültig den Schotterfahrweg zur Aifenalm, auf dem man noch eine Viertelstunde zur Almwirtschaft benötigt. Allein die Wanderung zur traumhaft gelegenen gastfreundlichen Alm ist einen Ausflug ins Oberland wert. Aber: Ist der Anstieg über 450 Hm.

zur Aifenalm mit zwei Stunden reichlich bemessen, heißt es für den zweiten Teil der Tour – die 800 Hm. zur Hohen Aifenspitze – ordentlich die Beine in die Hände nehmen, es verbleiben laut Angabe ja nur 1:45 Stunden.

**Zu den Aifnerspitzen:** Zwischen den zwei Almgebäuden hinauf; durch ein Hochtal in den Zirbenbestand und ostwärts zum breiten Nordrücken mit Wegteilung (Blick zur Aifnerspitze, links davon zur Hohen mit zwei Gipfelkreuzen); gerade aufwärts zum großen Steinmann mit kleinem Holzkreuz, 2558 m; eine gute Stunde ab Alm. Der Weiterweg zur Hohen Aifnerspitze (auch Wonnekopf genannt) erfolgt am oder neben dem SO-Grat im leichten Auf und Ab auf schönem Grassteiglein, bis ein felsiger Aufschwung zum ersten, einem Segelschiffmast ähnelnden 15 Meter hohen Gipfelkreuz führt. Schöner Blick zum Furgler im Westen und über den Kaunergrat zum Speicher Kaunertal, darüber die Weißseespitze. – Rückweg wie Aufstieg.

Steinmandln markieren den Gipfel der Aifnerspitze. Im Westen der Furgler.

**Bergrunde** (siehe Einleitung): Nicht den blassen roten Punkten südlich abwärts folgen, sondern rechts davon auf Steigspuren am Grat 80 Höhenmeter. hinunter und wieder rechts auf einem grünen Seitengrat steil direkt zu den Lawinenverbauungen, an diesen wiederum rechts vorbei (hier sollte der in allen Karten eingezeichnete Weg 2 nach Kauns verlaufen, der aber – laut einer Gipfelbucheintragung – eine „einzige Katastrophe und Frechheit" ist) abwärts zu einem großen Steinmann, weiter zu einem kleineren. Nun immer rechts haltend auf das oberste gut sichtbare Steiglein zu und diesem folgend durch endlose Almrosenmatten zur schon von weit oben sichtbaren Aifneralm.

PS: Wer noch oder nur eine Stunde Zeit hat, kann dem Moorlehrpfad (s. Karte) einen Besuch abstatten – Parkplatz mit Übersichtstafel kurz vor der Piller Höhe – oder sich im Badeweiher bei Piller des Wanderstaubs entledigen.



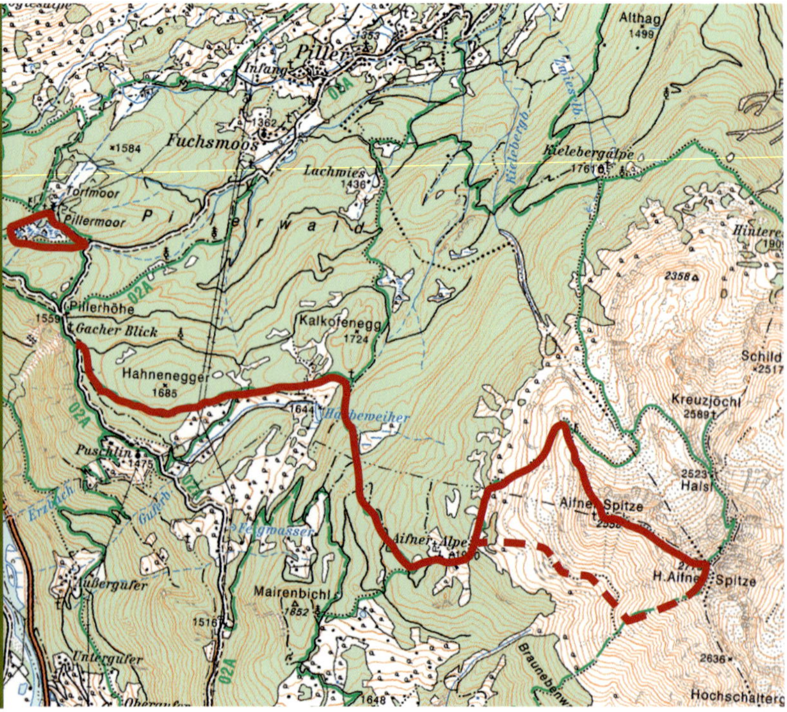

# 32 Brechsee 2145 m

Einer der vielen schönen Bergseen im Kaunergrat ist der Brechsee.

**Ötztaler Alpen**
**Kaunergrat**
▲

Fünf Almen – Söllberg-, Mauchele-, Neuberg-, Tiefental- und Arzler Alm – schmiegen sich im mittleren Pitztal an die Hänge des Kaunergrates.

**Zeit, Höhendifferenz:** Rehwald/GH Felsenhof (1460 m) – Mauchelealm (1840 m) 1 Stunde – Brechsee (2145 m) 1 Stunde, 700 Höhenmeter – Abstieg Söllbergalm (1850 m) 45 Minuten, Rückweg Mauchelealm 45 Minuten, ganze Runde ca. 4–4:30 Stunden

**Charakter:** Leichte Rundwanderung auf guten Wegen zu einem wunderschönen Gebirgssee mit grüner Liegewiese. Wesentlich mehr Aufwand erfordert der gesamte Pitztaler Almenweg über alle fünf Stationen.

**Tipp:** Am schönsten zur Almrosenblüte Anfang Juli. Wer sich an Bergseen noch nicht sattgesehen hat und eine gute Stunde zulegen kann, steigt vom Brechsee hinauf auf die Grathöhe zu den Stupfariseen

**Beste Jahreszeit:** ab Ende Juni bis September

**Ausgangspunkt:** Wiese/Rehwald, GH Felsenhof

Jede dieser Almen ist vom Tal aus mit einem eigenen Fahrweg erschlossen, aber alle sind sie mit dem aussichtsreichen Pitztaler Almenweg miteinander verbunden, der hoch über dem Talboden durch die Bergflanken des Kitzmörders bis zum Fuß der Rofelewand zieht. Das letzte und längste Teilstück von der Mauchele- zur Neubergalm wurde erst vor zwei Jahren eröffnet. Damit kann man die urigen Sommerweiden entweder Stück für Stück kennen lernen oder als großzügige Tageswanderung auf einmal abmarschieren. Als angenehme Tagestour empfehle ich Ihnen aber eine weniger aufwändige Rundtour am Beginn des Almenweges. Im frühen Bergsommer eine landschaftlich wunderschöne Wanderung durch den blühenden Almrosendschungel, mit einem Abstecher zu einem idyllischen Bergsee. Aufstieg zur Mauchelealm, weiter zum Brechsee, Abstieg zur Söllbergalm und am Almenweg zurück zur Mauchelealm.

Aufstieg von der Mauchelealm.

**So kommt man hin:** Ins Pitztal bis Wiese (ca. 18 km). Auf der Landesstraße weiter bis Moosbrücke, aber sobald man ein Tunnelportal sieht, rechts ab nach Rehwald (GH Felsenhof). Auf dem Asphaltsträßchen in 1,6 km zur Wiesenschulter (genügend Parkmöglichkeit) am Wegbeginn zur Mauchelealm.

Auf dem bestens ausgebauten Fahrweg in vier Kehren zur kleinen Almhütte (1 Stunde). Nun auf dem Steig gerade bergan bis zur Wegteilung. Links zieht der neue Almenweg zur Neubergalm, ebenso führt ein recht guter Steig auf den Stallkogel (2605 m, 2 Stunden) bergwärts und gerade weiter (blau markiert) geht es zum Brechsee, der gar nicht weit über der Waldgrenze in ein Kar hinein gebettet liegt. (Wem das zu kurz ist, der kann vom Brechsee noch bis auf das Niederjoch, den Übergang ins Kaunertal, hinaufsteigen, wo noch fünf weitere tiefblaue Bergaugen in die Felskare eingebettet sind.) Vom Brechsee folgt man dem Wegweiser zur Söllbergalm, durchquert die riesigen Almrosenhänge, taucht wieder in den Wald ein und hat bald die Söllbergalm erreicht (bewirtschaftet). Von der Alm am Fahrweg abwärts bis zur ersten Kehre und 50 m danach rechts auf dem Steig (Ww. Rehwald) zurück zur Mauchelealm und am Fahrweg zurück ins Tal.

### Für Weitwanderer

Will man den gesamten Pitztaler Almenweg mit allen fünf Almen abmarschieren, empfiehlt sich die Taxiauffahrt zur Söllbergalm, wo man bereits auf 1850 m Seehöhe die Wanderung beginnen kann. (Auto parken in St. Leonhard/Piösmes, wo man zurückkommt, oder Benützung des Pitztaler Wanderbusses, der in den Sommerferien im Tal pendelt.)
Zeit: Söllbergalm – Mauchelealm 45 Min., Neubergalm 2–2:30 Stunden, Tiefentalalm 1 Stunde, Arzler Alm 1 Stunde. Gesamter Höhenweg 5–6 Stunden.

Oben rechts am Übergang ins Kaunertal liegen die Stupfariseen.

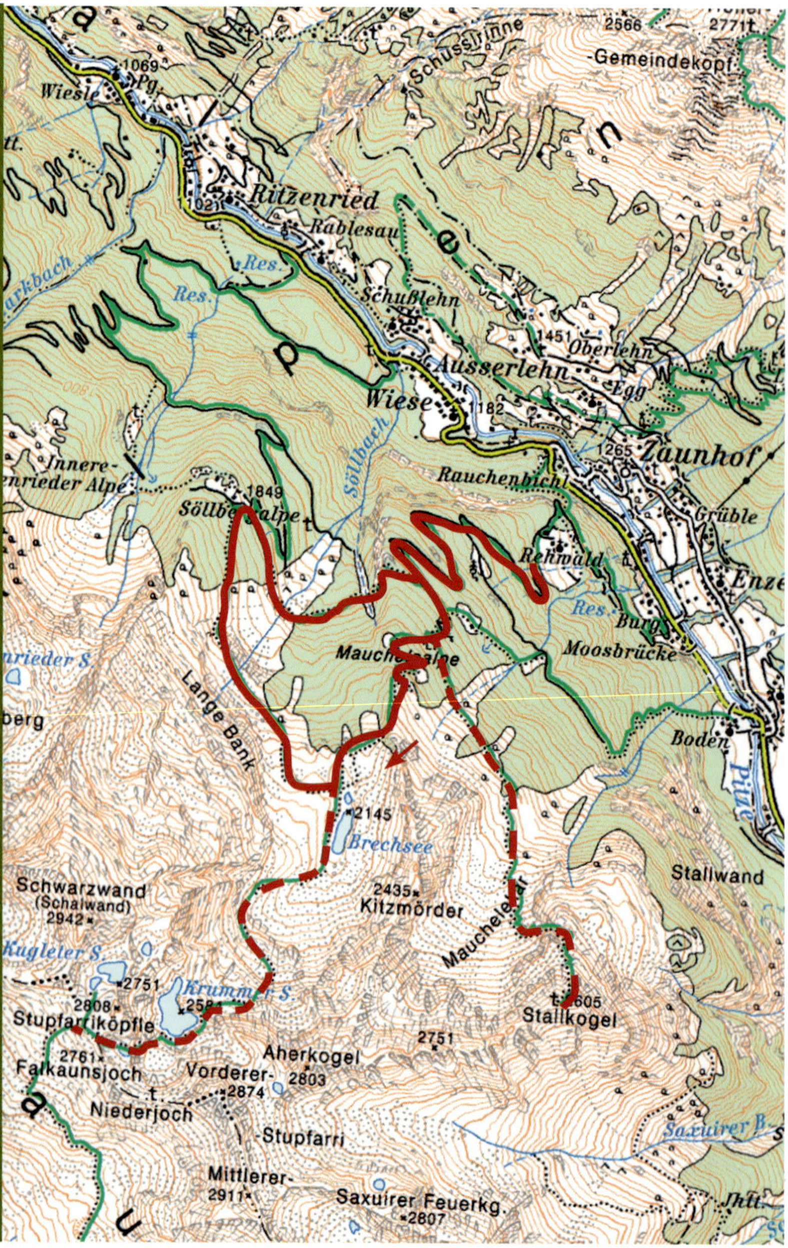
Schussrinne
2566
2771
Gemeindekopf
1069
Pg.
Wiese
Ritzenried
1021
Rablesau
Res.
Res.
Schußlehn
1451
Oberlehn
Ausserlehn
Egg
Wiese
1182
1265
Zaunhof
Söllbach
Innere-
nrieder Alpe
1849
Söllbergalpe
Rauchenbichl
Grüble
Rehwald
Enze
Res.
Burg
Moosbrücke
Mauchelealpe
nrieder S.
berg
Lange Bank
Boden
Pitze
2145
Brechsee
Stallwand
Schwarzwand
(Schalwand)
2942
2435
Kitzmörder
Mauchelekar
Kugleter S.
2751
Krummer S.
258
2808
Stupfarriköpfle
2605
Stallkogel
2761
Falkaunsjoch
2751
Aherkogel
Vorderer-
2803
2874
Niederjoch
Stupfarri
Saxuirer B.
Mittlerer-
2911
Saxuirer Feuerkg.
2807
Jhtt.

# 33 Gemeindekopf 2771 m

Die Ludwigsburger Hütte, früher Lehnerjochhütte, mit der Rofelewand.

**Ötztaler Alpen**
**Geigenkamm**
**Pitztal**

▲▲

Ein Besuch der Ludwigsburger Hütte wird mit der Besteigung des Hohen Gemeindekopfs gleich viel lohnender. Bis 2300 m kommt man mit dem Rad.

**Stützpunkt:** Ludwigsburger Hütte, Tel. 0664/4632543, geöffnet von Ende Juni bis Ende September; Lehner Panorama-Alm.

**Zeit, Höhendifferenz:** Zaunhof (1265 m) – Ludwigsburger Hütte (1935 m) 1:30–2 Stunden, 730 Höhenmeter. Zum Gemeindekopf (2771 m) ab Hütte 2:30 Stunden, 840 Höhenmeter.

**Charakter:** Eine leichte, aber ausgiebige Gipfeltour oder ein Hüttenbummel hoch über dem mittleren Pitztal. Mit dem Rad kommt man dem Gemeindekopf bis auf 2300 m nahe.

**Tipp:** Mit dem Mountainbike 7 km zur Ludwigsburger Hütte (ab Hairlach), Fahrzeit 1:15–1:30 Stunden.

**Beste Jahreszeit:** ab Juli bis Ende September

**Ausgangspunkt:** Zaunhof oder Hairlach im Pitztal

Je nach dem, wie Sie diese Tour in Angriff nehmen wollen, zu Fuß oder mit dem Mountainbike, es bleibt – für den Aufstieg zumindest – gehupft wie gesprungen. Mit dem Rad braucht man nämlich fast gleich lang wie ein Fußgänger auf dem direkten Steig zur Ludwigsburger Hütte. Kaum hatte ich nach den langen Kehren den Schweiß von der Stirn gewischt, war schon der zur gleichen Zeit gestartete und gleich schwitzende Wanderer bei der Hütte eingetroffen. Mit dem Mountainbike geht es jedoch oberhalb der Hütte auf gutem Fahrweg noch 4 km weiter durch die Hänge der Oberlehner Alm. Von seinem Ende ist es nur mehr eine gute Stunde auf den Gemeindekopf. Der Vorteil des Mountainbikes eröffnet sich dann erst so richtig bei der Abfahrt. Aber auch ohne Gipfelambitionen ist die Fahrt mit dem Bergrad zur Ludwigsburger Hütte oder zur unmittelbar darüber liegenden Panorama-Alm bei den Einheimischen sehr beliebt, zählt die Auffahrt doch zu den leichteren Strecken im Pitztal. Aber auch „leicht" ist relativ. Denn die Steigung bewegt sich zwischen 10 und 12%, nur ganz kurze Passagen sind steiler, der Schotterweg, eher von der gröberen Sorte, ist trotzdem gut zu fahren.

Wandervorschläge zur Genüge.

**So kommt man hin:** Ins Pitztal bis Wiese und links hinauf nach Zaunhof. Für Besucher der Ludwigsburger Hütte (früher Lehnerjochhütte) gibt es einen eigenen Parkplatz im oberen Teil des Dorfes, gleich oberhalb der Feuerwehr. Als Radler fährt man besser auf der Pitztaler Landesstraße noch ein Stück weiter bis unmittelbar nach dem Tunnel und steigt spätestens in Hairlach in den Sattel. Auffahrt Richtung Zaunhof, beim Hot Piz auf der oberen Straße weiter nach Oberlehn und dann kommt man nicht mehr aus. Wanderer werden mit vielen Wegweisern auf alle längeren und kürzeren Möglichkeiten aufmerksam gemacht und landen dann direkt vor der Hüttentür.

Der Radler kann sich unmittelbar vor dem Ziel entscheiden, ob er am Scheitelpunkt 200 m zur Hütte abwärts rollt oder in der gleich oberhalb liegenden Panorama-Alm einkehrt. Mit dem Weg zum Gipfel des Gemeindekopfs verhält es sich gleich wie bereits zuvor. Der Fußsteig kürzt ab der Hütte alle Fahrwegschleifen ab und steuert geradewegs den Gipfel an. Am Fahrweg kann man aber noch gut 4 km in der gewohnten Steigung weiterfahren, bis zu seinem Ende bei den Lawinenverbauungen. Von dort geht es noch eine gute Stunde zu Fuß. Beim Rückweg kann der Mountainbiker dann alle seine Trümpfe ausspielen.

**Viele Gipfelmöglichkeiten:** Für Bergsteiger bieten sich im Gebiet der Ludwigsburger Hütte noch eine Vielzahl von Gipfeln an. Schafhimmel, Wildgrat, Kreuzjöchlspitze, Fundusfeiler, die Lehner Grieskögel und – nicht zu vergessen – der ausgiebige St. Leonharder Höhenweg, der an den Westhängen des Geigenkamms talein zieht.

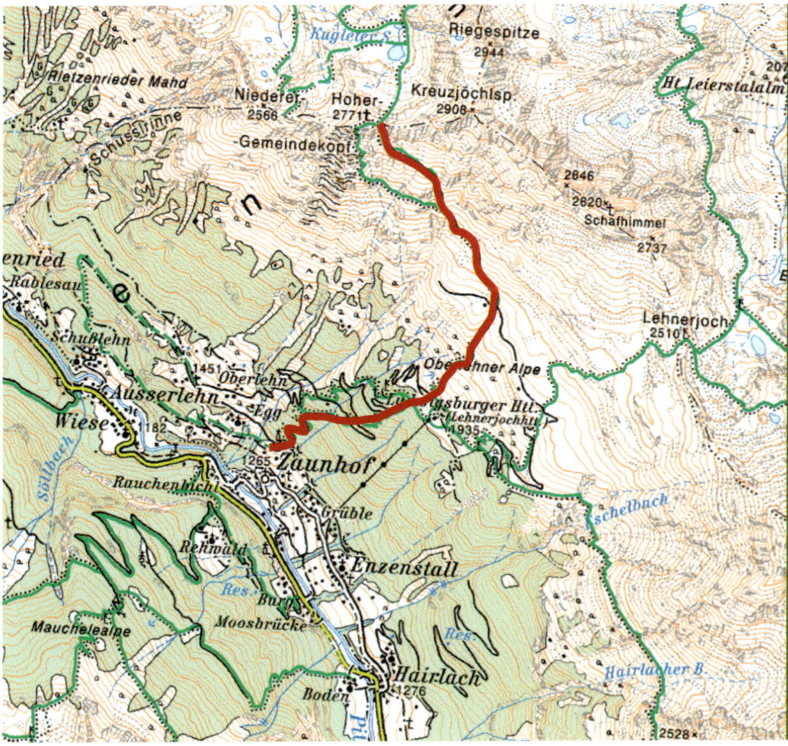

# 34 Blockkogel 3097 m

Kurz nach der Vorderen Fundusalm. Der Weg zum Blockkogel ist noch weit.

**Ötztaler Alpen**
**Geigenkamm**

Diese anspruchsvolle Tour führt in eines der schönsten Hochtäler Tirols, das allein einen Besuch wert ist – egal ob zu Fuß, mit dem Radl oder dem Hüttentaxi. Dazu der Blockkogel-3000er, der für gute, ausdauernde Bergsteiger ein wenig schwieriges, abwechslungsreiches Gipfelziel darstellt.

**Zeit/Länge/Höhendiff.:** Bike: 3:00 Std./20 km/1200 Hm.; Hike: 3:00 Std./900 Hm.; gesamt: 6:00–7:00 Std./2100 Hm.

**Charakter:** Anspruchsvolle Bike-&-Hike-Tour mit einem 300er als herausforderndem Gipfelziel

**Tipp:** Zu Fuß von Köfels näher, aber wegen der Gegenanstiege kaum weniger Höhenmeter

**Beste Jahreszeit:** Frühsommer (ab Ende Juni) oder September

**Ausgangspunkt:** Umhausen/Neudorf, Ppl. Ötzer Ache, ca. 1000 m

**Frischmannhütte, 2192 m** Geöffnet: Ende Juni–Ende Sept., Tel. 0676/3355436

**Hintere Fundusalm, 1964 m** Geöffnet während der Almsaison

Der Kontrast des im Frühjahr hellblau bis weiß schäumenden Baches mit den grünen Almwiesen, roten Almrosenfeldern, blauen Berglacken und silbern schimmernden Firnfeldern ergibt ein einmaliges „Erlebnis" fürs Auge und Gemüt. Möchte man den Blockkogel nur mit Bergschuhen und -stöcken „bezwingen", bleibt wohl nur eine Übernachtung auf der von der Familie Grießer super geführten ÖTK-Hütte einzuplanen, denn dann benötigt man für die rund 2100 Höhenmeter schon an die zehn Stunden. Wie schon im Tipp erwähnt, wäre zu Fuß die Variante von Köfels etwas kürzer – dabei könnte man noch entlang des in den Jahren 2001–04 händisch wiederhergestellten Waalweges vom Schartle oberhalb der Hinteren Fundusalm hinüber zur Hütte wandern (übrigens gefördert wurde der Waalweg durchs AMS und mit Hilfe der viel geschmähten EU).

Eine weitere Möglichkeit für eine Eintagstour wäre noch das Almtaxi bis zur Hinteren Fundusalm: minus 3:30 Stunden Gehzeit über 950 Höhenmeter (Taxi Scharfetter: Tel. 05255/5351). Mindestausrüstung für die Bike-&-Hike-Tour: Tagesrucksack mit Wetterschutz, Leichtbergschuhe mit gutem Profil, empfehlenswert Bergstöcke (für die Altschneefelder).

**Zum Ausgangspunkt:** Auf der Ötztal-Bundesstraße zur ersten Abfahrt Umhausen/Ötzidorf, links; sofort rechts in die Fraktion Neudorf und den WW „Frischmannhütte" folgend abwärts zur Ache; rechts hinüber zum Parkplatz vor dem (Rad-)Fahrverbot (Wegweiserbaum).

Die Auffahrt mit dem Bike gestaltet sich bis zur ersten Kehre ziemlich steil, dann etwas leichter. An der ersten Abzweigung verlässt man das Leierstal und biegt geradeaus ins Fundustal ein. Bei der Vorderen Fundusalm öffnet sich das Tal und wunderschön – einmal rechts, einmal links des mächtigen Bachs – erklimmt man die nächsthöhere Talstufe der Hinteren Fundusalm: den Blockkogel mit seinem winzigen Ferner als Talsperre vor Augen. An den blauen Lacken vorbei geht es noch flach, die letzten 20 Min./200 Hm. hinauf zur Hütte heißt es aber schieben; vom Parkplatz 1:45–2:00 Std./10 km/ 1200 Hm.

**Zum Blockkogel:** Der WW „Blockkogel/3:00" auf dem Materialseilbahnhüttl weist ins Funduskar zum WW 100; hier links hinauf zur nächsten Stufe – genau auf die wenigen Markierungen achten! Rechts der Grieskӧpfe und links der Moräne über Steine neben oder in Altschneefeldern (bis Juli) steil hinauf zum Grat, der von P.2964 westlich zum Rotpleiskopf zieht. Nochmals 100 Meter etwas mühsam über Blockwerk steil aufwärts, aber nicht in das Schartl vor sich in Gehrichtung, sondern scharf links zum Nordgrat (mit Steinmann und Holzstange), ca. 2800 m. Von hier aus ist der Gipfel in Sicht, den man etwas absteigend zu einer Gedenktafel und einer Kette entlang auf der Ostseite – zum Schluss über einen leichten Blockgrat – in zweieinhalb Stunden (900 Hm.) ab Hütte erreicht hat. Die Aussicht vom 30 Jahre alten, aber wie neu aussehenden Gipfelkreuz über die Ötztaler Hauptkämme bis zur Wildspitze macht das Bergerlebnis komplett.

**Rückweg** wie Aufstieg (Vorsicht bei der doch insgesamt steilen Talabfahrt: Gegenverkehr!).

Links in der Flanke verläuft der mit Ketten versicherte Gipfelanstieg.

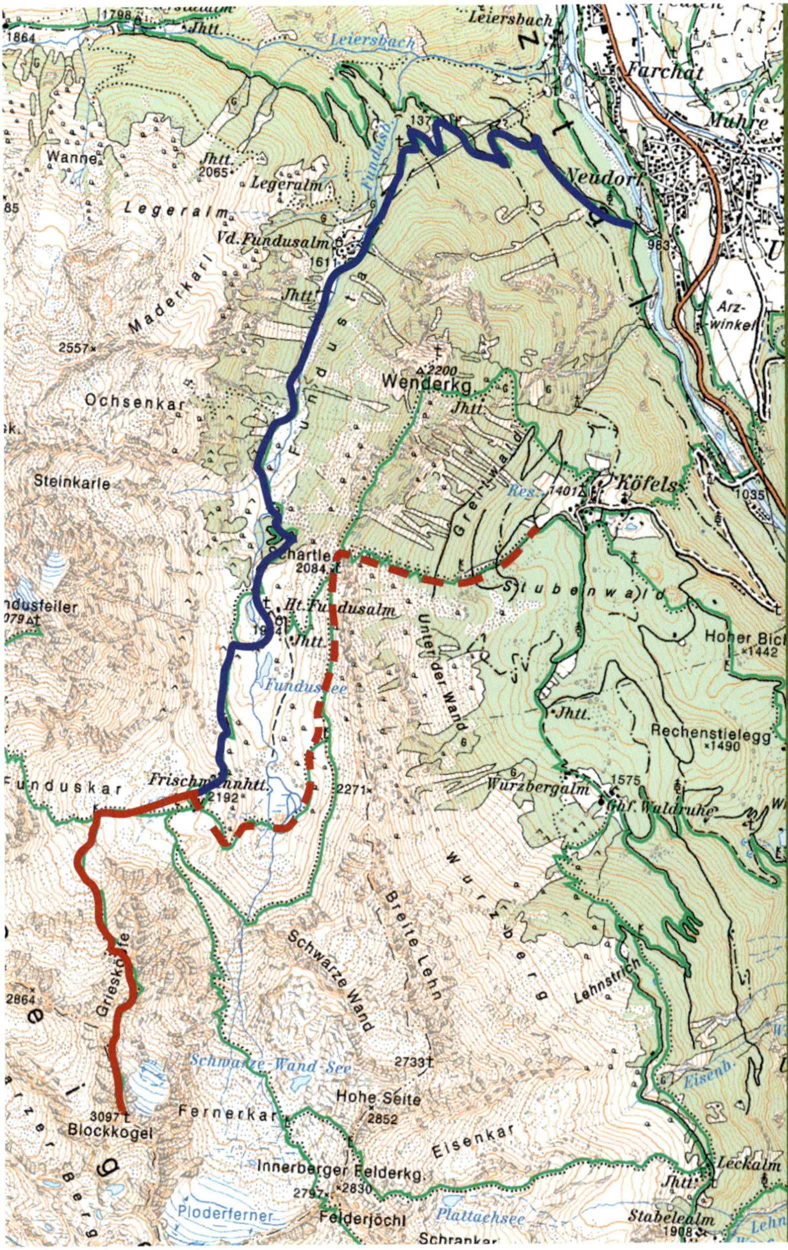

Leiersbach
Leiersbach
Farchat
Muhre
Neudorf
963
Arz-winkel
Wanne
Jhtt.
2065
Legeralm
Legeralm
Vd. Fundusalm
Fundusb.
Maderkarl
2557
Ochsenkar
Wenderkg.
2200
Jhtt.
Steinkarle
Köfels
1401
Res.
1035
Greitwald
Schartle
2084
Stubenwald
Ht. Fundusalm
Jhtt.
Unter der Wand
Hoher Bichl
1442
Fundussee
Jhtt.
Rechenstielegg
1490
Funduskar
Frischmannhtt.
2192
2271
Wurzbergalm
1575
Ghf. Waldruhe
Wurzberg
Breite Lehn
Schwarze Wand
Grieskogele
2864
Lehnstrich
Schwarze-Wand-See
2733
Eisenb.
Hohe Seite
2852
3097
Blockkogel
Fernerkar
Eisenkar
Innerberger Felderkg.
2830
2797
Leckalm
Jhtt.
Ploderferner
Felderjöchl
Plattachsee
Stabelealm
1908
Schranker

# 35 Hauerkogel 2491 m

Der Hauerkogel mit seinem „Daumen“ über den Talkessel von Längenfeld.

**Ötztaler Alpen**
**Geigenkamm**

▲▲

Gutes Training für eine beginnende Bergsaison ist dieser Anstieg auf den Hausberg von Längenfeld, der bereits etwas Kondition verlangt.

**Zeit, Höhendifferenz:** Längenfeld/Campingplatz – Hauerkogel (2491 m)
3–3:30 Stunden für den Aufstieg (1:15 Stunden bis Stabele, 2:30 bis Giggelberg), Abstieg 1:30–2 Stunden, 1300 Höhenmeter.

**Charakter:** Ohne Schweiß kein Preis beim Anstieg auf den „Daumen“ über Längenfeld im Ötztal. Der so unnahbar anmutende Berg erweist sich als überraschend harmlos.

**Tipp:** Gut überblicken lässt sich der ganze Gebirgsstock, wenn man auf der Straße nach Gries ein paar Kehren hinauffährt.

**Beste Jahreszeit:** ab Ende Juni bis Spätherbst

**Ausgangspunkt:** Längenfeld, Sportzentrum

Vom Ort aus betrachtet ist der Hauerkogel (2491 m) der äußerst rechte und niedrigste Gipfel in der zackigen Kette der westlichen Talseite, die vom Hauerseekogel zum Legerkogel hin zieht und beim „Daumen" – wie die Einheimischen diesen Berg nennen – endet. Ein paar ausgesetzte kurze Passagen, noch mitten im Steilwald, sind mit festen Drahtseilen und Trittstufen gut versichert und weiter oben, wo der Berg plattengepanzert und unnahbar aussieht, findet der Steig immer gut gangbares Gelände und endet am Gipfel auf einer bequemen Liegewiese. Heute ist aber Power-Walking angesagt, wenn man das längst übliche und wieder neu erfundene Gehen mit Skistöcken so nennen will. Denn besonders beim Abstieg leisten die Stöcke viel Entlastungsarbeit für die geplagten Kniegelenke. Nicht entmutigen soll die Zeitangabe von 4:30 Stunden auf dem Wegweiser im Tal. Nach höchstens 3–3:30 Stunden kann der halbwegs geübte Bergwanderer am Gipfel den Tiefblick auf Längenfeld und das vordere Ötztal genießen. Einkehrmöglichkeiten unterwegs gibt es hier aber keine und die am Weg liegende Oberrieder Stabelealm ist unbewirtschaftet (darum genügend Getränk mitnehmen) und darf nicht verwechselt werden mit der bekannten Stabelealm oberhalb des Lehner Wasserfalls, zu der, ebenfalls bei der Pestkapelle beginnend, ein schöner Höhenweg hinführt.

In Längenfeld gleich nach dem ersten Kreisverkehr bei brauner Holztafel nach rechts in Richtung Sportzentrum/Schwimmbad. Genügend Parkmöglichkeit. Am Campingplatz links vorbei zum Steg über die Ache, dann ein paar Schritte rechts zum Wegbeginn zur Dreifaltigkeitskapelle. Am Fahrweg weiter, der sich in immer kürzer werdenden Kehren durch

Wegsicherungen alt und neu.

den Wald aufwärts windet oder am meist gut sichtbaren Abkürzungsweg, der als brauner Tannennadelstreifen kerzengerade in die Höhe zieht.

Passiert man eine rechts über dem Weg liegende Hütte mit großen Glasfenstern, ist gleich darauf der Beginn des gut markierten Steigs zum Hauerkogel erreicht, der nun stets gleichmäßig ansteigend durch den lockeren Wald führt. Ein paar felsige Steilstufen sind mit Geländerseilen und Trittplatteln ausgestattet, sogar kleine Leiterstiegen machen das Höherkommen problemlos. Danach ist der Giggelberg mit seinen alten windschiefen Heupillen erreicht (ca. 2000 m) und weiter geht es durch freundlichen Lärchenwald bis auf eine freie Schulter im Almrosengelände. Noch immer schaut der Gipfel recht trotzig aus, doch der Weg zieht unter den Felsen nach links, erreicht eine grasige Steilrinne, die in der Gratscharte zwischen dem Leger- und Hauerkogel endet. Nur mehr ein paar Schritte über Felsstufen sind es bis zum Gipfelkreuz. – Abstieg auf dem gleichen Weg.

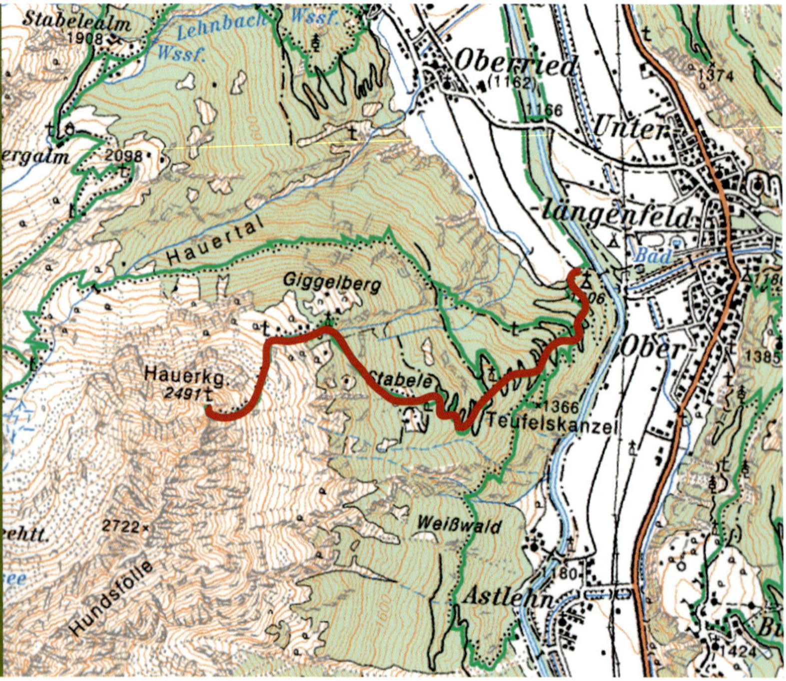

# 36 Hahlkogel 2655 m

Über dem Hochmoor von Großeben erhebt sich der mächtige Hahlkogel.

**Ötztaler Alpen**
**Geigenkamm**

Genau über Huben im mittleren Ötztal thront auf der rechten Talseite der mächtige Hahlkogel. Er ist die vorderste Erhebung in einem Seitengrat, der von der Hohen Geige nach Osten streicht.

**Stützpunkt:** Hahlkogelhaus (2024 m), Breitlehnalm (1874 m)

**Zeit, Höhendifferenz:** Huben-Funpark (1189 m) – Hahlkogelhaus (2024 m) 2–2:30 Stunden, 830 Höhenmeter; Hahlkogel-Gipfel (2655 m) 1:30 Stunden, 630 Höhenmeter; insgesamt 4–4:30 Stunden; 1460 Höhenmeter.

**Charakter:** Diese schöne Bergwanderung am Ötztaler Hochalmensteig führt herauf zum Hahlkogelhaus, wo man dem stolzen Gipfel schon ganz nahe gerückt ist.

**Tipp:** Fahrradunterstützung vorteilhaft. Schöner Mountainbikeweg zur Breitlehnalm.

**Beste Jahreszeit:** Anfang Juli bis Ende September

**Ausgangspunkt:** Huben bei Längenfeld, Funpark

Mag der spitzige Felsgipfel auf dem ersten Blick und vom Tal aus für den Bergwanderer nicht sehr einladend wirken, bietet er, sobald man die Hahlkogelhütte erreicht hat, ein ganz anderes Bild. Dort schwenkt der Bergsteig in weitem Bogen in die Südflanke ein und erklimmt relativ unschwierig einen bis oben hin begrünten Steilhang. Erst ganz in Gratnähe, praktisch auf den letzten Metern, ist Trittsicherheit und Berggewandtheit vonnöten. Die Aussicht über das mittlere Ötztal und zu den weißen Dreitausendern ist überwältigend und mit der freundlichen Hahlkogelhütte hat man eine feine Raststation nach fast zwei Dritteln des Weges. Aber auch ohne Gipfelbesteigung ist die Wanderung herauf zur Hütte eine feine Sache, als Abstieg kann man dann den Weg ins Pollestal wählen und somit eine nette Runde gestalten. Und plagt man sich mit dem Mountainbike herauf zur Breitlehnalm, bleibt einem wenigstens der lange Abstieg erspart.

Tiefblick ins Ötztal.

**So kommt man hin:** Von Längenfeld im Ötztal noch 3 km talein zur Einfahrt nach Huben. Unmittelbar vor der Kirche rechts zum Funpark (genügend Parkplatz). Am Spielplatz des Wasserparks links vorbei und gleich rechts aufwärts am Fahrweg zur Breitlehnalm bis zur ersten Kehre. Radfahrer bleiben am Weg, für Wanderer beginnt hier der Ötztaler Hochalmenweg, der als tadelloser Waldsteig die vielen Kehren des Fahrwegs ständig überquert. Erst kurz vor der Polltalam wird der Fahrweg nach links verlassen und führt über Almrosenböden zum bewirtschafteten Hahlkogelhaus, das in aussichtsreicher Lage auf einer flachen Geländekante steht. Zum Gipfel ist es von hier gar nicht mehr so weit, in 1:30 Stunden sollte man es schaffen. Man steigt zuerst über die noch flachen Almterrassen in südlicher Richtung an, bis der Weg im großen Rechtsbogen in die Gipfelflanke einschwenkt. Allmählich wird die Grasflanke steiler, im obersten Teil sind ein paar felsige Absätze zu überwinden. Vom Gipfel genießt man einen eindrucksvollen Tiefblick auf Längenfeld. (Alle Wege und Abzweigungen sind bestens beschildert und markiert.)

**Für Mountainbiker:** Entweder als eigenständiger Radausflug oder als Unterstützung zur Bergtour. Wie man es auch anlegt, der 8 km lange Almweg herauf zur Breitlehnalm ist tadellos zu befahren. Start des Weges links des Wasserparks. Fast durchwegs gleichmäßige Steigung um die 10%, nur auf kurzen Teilstücken etwas steiler. Nach den lang gezogenen Serpentinen der unteren Hälfte schraubt sich der Weg weiter oben etwas flotter in die Höhe. Ist nach 20 Kehren die Polltalalm erreicht (Abzweigung zum Hahlkogelhaus), hat man noch einen flachen Kilometer bis zur bewirtschafteten Breitlehnalm. Fahrzeit ca. 1:30 Stunden, 700 Höhenmeter.

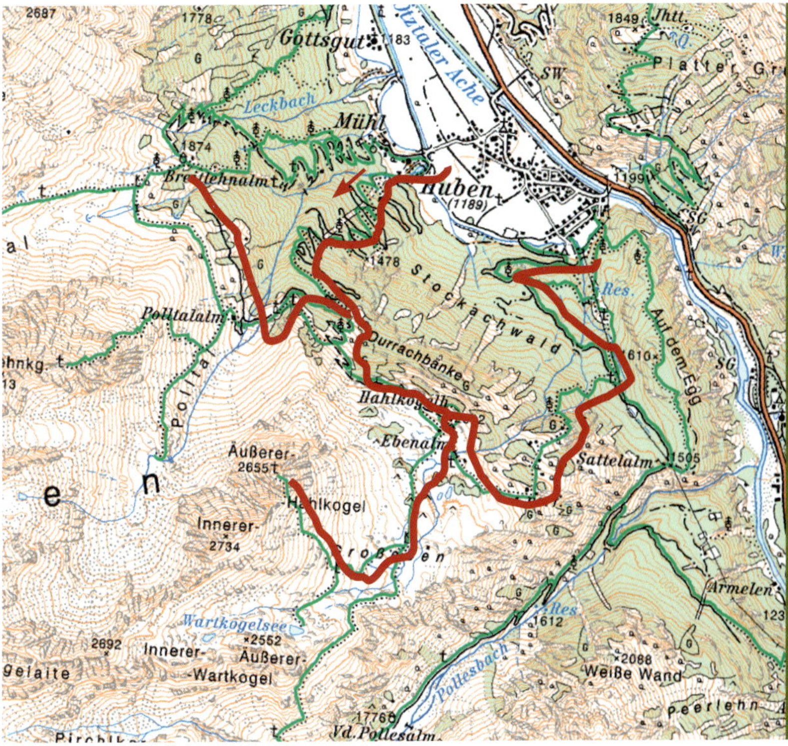

# 37 Wildes Mannle 3023 m

Über dem arg mitgenommenen Rofenkarferner der weiße Wildspitzgrat.

**Ötztaler Alpen**
**Venter Tal**

„Gemma Wildspitz schaugn" – unter dieses Motto könnte man den folgenden Tourentipp stellen. Die Runde führt uns zu den kümmerlichen Resten des Rofenkarferners – über den die von vielen gewünschte Verbindung Vent–Pitztaler Gletscherskigebiet geplant ist.

**Zeit/Höhendifferenz:** 2:30–3:00 Std./1120 Hm.; gesamt 5:00–5:30/1250 Hm.
Mit Lift: 1:30 Std./450 Hm. weniger

**Charakter:** Die Runde ist im Sommer mit Benützung des Sessellifts – als leicht einzustufen; nach Einstellung des Sommerbetriebs als mittel

**Tipp:** Am schönsten an einem klaren Herbsttag

**Beste Jahreszeit:** Sommer bis Spätherbst

**Ausgangspunkt:** Vent, 1895 m

**Breslauer Hütte, 2844 m** Geöffnet Mitte Juni–Ende Sept., Tel. 05254/8156

**Bergliftrestaurant Stablein, 2356 m** Geöffnet während der Liftbetriebszeiten

**Rofenhöfe, 2011 m** Geöffnet fast ganzjährig, Tel. 05254/8103

**Venter Bergbahn** Tel. 05254/8154

Nehmen Sie sich baldestmöglich Zeit für diese Tour – wer weiß schon wirklich, wann dort oben die Bagger auffahren (siehe Oktober 2006, als am Mittelbergferner munter – und teils verbotenerweise – gebaggert wurde) und es aus ist mit der idyllischen Ruhe im „Bergsteigerdorf" Vent? Die Runde ist im Sommer – mit Benützung des Sessellifts – als leicht (nur 800 Hm.) einzustufen; nach Einstellung des Sommerbetriebs (Auskunft bei den Bergbahnen/Tourismusbüro) als mittel – mit dem Vorteil, die erhabene Bergwelt und -ruhe mit wenigen teilen zu müssen und so den Blick vom Wilden Mannle zur Wildspitz-Südseite richtig genießen zu können.

**Zum Ausgangspunkt:** Im Ötztal bis Zwieselstein und rechts durch viele neue Lawinengalerien nach Vent zum Parkplatz des Doppelsessellifts (Achtung: die Tafel „P9" führt nicht zu einem Parkplatz, sondern steht nur für das Straßenleitsystem im Innerötztal).

Mit dem Lift (ab 8 Uhr) zur Bergstation Stablein oder zu Fuß auf Weg 919 (Breslauer Hütte) hinauf zum Panoramaweg, diesen querend steil aufwärts zu Lawinengittern. Der Steig führt teils über Skipisten, teils diese abkürzend unterhalb des Sessellifts zum Bergrestaurant (1 Std.). Die WW „Wildes Mannle/Breslauer Hütte" zeigen nach links, man geht unterhalb des Schlepplifts ca. eine halbe Stunde auf dem breiten Hüttenweg – diese thront hoch oberhalb des Rofenbachgrabens –, bis man rechts (WW) hinauf abzweigen kann. Kurz unterhalb der Bergstation quert man ein letztes Mal die Schlepplifttrasse und gelangt zu einer Wegteilung (ca. 2800 m; links „Rofenkarsteig"); rechts weiter führt der „Normalweg" zum zunehmend felsigen Südgrat, zum Schluss über Blockwerk zum Gipfelkreuz. Die Aussicht auf die im Süden gelegene – noch – vergletscherte 3000er-Parade des Ötztaler Hauptkammes und der Nahblick zum Top von Tirol ist einzigartig und wurde mit einem verhältnismäßig geringen Aufwand erreicht.

Blick zur Kreuzspitze.

**Die weitere Runde:** Nordwärts über markierte Blöcke in einer Viertelstunde zu WW-Tafeln; dort steil und ausgesetzt links hinunter ins Rofenkar – die felsigen Passagen sind drahtseilversichert. Im Kar angelangt zur linken Seitenmoräne, auf ihr abwärts bis kurz vors Ende und rechts hinab zum grünen Gletschersee (mit Gletschertor). Hier könnte man geradeaus zum Aufstiegsweg absteigen. Schöner ist es, hinüber zur rechten Seitenmoräne zu queren und mit ca. 80 Hm. Gegenanstieg hinaus zur Breslauer Hütte – zum Zweck eines Zwischenstopps auf der tollen Aussichtsterrasse – zu wandern; 1:15–1:30 Std. ab Gipfel (große Winterhütte immer geöffnet).

**Abstieg:** Am Hüttenweg 919 (Vent) abwärts ins Kar und links hinaus zur Bergstation (falls man Berg- und Talfahrt gelöst hat), sonst gerade steil rechts des Rofenbachgrabens hinunter zu den Rofenhöfen (gastliche Einkehrstätten). Nun nicht die Asphaltstraße hinauslatschen, sondern über die Hängebrücke (toller Blick in die Venter Ache) und auf gutem Touristenwanderweg zur Talstation in Vent.

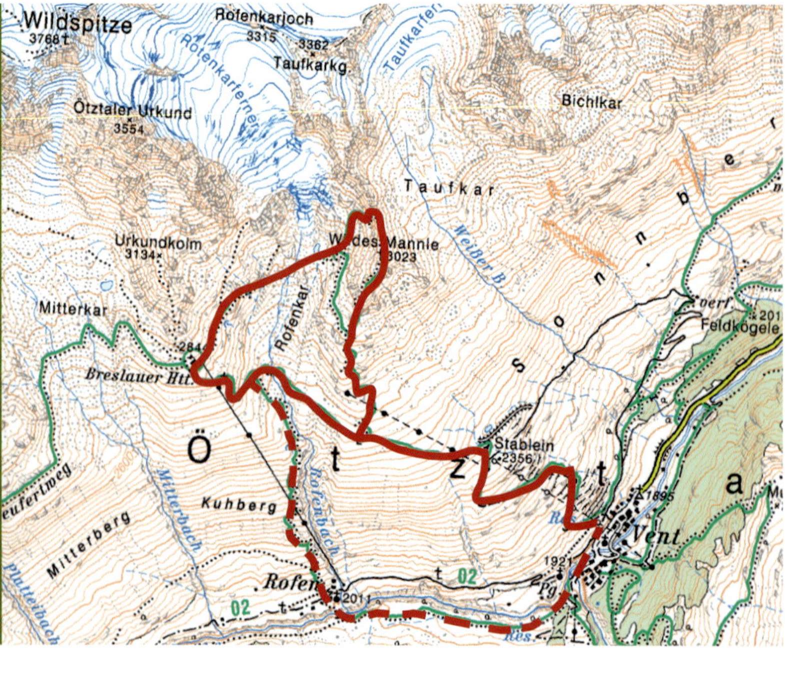

# 38 Gurgler Scharte 2930 m

Hochfirst, Rotmoosgletscher und Liebener Spitze bilden das Panorama.

**Ötztaler Alpen**
**Ramolkamm**

▲▲

Obergurgl ist im Sommer eine Oase der Ruhe, fast alle Lifte stehen still, doch es gibt ein reiches Angebot an aussichtsreichen Wanderungen und Bergtouren.

**Zeit, Höhendifferenz:** Obergurgl (1907 m) – Seenplatte (ca. 2500 m) 1:30–2 Stunden, 600 Höhenmeter, Lehnerkar (2585 m) 1:30 Stunden, Abstieg Küppele (2300 m) 1 Stunde, Obergurgl 1 Stunde; ganze Runde 5–5:30 Stunden. Abstecher zur Gurgler Scharte (2930 m) 1 Stunde, 350 Höhenmeter.

**Charakter:** An der Sonnenseite von Obergurgl führt der Panoramahöhenweg durch unberührte Biotoplandschaft in den Hängen des Zirmkogels vom Soomsee zum Küppele.

**Tipp:** Der Abstecher auf die Gurgler Scharte führt zwar zu keinem Gipfel, belohnt aber mit einem prächtigen Blick zur zum Greifen nahen Wildspitze.

**Beste Jahreszeit:** Ab Anfang Juli bis September.

**Ausgangspunkt:** Obergurgl, Parkhaus, Ortszentrum.

Auf der Gurgler Scharte.

Die zahlreichen Aufstiegshilfen und Pistentrassen benützen nur die linke Talseite des höchstgelegenen Dorfes im Ötztal. Gegenüber, auf der Sonnenseite von Obergurgl, scheint für den Naturliebhaber die Welt noch völlig in Ordnung zu sein. Hier gibt es kaum Zeichen eines menschlichen Eingriffes in die Landschaft, selbst für Almhütten ist das Gelände zu steil, und nur schmale Bergsteige – ausgezeichnet mit dem Tiroler Gütesiegel – ziehen durch die Bergflanken entlang des Zirmkogels oder zum Ramolhaus.

Unsere Panoramawanderung führt bis hart an die Dreitausendmetergrenze und besticht vor allem durch den weitläufigen Blick auf die berühmten Ötztaler Gletscherberge rund um den Gurgler Ferner. Gleich zu Beginn und mit frischer Kraft wird der steile Hang vis-à-vis des Dorfes erklommen und eine kaum vermutete flache Geländestufe betreten, in der einige kleine Bergseen glitzern und die weißen Bergschafe in den grünen Matten weiden.

**So kommt man hin:** Durch das Ötztal nach Obergurgl. Gratis parken nur am Ortseingang bei der Festkogelbahn und ein paar Minuten zu Fuß ins Dorf. Gebührenparkplatz im Zentrum (5 €/Tag). Oder bereits gleich nach der Abzweigung der Timmelsjochstraße parken und bei gelbem Wegweiser hinunter zum Bach.

Vom Piccarddenkmal rechts durch den Parkplatz abwärts zur Pirchhütter Achbrücke (WW Seenplatte), über den Loobbach und nun in vielen Kehren durch den mit Kranebitt- und Almrosenbüschen bewachsenen Hang auf die Hochfläche mit den verstreuten Bergseen. Fortsetzung der Panoramawanderung vom fast ausgetrockneten Soomsee in Richtung Süden (WW Lehnerkar, Küppele, Weg 38) durch weitläufige Karmulden und Geländerücken, die aber noch mit manchen Gegenanstiegen aufwarten. Erst wenn das Lehnerkar mit seinem Wollgrasmoor erreicht ist, ist man am höchsten Punkt angelangt. Steil geht es jetzt hinunter zur verfallenen Küppelealm, wo man auf den Weg zum Ramolhaus trifft. Auf ihm zurück nach Obergurgl.

**Zur Gurgler Scharte:** Der gar nicht beschwerliche Abstecher vom Soomsee zur Gurgler Scharte (2930 m) vermittelt zwar kein Gipfelerlebnis, wohl aber einen Blick zu Wildspitze und Weißkugel und komplettiert die umfangreiche Dreitausenderschau. (Keinesfalls benötigt man für den Aufstieg die angegebenen 2 Stunden, denn in 1:30 ist man locker hin und zurück.)

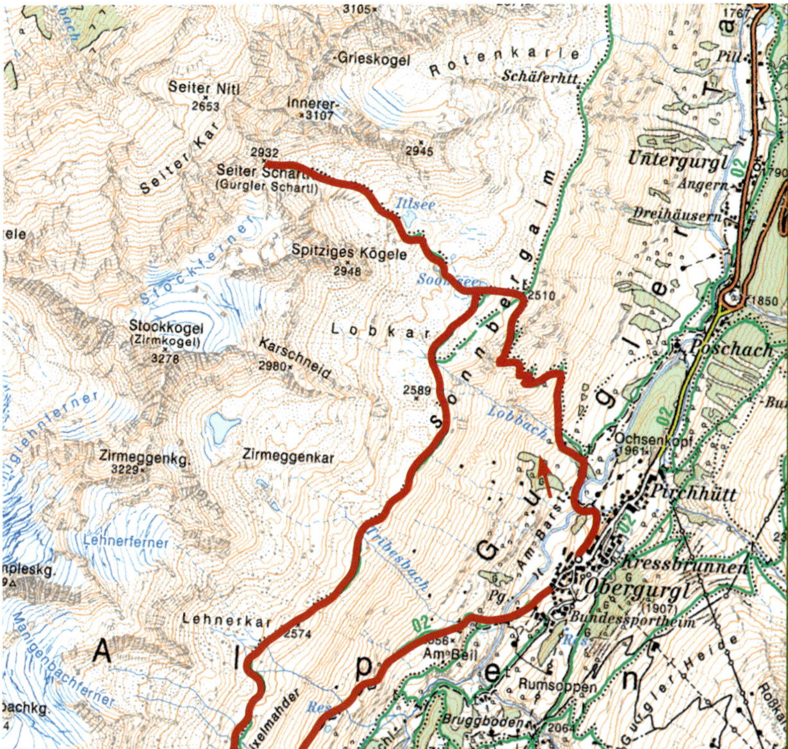

# 39 Brunnenkogel 2761 m<br>Wilde Rötespitze 2966 m<br>Rotkogel 2894 m

Der Wannenkarsee und über dem Windachtal die Stubaier Wildspitze.

**Stubaier Alpen Westkamm**

▲▲▲

Alle Ötztaler und Stubaier Gletscherberge im Visier, so wandert man auf diesem selten schönen Höhenweg zum Berghaus am Vorderen Brunnenkogel.

**Stützpunkt:** Brunnenkogelhaus (2738 m) und Stabelealm (1910 m)

**Zeit, Höhendifferenz:** Timmelsjoch (2474 m) – Wilde Rötespitze (2965 m) – Brunnenkogelhaus (2738 m) 3:30–4:30 Stunden. Abstieg nach Sölden über Stabelealm 2 Stunden. Insgesamt ca. 800 Höhenmeter im Aufstieg, 1500 Höhenmeter im Abstieg.

**Charakter:** Als gut angelegter und bestens versicherter Höhenweg zieht der Erzherzog-Eugen-Steig vom Timmelsjoch über vier Gipfel zum Vorderen Brunnenkogel.

**Tipp:** Nicht sicher ist, ob das von der Schließung bedrohte Brunnenkogelhaus wieder bewirtschaftet ist.
Nächste Raststation ist dann die Stabelealm.

**Beste Jahreszeit:** Juli bis September

**Ausgangspunkt:** Timmelsjoch, Passhöhe (2474 m)

Los geht es genau auf der Passhöhe am Timmelsjoch. Erst durchquert man noch recht gemütlich drei weite Kare mit grünen Bergseen, doch dann erklimmt der Weg mit einem längeren Aufstieg die Gratschneide, die dann nicht mehr verlassen wird. Weit draußen, am äußersten Ende des Bergrückens, winkt bereits das Brunnenkogelhaus, doch noch sind drei Gipfel direkt am Grat zu überschreiten. Der Weg ist bestens markiert, auch im felsigen Gelände gut gangbar und an drei kurzen Stellen mit massiven Ketten abgesichert, erfordert aber doch ein gewisses Maß an Ausdauer und vor allem Trittsicherheit. Gefragt nach dem Zeitaufwand, zog sich der Wirt des Brunnenkogelhauses geschickt aus der Affäre: „Zu den Einheimischen sagen wir drei bis vier Stunden, zu den Fremden vier bis fünf Stunden."

Am Ende des Höhenweges und schon lange im Blickfeld ist das Brunnenkogelhaus, bei dem der lange Abstieg nach Sölden beginnt. Doch eine Einkehr ist – zumindest bei Drucklegung des Buches – ziemlich unsicher. Wegen ungenügender Hygienestandards (Plumpsklo!) wurde von der BH Imst im Sommer 2006 die Benützungsbewilligung entzogen. Ob das im Jahr 1888 erbaute und schwierig zu bewirtschaftende Haus des ÖTK von der AV-Sektion Innerötztal übernommen und weitergeführt wird, sollte mittler-

Brunnenkogelhaus in Sicht.

weile wohl entschieden sein. Zu hoffen wäre es, denn bisher war noch jeder Bergsteiger froh, wenn er hier seinen Durst löschen konnte.

**So kommt man hin:** Das Auto lässt man am besten in Sölden, evtl. bei der Gaislachkogelbahn, und steigt genau dort in den von Imst kommenden Postbus, der um 8.05 Uhr auf das Timmelsjoch fährt (Ankunft 9.00 Uhr, verkehrt bis Anfang September). Eine Möglichkeit, wenn man zu mehreren ist, wäre noch die Fahrt mit einem Taxi (Taxi Quaxi 05254/3737).

Beim Rasthaus Timmelsjoch auf der linken Straßenseite geht es los. Gleich wird man auf die Markierungen hinter dem Haus aufmerksam. Anfangs zieht der als Erzherzog-Eugen-Steig benannte Höhenweg noch im grünen Gelände in leichtem Auf und Ab durch die Kare. Hört man es gellend pfeifend, so sind es nicht die Komantschen, sondern die Murmeltiere, die sich auf ihrem Morgenspaziergang gestört fühlen. Befindet man sich über dem Ausgang des Timmelstals, wo sich erstmals der Blick nach Obergurgl öffnet, hat man streckenmäßig etwa die Hälfte des Weges hinter sich. Es war aber der leichtere Teil, denn nun windet sich der Steig in der steilen Flanke gegen den Grat hin bis zu einem Vorgipfel des Wannenkogels mit Steinmann. Unten im Kar funkelt der Wannenkarsee, überm Windachtal die Daunkögel und die Stubaier Wildspitze. Ab jetzt bleibt man immer auf der Grathöhe oder knapp links davon in der Flanke.

### Fast auf Dreitausend

Den höchsten Punkt des Weges erreicht man auf der Wilden Rötespitze (2965 m). Hat man danach das schöne Gipfelkreuz mit Buch erreicht, befindet man sich bereits am Rotkogel (2894 m) und hat nur mehr einen kurzen Aufstieg zum Hinteren Brunnenkogel (2887 m) vor sich. Gemütlich klingt der Weg aus und endet bei dem 1888 erbauten Schutzhaus (bewirtschaftet bis Mitte September), welches knapp unterhalb des Vorderen Brunnenkogels (2761 m) thront. Ein Aussichtsbalkon ersten Ranges, von dem man nach links zu den Ötztaler Gletscherbergen und rechts zum Zuckerhütl schaut. Einplanen muss man noch, dass man für den Abstieg nach Sölden über die (bewirtschaftete) Stabelealm (1910 m) zwei Stunden braucht. Etwas kürzer ist es, wenn man vom Brunnenkogelhaus durch das Schönkar ins Windachtal absteigt und vom GH Fiegl mit dem Taxi (17.30 Uhr) nach Sölden zurückkehrt.

Sölden
Rettenbach
Kaisers
Schmiedhof
Rechenau
Rainstadl
Granbichl
Platte
Wildmoos
Pitze
Gupfmühlegg
H.Söldenkogel
2975
Söldenkogel
Laubkarsee
Hochstubaihtt.
H.Nebelkogel
Stubaier-
Alpen
Klebleálm
Nebelkar
Seekarsee
Warenkaregg
Warenkarscharte
Warenkar
Stubaier Wi
Östl.
Bildstöcklj
Windacher Fer
Fräulaskofel
Schußgrubenk
In den Schuß
Windachalm
Windachtal
Windache
Gh.Fiegl
Brunnenbergalm
Schönalm
Brunnenkogelh.
Schönkar
Rotkogel
2894
Wilde Rötesp.
Wilde Röte
Wannenkarsee
Wannenkar-Oppen
Schönboden
Haglkögele
2697
Haglkarl
Schraakar-Oppen
Hagikar-ferner
Wannenkg.
Schraakar
Wannenkar
Schraakarferner
Schraakoge
Rötenkar-ferner
Jochköp
Wietenkar
Wietenbach
Timmelsjochberg
Timmelsjoch
Zoll
Zwieselstein
(1470)
H.Nachtberg
1867
Kühtreienschlucht
Martlaswald
Timmelsalm
Timmelstal
Timmelsbach
Zollhtt.
Zargeralm
Lenzenalm
Lenzenalm
Karstall
Untere
Zwieselsteinlahn
Obere
Windegg
2305
Mittagskg.
2825
Seekarl
Nedersee
Mautt
2171
Kirchenkögele
2860
Krumpwasser
Kirchenkar
Kirchenkg.
3113
Schäferhtt.
Hochgurgl
Hohe Brücke
Pill
Untergurgl
Angern
Dreihäusern
Gurgler Ache
Angerer Alm
Schmarllasbach
Bankeralm
Bankerjoch
Schermerspitze
In der Wilde
Legerlen
E5
02

# 40 Hoher Nebelkogel 3211 m

Den Laubkarsee erreicht man beim Aufstieg von der Kleblealm.

**Stubaier Alpen West**

▲▲

Einem Wolkenhaus gleich thront die Hochstubaihütte auf einem Berggipfel über Sölden. Von ihrer Haustür zum Gipfel des Hohen Nebelkogels (3211 m) sind es nur mehr wenige Schritte.

**Stützpunkt:** Hochstubaihütte (3176 m), geöffnet Juli bis September, Tel. 0664/2665290.

**Zeit, Höhendifferenz:** GH Fiegl (1956 m, mit Taxi) – Hochstubaihütte (3176 m) 3–3:30 Stunden, Hoher Nebelkogel (3211 m) 15 Min., Abstieg Kleblealm 2–2:30 Stunden, nach Sölden 45 Min. (evtl. Taxi). 1250 Höhenmeter.

**Charakter:** Verträumte Bergseen, eine imposante steinerne Stiege, Traumaussicht übers Ötztal und eine Hütte am Gipfel.

**Tipp:** Zwischen zwei Anstiegen kann man wählen. Startet man beim GH Fiegl im Windachtal hat man einen ums Kennen angenehmeren Abstieg zur Kleblealm.

**Beste Jahreszeit:** ab Juli bis September

**Ausgangspunkt:** Sölden, GH Fiegl im Windachtal

Bewundern muss man sie schon, die Erbauer der Hochstubaihütte, die in den Dreißigerjahren, noch in finsterer hubschrauberloser Zeit, auf der Grathöhe über dem Wütenkargletscher eine so massive Schutzhütte errichtet haben. Die ganzen Ötztaler Alpen, gekrönt von der Wildspitze, liegen als Breitbildpanorama vor dem Betrachter. Ebenso staunen kann man über die perfekte Steintreppe der als „Himmelsleiter" bekannten Weganlage, die durch den obersten Felsgürtel des Nebelkogels zur Grathöhe leitet. Ein Meisterwerk des Wegebaus. Kürzester Aufstieg aus dem Windachtal vom GH Fiegl, zu dem man sich am besten mit dem Taxi bringen lässt, denn sonst sind es von Sölden zu Fuß an die 1800 Höhenmeter (Gehzeit insgesamt 5–6 Stunden). Man spart also 600 Höhenmeter und startet bereits auf fast 2000 m. Für den Abstieg empfiehlt sich dann der bequemere Weg über den Laubkarsee zur Kleblealm, von der man direkt nach Sölden absteigen kann.

Die Hochstubaihütte.

In Sölden in der Ortsmitte links über die Brücke zur Freizeit-Arena. Mit Taxi pünktlich um 8.30 Uhr ins Windachtal zum GH Fiegl (6 € pro Person). Man kann auch selbst als Gruppe das Taxi bestellen, evtl. auch für Rückfahrt von der Kleblealm (Taxi Quaxi, Tel. 05254/3737).

Vom Gasthaus Fiegl in vielen Serpentinen über die Almhänge hinauf ins untere Seekar mit dem idyllischen See. Die Steilstufe darüber wird im Hang östlich des Sees überwunden, dann ist das Obere Seekar mit frisch renovierter Notunterstandshütte erreicht. Der das ganze Kar abschließende steile Wandgürtel (ca. 150 Hm.) wird auf der als Himmelsleiter bekannten Treppe aus kunstvoll geschichteten Steinstufen überwunden. Ist die Grathöhe erreicht, sind es nur mehr ein paar Schritte über die Karmulde zur Hochstubaihütte. Am besten macht man dem nur wenig höheren Gipfel des Hohen Nebelkogels noch vorher seine Aufwartung. Die Hochstubaihütte ist voll bewirtschaftet, man kann hier auch übernachten. Geöffnet ist sie bis Mitte September.

**Abstieg:** Bei weitem nicht so steil ist der Abstieg über den Laubkarsee zur Kleblealm und direkt zurück nach Sölden. Von der Hütte den üppigen Markierungen in Richtung Norden folgend, dann links absteigend durch die Durrnkarlen zur Laubkarscharte und zu dem darunter liegenden prächtigen Bergsee. (Von der unterhalb des Sees liegenden Wiesenterrasse führt auch ein Verbindungssteig zurück zum GH Fiegl.) Dann in den Grashängen des Söldenkogels zur Kleblealm und auf dem Waldsteig zurück nach Sölden.

# 41 Gamskogel 2813 m

Am Gamskogel hoch über Längenfeld im mittleren Ötztal.

**Stubaier Alpen**
**Westteil**
**Ötztal**

▲▲

Nur selten erlebt man eine Bergtour, wo alles so rund und ausgewogen zusammenpasst wie beim Anstieg auf diesen schönen Gipfel im mittleren Ötztal.

**Stützpunkt:** Nisslalm (2051 m)
**Zeit, Höhendifferenz:** Gries (1569 m) – Nisslalm (2051 m) 1–1:30 Stunden, Gamskogel (2813 m) 2–2:30 Stunden, gesamt 3:30–4 Stunden, 1250 Höhenmeter.
Nisslalm – Schönrinnenkarsee (2353 m) 1 Stunde, 300 Höhenmeter.
**Charakter:** Ein mächtiger Gipfel, von der Optik eher abweisend, der sich aber überraschend leicht ergibt.
**Tipp:** Wer gerne an Bergseen die Seele baumeln lässt, kann von der Nisslalm geradewegs in das schmale Kar unterhalb des Lochkogels zum Schönrinnenkarsee aufsteigen.
**Beste Jahreszeit:** Juli bis September
**Ausgangspunkt:** Gries bei Längenfeld, Parkplatz Ortsende

Als mächtige dunkle Berggestalt beherrscht der Gamskogel die linke Seite des Talbeckens von Längenfeld. Unnahbar und abweisend schaut er aus, wenn man durch das Ötztal auf ihn zukommt. Dabei ist er von Gries im Sulztal auf einem bestens adaptierten Weg zu besteigen, sogar für asphaltgewohnte Flachländer, da jede höhere Steinstufe mit Trittstiften und Halteseilen versehen wurde. Der breite Gipfel ist ein Aussichtsbalkon ersten Ranges und bietet eine überwältigende Nah- und Fernsicht über die ganze Ötztaler Bergwelt. Allerdings gibt es auch einen wesentlich steileren und anspruchsvolleren Anstieg auf diesen Berg. Von dem unmittelbar über der Felswand liegenden Weiler Burgstein folgt man dem Fahrweg bis Wiesle, dann führt der Steig in gerader Linie über den Westrücken zum Gipfel.

Tiefblick auf Längenfeld.

Ins Ötztal bis Längenfeld und am Ortsanfang beim Kreisverkehr links hinauf nach Gries im Sulztal (bzw. Gries bei Längenfeld). Der geräumige Parkplatz befindet sich ganz an hinteren Ortsende. Erstes Ziel ist die Nisslalm, zu der zwei Wege – ein breiter Fahrweg oder ein steiler Waldsteig – führen. Für den Fahrweg folgt man der Beschilderung zur Amberger Hütte. Nach der Brücke und der darauf folgenden Kehre zweigt der Fahrweg zur Nisslalm rechts ab (1:30 Stunden). Wesentlich kürzer ist der direkte Steig. Dazu geht man auf der Dorfstraße ca. 150 m talaus bis zum GH Sulztaler Hof, nach links zum Bach und über die Brücke. Durch ein Gatter und gleich rechts auf dem wurzeligen Tannennadelsteig gerade im Wald empor. Der Fahrweg wird zweimal gequert, gleich darauf ist man bei der Nisslalm angelangt (1 Stunde).

Die auffällige dunkle Berggestalt genau über der Almhütte ist der Lochkogel, bereits ein Dreitausender, im Kar darunter liegt der Schönrinnenkarsee, der auch sehr gerne besucht wird. Der von hier unscheinbar wirkende Gamskogel befindet sich weiter rechts in dem nach Westen ziehenden

Grat, rechts eines kecken Felshorns. Der Weg führt von der Alm erst einmal ca. 15 Min. flach durch lichten Zirbenwald nach Westen, quert zwei Karmulden, erreicht ein freies Hochmoor und wendet sich allmählich der Bergflanke zu. Über begrünte Hänge wird eine Schulter erreicht, dann geht es steiler hinauf auf den breiten Rücken, von dem große Steinmandln zusätzlich zur üppigen Markierung die Richtung weisen. Kurze Passagen des Weges sind mit Drahtseilen gesichert, bei höheren Granitblöcken erleichtern eiserne Trittstifte das mühelose Höhersteigen. Zum Schluss führt der Weg durch großblockige Steinhalden auf die breite Gipfelkuppe, wo ein ganzer Verein bequem lagern könnte. Hier erschließt sich ein Panoramablick über den Geigenkamm bis zur Wildspitze. Nach Norden und Osten blickt man über das Sulztal zu den von den Skitouren her bekannten Stubaier Paradeskibergen, die sich von hier mit ihren felsigen Steilflanken in einem gänzlich ungewohnten Erscheinungsbild präsentieren.

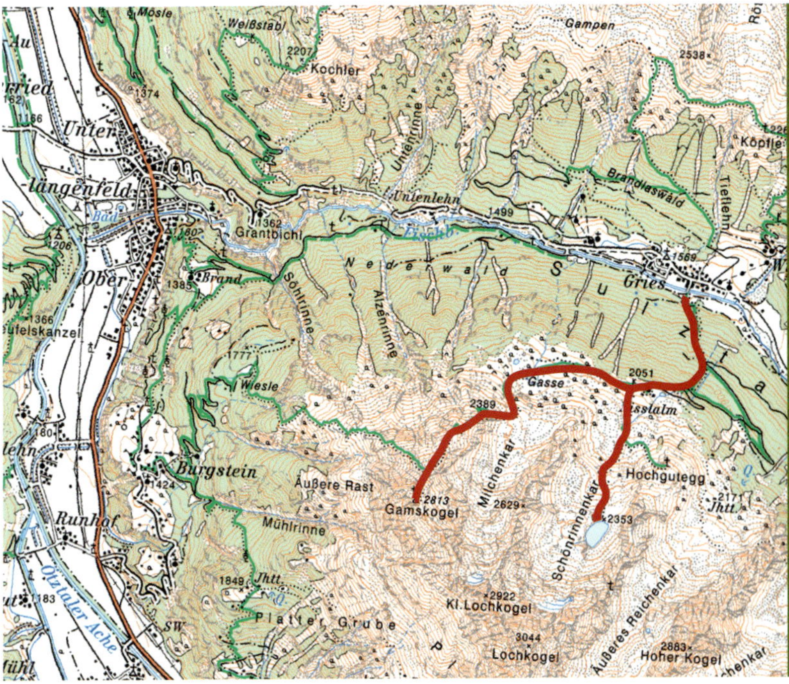

# 42 Geißlehnscharte 3052 m

Etwa in der Mitte des Bachfallenferners steigt man links zur Gaislehnscharte.

**Stubaier Alpen Westteil**

▲▲▲

Einer der anspruchvollsten Tiroler Alpinmärsche, führt über Stock und Stein bis ins ewige Eis. Die Teilnehmer huschen in kurzen Hosen und Laufschuhen über den Gletscher, was der Normalbergsteiger aber nicht unbedingt nachahmen sollte.

**Stützpunkt:** Winnebachseehütte (2361 m), Tel. 05253/5197, geöffnet ab Anfang Juli

**Zeit, Höhendifferenz:** Gries (1569 m) – Winnebachseehütte 2 Stunden, 800 Hm., Geißlehnscharte (3052 m) 2 – 2:30 Stunden, 700 Hm., Abstieg zur Amberger Hütte (2136 m) 1:30 – 2 Stunden. Zurück nach Gries 1:30 Stunden. Insgesamt 1500 Höhenmeter, 23 km Wegstrecke.

**Charakter:** Man muss nicht unbedingt ein Bergläufer sein, aber ein hohes Maß an Ausdauer und Trittsicherheit erfordert diese Strecke auch vom „normalen" Bergwanderer.

**Tipp:** Hüttennächtigung empfehlenswert.

**Beste Jahreszeit:** ab Mitte Juli bis Ende September

**Ausgangspunkt:** Gries bei Längenfeld (1569 m)

Gar nicht so ohne ist diese ausgiebige Rundtour durch die prächtige Bergwelt der westlichen Stubaier Alpen. Sie führt von Gries bei Längenfeld zuerst zur Winnebachseehütte, dann über den Bachfallenferner zur Geißlehnscharte und nach einem elendslangen Abstieg zur Amberger Hütte und zurück nach Gries. Und ganz gleich, ob man diese Runde auf eigene Faust macht oder im Rahmen des „Grieser Gletschermarsches", der meistens gegen Ende Juli als Jedermannlauf durchgeführt wird, es ist ein einmaliges Erlebnis in hochalpiner Landschaft. Die Strecke ist durchaus anspruchsvoll: Weglänge 23 km, Höhenunterschied 1500 Meter, ruppige alpine Steige, besonders beim Abstieg. Tüpfelchen auf dem i ist der Aufstieg über den Bachfallenferner, der zwar ganz harmlos daliegt, aber mitunter, je nach Fortschritt des Sommers, doch kleine Spalten bilden kann. Ein richtiger Gipfel wird bei diesem langen Marsch nicht berührt. Höchster Punkt ist die Geißlehnscharte, eingekerbt im Kamm zwischen dem Längentaler Weißen Kogel und dem Geißlehnkogel. Nicht orientieren darf sich der Normalbergsteiger an den Zeiten, welche die schnellsten „Marschierer" für diese Runde brauchen. In 2:40 Stunden sollen Läufer diese Strecke bereits durcheilt haben. Ein normaler Geher kommt bei dieser ausgefüllten Tagestour auf 7 bis 9 Stunden.

**So geht die Runde:** Ins Ötztal bis Längenfeld und beim Kreisverkehr links nach Gries im Sulztal, das jetzt Gries bei Längenfeld heißt. Großer Parkplatz am Ortsende. Auf dem Sträßchen hinauf zu den Hotels von Winnebach. Auf schönem Bergsteig zur Winnebachseehütte. Hinter der Hütte rechts, immer der Beschilderung „Geißlehnscharte" folgend, entlang der Bergflanke des Seblaskogels zum breit hingebetteten Bachfallenferner. In der Moräne gut auf die Markierungen achten, im linken, flachen Teil des Gletschers aufwärts, bis sich die roten Punkte verlieren. Nach einer steinigen Moräneninsel und dem Gletscherhang danach öffnet sich im Felskamm links eine bisher nicht sichtbare Rinne, die steil zur Geißlehnscharte hinaufführt. Rote Markierungen an der untersten Felswand zeigen den Übergang vom Gletscher an. Ein fixes Sicherungsseil leitet durch die Schuttrinne hinauf in die enge Felsbresche (3052 m) zwischen den bizarren Grattürmen. Nun wartet ein langer Abstieg in einem Gelände, das ständig zur Aufmerksamkeit zwingt. Durch blockige Steinhalden, meist weglos, aber bestens markiert, steigt man hinunter ins Schrankar, bis zur Geländekante, wo man tief unten die Amberger Hütte erblickt. Der abschließende steile Grashang geht noch gehörig auf die Kniegelenke. Angelangt am breiten Fahrweg kann man – beim offiziellen Marsch muss man – der nahen Amberger Hütte einen Besuch abstatten. Dann am breiten Fahrweg zurück nach Gries.

# 43 Narrenkogel 2309 m Poschachkogel 2574 m

Ein breiter Grasrücken führt vom Narrenkogel zum Poschachkogel.

**Stubaier Alpen**
**Westteil**
**Ötztal**

▲▲

Nur den Narrenkogel allein, den Poschachkogel dazu oder noch weiter bis zum Gruesee und durch das Wannenkar zur Gubener Hütte.

**Stützpunkt:** Larstighof, Guben-Schweinfurter Hütte (2034 m)

**Zeit, Höhendifferenz:** Niederthai (1535 m) – Narrenkogel (2309 m) 2–2:15 Stunden, 780 Höhenmeter, Übergang zum Poschachkogel (2574 m) 45 Minuten bis 1 Stunde, + 270 Höhenmeter, zum Gruejoch (2747 m) 45 Minuten; Abstieg Larstighof / Niederthai 1:30 Stunden. Ganze Runde 5 bis 5:30 Stunden.

**Charakter:** Die Bergtour zum Narrenkogel lässt sich beträchtlich verlängern. Weiter geht es über den Poschachkogel zum Gruesee und Gruejoch, dann steigt man ab zur Gubener Hütte.

**Tipp:** Im Frühsommer bitte erkundigen, ob der Abstieg durchs Wannenkar schneefrei ist, sonst besser vom Poschachkogel zum Larstighof absteigen.

**Beste Jahreszeit:** ab Mitte Juni bis Spätherbst

**Ausgangspunkt:** Niederthai, Parkplatz beim Feuerwehrhaus

Diese ungemein aussichtsreiche Bergwanderung hoch über Niederthai und dem Horlachtal lässt sich nach Belieben verlängern. Manche begnügen sich mit dem Narrenkogel allein, doch hat man den steilen Aufstieg einmal geschafft, ist der Weiterweg zum Poschachkogel nur mehr ein Spaziergang. Als Draufgabe steigt man noch hinauf zum winzigen Gruesee und zum gleichnamigen Joch darüber. Bis hierher sind die mitunter steilen, aber gut markierten und beschilderten Bergsteige bereits früh im Jahr vollkommen aper und trocken. Ab dem Gruejoch dauert es meist noch einen Monat länger, bis der nordseitige Abstieg durch das Wannenkar zur Guben-Schweinfurter Hütte schneefrei wird und man trockenen Fußes unterwegs sein kann. Entscheiden kann man sich hier immer noch, widrigenfalls geht man zurück zum Poschachkogel oder steigt durch das Gruekar gerade hinunter ins Horlachtal.

**So kommt man hin:** Von Umhausen der Beschilderung folgend nach Niederthai am Eingang des Horlachtales. (Nicht versäumen den Aussichtspunkt zum Stuibenfall unmittelbar an der Straße.) In Niederthai gleich nach der Kirche links über die Brücke. Parkplatz vor dem Feuerwehrhaus. Wenige Schritte nach links und über einen Wiesensteig hinauf zum wegen seiner schönen Flora berühmten Bergmähderweg, der talein bis zu den Larstighöfen führt. Nur kurz nach rechts und jetzt auf steilem Serpentinensteig durch den Bergwald. Nach ca. 45 Minuten betritt man eine freie Schulter am „Bergle“ mit dem ersten Tiefblick auf das Ötztal und kann ein wenig verschnaufen. Nach der neu gebauten Jagdhütte wird es nochmals steil, aber das Ziel ist bald erreicht.

Abstieg kaum zu übersehen.

Zwei Kreuze zieren den breiten Wiesenkopf des Narrenkogels. Der Weiterweg ist klar, denn das Gipfelkreuz am Poschachkogel ist bereits in Sicht. Über den lang gestreckten Höhenrücken marschiert man auf den Gipfelaufbau zu. Erst zum Schluss wird es wieder etwas steiler. Weiter geht es zum Gruejoch. Man steigt zuerst in Richtung Gruekar ab, dann hinauf zum See und dem Joch. Abstieg durch das Wannenkar und unterhalb der Finstertaler Jagdhütte bei Wegteilung am linken Steig fast waagrecht zur Guben-Schweinfurter Hütte.

**Abstieg ins Tal:** Will man bereits vom Poschachkogel absteigen, geht man zurück bis zu dem markanten Stein mit der roten Aufschrift „ins Tal“, quert aber zuerst unterhalb der Gipfelpyramide waagrecht in Richtung Gruekar. Dort sieht man schon den Weg, der in fast gerader Linie steil, aber recht gut gangbar, ins Horlachtal hinunterführt. Man mündet am Bergmähderweg bei einer kleinen Kapelle, kurz vor dem Larstighof. Gutes Schuhwerk ist unerlässlich, vor allem Skistöcke sind auf den steilen Steigen eine große Hilfe.

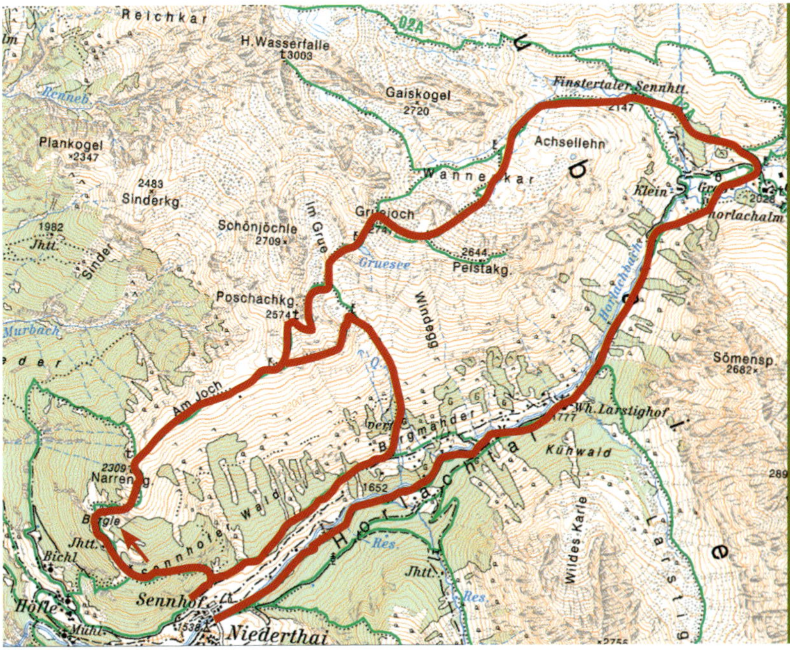

# 44 Lauser 2616 m über Niedere und Hohe Warte 2372 m

Blick vom Lauser zum Hochbrunnachkogel, rechts die Niederreichscharte.

**Stubaier Alpen**
**Ötztal**

Der Kleinstweiler Farst – über den viele Sagen berichten – ist eine Besonderheit in Nordtirol. Ähnlich extrem gelegene Weiler findet man sonst nur in Süd- und vor allem in Osttirol. Der grüne Wiesenfleck oberhalb der senkrechten Felswände ist allein einen Besuch wert, als Einkehrstation bei einer kürzeren oder längeren Bergfahrt sowieso.

**Zeit/Länge/Höhendiff.:** Bike: 1:30 Std./7,5 km/740 Hm. Hike: 2:30 Std./930 Hm.; gesamt: 7:00 Std./15 km/1670 Hm.
**Charakter:** Ziemlich anspruchsvolle Bike-&-Hike-Tour
**Tipp:** Frühester Aufbruch im Hochsommer, Schatten bei der Auffahrt nur bis 8 Uhr
**Beste Jahreszeit:** Almsommer bis Herbst
**Ausgangspunkt:** Lehn/Parkplatz „Engelswand“, 940 m oder Umhausen/Parkplatz bei der Kirche, ca. 1000 m
**Jausenstation Farst, 1482 m** Ganzjährig geöffnet, Tel. 0650/2377377

Erreichbar ist dieses etwas nördlich von Umhausen im Ötztal auf 1500 Meter gelegene Kleinod – von allen Autofahrern, die im Ötztal talaus fahren, staunend wahrgenommen – nur zu Fuß oder per Bike auf einer sehr steilen ca. 3 km langen Privatstraße über fast Furcht einflößende Serpentinen. Bis in die 80er-Jahre d. v. Jh. mussten die Bewohner – und damit auch die Schulkinder – die 500 Höhenmeter ausschließlich zu Fuß auf einem schlechten Karrenweg zurücklegen, nur für Lasten gab es eine Materialseilbahn. Aber das Befahren der steilen Straße – besonders im Winter, daher großteils kein Asphaltbelag – ist auch heute noch nicht ungefährlich, wie uns Marterln verkünden. Die Verwendung eines Bikes bringt bei der Auffahrt kaum Zeitgewinn – ähnlich der meisten anderen B&H-Touren in diesem Buch –, aber beim Rückweg, dazu erspart man sich einen „mörderischen" Abstieg auf der

Der feine Rückweg am Weiler Farst vorbei hat begonnen.

nachmittags in der prallen Sonne liegenden Straße.

**Zum Ausgangspunkt:** Auf der Ötztal-Bundesstraße bis Tumpen. Kurz danach links zum Kletterparkplatz „Engelswand“ bei Platzl.

Mit dem Bergradl auf dem Ötztal-MTB-Trail nach Platzl, rechts nach Lehn, an der Kirche Maria Schnee vorbei zu Kreuzung: links/Umhausen zur Brücke, 1,6 km. Auf dem Wanderweg über den Rennebach und gleich links entlang auf Grobasphalt aufwärts zum Asphaltsträßchen, das von Umhausen her kommt. Wieder links über den Bach an Kinderspielplätzen vorbei zum eigentlichen Anstieg (hier Parkmöglichkeit für Fußgänger), ca. 1000 m. Nach gut 15%-iger Durchschnittssteigung über 540 Hm. und 6 km ist Farst erreicht. Die Biker fahren noch bei den letzten Häusern die Rechtskehre aufwärts und über den EU-geförderten Forstweg – deutlich flacher – durch schönen Föhrenwald bis vor die Materialseilbahn am Sattele, plus 1,5 km. Zu Fuß benützt man den alten Almweg: WW „Reichalm“.

**Gemeinsamer Weiterweg** ab Bankl am Sattele: Ausreichend markiert auf mittelsteilem Steig durch Almrosen und Blaubeerstauden hinauf zum Zirbenwald beim Farster Köpfl und etwas fallend zur traumhaft gelegenen Reichalm (leider unbew.) auf 1962 m, deren steile Bergwiesen noch mühsam händisch gemäht werden. Auf Weg 80 kurz steil hinauf und flach entlang eines Weidezauns hinein in die Südflanke. Nun schweißtreibend den rot-weißen Holzpflöcken folgend links hinaus zum Südrücken. Über Serpentinen erreicht man den Windfang und Grillplatz auf der Niederen Warte und kurz später das Gipfelkreuz der Hohen Warte, 2372 m; vom Sattele 1:30–2:00 Std., gesamt 1400 Hm.

**Zum Lauser:** Achtung auf ca. 2500 m am Felsgrat: nicht auf den rechts hinaus führenden flachen Weg abzweigen, sondern links hinauf zur gelben Tafel direkt am Grat. In einer dreiviertel Stunde zum kleinen Holzkreuz und Wegweiserbaum am Lauser, 2616 m (mit dem W.-Oltrogge-Höhenweg 147). Wir haben für heute genug geleistet – 1650 Hm. in vier Stunden –, daher verzichten wir auf den Hochreichkopf, dessen Hin- und Rückweg mindestens zweieinhalb bis drei weitere Stunden erfordern würde, und: Es lockt ja die Aussichtsterrasse der Jausenstation Farst zur entspannenden Einkehr.

**Abstieg:** Gleich wie Aufstieg bis zur Reichalm. Ab hier Abkürzungsmöglichkeit nach Farst hinunter (deutlich kürzer, aber nur für absolut Trittsichere und Schwindelfreie, wie uns die Almerin mehrfach warnte): Von der Almhütte abwärts zu den zwei Stadeln und auf dem grünen Steiglein rechts zum Waldrand. Über mehrere stark ausgesetzte Stellen (Marterln), aber gut gangbar, zum Aufstiegsweg und zum Sattele, wo wir wieder die Räder unter den Hintern nehmen können.

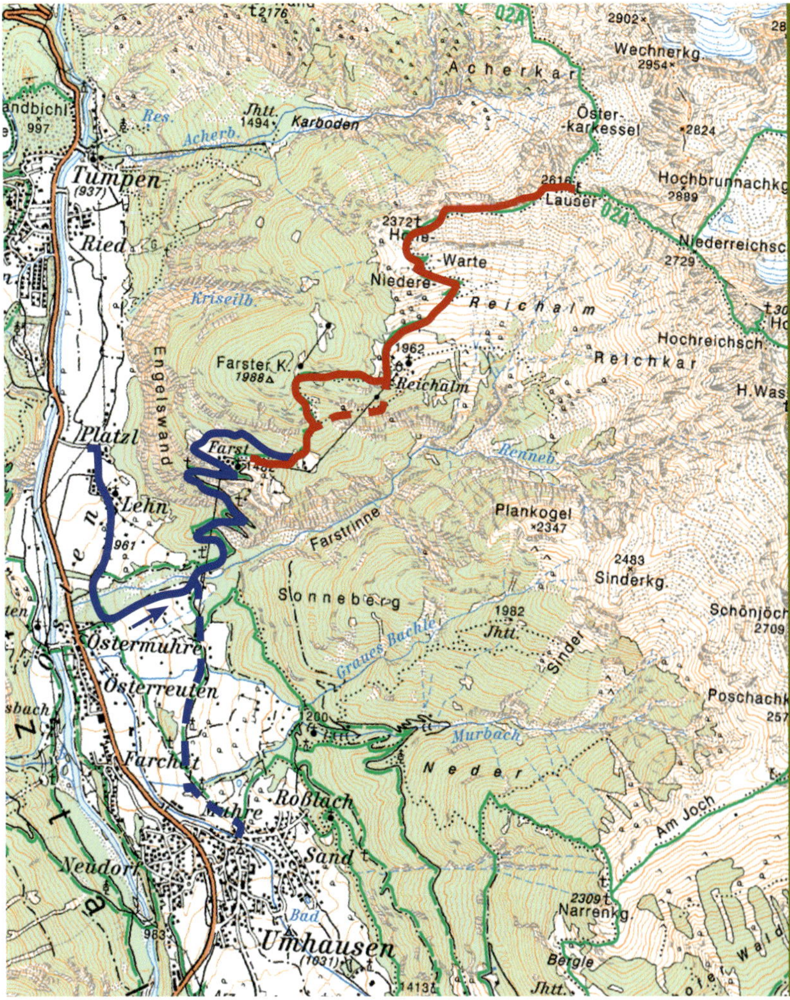

# 45 Acherkogel 3008 m<br>Rosskopf 2399 m<br>Wetterkreuz 2591 m<br>Großes Windegg 2644 m

Der Acherkogel, vorgelagert der Maningkogel, aus der Vogelschau.

**Stubaier Alpen**
**Ötztal**

Ein stolzer Felsberg als ideale Trainingstour für höhere Ziele in den Westalpen, oder doch lieber eine Wandertour über das Wetterkreuz.

**Stützpunkt:** Bielefelder Hütte (Tel. 05252/6926), Mitte Juni bis Ende September

**Zeit, Höhendifferenz:** Hochoetz (2020m) – Bielefelder Hütte (2150 m) – Acherkogel (3008 m) 3:30–4 Stunden, 980 Höhenmeter

Rundwanderung von der Bielefelder Hütte über Rosskopf (2399 m) – Wetterkreuz (2591 m) – Gr. Windegg (2644 m) – Mittertaler Scharte (2631 m) und zurück 3:30–4 Stunden.

**Charakter:** Ein Berg, der in jeder Beziehung volle Aufmerksamkeit verlangt. Vor allem Trittsicherheit und Orientierungsvermögen.
**Tipp:** Wer als Frühaufsteher schon vor den Seilbahnzeiten unterwegs sein will, übernachtet entweder auf der Bielefelder Hütte oder startet besser vom Kühtai aus.
**Beste Jahreszeit:** Juli bis September
**Ausgangspunkt:** Hochoetz/Bergstation oder Kühtai/Längentalspeicher

Als eindrucksvolle Felspyramide thront der Acherkogel über dem Eingang des Ötztales. Mit 3008 m ist er der nördlichste Dreitausender Tirols, auch wenn man versucht ist, diesen Superlativ der Parseierspitze bei Landeck zuzuordnen. Schuld daran ist wohl der innere Kompass, der uns glauben lässt, dass das Inntal genau in West-Ost-Richtung verläuft. Ein Blick auf die Landkarte belehrt uns rasch eines Besseren und zeigt den Knick gegen Süden, den der Inn ab Imst macht. Dadurch hat der Acherkogel mit einer genauen Position von 47°11'23" seine Nase ums Kennen weiter im Norden als die Parseierspitze mit 47°10'28".

Die Besteigung dieses stolzen Berges auf dem Normalweg ist nicht besonders schwierig, erfordert aber doch einen erfahrenen und trittsicheren Bergsteiger, der mit der Wegfindung im alpinen Gelände (Schwierigkeitsgrad II), mit mageren Steigspuren und verblassten Markierungen in der Gipfelflanke gut zurecht kommt.

Ausgangspunkt dafür ist die Neue Bielefelder Hütte, die mit den Hochoetz-Liften bequem erreicht wird. Ein klein wenig

Wandergipfel Wetterkreuz.

länger ist es vom Kühtai aus. Beginnend bei der Staumauer des Längentaler Speichers marschiert man durch das Mittertal auf die Mittertaler Scharte und steigt westseitig ca. 150 Höhenmeter ab, bis man mit dem von der Bielefelder Hütte kommenden Steig zusammentrifft.

**Normalweg Acherkogel:** In Oetz zu den Hochoetz-Bergbahnen. Berg-/Talfahrt € 7.50, Einheimische, ab 9 Uhr. Von der Bergstation in 15 Minuten zur Neuen Bielefelder Hütte. Dort folgt man dem beschilderten Weg zur Mittertaler Scharte bis zum Maningsee (in manchen Karten als Mattingsee bezeichnet), kurz unterhalb des Übergangs auf die Kühtaier Seite. Vom See dem Steinmandln folgend auf Steigspuren durchs Schrofengelände zum unteren Rand des – je nach Jahreszeit – großen, von weitem sichtbaren Schneefeldes. Sein westlicher Rand wird von einer schwach ausgeprägten Felsrippe begrenzt. Genau über diese Rippe führt der Anstieg durch gut gestuften, ziemlich festen Fels (Schwierigkeitsgrad II, teilweise verblasste Markierungen) auf den Westgrat und nach links zum höchsten Punkt. 3:30–4 Stunden ab Hochoetz. Abstieg am gleichen Weg. Letzte Talfahrt um 16.30 Uhr.

**Drei Wandergipfel:** Bergwanderer, die lieber auf den gut beschilderten und markierten Wegen bleiben wollen, finden oberhalb der Neuen Bielefelder Hütte einige kleine Gipfel, die dem Acherkogel vorgelagert sind.

Eine ideale Runde ergibt sich, wenn man von der Hütte zuerst auf den Rosskopf (2399 m) steigt, dann weiter am Grat bis zum Wetterkreuz (2591 m), welches den Skitourengehern vom Winter her ein Begriff ist. (Von hier könnte man bereits über den Westhang zur Bielefelder Hütte zurückkehren.)

Ein bisschen alpiner, am gut gestuften Felsgrat, führt der Theodor-Streich-Weg weiter über das Kleine und Große Windegg (2644 m), danach durch die Flanke der Wörgegratspitze bis in die Mittertaler Scharte (2631 m). Steiler Abstieg ins Kar und zurück zur Bielefelder Hütte. (Am Windegg kann man getrost die als „hochalpinen Steig" bezeichnete Variante wählen, welche direkt über den Gipfel führt.

Der bestens mit Stangen und Ketten abgesicherte Weg muss deshalb nicht gleich als Klettersteig bezeichnet werden. Gesamte Runde ab Bielefelder Hütte 4–4:30 Stunden, ca. 600 Höhenmeter.

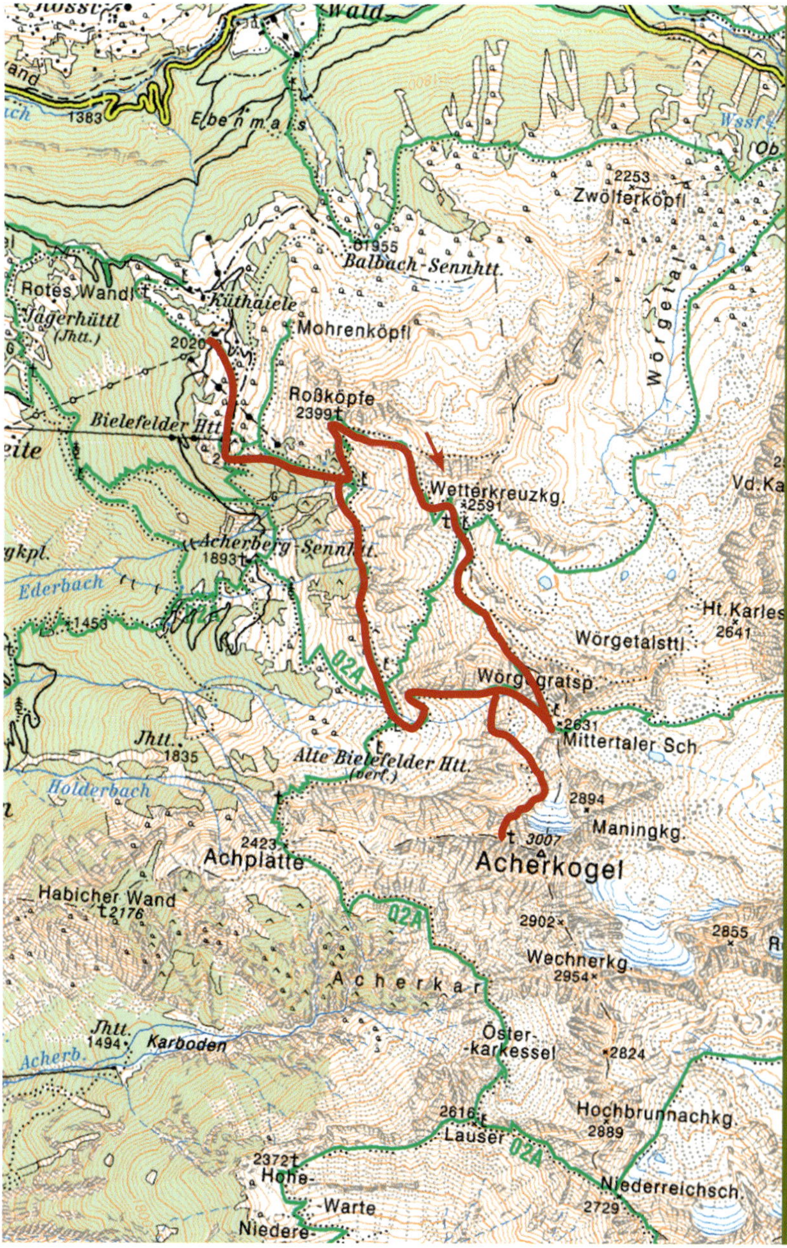


Tour 45 Acherkogel/Rosskopf/Wetterkreuz/Großes Windegg

# 46 Knappenweg zum Puchersee 2002 m

Das ehemalige Knappenhaus am Puchersee wurde original wiederaufgebaut.

**Sellrainer Alpen**
**Kühtai**
▲

Kaiser Max hatte schon im Kühtai seiner Jagdleidenschaft gefrönt. Und noch am 19. August 1656 wurden im Nedertal 720 Treiber und Jäger für eine Großjagd aufgeboten. Um diese Zeit erlebte dieses Gebiet auch die Hochblüte im Bergbau – bis zu 450 Knappen schufteten hier im Wörgetal, um Kupferkies, Pyrit und Bleiglanz abzubauen.

**Zeit/Höhendifferenz:** Tour 5: 1:45–2:00 Std./280 Hm.
Tour 6: 3:30 Std./350 Hm.

**Charakter:** Gut erschlossene „Erlebniswge“

**Tipp:** Kleines Museum mit Geräten und Funden aus dem Stollen am Wörgesattel

**Beste Jahreszeit:** Während der Almrosenblüte (Juni)

**Ausgangspunkt:** Tour 5: Kühtai/Ochsengarten, Isserbrücke, 1745 m
Tour 6: Kühtai/Längentalspeicher, ca. 1900 m

**Untere Issalm, 1754 m** Geöffnet während des Almsommers

**Dortmunder Hütte und Hotels in Kühtai**

Jetzt hat man mit Hilfe eines EU-Gemeinschaftsprojekts die Spuren, die der Bergbau vor 350 Jahren hier hinterließ, gesichert und am Puchersee (in den Wanderkarten als „Wörgetalsee" bezeichnet) ein Knappenhaus originalgetreu errichtet. Ein kleines Museum mit Geräten und Funden aus den Stollen am Wörgesattel – die wegen Einsturzgefahr und Wassereintritts nicht zugänglich sind – wurde angegliedert, ein Pochwerk (zum Zerkleinern des „Haufwerks", das dann durchs Nedertal nach Oetz zum Ausgang der Aueklamm gebracht und dort in der „Teufelsschmiede" verhüttet wurde) dazugebaut und alles zusammen mit großteils alten, teils neu gebauten Wegen mittels acht verschieden langen Wander- und Bergrunden gut markiert erschlossen. Zwei aus dem Folder „Knappenweg Kühtai–Ochsengarten–Hochoetz" – der bei den Bergbahnen Oetz und im Info-Point Kühtai kostenlos erhältlich ist (auch: www.knappenweg.at) – sind hier vorgestellt.

**Kürzeste Variante – Tour 5:** Zum Ausgangspunkt: Von Innsbruck kommend nach Kühtai, abwärts an der Issalm vorbei (gute, preiswerte Einkehrmöglichkeit) zum Parkplatz an der Isserbrücke (links, mit Tirol-Fahne und Übersichtstafel), 1745 m; alternativ von Oetz über Ochsengarten. Man folgt dem beschilderten Weg „Knappenhütte" – Skitourengehern wird das Gelände vom Aufstieg zum Wetterkreuz her bekannt sein –, der mittelsteil, aber bestens neu in Stand gesetzt, in die Zirbenzone führt. Nach einer halben Stunde ist die Obere Iss (Schautafeln und Rastplätze) und damit der Eingang ins Wörgetal erreicht. Der Weiterweg bietet Wandergenuss pur: In 20–30 Minuten sind Knappenhütte und Pochwerk mit dem darunter blau-grün schimmernden Gebirgssee – umgeben von Zirben im flechtenbedeckten Bergsturzgebiet – leicht geschafft. Rückweg wie Aufstieg.

Pochwerk zur Erzverkleinerung.

**Variante Längentalspeicher – in etwa Tour 6:** Ausgangspunkt ist von Kühtai kommend der erste Parkplatz beim Längentalspeicher, ca. 1900 m. Einige Meter auf der Straße retour zu Motorradfahrer-Warntafel. Hier unmarkiert in drei Minuten aufwärts zum breiten „Kaiser-Franz-Josef-Weg". Abwärts zum Parkplatz an der Isserbrücke; 45 Min. Nun wie bei Tour 5 zur Knappenhütte; 1 Std. Retour zur Oberen Iss und rechts Richtung Kühtai. Das folgende Teilstück hinüber zu den privaten Mittergrathütten wurde zwar im Zuge des Knappenwegprojekts verbreitert und ausgebaut, aber ziemlich dilettantisch – hier wäre den Verantwortlichen ein Lokalaugenschein z. B. bei den Zillertaler Höhenwegen zu empfehlen. Also im Auf und Ab auf steinigem, später meist schlammigem Weg (einige Holztreppen) zu den Mittergrathütten (nicht bew.). Nun auf deutlich besserem Weg zur Abzweigung Mittertalscharte, abwärts zur Speicherfassung und am Bauweg zum Längentalspeicher. Zeitaufwand: keine 2, auch nicht 1:45, sondern nur eine Stunde.

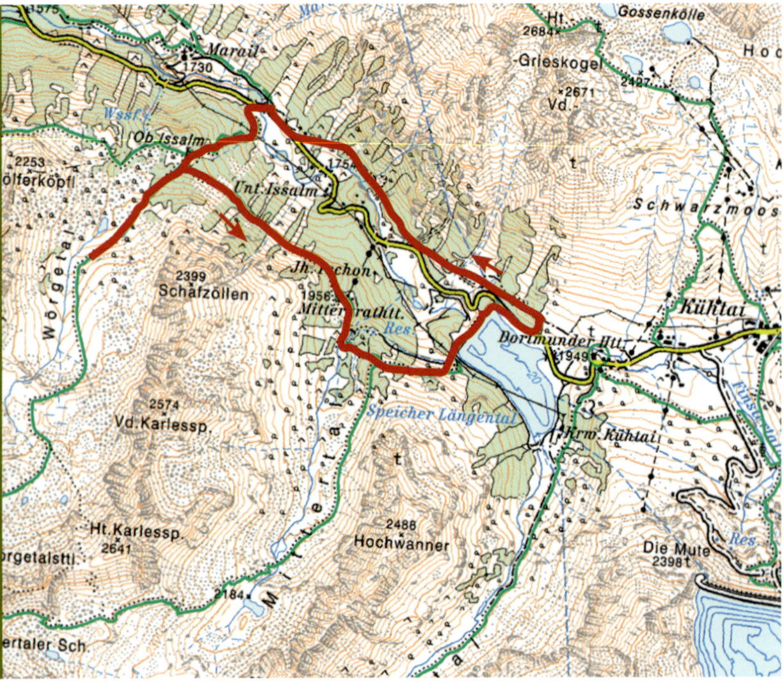

# 47 Pockkogel 2807 m

Der Pockkogel mit dem Verlauf des neuen Klettersteiges.

**Stubaier Alpen**
**Sellrainer Berge**

Mit der viel besungenen Bergeseinsamkeit ist es jetzt am Pockkogel vorbei. Seit kurzem führt ein Klettersteig auf den früher selten besuchten Gipfel über der Dreiseenhütte.

**Stützpunkt:** Dreiseenhütte (2315 m)

**Zeit, Höhendifferenz:** Kühtai (2017 m) – Dreiseenhütte (2315 m) 1 Stunde; Klettersteig Pockkogel (2807 m) 2–2:30 Stunden, 300 Höhenmeter. Abstieg zum Speicher Finstertal 1 Stunde.

**Charakter:** Der Panorama-Klettersteig auf den Pockkogel ist die neueste Attraktion für Ferrata-Liebhaber im Kühtai. Jedoch nichts für Neulinge in diesem Metier, denn der Klettersteig wartet mit ein paar äußerst kraftraubenden Passagen auf.

**Tipp:** Noch rascher kommt man mit der Dreiseenbahn (2410 m) zum Einstieg (30–40 Min.). Bergfahrt Einheimische € 7.50, Berg/Tal € 9.

**Beste Jahreszeit:** ab Anfang Juli bis September

**Ausgangspunkt:** Kühtai, bei der Kirche, oder Dreiseenlift-Bergstation

Abstieg zum Finstertalspeicher.

Jetzt hat also auch das Kühtai seinen Klettersteig. Auf Initiative des Tourismusverbandes führt diese Steiganlage auf den biederen Pockkogel. Zwar tut man sich schwer, dort ein Klettersteiggelände zu orten, aber dem Markus Praxmarer mit Gefährten ist es gelungen, eine wohl etwas gesuchte, aber doch recht ansprechende Linie zu finden. Die Route führt anfangs weit abseits des Gipfels durch die Wand eines vorgelagerten namenlosen Felskopfes südlich des Gaiskogels und findet nach Durchquerung eines Blockkares die Fortsetzung hinauf zur Grathöhe, über die der Gipfelturm des Pockkogels erreicht wird.

Für Greenhorns ist diese Steiganlage wohl nicht gedacht, denn die Begeher müssen großteils mit dem Schwierigkeitsgrad C bis D, auf ein paar kurzen Passagen sogar mit der höchsten Einstufung E rechnen. Scheinbar wollten die Erbauer damit die Exklusivität wahren, wobei mit nur wenigen Klammern oder Trittstiften mehr der Steig gleich einem wesentlich größeren Anwärterkreis zugänglich würde. Für den geübten Ferrategeher ist der Klettersteig jedoch tadellos begehbar und wird vor jeder beginnenden Saison von Experten durchkontrolliert. 550 m Stahlseil, 150 Stahlstifte und 60 Trittbügel wurden in diese Steiganlage investiert.
Von Sellrain oder Oetz ins Kühtai. Wegbeginn zur Dreiseenhütte unmittelbar neben der Kirche am höchsten Punkt des Sattels. Wer dem ausgewiesenen Steig über Hirscheben folgt, macht einen großen Umweg: Zielstrebiger geht man ein paar Schritte weglos gerade empor, erreicht gleich die Pistentrassen und folgt ihnen bis zur bewirtschafteten Hütte bei den Plenderleseen (1 Std.). Weiter auf der Piste zur Bergstation der Dreiseenbahn (10 Min.) und auf dem Weg zum Gaiskogel im Kar einwärts, bis sich der Hang aufzusteilen beginnt. Der Steig nach rechts zum Einstieg ist mit orangen Punkten markiert. Hat man einmal den Karabiner im Seil eingeklinkt, gibt es keine Orientierungsprobleme mehr. Kurz ist die Aufwärmstrecke im noch leichten Gelände, dann geht es beim Gaudiwandl und den

folgenden Steilaufschwüngen mit langen Reihen von Klammern bald richtig zur Sache. Zwischen den steilen Wandstellen gibt es kurze Abschnitte im unschwierigen Gehgelände, welche nicht gesichert sind und daher größte Aufmerksamkeit erfordern. Ist der erste Abschnitt bezwungen, gelangt man in ein flaches Blockkar, in dem man, der Markierung folgend, nach rechts zur Fortsetzung der Steiganlage geleitet wird. (Ebenso könnte man hier auch abbrechen, nach links den Vorgipfel überqueren und in die Gaiskogelscharte absteigen.) Kraftraubendste Stelle ist hier im zweiten Teil die senkrechte Passage beim Skilehrerbankl, dann allmählich leichter erreicht man den Grat. Auf seiner Südseite zum turmartigen Gipfel, wo noch ein anstrengender Kamin und eine Ruckstemme unmittelbar vor dem Ausstieg warten. Der Abstieg ist problemlos und führt auf einem markierten Steiglein herunter zum Speicher Finstertal. Beliebig zurück zur Dreiseenhütte (15 Min.) oder direkt zum Ausgangspunkt.

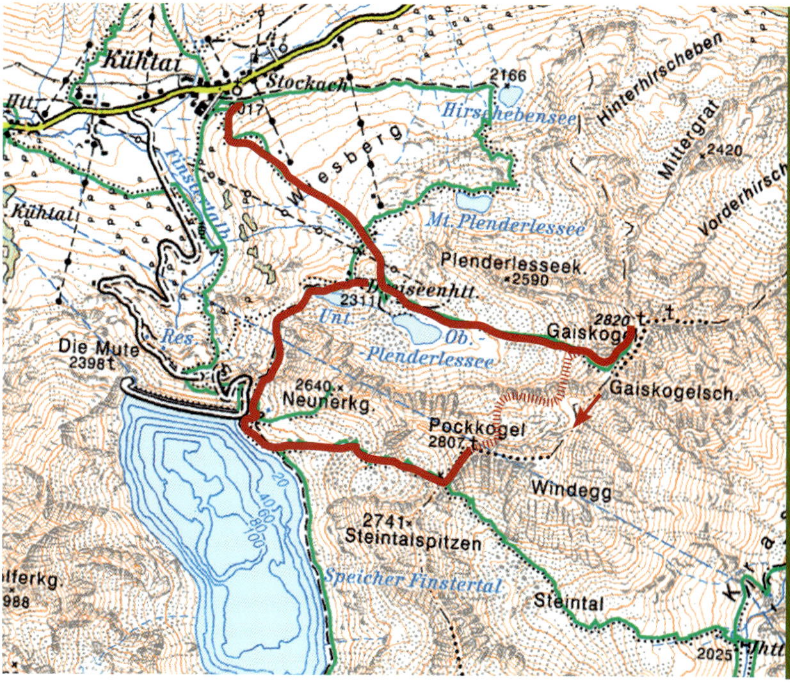


Tour 47 Pockkogel

# 48 Freihut 2617 m

Direkt am Gipfel des steilen Freihut finden die Bergschafe eine ebene Weidefläche.

**Stubaier Alpen**
**Sellrainer Berge**
▲▲

Eine seltsame Physiognomie hat dieser Berg im Sellraintal. Nach steilem Aufstieg steht der Bergsteiger überrascht auf einer grünen Hochfläche.

**Zeit, Höhendifferenz:** Praxmar (1689 m) – Freihut (2617 m), 3–3:30 Stunden, 930 Höhenmeter; Abstieg 2 Stunden

**Charakter:** Ein Tag im Banne des Lüsener Fernerkogels, der unwillkürlich alle Blicke auf sich zieht. Ein einfacher Anstieg, ein wenig Kondition erforderlich.

**Tipp:** Ein im Talschluss von Lüsens angelegter Gletscherlehrpfad mit acht lehrreichen Schautafeln ist die neueste Attraktion. Beginn am Parkplatz beim Gasthof in Lüsens.

**Beste Jahreszeit:** Juli bis Oktober

**Ausgangspunkt:** Praxmar im Lüsenstal (1689 m)

Der Freihut ist jener Berg, der das Sellraintal bei Gries in zwei Äste teilt. Genau genommen müsste er „die“ Freihut heißen, denn der Name Huet (Hut) bedeutet von alters her soviel wie Weide und die Freihut ist somit ein Ort mit freiem Weiderecht.

In die Schlagzeilen bringt er/sie sich von Zeit zu Zeit mit jener riesigen Schutthalde im Osthang, von der immer wieder Felsstürze bis auf die Landesstraße herunter donnerten. Nun ist das bewohnte Gebiet mit einem Damm gesichert und der Berg scheint Ruhe zu geben, trotzdem lassen ihn die Geologen nicht aus ihrem wachsamen Auge. Sonst ist der Freihut einfach ein schöner Aussichtsberg, der sowohl von St. Sigmund als auch von Praxmar auf einem guten Steig ganz leicht bestiegen werden kann.

Die erste Stunde geht es mit flottem Höhengewinn gleich steil bergauf, dann folgen lange flache Querungen zum Ausschnaufen und im Schlussdrittel wartet noch einmal ein steiler Hang, der zur Grathöhe leitet. Kurz unter dem Gipfel steht man dann ganz verdutzt auf einer riesigen schrägen Wiesenfläche, auf der sich nur die Bergschafe tummeln, und wundert sich, dass hier nicht schon längst ein Golfplatz entstanden ist.

**So kommt man hin:** Durchs Sellraintal bis Gries, hier links Richtung Lüsens und nach den Kniepiss-Kehren Abzweigung rechts nach Praxmar. Offizieller Parkplatz gebührenpflichtig (3 €/Tag). Genau beim GH Melmer oberhalb der Straße ein kurzes Stück zurück bis zur Einmündung in einen Asphaltweg, auf diesem bis zur nächsten Kehre und nun der Beschilderung und Markierung folgend durch Lichtungen und einen kurzen Waldgürtel ins freie Gelände. Kerzengerade zieht der Weg an der linken Begrenzungsrippe des Schöntals empor, bis der Weg im weiten Bogen die Bachmulde überquert und dann lange Zeit eben oder sogar leicht abwärts die Hänge unterhalb des Grieskogels durchzieht. Nach der Querung einer kurzen Steilflanke erreicht man einen grünen, von zahlreichen Schafen besiedelten Karboden. Durch die allmählich wieder steiler werdenden Aufschwünge zieht der Weg zur Grathöhe und zum Schluss nach rechts ins Gaißgrübl, von wo es nur mehr ein paar Schritte zum Gipfelkreuz sind. Der um genau einen Meter höhere „richtige“ Gipfel wäre am linken Rand der Wiese (Vermessungspunkt). Absteigen wird man wohl am gleichen Weg oder, wenn man es sich mit der Fahrgelegenheit richten kann, auch zur Gleirschalm und nach St. Sigmund. Mit dem Bergsturzgebiet kommt man auf diesem Anstieg überhaupt nicht in Berührung. Der von der „Grube“ (Abzweigung auf Höhe 2170 m) nach St. Sigmund führende Kirchsteig ist zur Zeit gesperrt.

**Gletscherlehrpfad:** Brandneu ist der vor gar nicht langer Zeit eingeweihte Gletscherlehrpfad, der von Lüsens in den inneren Talkessel des Fernerbodens führt. Interessante Bildtafeln entlang des Wanderweges in den Fernerboden veranschaulichen die landschaftsformende Arbeit der Gletscher. Fehlt leider nur mehr der Gletscher selber, der gerade noch hoch oben „am Tisch“ als solcher erkennbar ist. Weglänge 2,5 km, 1–1:30 Stunden.

# 49 Sellrainer Höhenweg

Die Sonnenhänge des Sellraintales durchzieht ein neuer Höhenweg.

**Stubaier Alpen**
**Sellrainer Berge**
▲

EU-Fördermittel, Zuschüsse aus dem Raumordnungsprogramm des Landes Tirol und die Beharrlichkeit des Bürgermeisters einer 300-Seelen-Gemeinde machten dieses Projekt möglich. Neben den land- und forstwirtschaftlichen Zielen wurde für den Bergwanderer ein wunderschönes Gebiet mit unverfälschter Alpinflora in herrlicher Aussichtslage erschlossen.

**Stützpunkt:** Sonnbergalm (1950 m), Roßkogelhütte (1778 m)

**Zeit, Höhendifferenz:** Zirmbachalm (1783 m) – Sonnbergalm (1950 m, 2–2:30 Stunden), Murkogel (2100 m, 45 Minuten) – Hirschebene – Kögele (2192 m, 2–2:30 Stunden) – Roßkogelhütte (1778 m, 1 Stunde), insgesamt 6:30–7 Stunden, Wegstrecke 15 km.

**Charakter:** Ein neu erschlossenes Bergwandergebiet an den Sonnenhängen des Sellraintales.

**Tipp:** Schnelle Fluchtmöglichkeiten ins Tal gibt es über den Weißsteinsteig gerade und steil hinunter nach Gries oder bequemer, aber wesentlich länger über den Aufschließungsweg nach St. Quirin.

**Beste Jahreszeit:** Mitte Juni bis Mitte Oktober

**Ausgangspunkt:** Kühtaier Landesstraße, Zirmbachalm (Postauto) oder St. Sigmund.

St. Sigmund und damit das ganze Sellraintal hat eine neue Attraktion für den sanften Tourismus – den Sellrainer Höhenwanderweg. Entlang der 2000-m-Linie zieht dieser 15 Kilometer lange Bergsteig durch die wieder belebten Almweiden des Haggener und Peider Sonnbergs bis hinaus zum Roßkogel. Der Wanderweg ist bestens markiert und beschildert. Rastbänke an den schönsten Aussichtspunkten laden zum ausgiebigen Schauen ein, in der Sonnbergalm kann sich der Wanderer für den nächsten Abschnitt stärken und eine eigens errichtete Unterstandshütte soll vor plötzlich hereinbrechenden Wetterunbilden schützen. Ebenso gibt es zweimal die Möglichkeit, den Weg zu verlassen und bereits früher ins Tal abzusteigen. Die Gehzeit für ausdauernde Langstreckenwanderer beträgt für die gesamte Wegstrecke zwischen sechs und sieben Stunden. Der



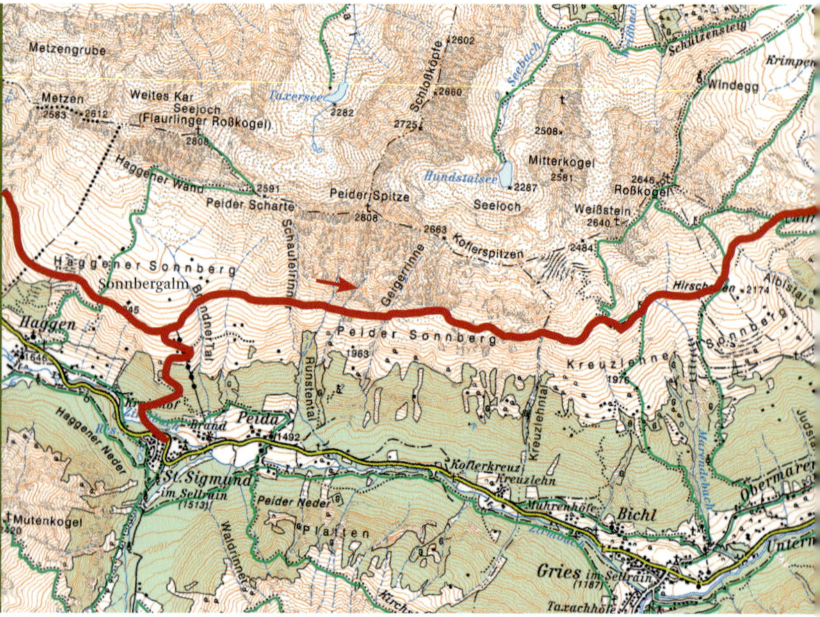

Höhenweg muss aber nicht in einem einzigen Zug durchwandert werden. Beginnend bei der Sonnbergalm oberhalb von St. Sigmund kann man zuerst einmal den in Richtung Kühtai bis zur Zirmbachalm führenden Wegabschnitt in Form einer feinen Rundwanderung genießen, ein anderes Mal wiederum zur Sonnbergalm aufsteigen und den talaus ziehenden Höhenweg vom Murkogel bis zum Kögele oder Rangger Köpfl erkunden. Will man den Weg in einem Zug durchwandern, beginnt man bei der Zirmbachalm an der Kühtaier Landesstraße.

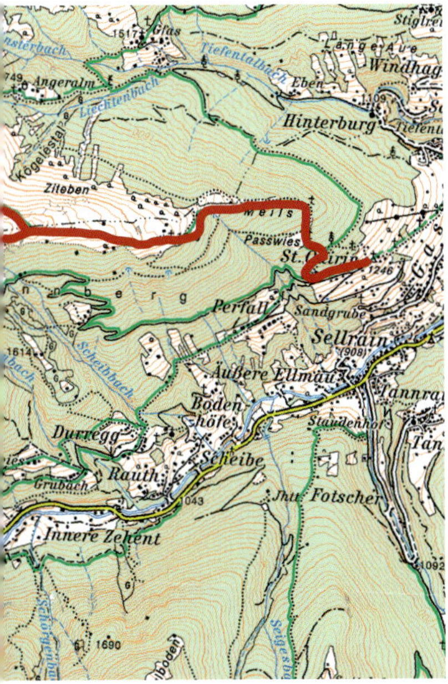


**Abschnitt 1:** St. Sigmund – Sonnbergalm – Zirmbachalm oder Haggen – St. Sigmund. Ausgangspunkt St. Sigmund im Sellraintal (16 km von Kematen). Parkplatz links der Kehre in Dorfmitte bei der Panoramatafel (gebührenpflichtig, 3 €/Tag), oder kleiner Parkplatz (gebührenfrei) am Wegbeginn zur Sonnbergalm bei der Abzweigung von der Landesstraße bei gelben Wegweisern. In großen Kehren mit mächtigen Natursteinmauern schraubt sich der neue Fahrweg durch die steile Waldstufe bis zu den baumfreien Hängen des Sonnbergs (1 Stunde). Von der meist ab Mitte Juni bewirtschafteten Sonnbergalm (1970 m) links weiter auf dem frisch aus dem Gelände ausgestochenen Steig, nie besonders steil, mit ein paar Serpentinen ca. 150 Höhenmeter aufwärts bis zu einer flachen Schulter mit Rastbank. Hier gibt es die erste Abstiegsmöglichkeit direkt nach Haggen. In gleicher Höhe zieht der Steig nun am Haggener Sonnberg weiter bis zur nächsten (und wegmäßig besten) Abstiegsmöglichkeit durch den Aufforstungswald. Man erreicht die Kühtaier Landesstraße bei der forstlichen Versuchsanstalt oberhalb von Haggen. Vollkommen neu angelegt wurde das letzte Teilstück bis zur Zirmbachalm. Rückweg nach St. Sigmund neben der Straße.

**Zeit:** St. Sigmund – Sonnbergalm 1 Stunde, 430 Höhenmeter, Höhenweg bis Zirmbachalm 1:30–2 Stunden (plus 150 Höhenmeter), dazwischen zwei Abstiegsmöglichkeiten nach Haggen. Gesamte Rundwanderung 3–4 Stunden.

### Kögele 2195 m

**Abschnitt 2:** St. Sigmund – Sonnbergalm – Murkogel – Hirscheben – Kögele.
Ausgangspunkt ist ebenfalls St. Sigmund im Sellraintal. Abzweigung von der Landesstraße 300 m nach dem Ortsende bei gelbem Wegweiser (Höhenweg/Sonnbergalm) und rechts bis zum Parkplatz vor dem Fahrverbot am Beginn des Weges zur bewirtschafteten Sonnbergalm. Schon in der Kehre vor der Alm Abzweigung nach rechts. Kurz dem Fahrweg folgend zum Beginn des beschilderten und bestens markierten Höhenweges. Über die Geländeschulter des Murkogels, drei Bachgräben querend (Seilsicherungen) im ständigen Auf und Ab durch die Hänge des Peider Sonnbergs bis unter den Weißstein. (Bei zwei verfallenen Almhütten Abstiegsmöglichkeit am Weißsteinsteig gerade hinunter nach Gries.) Von hier längerer Aufstieg zur schon am Gegenhang sichtbaren, von St. Quirin kommenden Baustraße. Auf ihr kurz rechts abwärts und links weiter über den flachen Rücken von Hirscheben zum Kögele unterhalb des Roßkogels.

Verlorenes Rehkitz.

**Zeit:** St. Sigmund (1520 m) – Sonnbergalm (1950 m) 1 Stunde, 430 Hm., Höhenweg bis zum Kögele (2153 m) 3–3:30 Stunden. Weiter zur Roßkogelhütte (1–1:30 Std.) oder Abstieg über St. Quirin nach Sellrain.

### Seejoch, Weißstein oder Roßkogel

Noch einen Stock höher, aber ebenfalls auf markierten Steigen erreichbar, laden drei Gipfel zur Besteigung ein. Der Flaurlinger Roßkogel oder Seejoch (2803 m, 2 Stunden). Angezeigte Abzweigung vom Höhenweg auf Höhe des winzigen Roßgrubensees westlich der Sonnbergalm. Aufsteigende Querung zur Peiderscharte und nordseitig zu dem gegen das Inntal vorgestreckten Gipfel.

Schwieriger ist die Besteigung des Weißsteins. Der kühne Felszacken als unmittelbarer westlicher Nachbar des Roßkogels erfordert gute Trittsicherheit und sicheres Gehen im steilen Schrofengelände. Seilsicherungen im obersten Gipfelbereich. Trifft man auf den breiten Fahrweg der Baustraße, folgt man ihr nach links aufwärts bis zu ihrem Ende (Materiallagerplatz). Man steigt im Grasgelände gerade empor zu einem schwach ausgeprägten Rücken und folgt ihm bis unter die Felsbastion. Den Markierungen folgend unter dem Wandabsturz nach rechts und über Felsstufen und schottrige Rinnen – zum Schluss am Fixseil – auf den Gipfel des Weißsteins (2578 m, 1:30 Stunden). Übergang zum Roßkogel nicht direkt über den Grat, sondern etwas unterhalb, ebenfalls markiert und Fixseil.

Zum Roßkogel (2643 m, 1–1:15 Stunden) zweigt ein Steig bei der ebenen Geländeschulter von Hirscheben ab, oder man folgt den Gratrücken vom Kögele aufwärts.

Ruhebänke laden den Wanderer an den schönsten Aussichtspunkten zur Rast.

# 50 Roßkogel 2646 m

Über den schmalen Rücken in Bildmitte führt der Anstieg zur Krimpenbachalm.

**Stubaier Alpen**
**Sellrainer Berge**

Am beschaulichsten ist der stille Bergsteig von Stiglreith zu den Bauernhöfen von Gfaß zur Krimpenbachalm. Nach links steigt man dann aufs Kögele und den Roßkogel, rechts zum Rangger Köpfl und zur Roßkogelhütte.

**Stützpunkt:** Roßkogelhütte (1777 m)

**Zeit, Höhendifferenz:** Stiglreith (1363 m) – Roßkogelhütte (1777 m) 1:15 Stunden, Rangger Köpfl (1935 m) 30–40 Min.; über Gfaß/Krimpenbachalm 2:30 Stunden. Zum Roßkogel 2 Stunden ab Hütte, vom Kögele 1:30 Stunden.

**Charakter:** Nach Belieben aussuchen kann man sich sein Ziel in diesem weitläufigen Wandergebiet. Jeder der drei Gipfel wird um einen Stock höher und um eine Spur anspruchsvoller.

**Tipp:** Der Roßkogel eignet sich gut für eine Überschreitung. Aufstieg am Nordgrat vom Windegg und Abstieg zum Kögele – oder umgekehrt.

**Beste Jahreszeit:** Juni bis Spätherbst

**Ausgangspunkt:** Oberperfuss, Stiglreith, Parkplatz

Das Rangger Köpfl und das Kögele sind zwei feine Wanderziele vom Frühsommer bis zum Spätherbst, selbst wenn das Wetter einmal nicht so gut ist. Der Roßkogel ist da schon eine Nummer größer und erfordert etwas mehr Ausdauer. Über seine beiden Grate, sowohl über den vom Rangger Köpfl über das Windegg ziehenden Nordgrat sowie über den am Kögele ansetzenden Ostgrat, führen gut gangbare Bergsteige auf seinen Gipfel. Zuerst muss man zur Roßkogelhütte. Man hat die Auswahl zwischen einem festen Fahrweg oder abseits davon und von Fahrzeugen unberührt einem Weg entlang der Skipiste und – nur wenn es trocken ist – einem Steig von Gfaß durch den Tiefenbachgraben hinauf zur Krimpenbachalm, die in die weite Senke unterhalb des mächtigen Roßkogels eingebettet ist. Von dort kann man noch leicht einen Abstecher nach links zum Kögele machen, jenem vorwitzigen Grashörndl im Ostgrat des Roßkogels, danach zum Rangger Köpfl hinübermarschieren und zur Roßkogelhütte absteigen.

Bis zum Rangger Köpfl.

**So kommt man hin:** Von Kematen nach Oberperfuss und geradeaus durch das Dorf, immer der Beschilderung Sellrain folgend. Bald nach dem GH Bergheim Auffahrt nach Stiglreith. Großer Parkplatz. Nun beliebig entweder am vorerst noch asphaltierten Fahrweg weiter oder sofort nach dem Schranken nach rechts zur Skipiste und an ihrem Rand auf gutem Weg in einer geraden Linie zur Roßkogelhütte (1:15–1:30 Stunden).

Landschaftlich viel schöner ist aber der Umweg über Gfaß mit dem Aufstieg über die Angeralm zur Krimpenbachalm. Nicht auf der Asphaltstraße, sondern etwas kürzer auf dem bereits unterhalb des Parkplatzes bei der letzten Straßenkehre beginnenden Karrenweg zu den ganz im Talgrund liegenden Bergbauernhöfen. In Gfaß bei der Kapelle auf schmalem Steig in den Wald in den Grund des tief eingeschnittenen Grabens (rote Tafeln mit Weg-

Nr. 10). Der Bach wird gequert und ein Waldrücken leitet hinauf zur schmalen Lichtung der Angeralm und in der Fortsetzung gerade hinauf zur Krimpenbachalm. Links geht es auf dem Sellrainer Höhenweg zum Gipfel des Kögele, zum Roßkogel selbst müsste man noch gut 400 Höhenmeter drauflegen. Nach rechts führt der Almweg im weiten Bogen zum Krimpenbachsattel. Von hier auf das von vielen Sendemasten gezierte Rangger Köpfl oder am Hang entlang zur Roßkogelhütte.

### Mit dem Mountainbike

In Oberperfuss bei der ersten Kreuzung nach rechts zur Lift-Talstation, 300 m danach zur Recyclinganlage und dahinter auf dem Haggenweg nach Stiglreith. Dort wieder ein Stück auf Asphalt und zum Schluss auf gutem Schotterweg zur Hütte (9 km, 920 Höhenmeter, Steigungen bis 12%). Immer noch bestens fahrbar zum Krimpenbachsattel, erst der letzte Aufschwung zum Rangger Köpfl wird etwas ruppig (2 km, 200 Höhenmeter).

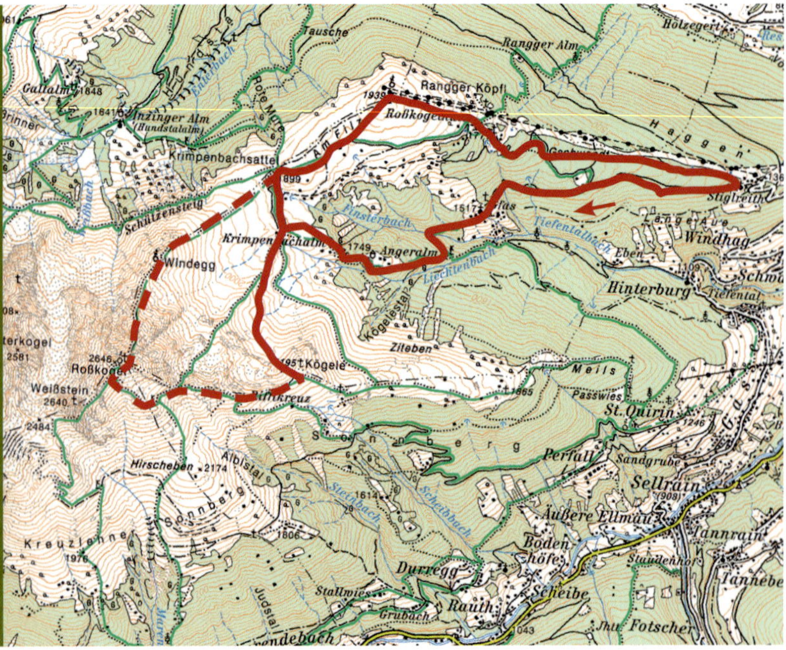

# 51 Hundstalsee 2287 m<br>Koflerspitzen 2663 m

Der fertiggestellte Apollontempel – ein Natur-Stein-Kunstwerk in rauer Berglandschaft.

**Stubaier Alpen**
**Sellrainer Berge**
▲▲

Hoch oben, in einer Karmulde unterhalb der Koflerspitzen eingebettet, liegt der graugrüne Gebirgssee, ringsum eingeschlossen von braunen Geröllhalden.

**Stützpunkt:** Inzinger Alm (1640 m), bewirtschaftet zur Almzeit

**Zeit, Höhendifferenz:** Inzinger Alm (1640 m) – Hundstalsee (2287 m) 1:30–2 Stunden, 650 Höhenmeter; Koflerspitzen (weglos) 1 Stunde, Rundwanderung über Schützensteig zum Krimpenbachsattel und Rangger Köpfl 2:30–3 Stunden. Gipfelbesteigung Mitterkogel (2581 m) 2–2:30 Stunden, 940 Höhenmeter.

**Charakter:** Vom Roßkogel bis zum Brechten zieht sich der als Hundstalumrahmung bekannte Gipfelreigen rund um den grünen Talkessel der Inzinger Alm.

**Tipp:** Den sehenswerten Apollontempel am Ufer des Hundstalsees haben die beiden Erbauer nun nach 20-jähriger Bauzeit fertig gestellt.

**Beste Jahreszeit:** Juli bis Ende September

**Ausgangspunkt:** Inzing, Inzinger Alm

Der kunstvoll gemauerte Steintempel am Ende des Bergsees stammt nicht von den Inkas, sondern von zwei einheimischen Künstlern aus Oberperfuss, Heinz Triendl und Robert Tribus, die an diesem weltentrückten Platz ein Natursteinkunstwerk schaffen wollten, das die Verbindung Natur-Kunst-Mensch aufzeigen soll. Nach 20-jähriger Bauzeit, wobei sie an die 400 Tonnen Steine aus der unmittelbaren Umgebung des Seeufers ohne jedes Bindemittel übereinander geschlichtet hatten, wurde im August 2006 das Werk vollendet. Für die beiden Erbauer ist dieser archaisch wirkende Kuppelbau mit seinem unbestreitbar künstlerisch-ästhetischen Wert auch ein Symbol gegen eine immer mehr einengende Gesellschaft, welche dem Bau eine ganze Menge bürokratischer Steine in den Weg legte, was wiederum eine Solidaritätsaktion namhafter Tiroler Künstler zur Folge hatte. Aber die Beharrlichkeit siegte und nun spiegeln sich die beiden schlanken Türme im klaren See.

**So kommt man hin:** Zur Inzinger Alm gelangt man mit dem eigenen Pkw. Auffahrt in Inzing beim Gasthof Krone. Die Kohlstattgasse aufwärts, Abzweigung links zum Inzinger Berg und den Wegweisern folgend zum Rodelweg und ins Hundstal. Parkplatz 5 Minuten vor der bewirtschafteten Alm, 9 km ab Inzing.
Von der Alm rechts des Seebaches gerade talein, entlang der Elektroeinzäunung der von der Vermurung befreiten Wiesen und danach auf einem Holzsteg nach links über den Bach. Eine lange Spitzkehre über links führt durch den Erlengürtel ins freie Gelände. (Beim als Schaferhüttl bezeichneten Bildstöckl trifft man auf den Schützensteig, der nach Osten zum Krimpenbachsattel und nach rechts zum Oberleger und Rauen Kopf führt.) Ein winziges Jagerhüttl kommt ins Blickfeld, dahinter erreicht man eine flache Talstufe, aber noch nicht den erwarteten See, sondern erst die Lacken. Den flachen Talkessel einwärts, zum Schluss rechts des Baches steil hinauf ins Seeloch mit dem Hundstalsee. Der Steig ist hier zu Ende. Danach könnte man nur mehr im weglosen Gelände, unschwierig, aber mühsam, durch festliegende Blockhalden noch bis zu den Koflerspitzen hinaufsteigen.

**Was gibt es noch im Hundstal?**
Am schnellsten ist man am Rangger Köpfl (1939 m). Bei der Kapelle am neuen Fahrweg nach links bis zu seinem Ende und in seiner Fortsetzung auf einem Waldsteig

zum Krimpenbachsattel und zum Rangger Köpfl (1 Stunde). Etwas weiter, aber viel schöner ist es, wenn man erst am Seeweg bis zum Schaferhüttl geht und dann am Schützensteig, der waagrecht durch die Almrosenhänge zieht, zum Krimpenbachsattel wandert. Von dort zurück zur Inzinger Alm. Auffallend ist die dunkle Berggestalt des genau über dem Almkessel thronenden Mitterkogels (2581 m). Sein Gipfelkreuz blinkt verlockend in der Sonne und ist von der Alm aus gut sichtbar. Sogar einen Steig oder besser gesagt Steigspuren gibt es, die vom Seeweg im Bereich unter dem Jagerhüttl nach links abzweigen. Aber Achtung: Nur für trittsichere Pfadfinder, denn der Steig ist, wie der Almwirt sagt, sehr „rogel" und führt durch steiles, lockeres Schuttgelände (2:30 Stunden).

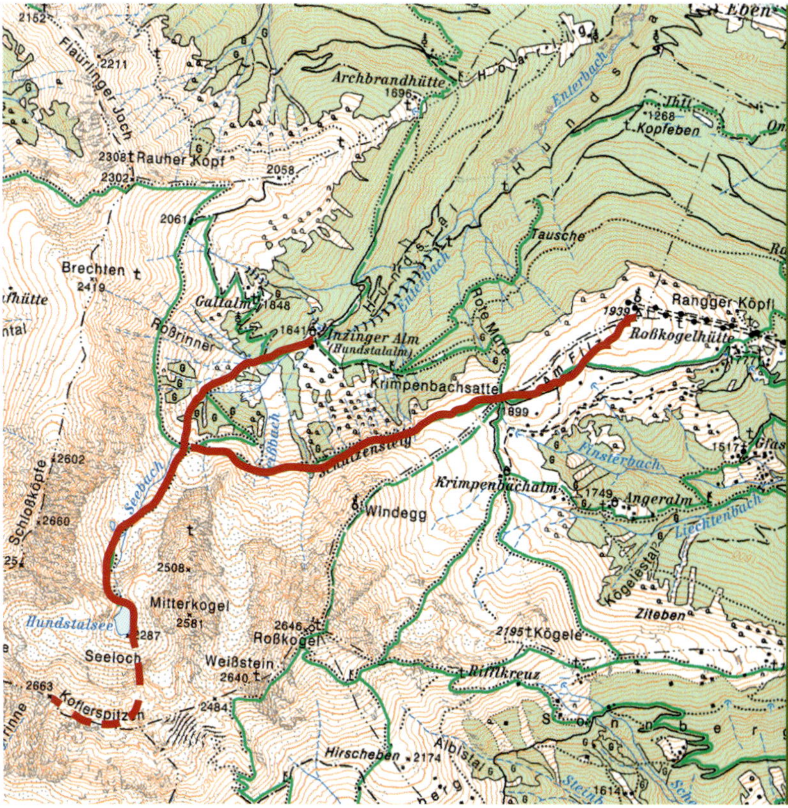

# 52 Grieskogel 2158 m Schafleger 2405 m

Am Salfainser See beginnt die Kammwanderung zum Schafleger.

**Stubaier Alpen**
**Kalkkögel**
▲▲

Links die bizarren Zacken der Nordtiroler Dolomiten, zur Rechten das waldige Fotscher Tal. Fünf grüne Berggipfel für das Tourenbuch.

**Stützpunkt:** Kemater Alm (1673 m), Adolf-Pichler-Hütte (1977 m)
**Zeit, Höhendifferenz:** Senderstal (ca.1500 m) – Salfains (2001 m) 1:15–1:30 Stunden; Grieskogel (2158 m) – Breitschwemmkogel (2264 m) – Angerbergkopf (2399 m) – Schafleger (2405 m) 3–3:30 Stunden. Abstieg zur Kemater Alm (1673 m) 1:30 Stunden. 5:30–6 Stunden. 500 Höhenmeter bis Salfains, insges. 1000 Höhenmeter.
**Charakter:** Unschwierige Höhenwanderung mit faszinierendem Kalkkögelpanorama über fünf Gipfel von Salfains bis zum Schafleger.
**Tipp:** Ab dem Grieskogel bis zum Schafleger ist kein früherer Abstieg möglich. Durchhalten bis zum Kreuzjöchl.
**Beste Jahreszeit:** ab Anfang Juli bis Ende September
**Ausgangspunkt:** Grinzens, Senderstal

Die Schlicker Zinnen spiegeln sich in der dunklen Wasserfläche des winzigen Salfainser Sees über dem Schönangerl. Ein ganz idyllisches Plätzchen ist das hier oben, wären nicht die vielen von der deutschen Bildzeitung so gefürchteten massigen Ösi-Kühe, die neugierig auf jeden fremden Besucher zutraben, wohl um ihn von ihrem Badeteich zu verscheuchen. Aber wir wollen ohnehin weiter. Von hier zieht der grüne Bergrücken, bestückt mit fünf ausgeprägten Gipfeln talein bis zum Schafleger, wo man auf den von der Potsdamer Hütte kommenden Verbindungsweg trifft und ins Senderstal absteigt. Das Gelände ist durchwegs harmlos und ohne jede Tücke. Bis zum Grieskogel gibt es noch einen ausgeprägten Steig, danach führen oft nur mehr schwach kenntliche Wegspuren mit verwaschener Markierung von einer Stufe zur nächsten. Immer genau am Rücken – über den Breitschwemmkogel zum Angerbergkopf bis zum Schafleger. Wer sich aber für diese Höhenwanderung entschließt, sollte das Unternehmen auch zur Gänze durchziehen. Ein früherer Abstieg ins Senderstal durch das Dickicht der Wacholderstauden ist nicht ratsam. Sollte man umkehren müssen, dann bitte am selben Weg zurück.

**So kommt man hin:** In Grinzens gleich nach der Ortstafel auf der Kuppe scharf links zum Fahrweg ins Senderstal. Maut 3 €/Tag. Automat nach der ersten Steigung auf der linken Seite. Ca. 4 km talein bis zur Brücke und Fahrweg zur Salfainsalm. Genügend Parkmöglichkeit.

Zuerst am breiten Almweg, ab der ersten Kehre etwas kürzer am alten Steig zur Salfainsalm und rechts weiter zum Schönangerl und Salfainser See. Der grüne Mugel über dem kleinen

Aufstieg zum Grieskogel.

Gewässer ist bereits unser erster Gipfel, der Salfainser. Von hier geht es nun in einer Linie über den begrünten Kamm, der bis hinein zum Schwarzhorn zieht. Vier Gipfel sind es, die es nun zu überschreiten gilt. Bereits sichtbar ist die flache Pyramide des Grieskogels. Etwas verwirrend die Zeitangaben auf dem Wegschild: während die 1 Stunde zum Grieskogel mit Leichtigkeit unterschritten wird, wird man mit den 2:30 Stunden bis zum Schafleger nur schwer auskommen. Besser man rechnet mit gut 3 Stunden. Am Breitschwemmkogel zwingt ein quer über dem Grat liegender Felsblock zum Ausweichen in die linke Flanke, dann bleibt man stets unmittelbar am breiten Grasrücken und erreicht den ebenfalls vom Almvieh belagerten Angerbergkopf. Ein allerletzter Anstieg führt auf den Schafleger, dann steigt man hinunter ins Kreuzjöchl, wo man auf den vom Fotscher Tal herauf kommenden Verbindungsweg zur Adolf-Pichler-Hütte trifft. Abstieg über grüne Weidehänge ins Senderstal. Zuerst ziemlich gerade auf den Talgrund zu, in den unteren Hängen hält sich der Steig eher rechts gegen das Talinnere hin und vermeidet die von dichten Wacholderstauden überzogenen Flanken. Nun entweder den Bach entlang schnurstracks talaus zur Kemater Alm oder (bei Wegweiser) mit kurzem Gegenanstieg noch zur Adolf-Pichler-Hütte.

Die Kalkkögel begleiten den Wanderer auf seiner ganzen Tour.

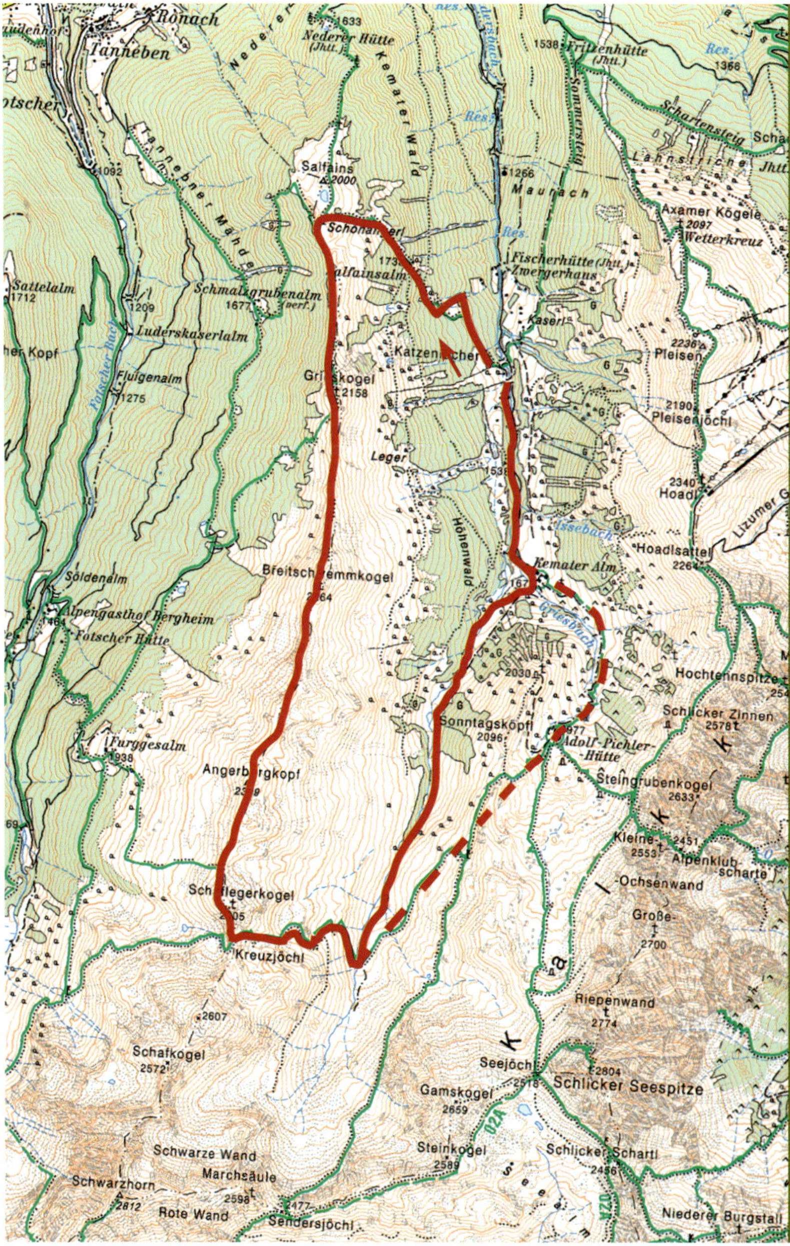

Rönach
Tanneben
Nederer Hütte
(Jhtt.)
1633
Kemater Wald
Fritzenhütte
(Jhtt.)
1538
1368
Sommersteig
Schartensteig
Lähnstriche
Salfains
2000
Maurach
1266
Axamer Kögele
2097
Wetterkreuz
Tannebner Mähder
Schönangerl
Salfainsalm
Fischerhütte (Jhtt.)
Zwergerhans
Sattelalm
1712
Schmalzgrubenalm
1677
1209
Luderskaserlalm
Kaserl
2236
Pleisen
Fotscher Bach
Fluigenalm
1275
Grieskogel
2158
Katzenbichl
2190
Pleisenjöchl
Leger
2340
Hoadl
Höhenwald
Lizumer
Issebach
Hoadlsattel
2264
Söldenalm
Breitschwemmkogel
2264
Kemater Alm
Alpengasthof Bergheim
1464
Fotscher Hütte
Griesbach
2030
Hochtennspitze
Schlicker Zinnen
2578
Sonntagsköpfl
2096
Adolf-Pichler-Hütte
1977
Furggesalm
1938
Angerbergkopf
Steingrubenkogel
2633
Kleine-
2553
2451
Alpenklubscharte
Ochsenwand
Schaflegerkogel
2405
Große-
2700
Kreuzjöchl
Riepenwand
2774
2607
Schafkogel
2572
Seejöchl
2518
2804
Schlicker Seespitze
Gamskogel
2659
Steinkogel
2589
Schlicker Schartl
2456
Schwarze Wand
Schwarzhorn
2812
Marchsäule
2598
Rote Wand
2477
Sendersjöchl
Niederer Burgstall

# 53 Aperer Turm 2984 m
# Klettersteig Höllenrachen

**Klettersteig knapp über der schäumenden Gischt.**

**Stubaier Alpen**
**Hauptkamm**

▲▲

Umgeben von Gletschern lässt sich der Apere Turm, wie schon sein Name verspricht, trockenen Fußes besteigen. Auch sonst wird es auf der Franz-Senn-Hütte keinem fad.

**Stützpunkt:** Franz-Senn-Hütte (2149 m), Tel. 05226/2218, geöffnet von Mitte Juni bis September.

**Zeit, Höhendifferenz:** 1:30 Stunden, 430 Höhenmeter zur Hütte, Gipfel 3–3:30 Stunden, 830 Höhenmeter.

**Charakter:** Ein dunkler Felsberg am Talschluss, zwischen Turmferner und Bergglasferner, erreichbar ohne Gletscherberührung auf guten Wegen.

**Tipp:** Nicht entgehen lassen darf man sich den „Höllenrachen": Der kurze Klettersteig durch die enge Felsspalte des tosenden Alpeiner Baches ist eine prickelnde Turnübung.

**Beste Jahreszeit:** ab Anfang Juli

**Ausgangspunkt:** Oberissalm (1712 m), Parkplatz, Materialseilbahn, Rucksacktransport

Auf einen Dreitausender fehlen dem Aperen Turm gerade ein paar Meter. Dafür kann man die dunkle Felspyramide, die im Talgrund hinter der Franz-Senn-Hütte thront und an drei Seiten von Gletschern eingerahmt ist, auf einem guten Steig bis zu seinem Gipfel erklimmen, der dem halbwegs Geübten keinerlei Schwierigkeiten bereiten sollte. Im weiten Bogen weicht der Weg allen Felszonen aus und sucht im gutmütigen Gelände der Moränenhänge sein Fortkommen. Im Frühsommer sind vielleicht noch ein paar Schneefelder zu queren. Nur der letzte Hang zur Grathöhe im lockeren Schuttgelände ist ein wenig mühsam. Eisausrüstung braucht man keine, nur gutes Schuhwerk ist wichtig.

**Zur Franz-Senn-Hütte:** Von Neustift im Stubaital nach Milders und beim Hotel Holzknecht ins Oberbergtal. Gute Fahrstraße bis zur Oberissalm (9 km ab Milders, Parkgebühr 4 € pro Tag). Hinter der Alm auf schönem Bergsteig in vielen Kehren über eine Steilstufe zur Alpeiner Alm und zur bereits sichtbaren Hütte (1:15 Stunden). Im Zuge des im Herbst 2006 erfolgten Umbaus wurden auch alle hüttennahen Klettersteige total saniert und sollten ab der Sommersaison 2007 wieder benützbar sein.

**Zum Aperen Turm:** Von der Hütte in ca. 30 Min. durch den flachen Talgrund und rechtshaltend auf die (orografisch linke) Randmoräne des Alpeiner Ferners zu. Der Steig erreicht den Moränenkamm am Fuße des Aperen Turms, führt aber hoch über der Zunge des Alpeiner Gletschers talein, so lange, bis sich rechts ein weites Schuttkar unterhalb des Verborgen-Berg-Ferners öffnet. Bei einem großen Steinblock mit Wegweiser Abzweigung rechts und wiederum im Moränengelände aufwärts und allmählich im Rechtsbogen zurück und wieder auf den Aperen Turm zu. Ein Blockkar mit einem Gletschersee wird erreicht, dann ist schlussendlich nur mehr eine kurze grobschottrige Blockhalde mit etwas Mühe zu überwinden.
Die Gratscharte unmittelbar vor dem Gipfel ist mit einem Fixseil gesichert.

**Im Höllenrachen:** Ein seltenes Kuriosum ganz in Hüttennähe (10 Min. talein) ist die unterirdische Schluchtspalte des Alpeiner Baches, durch die der rührige Hüttenwirt einen Klettersteig gebaut hat. Entlang der feuchten

Wände des Höllenrachens, an denen sich das Tageslicht gedämpft spiegelt und nur mehr das Tosen des Wildbachs zu hören ist, turnt der Furchtlose am festen Stahlseil knapp oberhalb der spritzenden Gischt bis zum Ausstiegsfenster. Ein prickelndes Erlebnis, das jedoch volle Beherrschung der Klettersteigsicherung und natürlich auch die entsprechende Ausrüstung verlangt. Das Vergnügen ist nur kurz, aber äußerst eindrucksvoll (15 Min.). Auch sonst wird es auf der Franz-Senn-Hütte nicht langweilig, denn neben dem Höllenrachen gibt es noch vier Klettergärten in unmittelbarer Umgebung, wo alle Ansprüche vom Anfänger bis zum Sportkletterer befriedigt werden können.

# 54 Mutterberger See 2479 m

Der Hintere Daunkopf spiegelt sich im Mutterberger See.

**Stubaier Alpen Hauptkamm**

▲▲

In der Sagenwelt des Stubaitales, wo es von Hexen, Riesen und goldgierigen Schatzgräbern nur so wimmelt, gibt es viele Schauplätze, die sich mit der entsprechenden Wanderung verknüpfen lassen.

**Zeit, Höhendifferenz:** Mutterberger Alm (1720 m) – Mutterberger See (2479 m) 2 Stunden – Wilde Grube – Egesennieder (2506 m) – Dresdner Hütte (2300 m) 1:30–2 Stunden. Abstieg zur Mutterberger Alm 1 Stunde oder Talfahrt mit Gamsgartenbahn, € 5, 750 Höhenmeter zum See, 200 Höhenmeter zum Egesennieder.

**Charakter:** Stäubende Wasserfälle, üppige Bergflora, Hochmoore und zum Schluss ein wunderschöner See, mit dem Zuckerhütl als Spiegelbild.

**Tipp:** Von der Wilde-Gruben-Piste unbedingt noch zum Egesennieder aufsteigen und zur Dresdner Hütte.

**Beste Jahreszeit:** ab Mitte Juni bis Spätherbst

**Ausgangspunkt:** Mutterberger Alm (1720 m)

Es ist einfach eine feine Wanderung – ohne Gipfel zwar –, aber gespickt mit Landschaftseindrücken, verbunden mit alten Mythen. Hier am Mutterberger See soll einst ein wildernder Gamsjäger sein Unwesen getrieben haben, der zur Strafe auf die Insel in der Seemitte verbannt wurde. Nicht so prosaische Gemüter sehen wohl nur einen grünen Bergsee, in dem sich die berühmten Gipfel des Stubaitales widerspiegeln. Der 3,2 Hektar große See liegt unterhalb der Mutterberger Seespitze in einem Kar gleich neben der Glamergrube auf über 2500 m Seehöhe, gerade noch an der grünen Grenze. An seinem flachen Ufer mit schönen Plätzen für ein Picknick kann der Wanderer seine Seele nach Belieben baumeln lassen. Hat man beim Abstieg in die Wilde Grube die Schotterpiste erreicht, sollte man sich noch einen Ruck geben und die halbe Stunde zum Egesennieder aufsteigen. Dahinter steigt man ab zur Dresdner Hütte und kann knieschonend mit der Seilbahn zur Mutterberger Alm hinunterfahren.
So kommt man hin: Durch das Stubaital bis zur Mutterberger Alm am Ende der Gletscherstraße. Großer Parkplatz vor dem Hotel. Beschilderter Wegbeginn noch vor der Brücke, der Steig wurde kürzlich neu markiert. Auf der nördlichen Bachseite talein bis

Wanderung mit viel Wasser.

zu einem Wegkreuz und rechts ansteigend durch den Zirbenwald, bis der erste schäumende Bach erreicht ist. Nach der folgenden Geländestufe wendet sich der Steig im Latschenhang allmählich nach rechts und windet sich durch die riesigen grünen Schafweiden, die von der Ruderhofspitze herunterziehen. Im Linksbogen aufwärts, trifft man auf den zur Regensburger Hütte führenden Höhenweg, folgt ihm ein Stück nach links und wandert durch Karmulden mit Hochmooren, bis ein Schild den Abstecher zum weiter oben liegenden Mutterberger See anzeigt. Das dunkelgrüne Bergauge, in dem sich der Wilde Pfaff, das Zuckerhütl und die Schaufelspitze spiegeln, lädt zu ausgiebiger Rast, Picknick und Gipfelschau ein.

### Zur Dresdner Hütte

Am Seeufer entlang nach Süden bis zum Abstiegssteig und hinunter zum Verbindungsweg. Auf ihm durch die Almrosenhänge in die Wilde Grube, wo man auf die von weitem sichtbare Schotterpiste trifft. (Hier könnte man bereits zur Mutterberger Alm zurückkehren.) Schöner ist jedoch, noch den kurzen Aufstieg zum Egesennieder dranzuhängen und die Dresdner Hütte in die Wanderung einzubinden. Dabei sind nochmals 200 Höhenmeter zu überwinden. Erst noch am Steig neben der Piste aufwärts, dann eine Kehre auf dem Fahrweg, bis links der Steig zum versteckten Egesennieder abzweigt, welcher nach der Überwindung eines kurzen Blockhanges den Übergang zur Dresdner Hütte vermittelt. Gipfelsammler machen hier noch einen Abstecher zum Egesengrat. Von der Dresdner Hütte kann man mit der Gamsgartenbahn ins Tal schweben.

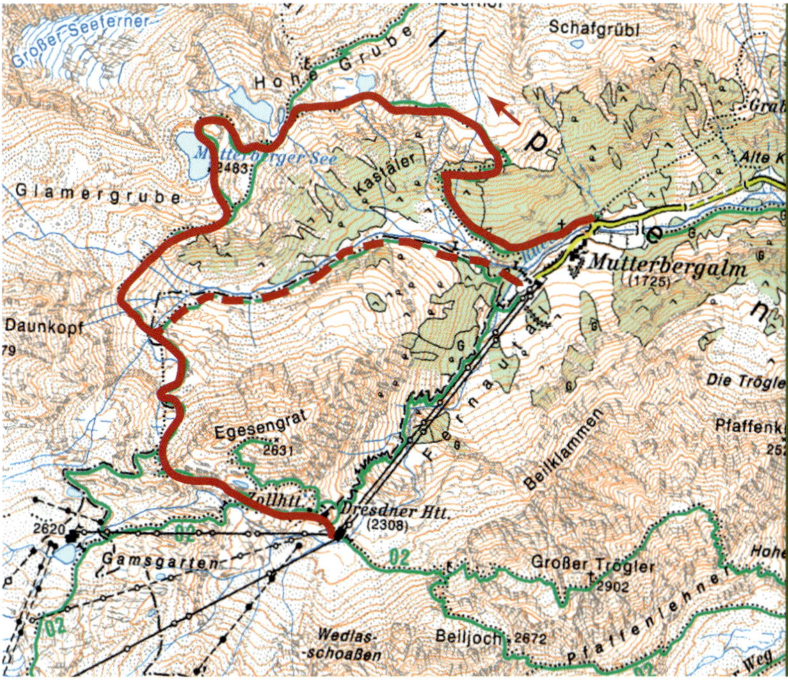

# 55 Zuckerhütl 3505 m

Unmittelbar am Gratrücken führt die neue Route zum Pfaffensattel.

**Stubaier Alpen Hauptkamm**

Früher einmal eine ausgiebige Wochenendtour, ist das Zuckerhütl jetzt mit Seilbahn und neuer Route ein bequemer Tagesausflug ins Gletscherreich.

**Stützpunkt:** Dresdner Hütte (2302 m), Tel. 05226/8112

**Zeit, Höhendifferenz:** Schaufeljoch (3156 m) – Abstieg ins Fernaujoch (3050 m) – Aufstieg Pfaffenjoch (3212 m) – Pfaffensattel (3382 m) – Zuckerhütl (3505 m) 2:30–3 Stunden; Abstieg Dresdner Hütte (2302 m) 2:30 Stunden. Im Aufstieg 450 Höhenmeter, Abstieg zur Dresdner Hütte 1200 Höhenmeter. Oder am selben Weg zurück.

**Charakter:** Top of Tyrol – der höchste mit Seilbahn erreichbare Punkt Tirols ist der Start zum höchsten Gipfel des Stubaitals.

**Tipp:** Den benachbarten Wilden Pfaff (3458 m) gibt es mit 15 Minuten Draufgabe als leichten Mitnahmeartikel.

**Beste Jahreszeit:** Hochsommer, Juli/August

**Ausgangspunkt:** Bergstation Schaufeljoch (3156 m), Top of Tyrol

Dass das Zuckerhütl zu so einer relativ einfachen Gletschertour „verkommen" konnte, dafür gibt es zwei Gründe. Zum einen die neue Gondelbahn auf das Schaufeljoch (benannt Top of Tyrol, früher Isidornieder) knapp unterhalb der Schaufelspitze auf 3156 m Höhe. Und zweitens die von den Stubaier Bergführern entdeckte neue Route über den Gratrücken des Aperen Pfaff, wozu an ein paar Stellen sogar ein neuer Steig errichtet wurde, auf dem ein trittsicherer Bergsteiger problemlos ins Pfaffenjoch gelangt. Dann geht es aber wie früher am Sulzenauferner im weiten Bogen um die Nordflanke des Hütls herum in den Pfaffensattel und auf dem kurzen Firngrat zur Gipfelflanke, wo wiederum Fixseile den Aufstieg erleichtern. Aber auch wenn dem Zuckerhütlanwärter alles noch so leicht gemacht wird, darf er nicht vergessen, dass er sich im Hochgebirge befindet. Auf Steigeisen kann man mitunter verzichten, ein Seil am Gletscher ist aber immer angebracht, und besonders Wetterbericht und Gewitterneigung sind zu beachten. Genaue Auskunft über die momentanen Verhältnisse bekommt man beim Bergführerbüro Neustift, Tel. 05226/3461.

**So kommt man hin:** Durchs Stubaital zur Talstation der Gletscherbahn. Bergfahrt ab 8 Uhr auf das Schaufeljoch, hin und zurück oder Talfahrt ab Dresdner Hütte (insgesamt 4 Sektionen, € 18, Ermäßigung auf Anfrage). Man verlässt die Liftstation und steigt vorerst hart an der linken Seite des wie vom Verpackungskünstler Christo verschnürten Gaiskarferners zum Fernaujoch (auf älteren Karten heißt es noch Schaufelnieder) ab. Wo die Moräne für ein kurzes Stück steiler wird, auf die gut sichtbaren Steinmandln achten. Die am Grat sitzende Liftstation mit dem blauen Dach wird links umgangen. Dahinter setzt unvermittelt ein breiter Blockgrat an, der vom Aperen Pfaff herunterzieht. Auf Steigspuren rechts des Grates oder, wenn diese nicht gut erkennbar sind, am besten direkt am grobblockigen Grat so lange aufsteigen, bis dieser unvermittelt steiler wird und ein deutlich sichtbarer Steig durch die brüchige Flanke nach rechts auf eine flache Schulter führt. Danach auf gelegten Steinplatten leicht abwärts ins Pfaffenjoch. Hier betritt man den Sulzenauferner. In der meist gut ausgetretenen Schneespur im weiten Rechtsbogen um das Hütl herum in den Pfaffensattel. Auf dem kurzen Firngrat zur immer mehr ausapernden Gipfelflanke, die man aber, wo sie steiler wird, nach links verlässt und auf trockenen Felsbändern, bestens mit Drahtseilen gesichert, zum höchsten Berg der Stubaier Alpen mit dem besonders schönen Gipfelkreuz aufsteigt.

### Abstieg Dresdner Hütte

Entweder am gleichen Weg zurück zum Schaufeljoch, wo man aber einen gut halbstündigen Gegenanstieg zu bewältigen hat. Üblicher ist der Abstieg zur Dresdner Hütte. Kurz vor dem Pfaffenjoch quert man das oberste Becken des Sulzenauferners, steigt mit Hilfe der neu eingerichteten Steiganlage (Stifte und Drahtseile) durch plattige Felsen hinauf aufs Lange Pfaffennieder (3055 m) und über den Fernauferner und die aperen Skipisten ab zur Dresdner Hütte.

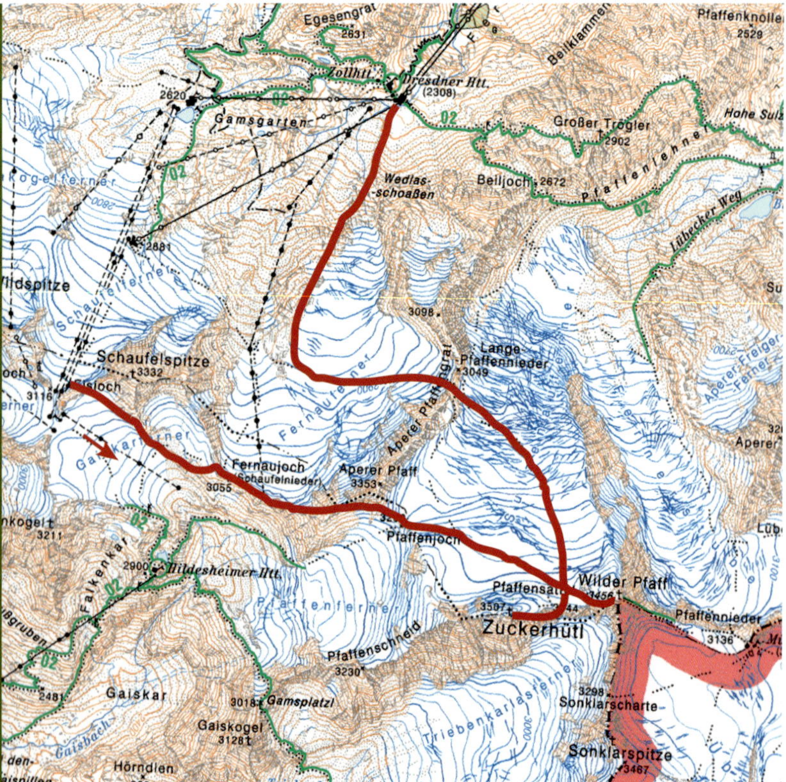

# 56 Aperer Freiger 3261 m

Der Apere Freiger, ein gletscherfreier Vorgipfel des Wilden Freiger.

**Stubaier Alpen Hauptkamm**

▲▲▲

Ein uralter Weg neu aktiviert wurde im Gebiet der Sulzenauhütte im Stubaital. Umgeben von Gletschern, ist der Apere Freiger trockenen Fußes ersteigbar.

**Stützpunkt:** Sulzenauhütte (2191 m), Tel. 05226/2432, geöffnet von Anfang Juni bis Anfang Oktober.

**Zeit, Höhendifferenz:** 2 Stunden zur Hütte, Gipfel 3–3:30 Stunden, 1700 Höhenmeter.

**Charakter:** Ein stolzer Dreitausender, nahe am Eishauch der Gletscher, erreichbar auf einem bestens markierten Blocksteig ohne die geringste Schneeberührung.

**Tipp:** Als Tagestour machbar, aber Hüttenübernachtung empfehlenswert.

**Beste Jahreszeit:** Ab Anfang Juli, Hochsommer.

**Ausgangspunkt:** Parkstreifen am Aufstieg zur Sulzenauhütte, 200 m hinter der Grabaalm an der Stubaier Gletscherstraße, 1 km vor der Mutterbergalm (1534 m).

Urige Gäste der Sulzenaualm.

Freiger, Pfaff, Zuckerhütl, das ist das berühmte Dreigestirn im Herzen der Stubaier Berge. Alle drei sind nur über Gletscher und mit entsprechender Ausrüstung erreichbar, doch halt, der Wilde Freiger entsendet nach Norden einen Grat zu einem felsigen und etwas niedrigeren Nebengipfel. Zu diesem Aperen Freiger führt ein uralter, schon vor hundert Jahren erbauter Steig, der das damals neu errichtete Elisabethhaus am Hohen Becher vom Stubaital her erreichbar machen sollte, aber mehr und mehr in Vergessenheit geriet. Norbert Schöpf, der junge Wirt der Sulzenauhütte, hat ihn wieder aktiviert, in Stand gesetzt und vor allem üppig markiert. Man braucht weder Pickel noch Seil, Voraussetzung ist jedoch ein wenig Berggewandtheit und Trittsicherheit im groben Blockwerk, das in leichter Kraxelei – immer den Farbtupfern folgend – zu überwinden ist. Konditionsstarke Geher, die sich die 1700 Höhenmeter in einem Zug zutrauen, schaffen die Tour leicht an einem Tag. Angenehmer geht es aber mit Nächtigung auf der Sulzenauhütte.

**So kommt man hin:** Ins Stubaital auf der Gletscherstraße bis kurz nach der Grabaalm (Parkstreifen an der Straße). Auf gutem Bergsteig, bestens beschildert, zuerst in den Kessel der Sulzenaualm und über die folgende Steilstufe zur Sulzenauhütte (2 Stunden).

Von der Hütte in Richtung Sulzenauferner zum Fernerboden und links über den Steg zur Blauen Lacke. Der als Lübecker Weg bezeichnete Steig führt entlang des Moränenkammes in die Fernerstube. Auf ca. 2500 m bei Wegweisertafel zweigt der Steig zum Aperen Freiger links ab, führt durch die begrünte Schrofenflanke auf eine flache Schulter, bezeichnet als Aussichtspunkt Hundheim (2850 m, verfallene Steinmauern, einstiger Unterstand der Wegbauer). Wundern muss man sich immer wieder, wie kunstvoll und mit welcher Akribie die Südtiroler Wegbauer damals die Steinstufen gesetzt haben, die bis heute dem Zahn der Zeit trotzten. Deutlich erkennbar ist der Weiterweg über den schwach ausgeprägten Westgrat. Über fest liegendes grobes Blockwerk, eine Stelle mit Sicherungsseil, wird der Gipfel in leichter Kletterei – immer den roten Strichen nach – erklommen (3 bis 3:30 Stunden ab Hütte). Schon von weitem vernimmt der staunende Bergsteiger seltsame Musik. Der Wind entlockt sie dem mit orgelpfeifenartigen Röhren ausgestatteten Gipfelkreuz (eine Idee des Neustifters Hansjörg Egger).

Beim Abstieg kann man genauso gut ab dem Aussichtspunkt Hundsheim den hier links abzweigenden Lübecker Weg benützen.

# 57 Habicht 3277 m
# Kalkwand 2564 m

Wanderziel oder Ausgangspunkt zu Höherem ist die Innsbrucker Hütte am Pinnisjoch.

**Stubaier Alpen**
**Gschnitztal**
▲▲

Rechtzeitig zum 120-Jahr-Hüttenjubiläum gelang es der AV-Sektion Touristenklub, den verfallenen Steig von Gschnitz zur Innsbrucker Hütte wieder zu aktivieren.

**Stützpunkt:** Innsbrucker Hütte, Tel. 05276/295, Juni bis September

**Zeit, Höhendifferenz:** Gschnitz (1242 m) – Innsbrucker Hütte am Pinnisjoch (2370 m) 3 Stunden, 1130 Höhenmeter. Zum Habicht (3277 m) 2:30 Stunden, 900 Höhenmeter, Kalkwand (2564 m) 45 Minuten.

**Charakter:** Der Habicht ist einer der Tiroler Paradeberge und Pflichttour für jeden Bergsteiger. Als Tagestour ein Konditionstest über 2000 Höhenmeter.

**Tipp:** Die Innsbrucker Hütte hat 160 Schlafplätze und ist auch Ausgangspunkt für den rassigen Klettersteig auf die Ilmspitze. Zugang auch aus dem Pinnistal 2–2:30 Stunden (mit Taxi zur Pinnisalm).

**Beste Jahreszeit:** Ende Juni bis Anfang Oktober

**Ausgangspunkt:** Gschnitz, Parkplatz 300 m nach dem Ortsende

Seit vor über einem Jahrzehnt ein Felssturz von der Ilmspitze abbrach und den Steig zur Innsbrucker Hütte bedrohte, war der Zustieg zu der beliebten Bergsteigerunterkunft am Pinnisjoch offiziell gesperrt. Der hinter dem Gh. Feuerstein bei der Materialseilbahn beginnende Steig wurde mittlerweile zum üblichen Hüttenzustieg, während der alte Weg verfiel und Lawinen und Windwurf seine Trasse fast unkenntlich machten. Nachdem der Bergsturz aber längst zur Ruhe gekommen und die Gefahr gebannt war, durfte – auf Initiative der AV-Sektion Touristenklub und mit einhelliger Zustimmung aller Berechtigten – der wesentlich aussichtsreichere alte Steig wieder aktiviert werden. Doch mit Handarbeit allein war hier nichts mehr zu machen. Sieben Wochen arbeitete sich ein geländegängiger Bagger entlang der kaum noch sichtbaren Wegspuren in zahlreichen Mini-Serpentinen bis weit über die Waldgrenze empor. Alle Auflagen des Landschaftsschutzes wurden eingehalten und die im schwierigen Gelände der Natur geschlagenen Wunden sollten mittlerweile wieder vernarbt sein. Nun präsentiert sich ein breiter Wanderweg, auf dem die Bergsteiger bequem plaudernd nebeneinander marschieren können. Erst weit oben in den Grasflanken unterhalb der Kalkwand verengt sich der Weg wieder zum einspurigen Steig, der ebenfalls neu überarbeitet wurde.

Blick zu den Tribulaunen.

**So kommt man hin:** Von Steinach ins Gschnitztal. In Gschnitz an der Kirche vorbei, nach 300 m rechts Wegbeginn zur Innsbrucker Hütte bei gelbem Hinweisschild. Genügend Parkmöglichkeit beiderseits der Straße. Am Zaun entlang der gemähten Wiese aufwärts zur neuen Wegtrasse. In rasch aufeinander folgenden Spitzkehren in angenehmer Steigung mit nur kurzen Steilstufen bis knapp unter den breiten Felsgürtel der Kalkwand. Beeindruckend sind die freie Sicht zu den Tribulaunen sowie der Tiefblick ins Tal. Erst weit oben wendet sich der nun schmaler werdende Steig in den Grasflanken nach links bis zu einer Geländekante, hinter der sich bereits das nahe Pinnisjoch und die Hütte verbergen.

### Habicht und Kalkwand

Der Habicht oder – wie die Einheimischen ihn nennen – der Hager ist einer der berühmten Berge der Stubaier Alpen. Freistehend, von weitem sichtbar, galt er in der Pionierzeit lange als höchster Berg Tirols. Bereits 1836 stand Carl Thurwieser als Erster auf seinem Gipfel. Bis heute ist er ein begehrtes und lohnendes Ziel für jeden ernsthaften Bergsteiger, für Konditionsbolzen, welche die 2000 Höhenmeter in einem Zug schaffen, genauso wie für Beschauliche, die lieber nach einer Übernachtung, dafür aber in der Morgensonne aufsteigen wollen. Der Anstieg von der Innsbrucker Hütte ist unschwierig, ein guter Steig führt lange Zeit noch durch begrüntes Schrofengelände

Der Habicht, berühmter Tiroler Berg.

und die kurze Passage durch den plattigen Felsgürtel ist bestens mit Sicherungsseilen entschärft. Es gibt hier auch keine Gefahr von Gletscherspalten, denn der knapp unter dem Gipfel ausgebreitete Habichtferner entpuppt sich nur als flaches Schneefeld, welches im Spätsommer oft zur Gänze verschwindet. Danach folgt noch eine lockere Kraxelei über große Granitblöcke zum Gipfelkreuz (ab Hütte 2:30–3 Stunden, 900 Höhenmeter).

Hüttenbummler, die nicht ohne einen Gipfel heimkehren wollen, gehen vom Pinnisjoch nach rechts auf die Kalkwand (2564 m, 200 Höhenmeter, 45 Minuten, Übungsklettersteig).

# 58 Kirchdachspitze 2840 m<br>Hammerspitze 2634 m

Bei Schlechtwettereinbruch ist man froh um die perfekten Sicherungsseile.

**Stubaier Alpen**
**Pinnistal**

Ein mächtiger Kalkberg im Habicht-Serles-Kamm mit schwarzen furchterregenden Nord- und Nordwest-Wänden – zwischen dem Stubaier Pinnistal und dem Gschnitztal (von Trins aus hat man den besten Blick auf seine namengebende Gestalt) gelegen – ist die Kirchdachspitze.

**Zeit/Höhendifferenz:** 6:30–7:00 Std./ 2020 Hm. Ohne Hammerspitze 45 Min.+200 Hm. weniger

**Charakter:** 1800 Höhenmeter mit Klettersteigpassagen – Kondition, Trittsicherheit und Schwindelfreiheit erforderlich.

**Tipp:** Gut gefüllte Proviantbox und große Getränkeflasche

**Beste Jahreszeit:** Hochsommer/Frühherbst

**Ausgangspunkt:** Neustift/Neder, Eingang Pinnistal; ca. 1070 m

**Herzebenalm, 1338 m; Issenangeralm, 1366 m; Pinnisalm, 1560 m**
Alle geöffnet während der Almsaison, teilweise bis Spätherbst

Unser Tourentipp, diesen Koloss zu besteigen oder zu überschreiten, beinhaltet mehrere Varianten. Ein früher Aufbruch an einem gewitterfreien (wegen der Drahtseilversicherungen) langen Sommertag ist ebenfalls Voraussetzung. Der komplett nordseitige Anstieg lässt sich auch bei hohen Temperaturen bewältigen, der Abstieg zur Hammerscharte bzw. die Überschreitung der Hammerspitze erfolgt teils auf luftigen Graten, einzig der Rohrauersteig hinab ins Pinnistal kann noch schweißtreibend werden. Aber hier geben die von hoch oben sichtbaren Almwirtschaften noch die nötige Motivation durch die Aussicht auf ein zischendes kühles Blondes.

**Zum Ausgangspunkt:** Auf der Stubaier Bundesstraße bis zur Fraktion Neder vor Neustift. Vor der Brücke über die Ruetz – beim Hotel Forst – rechts aufwärts. Den gelben WW folgend zum kleinen geduldeten Parkplatz beim „Besinnungsweg"-Start (Tafel und Folder).

Auf der steilen Rodelbahn zur Herzebenalm, weiter zur Issenangeralm; nun in angenehmer Steigung talein – wir passieren den gesicherten Kletterfelsen und gelangen nach der Pinnisalm zur Kotentafel 1570; 1:15 Std./500 Hm. (für Biker 5,6 km, Bergrad nur interessant bei Hin-/Her-Tour auf die Kirchdachspitze). Hier beginnt links über den Talbach der „Jubiläumssteig" (3:30 Std.). Auf der Schotterreiße in angenehmen Spitzkehren aufwärts; bei 1800 m erste Sicherungshilfen. Kontinuierlich an Höhe gewinnend über Kalkfelsbänder – bestens versichert – zum Gedenkstein für Christine, dieser erinnert an unsere Vergänglichkeit und mahnt uns zur Vorsicht, besonders

Blick zurück zum Kirchdach.

im Abstieg. Links der eingangs erwähnten NW-Wand und links der Schlucht gewinnt man auf einem grünen Pfeiler weiter rasch an Höhe und mündet am „Silbersattel“ (Kote 2750) in den Normalweg vom Padasterjochhaus her ein. Hier kann man die Stöcke, die uns zu 90 Prozent gute Dienste leisten, zurücklassen. Abschließende nette, leichte Klettersteigpassagen trennen uns noch vom Gipfelkreuz; vom AP 3:30 Std./1770 Hm.

**Abstieg für 2000-Hm.-Sammler:** Zurück auf Weg 7 zu P. 2750 und rechts (WW Issenanger) 400 Hm. abwärts zu Wegteilung (wer 200 Hm./30 Min. sparen will, steigt hier links 60 Hm. hinauf und quert die Hammerspitzwestseite hinüber zum Rohrauersteig; s. Karte).

**Weiterweg über die Hammerspitze:** Auf Weg 7 hinaus zur weithin sichtbaren Schäferhütte und auf Trittspuren am grünen SW-Grat zum Gipfel; 1:30 Std. ab Kirchdach. Hinunter in die Hammerscharte (mark.) und auf dem bestens angelegten Rohrauersteig abwärts ins riesige Blockkar, durch die Latschenzone in eine schottrige Schlucht. Nochmals sind Vorsicht und Aufmerksamkeit bei jedem Tritt gefordert. Drahtseilversichert in eine zweite kleinere Bachrunse (rechts oben in Höhle hölzerner Herrgott). Weiter durch Latschenfelder abwärts zum Talgrund, über den gemauerten Wasserlauf und diesen entlang zum Kinderlehrpfad mit Stationen wie: Bärenhöhle, Dinorast, Dinogelege, Barfußweg, Zauberbrunnen etc. Abwärts zum Wasserspielplatz und hinauf zum Fahrweg bei der Herzebenalm. In einer schwachen halben Stunde entweder links am Fußweg oder rechts am Fahrweg talaus zum Parkplatz. Von der Kirchdachspitze über die Hammerspitze 3:00–3:30 Std./250 Hm.

Badesee Kampl mit Kirchdachspitze.

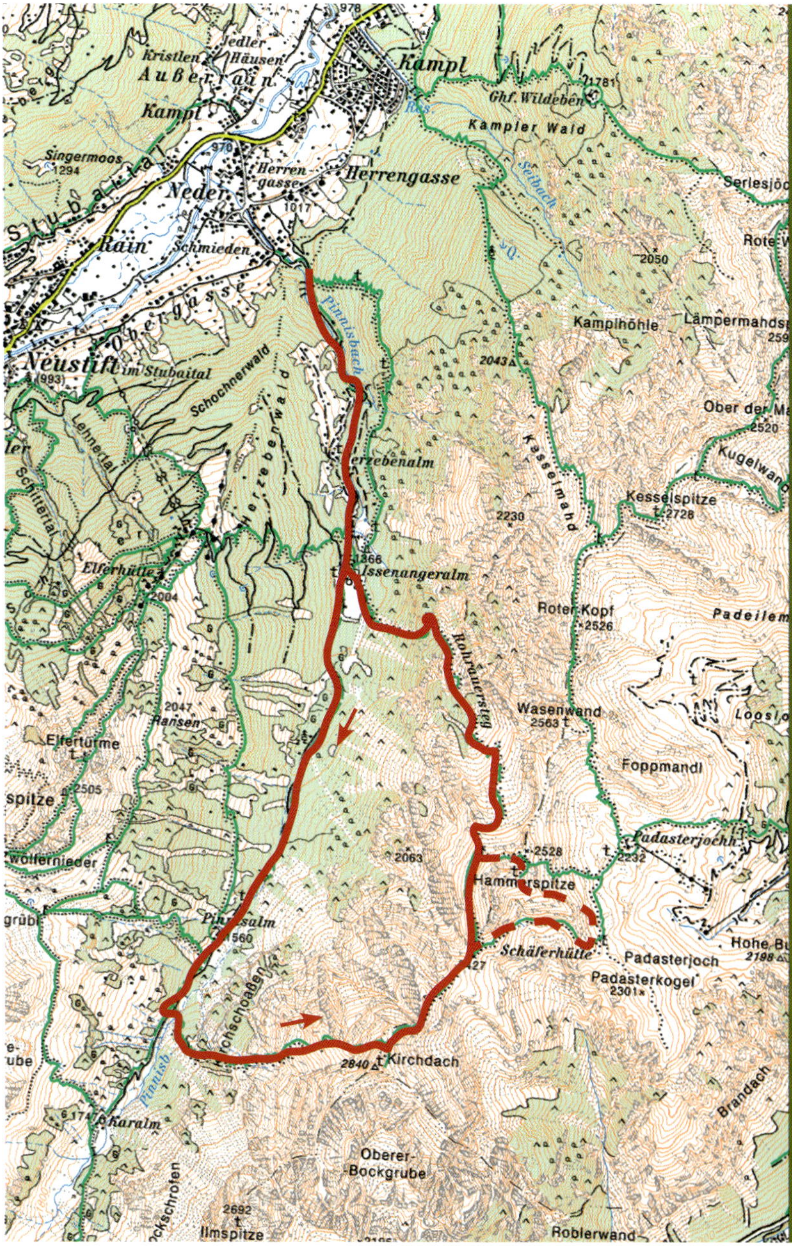

Jedler Häusen
Kristlen
Außerraun
Kampl
Kampl
Ghf. Wildeben
1781
Kampler Wald
Singermoos 1294
970
Herren-gasse
Herrengasse
Seitbach
Neder
1017
Serlesjöc
Stubaital
Rain
Schmieden
Rote W
2050
Obergasse
Pinnisbach
Kampihöhle
Lämpermahdsp
Neustift im Stubaital
(993)
2043
Schochnerwald
Ober der Ma
2520
Lehnertal
Herzebenwald
Kesselmahd
Kugelwand
Herzebenalm
Kesselspitze
2728
Schlitterial
2230
Elferhütte
1366
Issenangeralm
2004
Roter Kopf
2526
Padeilem
Rohrauersteig
2047
Hansen
Wasenwand
2563
Loosjo
Elfertürme
Foppmandl
2505
Padasterjochh.
2528
2232
Wolfernieder
2063
Hammerspitze
Pinnisalm
1560
Hohe Bu
2198
Schäferhütte
Padasterjoch
Padasterkogel
2301
Kirchdach
2840
Brandach
Karalm
Pinnisb.
Oberer Bockgrube
2692
Ilmspitze
Roblerwand

# 59 Kesselspitze 2728 m Padasterkogel 2301 m

Bis vor das Padasterjochhaus werden die Bergmähder bewirtschaftet.

**Stubaier Alpen**
**Kirchdachkamm**
▲▲

Ein feiner Ausflug vom Gschnitztal ins herrliche Landschaftsschutzgebiet am Padasterjoch. Eine Hüttenwanderung, Mountainbikefahrt oder Gipfeltour.

**Stützpunkt:** Padasterjochhaus (2232 m), geöffnet von Anfang Juli bis Ende September, Tel. 0699/11175352.

**Zeit, Höhendifferenz:** Trins/Schranken (1280 m) – Padasterjochhaus (2232 m) 2:30 Stunden, 950 Höhenmeter; zum Padasterkogel (2301 m) 30 Minuten; zur Kesselspitze (2728 m) 1:45–2 Stunden, 500 Höhenmeter; Abstieg übers Kalbenjoch nach Trins 2 Stunden. Insgesamt 6–7 Stunden, ca.1450 Höhenmeter.

**Charakter:** Herrliche Rundtour vom Padasterjoch über die Kesselspitze ins Kalbenjoch und zurück nach Trins.

**Tipp:** Anspruchsvolle Mountainbikestrecke zum Padasterjochhaus, guter Fahrweg. 9 km, Fahrzeit 1:30–2 Stunden.
**Beste Jahreszeit:** Juli bis Ende September
**Ausgangspunkt:** Trins, Parkplatz am Rodelstart oberhalb der Kirche

Es war die erste Schutzhütte überhaupt, welche die damals noch junge Bewegung der Naturfreunde in den Tiroler Bergen gebaut hat, und wie so viele Bergsteigerdomizile der Gründerzeit wird auch sie – im Sommer 2007 – den vollen Hunderter am Buckel haben. Das Padasterjochhaus liegt inmitten eines grünen Almkessels und fast bis vor seine Haustür mähen die Bauern sensenschwingend die buckligen Wiesen und betätigen sich als Landschaftspfleger, denn die EU-Subventionen müssen hart verdient werden.

Seit einigen Jahren führt ein guter Fahrweg ins Padaster, über den sich trainierte Mountainbiker heraufplagen, zu Fuß benützt man besser den althergebrachten Herrensteig, der die Serpentinen ständig kreuzt. Wer sich mit dem Hüttenanstieg allein begnügt, sollte wenigstens noch als Tupfen auf dem i zum grünen Padasterkogel hinüberwandern. Für Bergsteiger mit Gipfelambitionen bietet sich mit der Überschreitung zur Kesselspitze eine aussichtsreiche Rundtour an.

**So kommt man hin:** Von Steinach ins Gschnitztal bis Trins. Gleich nach der Ortseinfahrt bei den ersten grünen Wegweisern rechts bergwärts und hinter der Kirche bis zum Schranken am Wegbeginn (kleiner Parkplatz, sonst evtl. weiter unten). Zuerst am Fahrweg bis zur ersten Kehre, dann auf Weg Nr.122 auf dem die weiten Serpentinen abkürzenden Herrensteig durch die Latschenzone in die grüne Bergmulde der Padaster-Mähder und zur Hütte (2:30 Stunden). Sitzt man dann auf der neuen Sonnenterrasse, hat man stets den nahen Padasterkogel im Auge, der eine

Blick nach Norden zur Serles.

noch schönere Aussicht über das Gschnitztal bis zum Olperer und den Tribulaunen bietet (30 Min.).

Lohnend und gar nicht sehr aufwändig ist der Weiterweg zur Kesselspitze. Ein schmaler Bergsteig führt – beginnend beim Autoschuppen – durch die grüne Grasflanke bis knapp unter die Wasenwand, quert hier leicht absteigend das ungute Schrofengelände, wo Trittsicherheit und ein wenig Vorsicht geboten sind. Damit hat es sich aber bereits, denn der Weiterweg am Gratrücken und auch in den Schotterflanken ist immer gut gangbar. Am Gipfelaufbau der Kesselspitze schwenkt der Steig unter einem Felsriegel nach links auf die Stubaier Seite und führt in einer Retourschleife zum Gipfelkreuz.

Abstieg ins Kalbenjoch: In nördlicher Richtung in der Schuttflanke abwärts, zuerst auf die Serles zu bis in die erste Senke, dann rechts auf den zwei Kare teilenden begrünten Rücken. Auf gutem Steig abwärts zur Kugelwand und bis kurz vor das Kalbenjoch, wo man bereits geradeaus in den Almhängen (weiter unten rechts haltend) bis zu den von weitem sichtbaren Fahrwegen absteigen kann. Immer wieder sind Abkürzungen möglich. Am Wegende beim Schranken sollte ein Wassertretbecken den strapazierten Beinen noch eine richtige Erfrischung bieten.



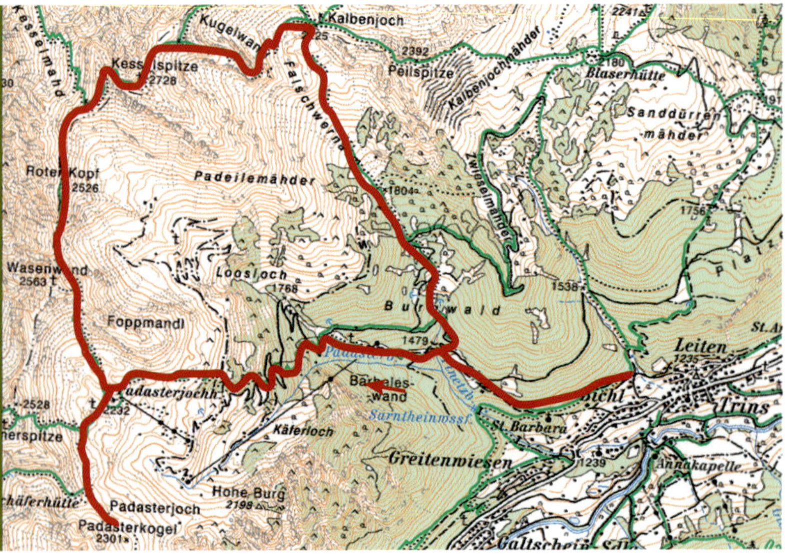

# 60 Nößlachjoch 2232 m

Aufstieg über die Nößlacher Mähder, den Skitourengehern gut bekannt.

**Stubaier Alpen**
**Nößlach**
▲

Im vorigen Herbst wurde im Bereich der Nößlachhütte – beliebte Einkehrstation für tausende Skitourengeher – der neu gestaltete „Bergwerksweg" eröffnet. Zwölf Stationen bieten einen anschaulichen Einblick in das ehemalige höchstgelegene Steinkohlebergwerk Europas.

**Zeit/Höhendifferenz:** Für Bergwerkrunde: 2:00 Std./370 Hm.; plus Nößlach: 2:00/400 Gesamt: 4:30 Std./770 Hm.
**Charakter:** Angenehme Runde auch für einen Halbtagsausflug mit zahlreichen Erweiterungsmöglichkeiten und Gipfelvarianten
**Tipp:** Für etwas Kniegeschädigte: beim Retourweg der Bergwerksrunde nicht die Abkürzungen benutzen (steil und viele Übertritte)
**Beste Jahreszeit:** Frühjahr und bis zum ersten Schneefall
**Ausgangspunkt:** AB-Abfahrt Nößlach/ Parkplatz Nößlachhütte, 1440 m
**Nößlachhütte, 1604 m** Geschlossen vom 19. März–11. Mai; Tel. 0664/3040502

Der Weg beginnt am Parkplatz Nößlachhütte, führt zu Resten der ehemaligen Bergwerksanlagen, verfallenen sieben Stollen – diese waren zwischen 100 und 800 Meter lang und auf 1600 bis 1800 Meter hoch gelegen – und Abräumhalden. Auf den Schautafeln wird die Geschichte des Bergwerks, dessen Hochzeit von 1939 bis 1953 im Abbau von 5000–6000 Tonnen Kohle jährlich lag, anschaulich erklärt. Laut Übersichtstafel erfordert die Runde eine Gehzeit von drei Stunden über ca. 400 Höhenmeter – zwei Stunden sind auch ausreichend bemessen, das ist etwas für einen Halbtagsausflug. Wer einen ganzen Tag zur Verfügung hat, hängt beim teilweise wiederhergestellten „Friedrichstollen" noch eine Bergrunde aufs Nößlach- oder Steinacher Jöchl an – schon aus dem Grund, dass man die oberösterreichischen Schmankerl von Wirt Wolfgang auf der Nößlachhütte „derpackt". Außerdem mag es vielen Berg- und Tourenfreunden aus dem Großraum Innsbruck ähnlich ergehen wie dem Autor, der zwar schon hundertmal diesen „Hügel" mit Touren- und Langlaufskiern, sogar mit dem Bike erklommen hat, aber – Schande über ihn – noch nie zu Fuß im Sommer.

**Zum Ausgangspunkt:** Von der Brennerautobahn nach der Abfahrt Nößlach rechts bis vor den Gasthof Humlerhof; noch davor links den Wegweisern „Nößlachhütte" folgend auf schmalem Asphaltsträßchen zum Parkplatz mit Übersichtstafel.

Schon nach zehn Minuten verlässt man die Fahrstraße nach links und folgt ab nun den grünen Schildern des neuen Bergwerksweges, der im Prinzip die alten Fußwege 40+46 benützt. Nach weiteren zehn Minuten geht es vor der Nößlachhütte wieder links – an der heiligen Barbara vorbei – zu den weiteren Stationen. Auf dem neu eingeschotterten Weg zu einer offen liegenden Abräumhalde mit Kohlestücken (ein etwas anderes Souvenir), aufwärts in eine Höhe von 1800 Metern und rechts flach hinüber in die wunderschönen Lärchenwälder der Nößlachmähder, die dem Skitourengeher sehr vertraut sind. Hier beim Friedrichstollen – höchster Punkt der Runde – beginnt der Rückweg hinab zur verfallenen Materialseilbahn, weiter zum evangelischen Jugendheim (den ehemaligen Unterkünften der Bergarbeiter) und zur Nößlachhütte.

Wir aber hängen noch unsere Bergrunde an: Oberhalb der Tafel 9 auf Weg 40/42 über EU-gefördert gemähte Bergwiesen an vielen Holzstadeln vorbei ohne

Pistenberührung aufwärts zum Höhenweg Nößlach–Lichtsee und diesen querend noch 100 Hm. zum etwas niedrigeren Gipfelkreuz-Gipfel mit überraschend umfassender Aussicht.

**Rückweg:** gleich wie Aufstieg oder nach Norden abwärts zum Lift und vor der Nößlachjochhütte (geschl.) auf Weg 42a zum Aufstiegsweg.

Ebenfalls empfehlenswert ist eine Verlängerung der Tour auf dem Rücken westwärts hinüber zum Eggerjoch und retour auf dem Höhenweg 42 (s. Karte; plus 1:15 Std./150 Hm.).

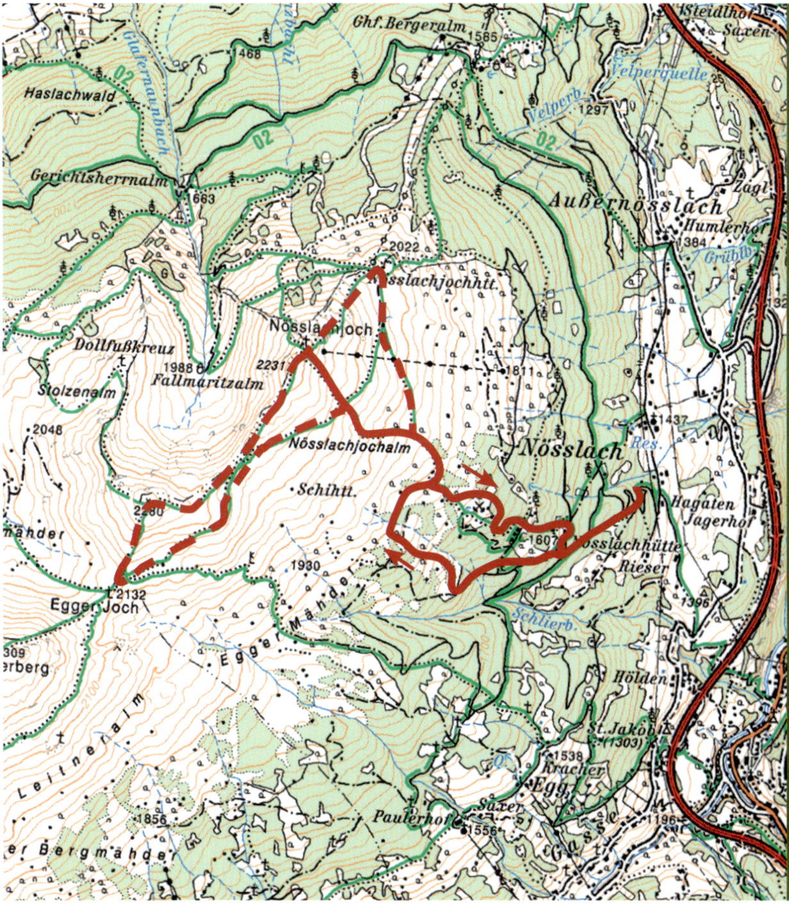

# 61 Besinnungsweg im Stubai

Mit einer langen Stufenleiter beginnt der Besinnungsweg im Pinnistal.

**Stubaier Alpen**
**Pinnistal**
▲

Ein Bergsteig, der mit zahlreichen Bibelsprüchen und Bildstationen zur Besinnung einlädt, aber zugleich auch ein reichhaltiges Naturerlebnis bietet.

**Stützpunkt:** Issenangeralm, Herzebenalm, Pinnisalm, Karalm
**Zeit, Höhendifferenz:** Neder (1017 m) – Eingang Pinnistal – Besinnungsweg (höchster Punkt ca. 1400 m) – Issenangeralm (1366 m), Weglänge 5 km, insgesamt 500 Höhenmeter, Rückweg 30–40 Minuten. Zur Pinnisalm 30 Min., Karalm 30 Min.

**Charakter:** Ein Wanderweg mit biblischem Leitfaden durch das wildromantische Pinnistal, der sich bis zum Talschluss ausdehnen lässt. Vom Issenanger zur Pinnisalm ist es nicht mehr weit, auch die Karalm im Talschluss ist in Reichweite.
**Beste Jahreszeit:** Juni bis Spätherbst
**Ausgangspunkt:** Neustift, Ortsteil Neder

Ein Bergpfad in die Landschaften der Seele, der hinausführt über Hänge und Gipfel in die verborgene Wirklichkeit hinter der sichtbaren Welt – so empfand Altbischof Stecher diesen zur inneren Einkehr einladenden Besinnungsweg, der an der Flanke der Kesselspitze in das Pinnistal zieht.

Der ohne technische Hilfsmittel gebaute fünf Kilometer lange Bergsteig ist ein Gemeinschaftswerk, geschaffen vom Arbeitskreis Kirche und Tourismus unter Leitung von Friedl Stern mit einer großen Schar freiwilliger Helfer. Hinter den eindrucksvoll in die Landschaft gesetzten sieben Stationen, künstlerisch gestaltet vom Neustifter Bildhauer Hansjörg Ranalter, steht als biblischer Leitfaden der Lobgesang der Jünglinge im Feuerofen. Ob zur geistigen Einkehr oder bloß zur profanen Ertüchtigung – der Neustifter Besinnungsweg vermittelt jedem Bergfreund wunderschöne landschaftliche Eindrücke. Nach dem Aufstieg durch dichten Wald öffnet sich unvermittelt der weite Blick ins Pinnistal mit seinen wilden Felstürmen. An den Flanken der Kesselspitze, bestens ausgebaut und an ausgesetzten Stellen mit Geländern und Drahtzäunen abgesichert, zieht der Weg allmählich wieder gegen den Talboden und endet bei der Issenangeralm.

**So kommt man hin:** Ausgangspunkt ist der Ortsteil Neder kurz vor Neustift im Stubaital. Unmittelbar vor der Zeggerbrücke links bergwärts bis zur ersten Brücke am Pinnisbach (Parkmöglichkeit). Der Beschilderung folgend am Talweg ins Pinnistal (15 Min.) bis zum eigentlichen Wegbeginn bei der Feuersäule aus rotem Kramsacher Marmor. Über eine lange Treppe mit 240 Stufen wird der steile Hang erklommen, doch gleich danach kommt der Atem wieder zur Ruhe. Auf weichem Tannennadelboden, mit zahlreichen Serpentinen in angenehmer Neigung zieht der Steig durch den lockeren Bergwald. Nach 300 Höhenmeter Aufstieg ist der höchste Punkt erreicht, der Wald wird verlassen,

Blick zu den Ilmspitzen.

der Weg führt nun durch Latschenhänge einwärts ins Pinnistal. An den Aussichtspunkten laden Bänke zur Rast, um Schrifttafeln und Bildstationen auf die Sinne einwirken zu lassen. Dann senkt sich der Weg in engen Kehren und vielen Treppen gegen den Talboden. Wo er durch steileres Gelände führt, ist er bestens mit Geländern und sogar mit Maschendrahtzäunen abgesichert.

### Zurück am Talweg

Nach der siebenten Station, einer Skulptur aus weißem Marmor, endet der Besinnungsweg bei der Issenangeralm. Die wenige Schritte talaus liegende Herzebenalm ist ebenfalls bewirtschaftet. Auf dem breiten Talweg marschiert man zurück zum Ausgangspunkt. Leicht lässt sich die Wanderung noch ein Stück ausdehnen. Im ebenen Weideboden talein, ist die Pinnisalm (1560 m) in 30 Min. erreicht, und nochmals 30 Min. später ist man bei der Karalm (1747 m) im Talschluss angelangt. Rückweg nach Neder insgesamt 7 km, 2 Stunden. Es gibt auch Taxis.



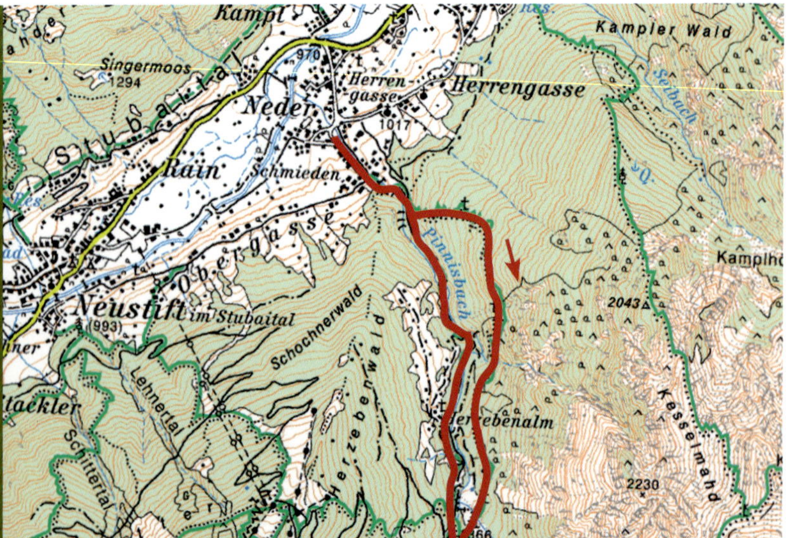

# 62 Peilspitze 2392 m<br>Blaser 2241 m

Üppige Gebirgsflora beim Aufstieg zu Blaser und Peilspitze.

**Stubaier Alpen**
**Serleskamm**
▲▲

Am Beginn steht der etwas mühsame Anstieg durch das mehr steile als „Lange Tal" zu den blühenden Bergmähdern rund um die Blaserhütte.

**Stützpunkt:** Blaserhütte, Klostergasthaus Maria Waldrast

**Zeit, Höhendifferenz:** Parkplatz (1550 m) – Langes Tal – Blaserhütte (2180 m, 1:30–2 Stunden), zum Blasergipfel (2241 m, 10 Min.). Zur Peilspitze (2392 m, 45 Min.) – Kalbenjoch (2225 m, 20 Min.) – Abstieg durch Matreier Grube zur Ochsenalm 1–1:15 Stunden. Rundtour insgesamt ca. 4–4:30 Stunden, 900 Höhenmeter.

**Charakter:** Ein Berg mit zwei Gesichtern ist die Peilspitze. Freundliche Blumenwiesen auf der Gschnitzer Seite und eine wilde Felskulisse zur Matreier Grube hin.

**Tipp:** Der durch den Felssturz im August 2006 verlegte Weg im Langen Tal ist bereits wieder in Stand gesetzt.

**Beste Jahreszeit:** Anfang Juli bis Oktober

**Ausgangspunkt:** Mautstraße Maria Waldrast, 1 km vor dem Kloster

Eine Berggestalt mit zwei ganz unterschiedlichen Gesichtern ist die Peilspitze. Auf der mit mächtigen Lawinenzäunen geschützten Gschnitztaler Seite üppige Blumenwiesen, nach Norden hin schroff abfallende Felsen. Genau zwischen den nickenden Trollblumen und den Kalkschrofen der Matreier Grube führt ein schöner Bergsteig über den Grat der Peilspitze hinüber zum Kalbenjoch und zurück zur Waldrast. Alles in allem eine abwechslungsreiche, nicht zu lange Rundtour mit der Blaserhütte als Einkehrstation zur Hälfte des Weges. Außerdem belohnen den Bergwanderer prächtige Nah- und Fernblicke zu Olperer, Tribulaunen und Serles. Besonders viel zu schauen gibt es für den in der Alpinflora bewanderten Blumenfreund.

Aber Achtung: Im Sommer 2006 donnerte ein gewaltiger Felssturz vom rechtsseitig das Lange Tal begrenzenden Boarschrofen nieder und verschüttete den Wanderweg zur Blaserhütte mit 60.000 Kubikmeter Gestein. Die Matreier Alpenvereinssektion wurde aber rasch aktiv. Bereits im Spätherbst war ein neuer, das Bergsturzgebiet links umgehender Steig aus dem Hang gegraben, der in der Mitte des Anstiegs wieder in den bestehenden Weg einmündet.

Die Kehrseite der Peilspitze.

So kommt man hin: Von Matrei a. Br. auf dem Mautsträßchen nach Maria Waldrast. Von der Autobahn-Ausfahrt kommend durch den Ort in Richtung Innsbruck und bei Wegweiser links bergwärts (Maut 4 €). Parken ca. 1 km unterhalb Maria Waldrast (gleich nachdem man die gelbe Beschilderung zur Blaserhütte gesehen hat), bei kleiner Schottergrube und ein paar Schritte zurück zur Abzweigung des Weges. Auf Weg Nr. 4 durch das zwischen Blaser und Peilspitze eingebettete Lange Tal. Erst noch durch schmale Waldlichtungen, allmählich steiler – auf dem wegen dem Bergsturz im unteren Bereich neu angelegten Steig – zur längst sichtbaren Geländekante am Schluimessattel, hinter der man unvermittelt die vom Kalbenjoch bis zur Blaserhütte herüberziehenden Bergmähder betritt. Noch eine Serpentine und die bewirtschaftete Blaserhütte ist erreicht (1:30–2 Stunden). In 10 Minuten steht man am Blasergipfel.

**Peilspitze und Kalbenjoch:** Von der Hütte in Richtung Westen, hinab in die Senke und auf Weg Nr. 13 durch den mit mächtigen Lawinengittern gespickten Wiesenhang auf die Grathöhe und zum Gipfel der Peilspitze (ca. 45 Min.). Der Weiterweg zum Kalbenjoch führt für ein kurzes Stück durch das schotterige Schrofengelände der Westflanke, ist aber bestens mit nagelneuen Geländerseilen gesichert. Am Rückweg durch die Matreier Grube, ebenfalls auf Weg 13, zeigt die Peilspitze dann ein ganz anderes Gesicht und erinnert mit ihren zerschründeten Felstürmen an ihre geologische Nachbarschaft zu den Kalkkögeln. Nach einer Steilstufe durch einen Latschenhang läuft der Weg sanft im Weidegelände der neu gebauten Ochsenalm aus. Erholen kann man sich schlussendlich im Klostergasthaus von Maria Waldrast.

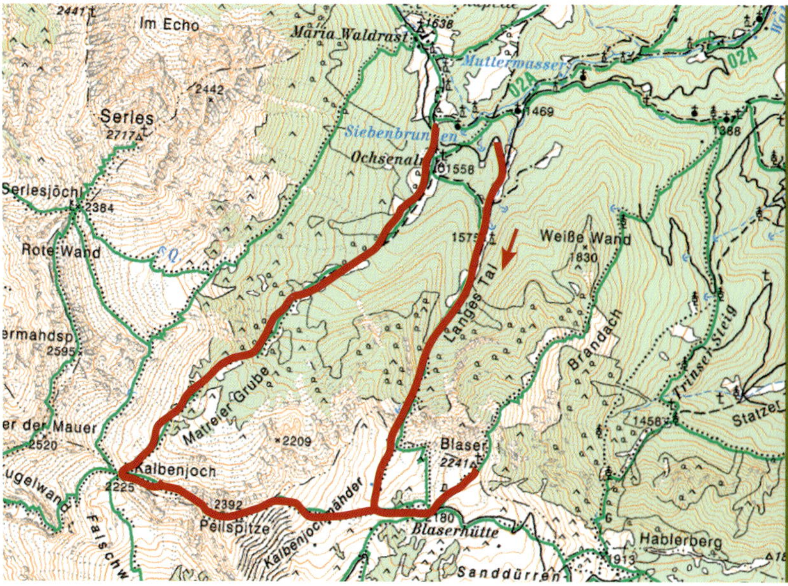

# 63 Wetzsteinschroffen 2255 m

Gut ausgerüstete Bergsteiger können den „Erlebnis-Alpinpark“ voll nützen.

**Kalkkögel**
**Fulpmes**

„Wetzsteinschroffen“ – mit 2 f – ein Fantasiename der Tourismusbranche oder ein alter Stubaier Bergname? Die Autoren konnten die Herkunft dieses Namens nicht klären, aber ihn für ambitionierte Bergfans zu diesem Tourentipp verarbeiten.

**Zeit/Höhendifferenz:** 4:30–5:00 Std./ 1220 Hm.+Panoramaklettersteig: 1:00–1:30/100

**Charakter:** Vier Varianten im „Erlebnis-Alpinpark“ für alle Levels; seiltechnische Klettersteigerfahrung und -ausrüstung erforderlich

**Tipp:** Bei Verwendung eines Bikes erspart man sich gut 600 Hm. Talhatscher

**Beste Jahreszeit:** Frühling bis Winterbeginn

**Ausgangspunkt:** Fulpmes/Talstation Schlicker Bergbahnen, 1000 m

**Restaurants Kreuzjochbahn, 2136 m und Sennesjöchl, 2225 m**
Geöffnet zu den Bahnbetriebszeiten Anf. Juni–Anf. Okt., 8.30–16 Uhr (Tel. 05225/62270)

**Galtalm, 1634 m**

Mittels Seilbahnhilfe erreicht man diese Schrofen zwischen Kreuzjoch und Sennesjöchl im Skigebiet Schlick leicht und ohne Mühen und kann sich im „Erlebnis-Alpinpark" ein bis zwei Stunden die Zeit vertreiben. Mit einem Anstieg/Abstieg zu Fuß und/oder Verwendung eines Bikes lässt sich ein kurzer Spätherbsttag ausfüllen. Voraussetzung: Mindestens zwei Teilnehmer (besser noch kleine Gruppe; auch für Kinder mit Klettererfahrung – eigener Kinderklettergarten) mit Klettersteigausrüstung, Seilrolle (unbedingt aus Stahl, sonst droht gefährliche Abnützung), 40-m-Halbseil und Sicherungsmaterial (HMS-Karabiner, Selbstsicherung). Das Wichtigste aber ist, dass man (oder zumindest die verantwortlichen „Führer") die Abseil- und Sicherungstechnik gut beherrscht. Für mitgehende Bergfreunde und Familienmitglieder besteht die Möglichkeit – von dem südseitig begleitenden Steiglein aus –, die ganze „Action" mitzuverfolgen und fotografisch festzuhalten.

**Zum Ausgangspunkt:** Von der Stubaier Bundesstraße nach Mieders rechts hinüber nach Telfes und den Hinweisschildern folgend zum Parkplatz der Schlick-2000-Bahnen.

**Vier Varianten zum Kreuzjoch und retour vom Sennesjöchl:**

1. Berg- und Talfahrt mit der Gondelbahn.
2. Bergfahrt mit der Bahn; Rückweg wie bei Varianten 3+4.
3. Auffahrt+Abfahrt zur Galtalm mit dem Bike (gut 600 Hm./mittel); dazu folgt man von der Talstation der MTB-Route 562 bis kurz vor die Schlicker Alm, biegt dort links zur Galtalm ab, Radlende; weitere Runde wie Variante 4.
4. Vom AP dem Fahrweg (der teils von der neuen Talabfahrt tangiert wird) hinauf nach Froneben – im oberen Teil Abkürzungen benützend – und bei der Mittelstation entlang eines Schlepplifts zur Galtalm. Nun rechts aufwärts (WW Kreuzjoch) zur Bergbahntrasse und im Zickzack hinauf zur Bergstation.

**Zum Alpinpark:** Von der Bergstation zum Kreuzjoch-Gipfelkreuz, 2210 m; links unterhalb Abseilfelsen. Weiter zu einem Türmchen mit Kinder-Klettergarten und zum Hauptgipfel und durch eine Senke zu einem weiteren Turm. Schilder verweisen auf zwei Übungsklettersteige: südseitig mäßig schwierig und ostseitig schwierig mit Tritt- und

Griffbügeln. Zwischen diesen beiden Zacken ist ein 40-m-Stahlseil gespannt, das die oben erwähnte Seilrutsche darstellt (Benutzung auf eigene Gefahr und nur mit entsprechender Sicherung!). Ein kurzer Abstieg zum Restaurant Sennesjoch beendet das „Alpinpark-Abenteuer".

**Rückweg für Varianten 2, 3, 4:** Vom Bergrestaurant Sennesjöchl südlich zum Weidezaunübertritt und durch steiles Latschengelände auf gutem Steig abwärts zur Knappenhütte. Auf breitem Panoramaweg mit wenig Gefälle zur Galtalm und auf dem Anstiegsweg retour zum AP.

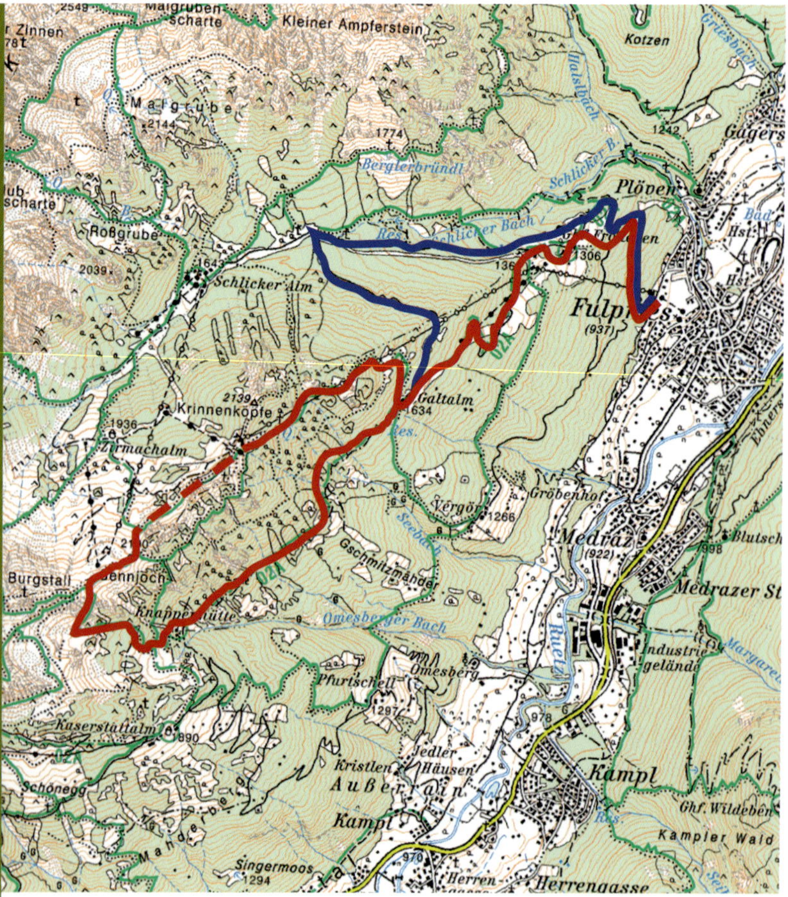

# 64 Jochkreuz 2045 m

Das Tal gelb vom Löwenzahn, in der Höhe zaghaftes Enzianblau.

**Kalkkögel Ausläufer**

▲

Die Saile und der Sonnenstein, die sind des Tales Tor, doch dort kann noch lange der Schnee liegen. Vollkommen aper sind die Wege auf das Jochkreuz auf der gegenüber liegenden Talseite schon im beginnenden Frühling.

**Stützpunkt:** Pfarrachalm (1740 m)

**Zeit, Höhendifferenz:** Kapfers (1100 m) – Burganna – Jochkreuz (2045 m) 2:30–3 Stunden, Übergang zum Nederjoch (2142 m) 20 Min., Abstieg Pfarrachalm 45 Min., Abstieg ins Tal 1 Stunde. Ganze Runde 4:30 bis 5 Stunden. Zum Jochkreuz 950 Höhenmeter, Nederjoch +100 Höhenmeter.

**Charakter:** Den ganzen Tag voll in der Sonne. Links das Stubai, rechts das Inntal, tief unten die Europabrücke. Aussichtsreich wie selten, führt diese früh im Jahr schneefrei werdende Wanderung über den der Nockspitze vorgelagerten Höhenrücken.

**Tipp:** Sogar in der kalten Jahreszeit eine problemlose Schneestapftour mit meist angetretener Spur.

**Beste Jahreszeit:** ab Anfang Mai bis Spätherbst und sogar bei Schnee

**Ausgangspunkt:** Telfes, Ortsteil Kapfers, Parkplatz

Wer die Ski vielleicht schon etwas zu voreilig in den Keller gestellt hat, obwohl die Berge noch im strahlend weißen Firnmantel glänzen, tut sich gar nicht so leicht, trockenen Fußes und ohne Schneeberührung auf einen Berggipfel zu gelangen. Auch wird man im Frühling bei Bergtouren besonders gut aufpassen müssen, denn auf Schattenseiten und in den Steilrinnen werden sich Schneereste sicher noch recht hartnäckig halten. Ganz problemlos sind aber diese beiden der Saile – wie die Nockspitze auf Stubaierisch heißt – vorgelagerten Grasberge unmittelbar über Telfes. Steigt man von Kapfers über den Telfeser Berg und die Burgannamahd auf, ist man komplett verschont vom Alm- und Mountainbikeverkehr, hat nach der Überschreitung der beiden Gipfel in der Pfarrachalm eine Einkehrstation und kann für den Abstieg zwischen Fahrweg oder steilem Bergpfad wählen.

Auch als Schneestapftour.

**So kommt man hin:** Ins Stubaital und kurz vor Fulpmes rechts hinauf nach Telfes. Über die Gleise der Stubaitalbahn und gerade weiter bis zum obersten Ortsteil Kapfers. Vor einer Telefonzelle links abzweigen und zum Ende des Asphaltweges. Hier parken, Wegbeginn zur Pfarrachalm. Ca. 300 m am Pfarrachalmweg bis zur ersten Abzweigung mit gelben Wegweisern. Macht man die Runde über das Jochkreuz, biegt man hier scharf rechts ab und folgt einem Forstweg Richtung Osten. Hat man nach 30 Min. einen steinernen Brunnentrog passiert, zweigt links ein steilerer Waldweg ab, über den man bald den unteren Teil der Burgannamahd erreicht und bald darauf in den höher gelegenen Fahrweg zum Telfeser Berg einmündet. Diesem Weg folgt man bis zu seinem Ende. (Wer nicht so hoch hinaus will und auf den Gipfel verzichtet, quert von hier auf dem Pfarrachsteig hinüber zur Pfarrachalm, 45 Min. In leichtem Auf

und Ab quert der gute Bergpfad die Flanke des Nederjochs. Damit lässt sich die Runde beträchtlich abkürzen.)
Zum Jochkreuz steigt man nun rechts haltend im Wiesengelände (auf Markierungspflöcke achten) auf den breiten, nach Osten streichenden Rücken, gelangt jetzt in die Latschenzone und erreicht mühelos das Gipfelkreuz. Steil, aber trotzdem lohnend und nur mit 20 Min. Mehraufwand verbunden ist der anschließende kurze Aufstieg zum Nederjoch, von dem man einen angenehmen Abstieg (den neuen Markierungspflöcken folgend) ins Sailenieder hat. Von dort auf gutem Steig zur Pfarrachalm. Abstieg von der Alm am Fahrweg oder am Abkürzungssteig (Beschilderung Gagers) zurück zum Ausgangspunkt. Alle Wege sind bestens mit den neuen gelben Wegweisern beschildert.

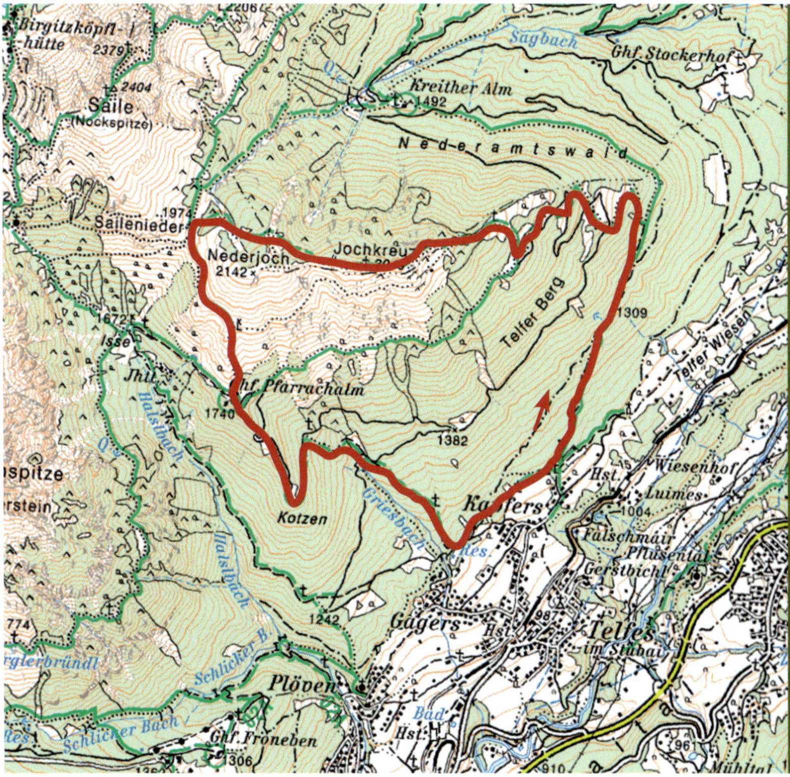

# 65 Nockspitze 2404 m
# Spitzmandl 2206 m

Deutlich abgesetzt von der Nockspitze ist der Gipfel des Spitzmandl.

**Kalkkögel**

Wie oft waren Sie schon am Spitzmandl? Einmal oder tausend Mal? Schön ist es immer wieder, von dieser hohen Warte über das Inntal zu blicken.

**Stützpunkt:** Mutterer Alm, Raitiser Alm

**Zeit, Höhendifferenz:** Mutterer Alm (1608 m) – Pfriemeswand (2103 m) – Nockspitze (2404 m) 2 Stunden, zum Spitzmandl (2206 m) 30–45 Minuten, Abstieg Raitiser Alm 45 Minuten (im Aufstieg 1:30 Stunden), zurück zur Mutterer Alm 30–40 Minuten. 800 Höhenmeter.

**Charakter:** Auf das Spitzmandl geht man entweder direkt von der Raitiser Alm oder man „macht" zuerst die Nockspitze und steigt über das Spitzmandl ab.

**Tipp:** Mit der neuen Mutterer-Alm-Bahn auf den Innsbrucker Hausberg und seinen Trabanten.

**Beste Jahreszeit:** ab Juni, Juli bis Spätherbst

**Ausgangspunkt:** Mutterer Alm (1608 m), ebenso Axamer Lizum, Birgitzkopflhaus

Es soll ja Leute geben, die noch nie auf dem Spitzmandl waren, aber auch solche, die schon über tausend Mal von diesem kecken, der Nockspitze vorgelagerten Gipfel auf Innsbruck herunterschauten. Einer, der im vergangenen Herbst zum allerersten Mal das Spitzmandl erklomm, ist Ihr Tourentippschreiber – das andere Extrem ist der in Mutters ansässige Hermann Mayr. In seiner Glanzzeit war der einstige Polizeibeamte der weitaus beste Skilangläufer Österreichs und Teilnehmer bei der ersten Innsbrucker Olympiade über die langen Strecken. Längst hat er den Siebziger auf dem Buckel, aber die Ausdauer hat er sich immer noch bewahrt – ein richtiges Urviech sozusagen. Tausend Mal – „und des wird gar nit langen" – ist er immer von daheim aus aufs Spitzmandl hinaufgestiegen, an einem Tag sogar dreimal, und sein Namenszug ist im Gipfelbuch jeden zweiten oder dritten Tag zu finden.

**So kommt man hin:** Der Nockspitze zwar ganz benachbart, aber doch deutlich abgetrennt und nach Osten vorgeschoben ist das um 200 m niedrigere Spitzmandl somit als selbstständiger Gipfel erkennbar. Man kann seine Besteigung gut zusammen mit seinem höheren Nachbarn verbinden. Ideal ist, von der Mutterer Alm oder auch vom Birgitzköpfl her die Nockspitze zu besteigen, um danach zum Spitzmandl hinüberzuwechseln. Ein guter Bergsteig führt dann hinunter zur Raitiser Alm und am Innsbrucker Almenweg wandert man zurück zur Mutterer Alm.

Ideal ist die Auffahrt mit der neuen Mutterer-Alm-Bahn (Berg/Tal € 9). Auf breitem Weg geht es durch die Pistentrasse aufs Pfriemesköpfl und weiter bis zur Wegteilung. Rechts zum Birgitz-

Nockspitze, Nordgipfel.

köpfl, links, allmählich steiler , durch die Latschenhänge auf das Pfriemeswandl. Ab jetzt wird der Steig ein wenig mühsamer. Ein paar Passagen im Schottergelände, ein festes Drahtseil ist sehr hilfreich und schon hat man die Scharte erreicht, wo man links zum Spitzmandl hinüberquert. Aber vorher steigen wir noch auf die Nockspitze hinauf, wobei man bei einer neuerlichen Wegteilung im Gipfelhang besser den rechten Steig nimmt.

### Rund um die Nockspitze

Eine runde Sache ist auch die Umkreisung des ganzen Nockspitzstockes vom Birgitzköpfl übers Halsl und Sailenieder, wo man beim Wetterkreuz in den Spitzmandlsteig einmündet. Natürlich eignet sich als Ausgangspunkt genauso gut das Birgitzköpflhaus. Erreichbar mit Lift von der Axamer Lizum. Von hier ist der Anstieg zur Nockspitze über den Westhang leicht in einer Stunde zu schaffen.



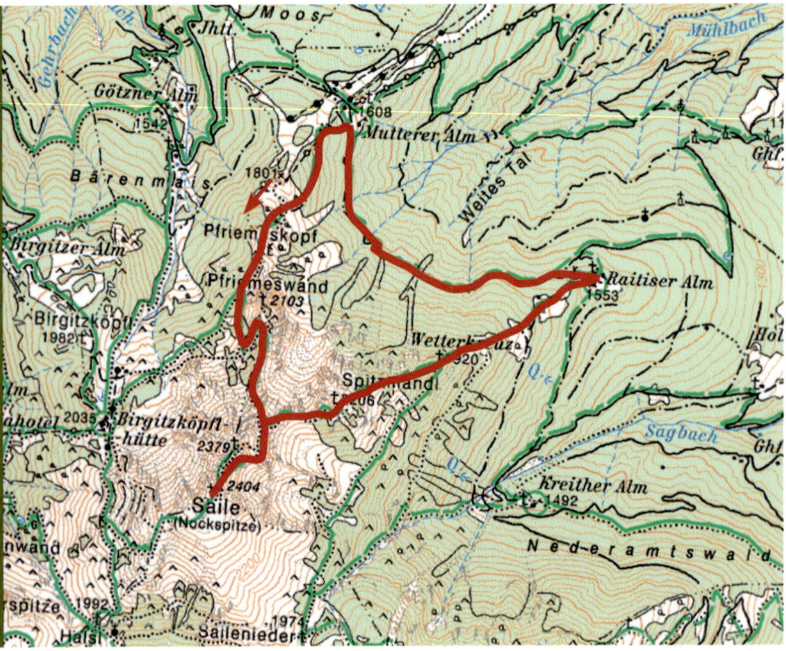

# 66 Überfallgründl 2302 m übers Morgenköpfl 2216 m

Das überraschend felsige Morgenköpfl ziert ein schmuckes Gipfelkreuz.

**Tuxer Voralpen**
**Arztal**
▲

Diese leichte Bergrunde im Nahbereich von Innsbruck – im stillen Arztal – ist trotz ihrer längeren Forstweg- und Almstraßenabschnitte im Kammbereich überraschend aussichtsreich mit schönem Zwei-Täler-Blick.

**Zeit/Höhendifferenz:** 4:00 Std./1000 Hm.
**Charakter:** Leichte Bergrunde ohne größere Steilpassagen
**Tipp:** Auch als Verlegenheitstour bei schlechterem Bergwetter geeignet
**Beste Jahreszeit:** Frühling und Herbst bis Wintereinbruch
**Ausgangspunkt:** Oberellbögen/Parkplatz Hinterlarcher, ca. 1380 m

**Almwirtschaft Arztal, 1900 m** Geöffnet während des Almsommers

**Zum Ausgangspunkt:** Von Patsch kommend auf der Ellbögner Landesstraße nach Mühltal und nach der Steigung links aufwärts nach „Oberellbögen". Auf der von vielen neuen Wohnhäusern gesäumten schmalen Bergstraße bis zum gebührenfreien Parkplatz vor dem „Hinterlarcher". (Von hier aus lohnt sich ein Abstecher zur Hinterlocher Mühle, die in den

Sommermonaten an Freitagnachmittagen mit Bauernschmankerln lockt.)

Die Runde beginnt mit einem kurzen Abstieg retour auf der Asphaltstraße, bis rechts ein Fahrweg (WW Zur Ochsenalm/Nr. 9) durch ein Gatter abzweigt. Diesen aufwärts zur Einmündung der Straße vom ehem. Zirbenhof bzw. Mühltal herauf. Alle Sackwege rechts ignorierend zur ersten Rechtskehre (Abzw. Meißner Haus); weiter „Profeglalm“. Bald danach (P. 1730) zieht die Forststraße links zur im Sommer bew. „Profeglalm/10 Min.“; hier rechts ebenfalls zehn Minuten flach aufwärts zum Traktor-Wendeplatz. Links auf einem Baum befindet sich das Holzschild „Morgenköpfl“/B.V. (Ellbögner Berglerverein). Auf dem viel begangenen Weg anfangs flach, dann steiler durch flechtenbehafteten Hochwald – einen mit roten Punkten mark. Steig querend – in die Zirbenzone und durch Blaubeer- und Almrosenstauden auf den baumlosen grünen Westrücken, der zunehmend felsiger wird und im überraschend „alpinen“ Morgenköpfl kulminiert (sehr schönes Kunstschmiede-Gipfelkreuz), 2216 m; ab AP 2:00 Std./870 Hm. Der Weiterweg ist gut überblickbar: In einer halben Stunde (100 Hm.) entlang des Weidezauns bzw.

Bei der privaten Kellerhütte.

Steinmauer zum wenig ausgeprägten Überfallgründl (nur loser Steinmann). Hinab ins Jöchl vor dem Morgenkogel zum viereckigen Steinmann mit abgebrochenem Skistock. Hier beginnt rechts hinunter ein ausgetretener Weg zur Kellerhütte (Schafalm). Nun Augen auf: Immer links in östlicher Richtung mit wenig Höhenverlust talein (mehrere Möglichkeiten – hier wären ein paar Farbtupfer schon sehr hilfreich), bis man auf einzelne Steinmandln und rote Aufwärtspfeile auf Felsblöcken trifft. Hinab zum gut sichtbaren Almweg zum Hochleger und in wenigen Minuten zur urigen Almwirtschaft Arztal; 45 Min.

Der Parkplatz ist auf der Almstraße oder dem Fußweg über Eisenbahner- und Rosenjochhütte in etwa mit dem gleichen Zeitaufwand erreichbar – einer schwachen Stunde.

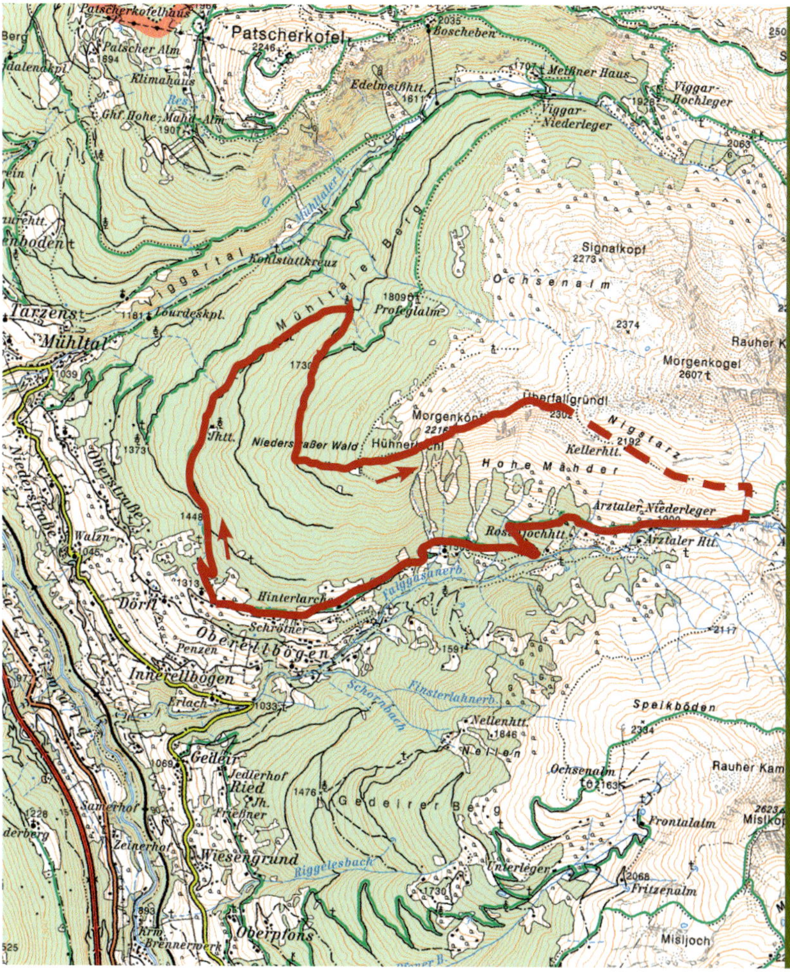

# 67 Glungezer 2677 m

Alle Felsbastionen zusammengesucht haben die Erbauer des Klettersteiges.

**Tuxer Alpen**

Ein Klettersteig auf diesem Skiberg? Da wird selbst derjenige, der den Glungezer von allen seinen Winter- und Sommerseiten kennt, ins Grübeln geraten.

**Stützpunkt:** Glungezerhütte (2610 m), Tel. 0664/4226977, Mitte Juni bis Oktober; Tulfeinalm (2035 m)

**Zeit, Höhendifferenz:** Tulfein – Einstieg Klettersteig 30–45 Min., Klettersteig 1:30–2 Stunden. Wanderwege: Tulfein – Glungezerhütte 1:30 Stunden, Zirbenweg Tulfein – Patscherkofel-Schutzhaus 2:30 Stunden; Panoramasteig Glungezerhütte – Boscheben – Patscherkofel 4 Stunden.

**Charakter:** Der Haller Hausberg hat auch im Sommer allerhand zu bieten: Zirbenweg, Panoramasteig und jetzt sogar einen Klettersteig im Blockgelände.

**Tipp:** Recht amüsant, abwechslungsreicher als der Normalweg. Erwartungen aber nicht zu hoch schrauben.

**Beste Jahreszeit:** Mitte Juni bis Oktober

**Ausgangspunkt:** Tulfes, Tulfeinalm (2035 m)

Wer auch die Idee dazu gehabt haben mag – mit der Aneinanderreihung aller Felsbastionen in den Blockhalden der Nordflanke des Glungezers wurde ein kurzweiliger Anstieg gefunden, der sogar auf diesem von Liftkabeln umstrickten Berg ein klein wenig alpines Flair vermitteln kann. Gedacht als alpiner Übungspfad, auf dem sich gut die Trittsicherheit im weglosen Gelände erproben lässt, garniert mit ein paar pfiffigen Kletterstellen am Fixseil, welches im griffigen Fels ein gutes Mitklettern erlaubt. An drei Stellen sind tatsächlich ca. 20 bis 30 m hohe und recht steile Wandeln zu überwinden, mit luftigen Quergängen, engen Kaminen und einem schmalen Durchschlupf für Schlanke, der sich jedoch auch außen umgehen lässt. Dazwischen gibt es wieder langes Gehgelände, wo man gut auf die Markierungen schauen muss. Ideal ist der Steig für Neulinge dieses Metiers oder besonders für Kinder, die mit Begeisterung über die Kletterstellen hinaufturnen. Nur wer dementsprechend geübt ist, sollte aufs Klettersteigset verzichten, Kinder nimmt man auf alle Fälle ans kurze Seil.

Von Tulfes mit der Glungezerbahn in zwei Sektionen herauf zur Tulfeinalm (Berg- und Talfahrt € 10 für Einheimische, Kinder € 5, Liftbetrieb ab 8.30 Uhr). Von der Tulfeinalm auf der Pistentrasse oder am Fahrweg aufwärts bis zur ersten Flachstufe, dort ganz nach rechts zum Kalte-Kuchl-Lift und auf der Piste daneben bis zur Stütze Nr. 8, knapp unterhalb der Schaferhütte. Ein großer roter Pfeil auf einem Felsblock kennzeichnet den „Einstieg“, dann braucht man nur mehr den roten Markierungen zu folgen. Auf Steigspuren und in lustiger Kletterei über raue Felsblöcke wird die erste Wandstufe

Sonnenspitze und Glungezerhütte.

erreicht, danach von der Stütze der Militärseilbahn wieder durch Gehgelände nach rechts zur nächsten Bastion, wo ein enger Kaminschluff für hautnahen Felskontakt sorgt. Die abschließende höchste Wandstufe leitet auf einen Gratkopf, genau wo von Westen her das Frauental einmündet. Nun nach links und durch den Blockhang zur Glungezerhütte.

Der Wanderhit am Glungezer schlechthin ist wohl der berühmte Zirbenweg von der Tulfeinalm zum Patscherkofel oder umgekehrt. Noch schöner und aussichtsreicher ist der Panoramasteig in der Gipfelregion, von der Glungezerhütte über die Viggarspitze nach Boscheben zum „Kofel“. Kein Kopfzerbrechen bereitet die Rückkehr zum jeweiligen Ausgangspunkt, denn fünfmal am Tag verkehren Busse von einer Talstation zur anderen. Dazu gibt es ein Komplett-Ticket, das alle Lift- und Busfahrten beinhaltet (Einheimische € 12.50, Rückfahrt von Igls um 15.28, 16.28 und 17.28 Uhr, bitte Fahrplan überprüfen!).



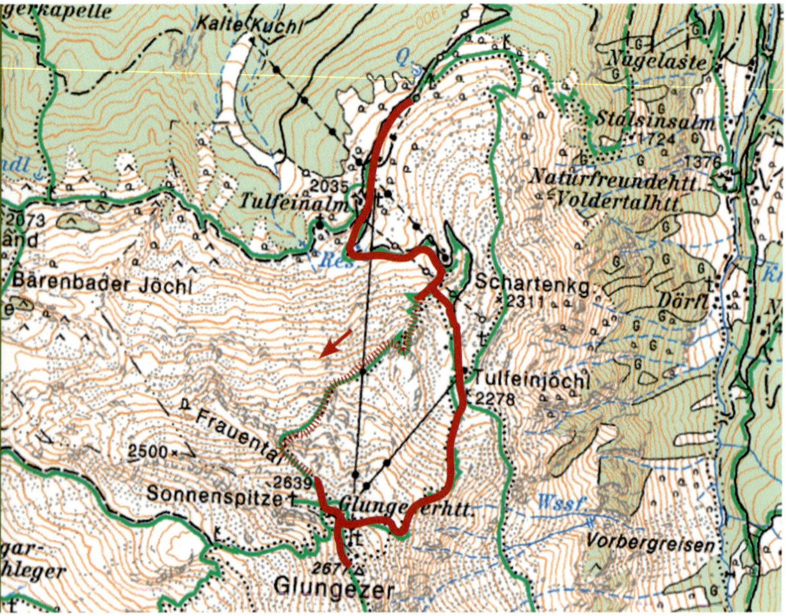

# 68 Naviser Sonnenspitze 2619 m

Der Gipfelturm im Grat der Naviser Sonnenspitze ist bereits in Sicht.

**Tuxer Alpen**
**Voldertal**

▲

Ohne Landschaftssensationen, aber als ruhiges Wandergebiet ist das Voldertal beliebt. Mit dem Mountainbike geht es bis zum Talschluss.

**Stützpunkt:** Voldertalhütte, Steinkasern (Almbetrieb)
**Zeit, Höhendifferenz:** Volderwildbad (1104 m) – Voldertalhütte (1376 m) 1 Stunde; Nösslach (1462 m) – Vorbergalm – Steinkasern (2002 m) 1:30–2 Stunden, Naviser Jöchl (2479 m) 1:15 Stunden, Naviser Sonnenspitze (2619 m) 30 Min., insgesamt 3–3:30 Stunden ab Nösslach-Parkplatz.
**Charakter:** Der Ausflug zur Voldertalhütte oder Steinkasernalm lässt sich ausdehnen bis zum Gipfel der Naviser Sonnenspitze.
**Tipp:** Für Radler: Volders – Volderwildbad (5 km) – Nösslach (3,5 km) – Steinkasern (5,5 km) 14 km, Steigungen bis zu 15%.
**Beste Jahreszeit:** Juni bis September/ Oktober
**Ausgangspunkt:** Volderwildbad oder Nösslach (Maut)

Die Länge der Wanderungen im Voldertal bestimmen Sie selbst, je nachdem wie Sie aufgelegt sind. Üblicherweise starten die Alm- und Hüttenwanderer in Volderwildbad. Wer aber Gipfelambitionen hat – die Naviser Sonnenspitze bietet sich dazu hervorragend an – kann mit dem Auto gegen Gebühr noch bis Nösslach herauf fahren. Dann geht es talein bis zum Almdorf von Steinkasern, weiter auf das Naviser Jöchl und von dort ist die Sonnenspitze mit ihrem markanten Gipfelturm nicht mehr weit. Mountainbiker finden im Voldertal einen super Almweg bis Steinkasern und sogar noch ein Stück bis hinauf in den Melkboden ist fahrbar. Es soll auch welche geben, die das Rad über das Joch schleppen, womit sich aber eine tolle Umrundung der nördlichen Tuxer Berge ergibt.

**So kommt man hin:** In Volders beim Café Marmaris von der Bundesstraße abzweigen und auf den Großvolderberg, dann rechts nach Volderwildbad. Wer seine Wanderung von dort beginnt, kann den Maut-Automaten beim Auhof getrost ignorieren und nach 800 m sein Auto am großen Parkplatz abstellen. Wer noch 4 km weiter fahren will bis Nösslach (Parkplatz, man spart eine Stunde Gehzeit), muss den Geldschlucker mit genau abgezählten 4 € füttern.

Von Volderwildbad immer am breiten Agrarweg talein, wobei der Wanderer bei jeder Bachüberquerung zwischen dem Gemeindegebiet von Volders und Tulfes hin und her pendelt. Die Voldertalhütte der Naturfreunde als erste Einkehrstation ist in einer Stunde erreicht, weiter geht es mit stetigem Höhengewinn

Steinkasernalm im Voldertal.

zur Vorbergalm. Ein erholsames Flachstück (für Radler) ist der Klausboden, dann wird es für einen Kilometer noch einmal kräftig steil, aber bald sind die urigen Almhütten von Steinkasern in Sicht. Im Brunnen sind Getränke zur Selbstbedienung (mit Kassa) für die Durstigen bereits eingefrischt (von Nösslach 1:30 Stunden).

### Naviser Sonnenspitze

Von Steinkasern am breiten Almweg weiter (für Radler wird es jetzt ein wenig ruppig, 2 km) bis zu einer flachen Terrasse mit Stallgebäude. Dann auf gut markiertem Steig durch den schottrigen und mit Felsblöcken bestückten Hang auf das Naviser Jöchl, den Übergang ins Navistal. Links in Richtung Wattener Lizum, aber unmittelbar nach der Sperrgebietstafel auf Steig links hinauf. Gleich zwei Gipfelkreuze schmücken die Naviser Sonnenspitze. Eines steht am von weitem sichtbaren Gipfelturm (besteigbar am Stahlseil), das andere am Ende des Normalweges unmittelbar dahinter.

Zwei Gipfelkreuze, für Kletterer oder Wanderer, zieren die Sonnenspitze.

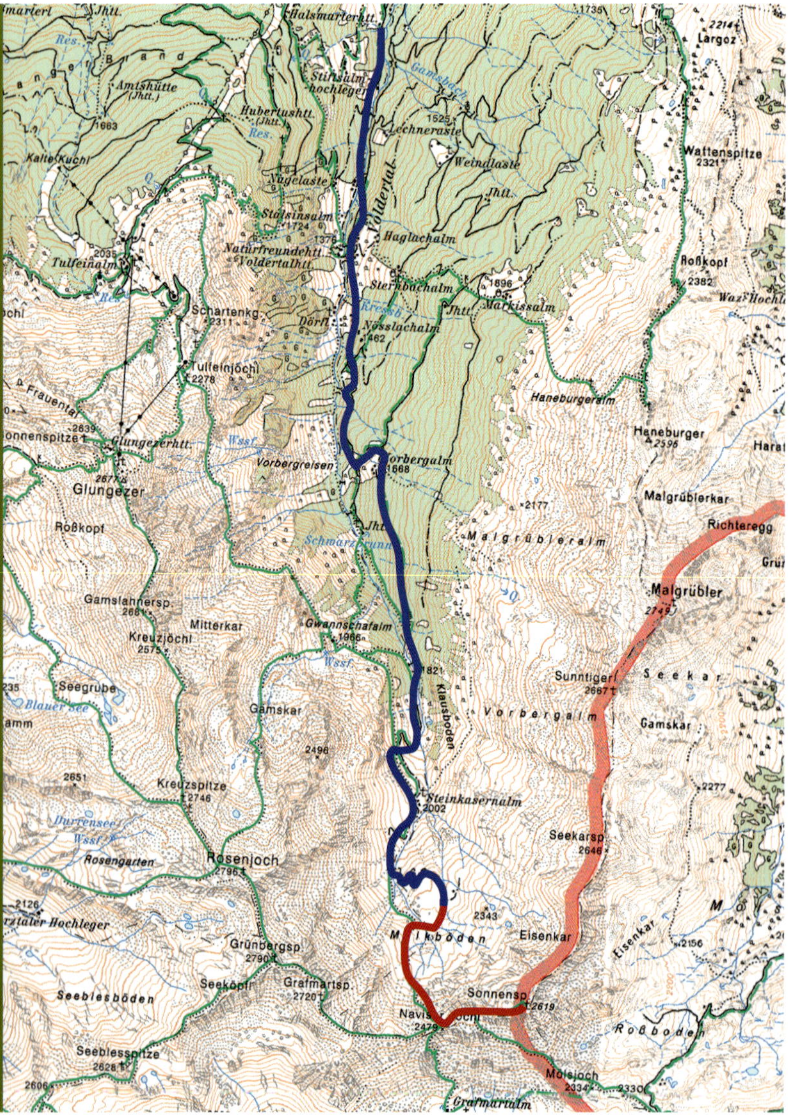
Halsmarterhtt.
Stiftsalm hochleger
Amtshütte (Jhtt.)
Hubertushtt.
Kalte Kuchl
Lechneraste
Weindlaste
Nagelaste
Stalsinsalm
1724
Voldertal
Haglachalm
Naturfreundehtt.
Voldertalhtt.
Tulfeinalm
Sternbachalm
Markissalm
Schartenkg.
Dörfl
Nösslachalm
Tulfeinjöchl
2278
Frauental
Glungezerhtt.
Glungezer
Vorbergreisen
Vorbergalm
1668
Haneburgeralm
Haneburger
2596
Malgrüblerkar
Richteregg
Malgrübleralm
Roßkopf
Gamslahnersp.
2681
Mitterkar
Kreuzjöchl
2575
Gwannschafalm
1966
Malgrübler
2749
Seegrube
Blauer See
Gamskar
2496
Klausboden
Sunntiger
2667
Seekar
Vorbergalm
Gamskar
Kreuzspitze
2746
Steinkasernalm
2002
Durrensee
Rosengarten
Rosenjoch
2796
Seekarsp.
2646
Hochleger
2343
Milkböden
Eisenkar
Eisenkar
2156
Grünbergsp.
2790
Seeköpfl
Grafmartsp.
2720
Seeblesböden
Sonnensp.
2619
Navis
2479
Roßboden
Seeblesspitze
2628
Molsjoch
2334
2330
Grafmartalm
Wattenspitze
2321
Roßkopf
2382
Largoz
2214

# 69 Schafseitenspitze 2602 m Sunntiger 2400 m – Bendlstein 2436 m

Der Spätherbst hält für den Bergfreund die schönsten Farben bereit.

**Tuxer Voralpen**
**Navistal**
▲▲

Die Schafseitenspitze hat sich bei den Skitourengehern einen berühmt-berüchtigten Ruf erworben, und zwar als äußerst rassig, aber ebenso gefährlich – zahlreiche Lawinentote in den letzten Jahren bestätigen dies und mahnen daher zu besonderer Vorsicht.

**Zeit/Höhendifferenz:** 3:00 Std./ 1260 Hm.; für gesamte Runde: 6:00/1500
**Charakter:** Einsame, mittellange bis lange Sommerrunde über „Skitourengipfel"
**Tipp:** Nicht bei schlechter Sicht – Orientierung sehr schwierig
**Beste Jahreszeit:** Bei Trockenheit vom Frühsommer bis Spätherbst
**Ausgangspunkt:** Navis, 1337 m

**GH Kirchenwirt** am Ausgangspunkt Tel. 05278/6484

Bei einer Bergtour im Sommer über die Kare und Flanken der Nordseite – nach dem Motto „steil, steiler, am steilsten" – kann der Tourenneuling ebenso wie der -fuchs abschätzen, was sich hier im Winter abspielt. Für den Aufstieg benötigt man Kondition für drei Stunden, einen scharfen Blick für die spärliche Markierung und gutes Schuhwerk für nasse Wegstücke – besonders bei der Stippleralm. Für die Überschreitung zum Sunntiger und den Abstecher zum überraschend alpinen (von der Ostseite her) Bendlstein braucht es etwas Gespür für Wegsuche; obwohl in manchen Karten eingezeichnet, fehlt jegliche Markierung und Beschilderung. Nochmals: Nur bei guter Sicht, dann aber kann man eine landschaftlich reizvolle Höhenwanderung mit einer Bergrunde abschließen.

**Zum Ausgangspunkt:** Von Matrei a. Br. ins Navistal. Parken zwischen Widum und Kirche bzw. beim Kirchenwirt (bei Einkehr danach).

Vom Hauptplatz anfangs auf Asphalt steil entlang des Weirichbaches Richtung Urbesalm/Schafseitenspitze (Weg-Nr. 24). Bei der ersten Wegteilung rechts gleich steil weiter. Bei der verfallenen Stippleralm wechselt man vom Graben rechts hinaus zum Speckerberg. Der Steig erreicht durch Gebüsch und Lärchenhochwald beim hübschen Wendelin-Marterl das Almgelände und wenig später den Stippleralm-Hochleger. Der vom Almvieh arg mitgenommene Weg führt zu einem „Bergauge", dann links hinein in ein Hochtal. Nun genau auf die wenigen Holzpflöcke achtend südlich aufwärts. Ehe es sich richtig aufsteilt, links hinaus und über steile Grasbuckel auf dem nun deutlicher ausgeprägten Bergpfad zum Verbindungsrücken, ostwärts auf grünem Schafsteig zum Gipfelkreuz.

Die Vöstenalm, leider unbewirtschaftet.

**Rückweg wie Aufstieg oder folgende Runde:** Zurück zum Stein mit Markierungswinkel und auf Steigspuren westwärts abwärts in ein Sattele (Wasserlacken) und auf den mit einem verfallenen Steinmann versehenen grünen Sunntiger, 2400 m. Nochmals abwärts zum tiefsten Punkt des nächsten Sattels (ohne WW 180 Grad rechts abwärts mündet der markierte Rückweg ein).

Es wäre schade, hier schon die Runde abzubrechen, denn der Abstecher westwärts zum von hier aus ziemlich alpin aussehenden, aus mehreren Felstürmchen bestehenden Bendlstein – auf nun bestens markiertem Steig – ist das Highlight der Runde. Das Gipfelkreuz (mit Buch, darin kurios: weit über 500 Eintragungen von Hannes Pircher) befindet sich links unterhalb der höchsten Erhebung, 2436 m. Der Mehraufwand für hin/her beträgt ca. 30–40 Min./150 Hm. Vom oben genannten tiefsten Punkt links ab, ostwärts die Hänge querend (Weg 326) zum Seitengrat mit Kreuz (rechts unterhalb kleine Höhle mit Madonna). In Serpentinen steil hinunter zum Schafalm-Hochleger. Oberhalb der Junglärchen quert man etwas anstrengend in den nächsten Kessel und steigt über den Bach abwärts zur unbew. Vöstenalm.

Achtung: Man lasse sich nicht verleiten, den in den meisten Wanderkarten „noch" eingezeichneten Weg 326 rechts des Höltnerbachs absteigen zu wollen (evtl. trotz gut gemeintem Abkürzungsvorschlag der Sennerin) – die Querung vom Misthaufen hinüber/-unter zum Bach ist sehr heikel, bei Nässe lebensgefährlich! So bleibt nur der Abstieg, den der Autor in mehreren Begehungen „ausgekundschaftet" hat, im wahrsten Sinne des Wortes, denn Wegweiser und Markierungen fehlen. Bitte genau der Beschreibung folgen:

Von der Vöstnalm am Fahrweg einige Kehren abwärts, bis man auf ca. 1600 m Höhe den Penzenbach überschreitet (s. Karte). Kurz danach rechts auf einen deutlich sichtbaren Steig abzweigen (der Fahrweg führt hinaus nach Kapfers). Nun links des Baches auf gut gangbarem Steig (verblasste Markierungen) hinunter zu einem Forstwegende beim Penzenbach. Rechts eben zu einer Lichtung und wieder rechts leicht aufwärts zum Fahrweg „Blasiger-/Urblesalm" (WW). Hier befindet sich ein WW Bendlstein, der zum oben genannten aufgelassenen Direktanstieg weist. Am Forstweg 23 zum Handymasten und gleich danach links steil hinunter zum Kirchenwirt in Navis.

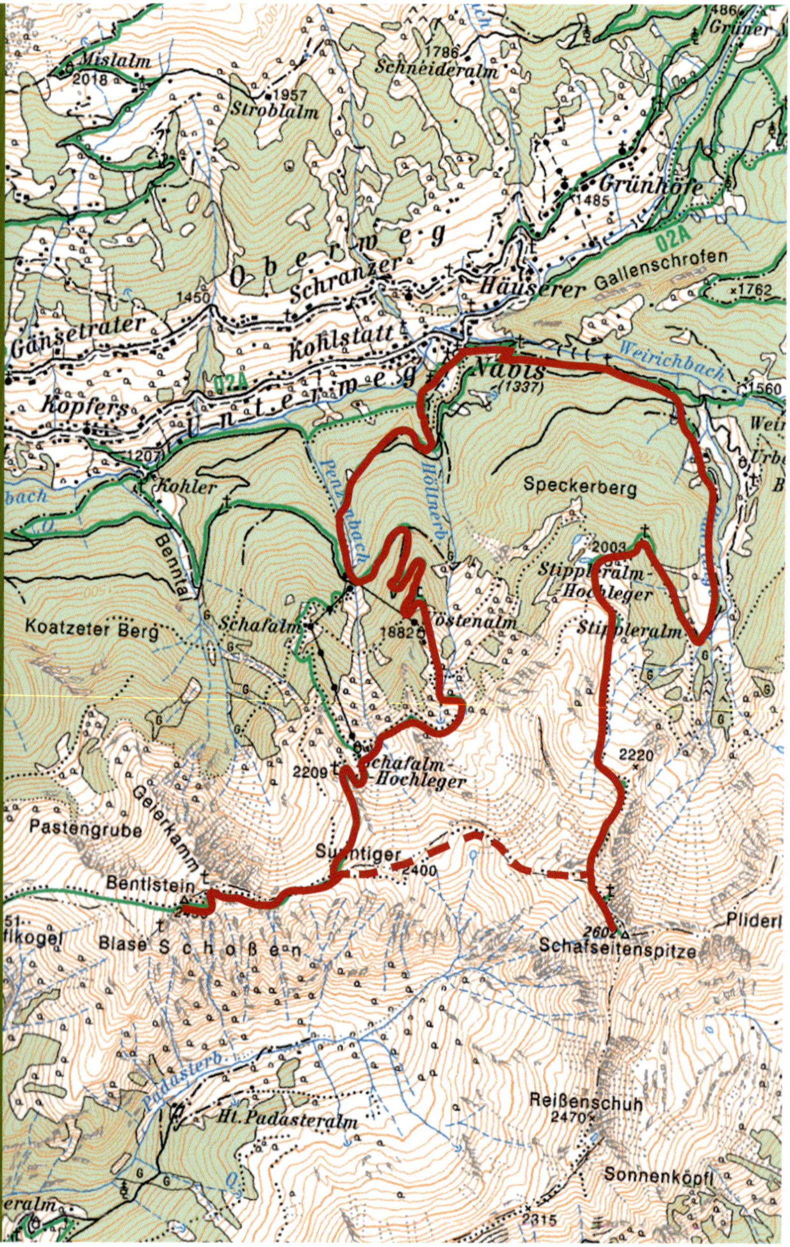
Mislalm
2018
1957
Stroblalm
1786
Schneideralm
Grünhöfe
1485
O b e r w e g
Schranzer
Häuserer
Gallenschrofen
1762
1450
Gänsetrater
Kohlstatt
Weirichbach
Navis
(1337)
1560
U n t e r w e g
Kopfers
1207
Kohler
Speckerberg
Benntal
Höllmerb.
2003
Stippleralm-Hochleger
Stippleralm
Koatzeter Berg
Schafalm
1882
Töstenalm
2220
2209
Schafalm-Hochleger
Pastengrube
Geierkamm
Sunntiger
2400
Bentlstein
Pliderl
2602
Schafseitenspitze
Blase
S c h o ß e n
Padasterb.
Ht. Padasteralm
Reißenschuh
2470
Sonnenköpfl
2315
02A

# 70 Mölser Berg 2479 m

Unberührte Naturlandschaft beeindruckt den Wanderer im Mölstal.

**Tuxer Alpen**
**Wattental**

▲

Die beschauliche Ruhe dieses kleinen Bergtales lässt ganz vergessen, dass man sich bei dieser Wanderung auf dem Gelände eines Truppenübungsplatzes bewegt.

**Stützpunkt:** Lizumer Hütte (2019 m), GH Haneburger (1361 m)

**Zeit, Höhendifferenz:** Tüpl. Walchen (1410 m) – Mölsalm Hochleger – Mölssee – Mölser Scharte 2:30–3 Stunden, Abstieg über Lizum/Zirbenweg 2–2:30 Stunden, insgesamt 1100 Höhenmeter.

**Charakter:** Durch fast unberührte Naturlandschaft zu Mölser Almen, Scharte, See und Berg.

**Tipp:** Für den Abstecher von der Mölser Scharte zum Mölser Berg und wieder zurück braucht man 1 Stunde.

**Beste Jahreszeit:** ab Mitte Juni bis Spätherbst

**Ausgangspunkt:** Lager Walchen im Wattental

Gleich nach den Baracken des Lagers Walchen begleitet den Wanderer nur mehr das Bimmeln des Almviehs aus der Ferne, und ein blühender Almrosendschungel drängt sich bis unmittelbar an den Wegrand. Der Mölssee, ein grün funkelndes Bergauge, in dem sich die Berge des Volderer Kammes spiegeln, ist ein geruhsamer Rastplatz auf dieser Wanderrunde. Wählt man als Abstieg dann die Lizumer Seite, lässt sich das militärische Übungsgelände zwar nicht mehr verheimlichen, beim Rückweg nach Walchen über den Zirbenweg umfängt einen aber sofort wieder Natur pur.

Die Schießzeiten und die damit verhängte Sperre des jeweiligen Sektors sollten kein Problem darstellen. Sie sind im Sommer relativ selten, immer in der TT angekündigt, auf der großen Anzeigetafel in Walchen genau ersichtlich und von weitem erkenntlich daran, wenn am Parkplatz in Walchen auf einem Mast der tonnenförmige rote Korb hochgezogen ist. Auch der Posten am Schranken klärt genau auf. An den Wochenenden gibt es überhaupt keine Beschränkungen.

Der Mölser See.

**So kommt man hin:** In Wattens gegenüber der Pfarrkirche ins Wattental zum Tüpl. Walchen/Lizum, 12 km, großer Parkplatz (1410 m). Nach dem Schranken bis zur Brücke und erst noch auf der Straße in die Lizum, bis rechts der Fahrweg ins Mölstal abzweigt. In ein paar Kehren zum Mölsalm-Niederleger und taleinwärts weiter bis zum Oberleger (2037 m). Hier Abzweigung links zu Mölssee und Mölser Scharte, die den Übergang in die Lizum darstellt. Den nicht gerade deutlich ersichtlichen Wegbeginn findet man, wenn man bei einer neu aufgestockten Almhütte über die Wiese nach links bis zu einem kleinen Bach geht, dort beginnt der gut markierte Steig durch die Almrosenhänge zum See.

Genau darüber liegt der Einschnitt der Mölser Scharte (2379 m). Exakt hundert Höhenmeter sind es von dort noch bis zum Gipfel des Mölser Berges. Unschwierig auf Steigspuren über den von Felsblöcken übersäten buckligen Wiesengrat bis zum orangen Vermessungszeichen oder dem noch weiter nach Norden vorgeschobenen Gipfelkreuz (2479 m). Man muss aber wieder zur Scharte zurück, andere weglose Abstiege sind nicht ratsam. Eine Stunde hin und zurück muss man dazurechnen.

Von der Mölser Scharte auf dem beschilderten Weg ins Lager Lizum (Einkehrstation Lizumer Hütte). Rückweg nach Walchen nicht auf der staubigen Straße, sondern viel schöner über den Zirbenweg an der östlichen Talseite rechts des Baches (Wegbeginn im Lager Lizum ein Stück oberhalb der Brücke) und hinunter zur Inneren Melangalm und zurück zum Ausgangspunkt.

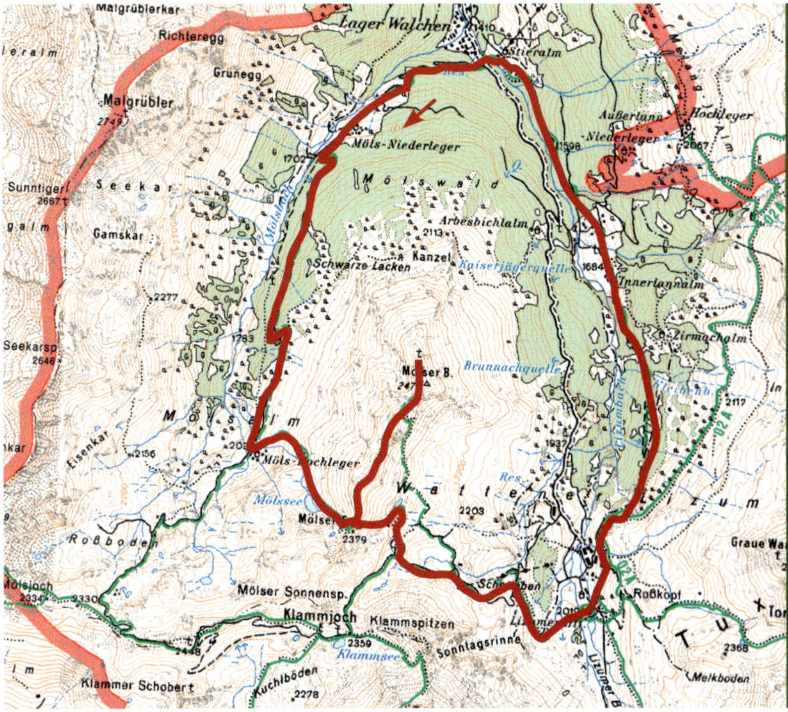

# 71 Hängebrückenrunde 900 m

Die „Hintere Hängebrücke“ über den Weerbach.

**Tuxer Voralpen**
**Vord. Weertal**
▲

Im Raum Kolsass/Weer, Kolsassberg, Weerberg, Terfens wurden in den letzten beiden Jahren 14 beschilderte Runden mit insgesamt 162,5 km Länge sowie 5675 Höhenmeter geschaffen. Von der leichten „Planetenwegrunde“ (7,6 km/80 Hm.) bis zur „Geiseljochrunde/lang“ (31,5 km/1550 Hm.) hat man die Qual der Wahl.

**Zeit/Länge/Höhendiff.:** 2:30 Std./ 10 km/400 Hm.
**Charakter:** Landschaftlich sehr reizvolle Halbtags-Wanderung in der Übergangszeit im Frühjahr oder Herbst
**Tipp:** Bei feuchtem Wetter etwas heikel; nur mit gutem Schuhwerk

**Beste Jahreszeit:** Zur Schneeschmelze um die Mittagszeit
**Ausgangspunkt:** Kolsass/Weer, Stanglweg; ca. 550 m

**Hotel Jägerwirt und Hoferstubn** am Kolsassberg

Wir picken uns die „mittelschwierige“ Hängebrückenrunde Nr. 6 (8,6 km/290 Hm.) heraus, ergänzen sie mit der Stiegenrunde Nr. 4 und evtl. noch mit einem Abstecher zum Wildgehege „Am Seabl“ (mit Rot- und Damwild, Mufflons, Ziegen, Pfauen usw.). Mittels zweier Hängebrücken über die Weerer Schlucht verbindet diese Runde – teils kurze Steilpassagen – Waldsteige, Wiesen- und Forstwege und Gehsteige. Von mehreren Ausgangspunkten (mit Übersichtstafeln) in den oben genannten Dörfern starten die 14 Runden, versehen mit km- und Hm.-Angaben. Ein Folder ist in den Gemeindeämtern gratis erhältlich. Für heuer wurde eine Wanderkarte mit den Routen versprochen. Auskunft auch unter: www.weer.at oder www.laufland.tirol.at.

**Zum Ausgangspunkt:** Auf der B171 bis zur westlichen Einfahrt Kolsass. Über unzählige sog. „Verkehrsberuhiger“ auf der Dorfstraße bis zum Hotel Rettenberg; noch vor der Ortstafel Weer links wenige Meter zu öffentlichem Parkplatz. Hierher auch auf der Umfahrungsstraße bis zur OIL!-Tankstelle (li.). Gegenüber (re.) in den Stanglweg und zum Parkplatz vor dem Hotel Rettenbach.

**Die Runde geht so:** Zur Dorfstraße und dem WW Stiegenrunde/Nr.4 am Verkehrsspiegel folgend beim Schuhgeschäft in den Kuntnerweg. Am Wegweiser Vordere Hängebrücke und Himmelsstiege vorbei zum Kraftwerk Heim; 10 Min. Rechts steil zu den angekündigten (Holz-)Stiegen. Nach 130 Hm. im Auf und Ab entlang etwas brüchiger Holzgeländer zu einer Forststraße, die zu einem einsamen weißen Haus führt. Noch davor links abwärts (Nr. 6) zur ersten Hängebrücke mit Wehreinlass. Hinauf zu WW-Baum: Links geht es zum Wildgehege; für den Abstecher hin/her benötigt man ca. 30 Min. Rechts ziemlich steil aufwärts zu einem alten Bauernhof: der Blick wird freier auf den gegenüberliegenden Kolsassberg – über den unser Rückweg verläuft – und ins Weertal hinein. Ein Stück höher erreicht man den Reiterhof Maxenhag Nr. 6 und hat damit die meisten Höhenmeter hinter sich. Dort links hinaus zu einer Vorrangtafel mit WW (Obere Hängebrücke), 180 Grad retour zur steinernen Kapelle (oder direkt vom Hof her) und auf dem Högweg leicht abwärts bis zum Asphaltende. Nun wieder steil 50 Hm. hinab zur zweiten Hängebrücke – der Weerbach rauscht hier besonders imposant während der Schneeschmelze – und gegenüber auf gut angelegtem Steig die Kolsasser Talseite hinauf gelangt man entlang einer Wiese zum Gehöft Specht. Auf dem Asphaltsträßchen eben – an kitschig-tirolerischen Zweitwohnsitzen – vorbei zum Hotel Jägerhof am Kolasassberg, höchster Punkt der Runde; ca. 900 m. Am Gehsteig (ohne WW) der ab vorigem Jahr super ausgebauten Bergstraße, entlang der neuen Häuschen, abwärts zum Gemeindeamt – gegenüber die Hoferstubn mit gelber Routentafel – und weiter zur Schlossruine Rettenberg (privat). Bald verlässt man den breiten Fahrweg zur Vorderen Hängebrücke nach links (beim WW Ögerach) und gelangt über eine steile Wiese in einen dunklen Graben, dort über einen Steg und zum untersten Kolsasser Skilift. Rechts der Piste auf einem Waldsteig hinab zum Rundenbeginn und zum Parkplatz.

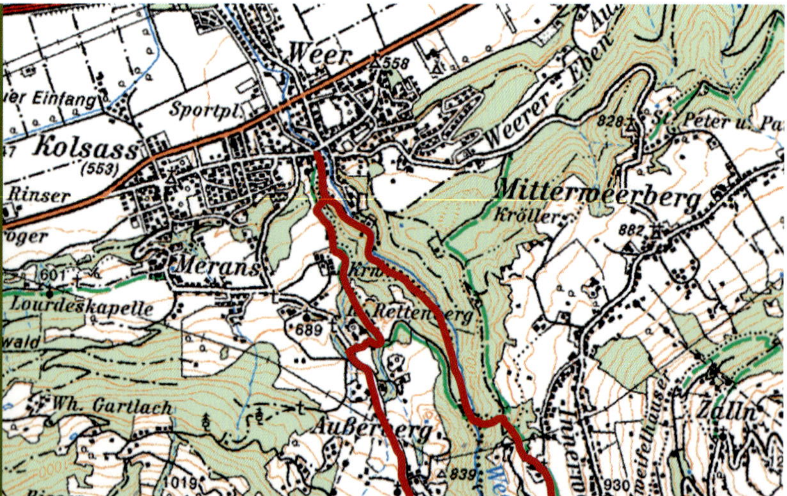

# 72 Kreuzjoch-Kapelle 2344 m

Die letzte Steilstufe des Alpinsteiges zur Kellerjochhütte.

**Tuxer Alpen**

▲▲

Die Runde ist wunderschön, eine richtige Panoramatour mit stets wechselnder Aussicht von der ersten Minute an. Mit Blick auf die Zillertaler Gletscher beginnt die Wanderung und schwenkt dann allmählich gegen das Inntal hin.

**Stützpunkt:** Kellerjochhütte (2237 m), Tel. 0664/2202612, offen von Anfang Juni bis Ende Oktober.

**Zeit, Höhendifferenz:** Loassattel (1650 m) – Onkeljoch (2050 m) – Alpinsteig Kellerjochhütte 3:30–4 Stunden. Hütte – Kreuzjochgipfel (2344 m) 20 Minuten, 100 Höhenmeter; insgesamt 700 Höhenmeter.

**Charakter:** Eine Umrundung des gesamten Kellerjochs, die in Form einer aufsteigenden Spirale am Kreuzjoch, dem höchsten Punkt des Massivs, gipfelt.

**Tipp:** Genauso gut möglich ist diese Runde auch vom Zillertal her. Von Fügen mit Seilbahn zum Spieljoch, weiter auf das knapp darüber liegende Onkeljoch zum Beginn des Alpinsteiges.

**Beste Jahreszeit:** Ab Anfang Juli, am schönsten zur Almrosenzeit.

**Ausgangspunkt:** Loassattel (1650 m), Auffahrt über den Pillberg.

Wer es lieber etwas kürzer haben will, kann es sich beim Gartalm-Hochleger immer noch überlegen und gleich direkt durch das Kar zur am Grat thronenden Kellerjochhütte aufsteigen. Am Onkeljoch trifft man auf den Beginn des so genannten Alpinsteigs, der vom Spieljoch kommend, an der Nordseite unterhalb der wilden Türme des Metzenjochs durch jetzt wesentlich steilere Hänge, aber immer gut gangbar, zur Kellerjochhütte führt. Aber bitte nicht erschrecken, wenn Sie dort die Wegweisertafel sehen: 2:30 Stunden sind allein für den Alpinsteig angegeben, wobei jeder, der auch nur halbwegs gut zu Fuß ist, mindestens eine Stunde abziehen kann. Ist die Kellerjochhütte erreicht, braucht man nur mehr zu entscheiden, ob man noch vorher zur Kapelle am Kreuzjoch hinaufsteigt oder gleich seinen Durst löscht.

Gesicherter Steig zur Kapelle.

**So kommt man hin:** Von Schwaz über den Arzberg oder von Pill über den Pillberg nach Grafenast, bzw. kurz vorher rechts abbiegen (großer Wegweiser) und auf der guten Naturstraße auf den Loassattel, eine kurze Kehre oberhalb des bekannten Schnitzelgasthauses (genügend Parkplatz am Sattel).

Erster Zielpunkt ist der Hochleger der Gartalm. Aber Achtung: Nicht gleich den vom Sattel abwärts führenden Weg zur Gartalm benützen, sondern sogleich gerade im grünen Wiesenhang ansteigen in Richtung Kuhmesser und dann beim ersten Wegweiser nach rechts abbiegen und auf gutem Steig schräg durch die Flanke des Kuhmessers direkt zum Oberleger der Gartalm (1850 m), bei der man auf einen breiten Fahrweg trifft. Man folgt dem breiten Weg nach rechts (Wegweiserrichtung Onkeljoch/Spieljoch), gelangt in mehreren Windungen zu den Lawinenverbauungen am Falschegg, wo man weiterhin rechts haltend durch einen Almrosenhang zum Onkeljoch hinüberwandert. Dort mündet man in den erwähnten Alpinsteig ein, der nun an der Nordseite des Metzenkammes zuerst leicht abwärts führt, dann aber gleich im ersten sich öffnenden Kar sehr steil bis auf die Höhe eines Seitengrates hinaufführt. Dahinter kurze Querung und nochmals ein kürzerer Steilhang, bis man auf einer Schulter steht, von der die Hütte schon recht nahe gerückt ist. Zwei oder drei kurze Passagen sind hier mit Seilsicherungen versehen, eine steile Rinne zum Schluss ist mit Stufen gut gangbar gemacht.

### Abstieg zum Loassattel

Von der Hütte zuerst Richtung Arbeser, über den Rücken abwärts bis zur Wegteilung am Naunzstand und hier, den Wiesengrat nach links verlassend, in der Flanke hinunter Richtung Naunzalm, bald aber nochmals links und am längst sichtbaren Steig durch die Almrosenflanke zurück zum Loassattel (1 Std.).

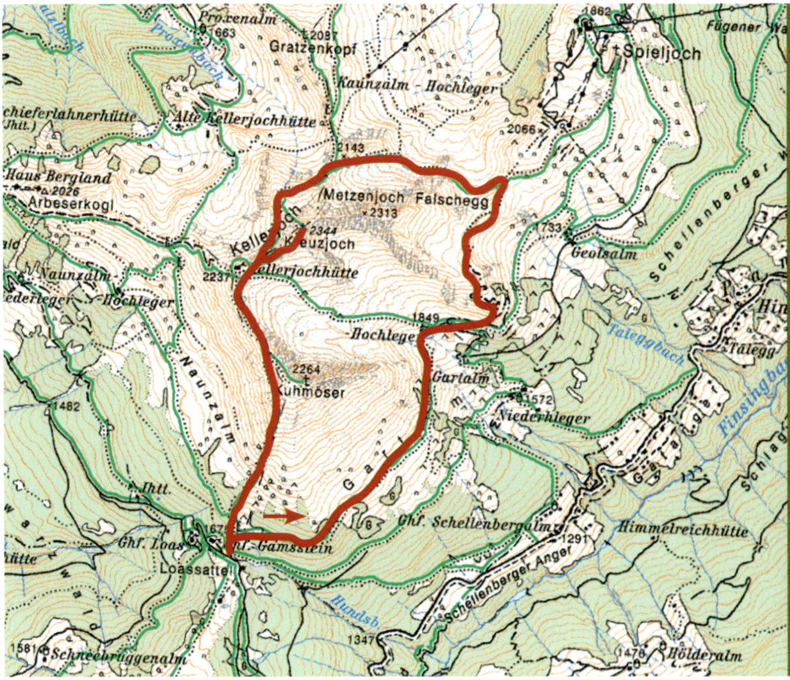

# 73 Wetterkreuzspitze 2256 m<br>Marchkopf 2499 m<br>Gedrechter 2217 m

Das erste Tourenziel, die Wetterkreuzspitze, ist erreicht.

**Tuxer Voralpen**
**Zillertaler Höhenstraße**

▲▲

Die im Titel aufgezählten Gipfel befinden sich im Nahbereich der Skigebiete Hochzillertal und Hochfügen, die vor wenigen Jahren seilbahnmäßig verbunden wurden. Bei einem Lokalaugenschein im Sommer lässt sich erahnen, welch ein gewaltiger Aufwand hier erforderlich ist, um die Berge „skitechnisch umzugestalten".

**Zeit/Höhendifferenz:** Zur Wetterkreuzspitze: 2:00 Std./870 Hm. Zum Marchkopf: 1:30 Std./350 Hm. Gesamt: 6:30 Std./1400 Hm.; mit Abkürzungen: 1:30 Std./200 Hm. weniger

**Charakter:** einfache, leicht zu findende Bergrunde

**Tipp:** Auch bei nicht perfektem Bergwetter möglich (gute Beschilderung)

**Beste Jahreszeit:** Frühsommer bis Spätherbst

**Ausgangspunkt:** Mauthäusl Kaltenbach der Zillertaler Höhenstraße, ca. 1400 m

**Kaltenbacher Skihütte, ca. 1750 m**
Geöffnet fast ganzjährig

Denn für einen sicheren Skibetrieb braucht es Lawinenverbauungen und -netze an den Steilhängen, Lawinendämme an den Auslaufzonen, im Boden verlegte Stromkabel und Wasserleitungen für die künstliche Beschneiung. Dazu einen Speichersee, der erst 2006 auf das 3-fache erweitert wurde. Das alles klingt nicht gerade einladend für einen Besuch dieses Gebiets. Aber Überraschung: Auf der beschriebenen Route bewegt man sich großteils auf stillen Bergpfaden (am 29. Juli letzten Jahres trafen wir einen einzigen Bergsteiger – zugegeben: es nieselte und der Nebel hing tief), die nur auf kurzen Abschnitten von neuen Wegteilen ergänzt werden. Und man kann nur staunen, wie – großteils gelungen – versucht wurde, die Wunden, die hier der Natur zugefügt wurden, zu heilen.

**Zum Ausgangspunkt:** Von der Zillertal-Bundesstraße bei der Abfahrt Ried/Kaltenbach Richtung „Zillertaler Höhenstraße"; durch Ried auf der schmalen Bergstraße aufwärts bis zur Mautstelle (€ 7/Pkw); hier parken.

Zehn Meter oberhalb rechts bei WW Wetterkreuzspitz/Nr. 10/2:30 Std. auf schön ausgemähtem Weg in Serpentinen im düsteren Wald zu einer neuen Forststraße, rechts weiter (Hochalm) und auf teils feuchtem Almweg zur unbew. Alm; 1 Std. Das nahe scheinende Gipfelkreuz erfordert eine weitere Stunde. Der nun deutlich bessere Steig führt über weite Kehren durch baumloses, almrosendurchsetztes Gelände mit neuer Nummerierung 10 (die alten Blechtafeln mit 12 wurden zur Orientierung aber belassen) zur Wetterkreuzspitze, die eine umfassende Aussicht bietet.

**Weiterweg/Abstieg:** Zurück zu den grünen Wegweisern und super markiert auf und leicht unterhalb des von Felsen durchsetzten Wiesengrates südwärts – teils entlang eines Weidezauns – zum „Zillertal-Shuttle", den Verbindungsbahnen Hochfügen–Kaltenbach. Hier kann man das erste Mal abkürzen und direkt zur „Schihütte" absteigen. Wir folgen aber dem WW Marchkopf, denn das ist der einzige „etwas alpine" Gipfel der Runde, mit 2499 m auch der höchste und in einer halben Stunde von jedermann –

bei Nässe etwas heikel – erreichbar (nur Gipfelsteinmann); vom AP 3:30–4:00 Std./1220 Hm. Auf gleichem Weg zurück zum 1. WW und rechts abwärts („Schihütte“, wobei damit immer die Kaltenbacher Schihütte gemeint ist). Nach einer weiteren Viertelstunde bei kleinem See und großen Felsen WW-Tohuwabohu: Links abwärts zur Baustraße führt die 2. Abkürzung zur Schihütte; geradeaus hinauf über Wimbachkopf und Wetterkreuz (Weg 16) geht es zu den beiden Liftstationen. Nun noch an der Stefan-Eberharter-Olympiapiste vorbei abwärts und mit kurzem Gegenanstieg über den Gedrechter Richtung Schihütte. Über den zirbenumstandenen Arbiskopf gelangt man am Alpengarten vorbei zur gastlichen Ausflugsstätte an der Zillertaler Höhenstraße. Auf dieser 500 m bis zur Neuhüttenalm und in der Kehre links einen Wiesenweg hinaus; an seinem Ende über einen Weidezaun und auf einem fast zugewachsenen Steiglein kurz steil zur vom Aufstieg her bekannten Forststraße. Dort rechts Weg 2 zum AP retour. Alternativ kann man es natürlich auch mit Autostopp probieren.

Von Ried/Kaltenbach

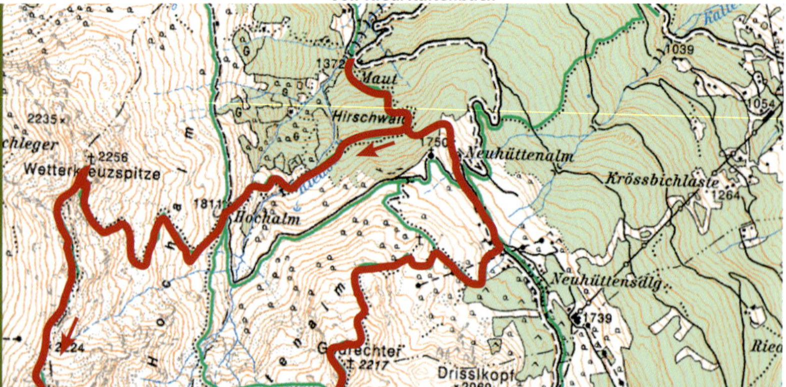

# 74 Kraxentrager 2999 m

Liebevoll gebastelte Wasserfiguren am Weg zur Zeischalm.

**Zillertaler Alpen**
**Valser Tal**
▲▲

Der Kraxentrager ist der erste mächtige Bergstock im Tuxer Kamm der Zillertaler, der vom Brenner nach Nordosten bis Mayrhofen zieht. Trotz seiner durchwegs langen Anstiege – zwischen vier und fünf Stunden – ist er ein viel besuchter Aussichtsberg, weil die Landshuter Hütte als erstes Etappenziel am Zillertaler Zentralalpenweg gerne angenommen wird.

**Zeit/Höhendifferenz:** Aufstieg: 4:00 Std./1600 Hm.; gesamt: 8:00 Std./1750 Hm.
**Charakter:** Lohnende Etappe am Zillertaler Zentralalpenweg mit langen Anstiegen.
**Tipp:** Empfehlenswert nur Bergsteigern mit tadellosen Knie- und Hüftgelenken

**Beste Jahreszeit:** Hochsommer bis Frühherbst
**Ausgangspunkt:** Valser Tal/Parkplatz vor der Nockeralm, ca. 1400 m

**Europahütte (früher Landshuter Hütte), 2713 m** Geöffnet von Mitte Juni–Mitte Sept.
Tel. 0039/0472/646076

Der Kraxentrager bildet den Höhepunkt (einziger Wermutstropfen: ihm fehlt ein Meter auf einen Dreitausender) einer sehr zu empfehlenden dreitägigen Hüttenrunde vom Ausgangspunkt Touristenrast im Valser Tal – für ausdauernde Bergwanderer, die ohne technisches Zubehör wie Kletterseil, Pickel und Steigeisen auskommen wollen. Gutes Schuhwerk und Bergstöcke genügen, dazu einen wohlgefüllten Geldbeutel für Übernachtung, Halbpension und Einkehr in den alpinen Unterkünften.

Und so geht die Runde: 1. Tag: Vom AP (s. o.) auf dem Geistbeckweg 529 zur Europahütte (2713 m): 4:00 Std./1400 Hm.; Kraxentrager (hin/her): 1:45/300; ÜN. 2. Tag: Europahütte–Pfitscher Joch (2246 m) auf Weg 528: 3:00/ meist bergab; Pfitscher Joch–Alpeiner Scharte (2957 m) auf Weg 528: 3:00/750; Abstieg zur Geraer Hütte (2326 m) am Berliner Höhenweg 502: 1:00; ÜN. 3. Tag: Geraer Hütte–Ausgangspunkt; Abstieg auf Weg 502: 2:00.

Nun aber zur Eintagestour zum Kraxentrager für konditionsstarke Bergsteiger mit etwas Orientierungssinn und Klettervermögen.

**Zum Ausgangspunkt:** Von der Brennerbundesstraße links nach

NW-Grat zum Kraxentrager.

St. Jodok a. Br. und rechts ins hinterste Valser Tal, vor dem GH Touristenrast bei WW Landshuter Hütte (6:00 Std.) wieder rechts zum Parkplatz vor dem Alpeiner Bach (Tafel „Naturpark Valser Tal").

Auf dem Fahrweg an der Nockeralm vorbei steil aufwärts. Wo der Forstweg links hinauszieht, rechts gerade dem „Geistbeckweg 529" (in diesem Abschnitt auch als „Tiroler-Adler-Weg" bezeichnet) folgend in den Wald, bis man mit dem Straßenende zusammentrifft. In einer Höhe von 1850 m quert man drei Wasserfälle (an denen sich kleine Mühlräder, Figuren drehen und Hammerwerke klappern) und gelangt zur Abzweigung links aufwärts zur privaten Zeischalm, 1:00 Std. Hier rechts eben (WW Europahütte) zum Zeischbach und auf die rechte/westliche Seite des großen Talkessels, der von der felsigen „Langen Wand" begrenzt wird. Etwas anstrengend über Almwiesen und Blockfelder zur Schwachstelle in der Felswand, die mittels einer Eisenleiter und Drahtseilversicherung überwunden wird – ca. 30 Hm. schräg rechts hinaus. Südwärts über die grasige Lange Wand und durch ein blockübersätes kleines Kar zum Sumpfschartl, 2666 m (WW und riesiger Steimann); weitere 2:00 Std. Weiterweg über den NW-Grat (lt. Führer II–; bei Trockenheit problemlos): Links über den Rücken zur ersten Graterhebung (P. 2791; rechts davon auffällige, einem Wolfskopf ähnelnde Felsformation), die man rechts/südwärts umgeht. Bei der ersten Gelegenheit zurück zum Grat (Steinmann) und in leichter Kletterei empor zu drei Felszacken, die ebenfalls südlich umgangen werden. Die letzten Meter unschwierig zum schon linkerhand sichtbaren Gipfelkreuz; 1:00 Std.

**Rückweg/Abstieg:** In einer dreiviertel Stunde am markierten Steig der Grenze entlang abwärts zur versicherten felsigen Passage und zur Hütte. Die bis in die Neunzigerjahre geteilte Landshuter Hütte (Hälfte deutsche AV-Hütte auf Tiroler Boden/andere Hälfte italienische Zollstation) wurde top saniert und zu einer gemeinsamen Bergsteigerunterkunft umgebaut und in Europahütte umbenannt. Von dort rechts abwärts zur Wasserfassung und dem WW „Touristenrast" folgend – teils auf gutem Plattenweg – das oberste Venntal querend zum weithin sichtbaren Sumpfschartl, das mit 100 m Gegenanstieg erreicht wird. Hier ist die Bergrunde geschlossen und der weitere Abstieg erfolgt am Aufstiegsweg und sollte in gut zwei Stunden geschafft sein.

Tour 74 Kraxentrager

# 75 Hoher Riffler 3231 m

Von der Terrasse des Friesenberghauses genießt man das schönste Panorama.

**Zillertaler Alpen**
**Schlegeisstausee**
▲▲

In den gesamten Zillertaler Alpen mit seinen Dutzenden Dreitausendern sind überraschend wenige trockenen Fußes für den „normalen" Bergsteiger auf bestens markierten Steigen erreichbar – der Großteil dagegen nur mit entsprechender Gletscher- oder/und Kletterausrüstung.

**Zeit/Höhendifferenz:** 7:00–7:30 Std./ 1650 Hm.
**Charakter:** Sehr lange, aussichtsreiche Hochgebirgstour
**Tipp:** Sehr früher Aufbruch, da Anstieg in praller Morgensonne
**Beste Jahreszeit:** Während der Hüttenöffnungszeiten, aber besonders in der Almrosenblütezeit (Mitte Juni)

**Ausgangspunkt:** Zillertal/Speicher Schlegeis, ca. 1800 m

**Olpererhütte, 2389 m** Geöffnet Anf. Juni–Anf. Okt.
**Friesenberghaus, 2498 m** Geöffnet Mitte Juni–Ende Sept., Tel. 0676/7497550

Der Hohe Riffler – im Nahbereich des Hintertuxer Gletscherskigebietes gelegen und bei Skitourengehern sehr geschätzt – ist einer der wenigen Zillertaler 3000er, die keine Spezialausrüstung benötigen, Bergstöcke und gutes Schuhwerk genügen. Wählt man die Variante mit Übernachtung am Friesenberghaus, hat man viel Zeit für die landschaftlichen Schönheiten – wie Friesenbergsee – oder Besonderheiten – wie die hunderten Steinmandln am Petersköpfl. Als Eintagsrunde erhält sie eher sportlichen Charakter (s. Schlussbemerkung). Öffentliche Verkehrsmittel sind dafür nicht zu empfehlen, da der erste Bus erst kurz vor 9 Uhr das Schlegeis erreicht.

**Zum Ausgangspunkt:** Von Mayrhofen im Zillertal zum Speicher Schlegeis. Entweder durch den Tunnel (evtl. mit Wartezeit) oder über die alte Schluchtstrecke nach Ginzling und zur Mautstelle beim Breitlahner (pro Pkw € 10) und zur Staumauer; parken beim Restaurant.

Auf der Uferstraße (Weg 502) 500 m talein und rechts ab zur Olpererhütte. Schon nach weiteren zehn Minuten hat man das Zirbenwaldstück überwunden und steigt schweißtreibend entlang des schäumenden Riepenbachs in eine ostseitige Latschenmulde. Wie auf fast allen Zillertaler Höhenwegen geht es auch hier in angenehmer Steigung – großteils über gelegte Steinplatten – der Hütte zu; 1:15 Std./580 Hm. Von der Terrasse schöner Aus- und Tiefblick. Das weitere Teilstück zum Friesenberghaus ist ein einziger Gehgenuss: Auf dem Ia-Qualität aufweisenden Berliner Höhenweg quert man aussichtsreich und wenig anstrengend mehrere Blockkare, ehe man bei der Abzweigung zur Friesenbergscharte rechts zum See ab- und gegenüber zur Hütte aufsteigt; weitere 1:30 Std. (Achtung: Keinesfalls versuche man von der Abzweigung auf Steigspuren über den großen Kessel zum Petersköpfl zu gelangen!) Nun dem WW Hoher Riffler folgend aufwärts und ostwärts hinaus zum Sattele vor dem Petersköpfl mit dem skurrilen Steinmännergarten (Abstecher fotografisch lohnend). Kompromisslos weisen Markierungen und Steinmandln den Weg über den schier endlosen Südrücken (im Frühsommer einzelne Schneefelder möglich) zu einem Absatz im SW-Grat; auf diesem über Blockhalden zum Gipfel; 1:45 Std. ab Hütte/gesamt 1600 Hm. Vom Gipfelkreuz mit Windnische fantastische Aussicht auf den gesamten Zillertaler Hauptkamm, mit den Paradebergen Turnerkamp und Mösele

**Rückweg:** In einer guten Stunde retour zum blitzsauberen Friesenberghaus der DAV-Sektion Berlin (schöne Rast-Terrasse). Auf Weg 532 steil durchs Lapenkar abwärts, kurzer Gegenanstieg zur neu gebauten Friesenbergalm (hier leuchten in den saftigen Bergwiesen sog. Augen mit Wollgras) und durch Erlengestrüpp zum AP beim grünen Stausee.

*Schlussbemerkung: Die Gehzeiten sind eher knapp bemessen, da der Autor davon ausgeht, dass durch die Gesamtlänge der Tour über 1650 Meter nur konditionelle Top-Geher diese Runde als Tagestour angehen.*

*Mit Übernachtung ein großes Stück leichter: laut Führer und Wegweiser-Zeiten kommt man gut und gern auf zehn Stunden.*

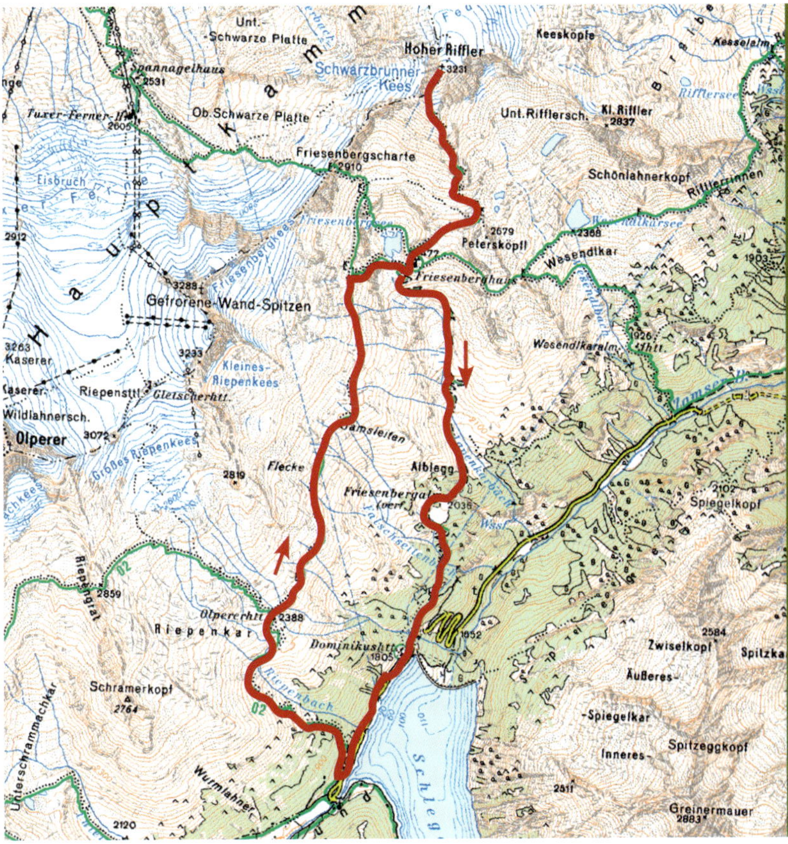

# 76 Gamshütte – Höllenstein
## 1921 m

Gamshütte mit Dristner, im Hintergrund der Große Löffler.

**Zillertaler Alpen**
**Tuxer Hauptkamm**

▲▲

Schon der Besuch der Gamshütte ist ein lohnender Bergausflug im Tuxer Tal. Mit der Fortsetzung über den gut gewarteten, aber ausgesetzten Höhenweg zur Elsalm oder gar bis Höllenstein erleben Sie einen ausgefüllten Bergtag.

**Stützpunkt:** Gamshütte (1921 m), Tel. 05282/3097, 0676/3437741

**Zeit, Höhendifferenz:** 2–2:30 zur Gamshütte, 2 Stunden zur Elsalm, 1:30 Stunden nach Höllenstein, 1 Stunde Abstieg Juns/Tuxer Landesstraße. Zurück mit dem Tuxer Wanderbus.
1000 Höhenmeter zur Hütte, ca. 500 Höhenmeter bis zum Kreuzjoch.

**Charakter:** Gleich mit fünf Sternen ausgezeichnet ist der Rudolf-Stöckl-Weg, der hoch über dem Tuxer Tal von der Gamshütte zur Elsalm bis Höllenstein führt.

**Tipp:** Reine Geschmackssache. Manchen gefällt der Höhenweg in der umgekehrten Richtung besser.

**Beste Jahreszeit:** ab Juli bis September

**Ausgangspunkt:** Finkenberg, Dornau (900 m)

Manche mögen die fünf Sterne, mit denen der Rudolf-Stöckl-Weg bedacht ist, für etwas übertrieben halten, doch die Einheimischen schätzen ihn als einen der schönsten Höhensteige in den an eindrucksvollen Weganlagen so reichen Zillertaler Bergen. Sein Erbauer, nach dem der Steig jetzt benannt ist, hat immer noch ein wachsames Auge darauf, dass „sein" Weg gefahrlos begehbar ist. Führt er doch im Bereich der Grünbergspitze durch recht steile Flanken, zumeist nur im Wiesengelände, aber mit tollem Tiefblick. Die ausgesetztesten Stellen sind mit Geländerseilen abgesichert. Trittsicherheit und Schwindelfreiheit sind jedoch erforderlich. Bei der urigen Elsalm erreichen Sie einen riesigen Almkessel, wo die Dreharbeiten für den in den Tiroler Bergen spielenden Neandertalerfilm „Lapislazuli" stattfanden. Zuerst aber müssen Sie von Finkenberg auf die Gamshütte. Zwei Wege stehen zur Auswahl, wohl der schönere ist der Hermann-Hecht-Weg, der direkt in Dornau beginnt. Der andere führt über die Grünbergalm und beginnt hinter Finkenberg bei der Rosengartenbrücke. Wenig Parkplatz.

Almrosen bei der Elsalm.

**So kommt man hin:** Ins Zillertal nach Mayrhofen und weiter ins Tuxer Tal bis Finkenberg. Im Ort aufwärts bis zur Finkenberger Almbahn und gleich oberhalb nach links über die Brücke nach Dornau (Ww. Fußballplatz). Unmittelbar nach der Brücke scharf rechts und aufwärts bis vor den Sportplatz (genügend Parkplatz).

Bei der Rechtskurve vor dem Sportplatz beginnt der Hermann-Hecht-Weg, der als schöner Waldsteig mit vielen Aussichtspunkten zur Gamshütte führt. Wenn Sie kein austrainierter Bergläufer sind, welche immer an einem Juli-Sonntag beim Gamshüttenlauf die gut 1000 Höhenmeter in 40 Minuten heraufsprinten, werden Sie wohl 2 bis 2:30 Stunden benötigen. Die gemütliche Schutzhütte des DAV Otterfing liegt auf einer aussichtsreichen Schulter unter der Grünbergspitze mit Blick zu den Gletschern des Floitengrundes mit dem Großen Löffler. Bekannt ist sie auch als Ausgangspunkt (oder eher als Endziel) des Berliner Höhenweges.

**Der Fünf-Sterne-Weg:** Von der Gamshütte nach rechts, leicht ansteigend, durchquert der Rudolf-Stöckl-Weg das Grünbergkar, überwindet eine kurze Steilstufe zu einer von der Grünbergspitze herabziehenden Schulter und zieht danach durch steile Bergflanken mit prächtiger Alpinflora in die Lachtalscharte (2187 m). Ab hier wird der Weg wesentlich zahmer. Hinunter in einen grünen Wiesenkessel, zum Waldrand und weiter zur Elsalm. (Von hier direkter Abstieg am alten Almsteig zur Tuxer Landesstraße problemlos möglich, Wegteilung im unteren Bereich nicht übersehen. Lanersbach links, Finkenberg rechts, Bushaltestelle 200 m talauf). Im weiteren Verlauf führt der Weg von der Elsalm (1865 m) durch Almmatten nochmals (ca. 250 Hm.) bergauf in Richtung Kreuzjoch (2178 m), danach Abstieg zur Höllensteinhütte (1710 m). Den Talboden erreicht man in Klausboden kurz vor Lanersbach. Zurück nach Finkenberg mit dem Tuxer Wanderbus. Ab Lanersbach talaus um 14.30, 15.50, 16.50 und 17.50 Uhr (bitte Fahrplanzeiten kontrollieren!).



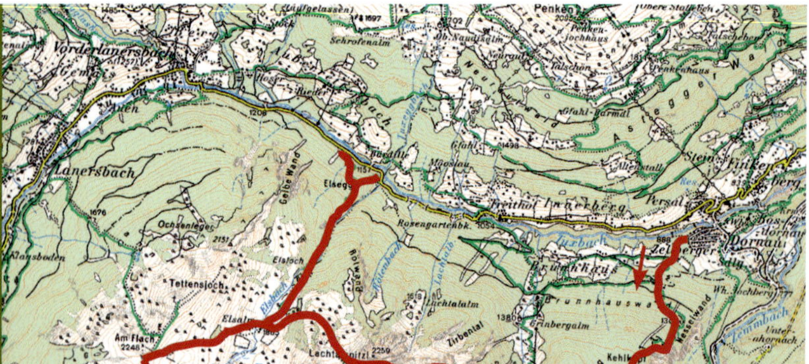

# 77 Berliner Spitze 3254 m

Beim Gh. Alpenrose rücken Hornschneide und Berliner Spitze ins Blickfeld.

**Zillertaler Alpen Hauptkamm**

▲▲

Eine leichte, wenngleich recht ausgiebige Gletschertour ist die Besteigung der Berliner Spitze. Oder als Alternative ein Hüttenbummel mit vielen Raststationen.

**Stützpunkt:** Berliner Hütte (2042 m), Tel. 05286/223

**Zeit, Höhendifferenz:** Breitlahner (1257 m) – Berliner Hütte (2042 m) 3 Stunden, 780 Höhenmeter, zur Berliner Spitze (3254 m) 4:30–5 Stunden, 1200 Höhenmeter.

**Charakter:** Leichte Gletschertour zur Berliner Spitze (Übernachtung ratsam) oder Tagesausflug zur Berliner Hütte im Herzen der Zillertaler Alpen.

**Tipp:** Mit dem Mountainbike bis Grawandhütte und sogar bis zum Gh. Alpenrose möglich.

**Beste Jahreszeit:** Juli, August

**Ausgangspunkt:** GH Breitlahner an der Schlegeisstraße

Viel zu schauen an landschaftlichen Schönheiten gibt es bereits auf dem bequemen Wanderweg durch den Zemmgrund zur Berliner Hütte. Den Türkenbund am Wegrand, rauschende Wasserfälle, zerklüftete Eisbrüche, darüber die berühmten Berge der Zillertaler Alpen. Mit Grawandhütte, Alpenrose und Waxeggalm gibt es Raststationen in kurzer Folge. Mit dem Rückweg ergibt das einen ausgefüllten Bergtag für den Hüttenwanderer.

Beliebteste Gletschertour im Umkreis der Berliner Hütte und gleichsam ihr Hausberg ist die höchste der fünf Hornspitzen (auch Berliner Spitze genannt), deren markantes Felshorn schon ins Auge sticht, sobald man den Talkessel bei der Alpenrose erreicht hat. Eine Hüttenübernachtung ist erforderlich, ebenso alpines Know-how im Umgang mit Seil, Eispickel und Steigeisen. Der Weg ist gut zu finden. Zuerst in der Morgenfrische ein angenehmer Zustieg auf gutem Steig unterhalb der langen Hornschneide bis zum Gletscherrand, der hoch über seiner Zunge betreten wird, dann eine ebenmäßig geneigte Gletscherfläche bis zum Gipfelaufbau hin und zum Schluss eine luftige Kraxelei über graue Gneisfelsen.

Der Gipfel ist bezwungen.

Von Mayrhofen nach Ginzling (Tunnel oder alte Straße) und auf der Schlegeisstraße zum GH Breitlahner (bis hierher mautfrei, Parkgebühr € 4/Tag). Auf dem breiten Wanderweg wunderschön in den Grund des Zemmtals und allmählich ansteigend in langen Kehren zur Grawandhütte mit ihrem imponierenden Wasserfall (1:30 Stunden). Nach der Querung der eindrucksvollen Bachschlucht ist der Talschluss mit dem GH Alpenrose und der Waxeggalm (2:30 Stunden) gegenüber erreicht. Ab hier auf gutem Steinplattensteig in 30 Min. zur Berliner Hütte (3 Stunden).

**Zur Berliner Spitze:** Der auch als Dritte Hornspitze bezeichnete Gipfel sendet nach Norden einen langen Grat, bekannt als Hornschneide. Die begrünten Hänge unterhalb dieses Felskammes vermitteln den Zugang zum Gletscher, der bereits auf einer Höhe von 2800 m betreten wird. Von der Hüttenterrasse gleich über den Bach und auf dem bestens markierten Steig durch Grashänge und Granitplatten auf den vordersten Ausläufer der Hornschneide und dann in den Grashängen unterhalb des lang gestreckten Grates bis zum Gletscherrand des Hornkeeses. Jetzt anseilen und Aufstieg über den mäßig geneigten Firnhang auf den Felssporn zu, der von der Hornspitze in den Gletscher vorspringt (Spalten!) und ins Mitterbachjoch. Zum Schluss über großblockige Felsen zum Gipfelkreuz, Berg Heil!
Ein letztes Hindernis könnte sich noch beim Heimweg bei der Klausneralm, kurz vor Breitlahner, in den Weg stellen. Wetten, dass Sie es nicht schaffen, am dort lauernden Kasermandl vorbeizukommen, ohne ein Trumm Zillertaler Bergkäse mitzunehmen. Bereut hat es aber noch niemand.

# 78 Großer Löffler 3379 m Gigalitz 3001 m

Die Greizer Hütte, Ausgangspunkt für die Besteigung des Großen Löfflers.

**Zillertaler Alpen Hauptkamm**

▲▲▲

Zwei ganz unterschiedliche Berge sind die Anziehungspunkte der Greizer Hütte im Floitengrund, deren Besuch sich durchaus auch als Tagesausflug lohnt.

**Stützpunkt:** Greizer Hütte (2226 m), Tel. 0664/1405003, geöffnet Ende Juni bis Ende September

**Zeit, Höhendifferenz:** Tristenbachalm (1180 m) – Steinbockhütte – Materialseilbahn (1540 m) 1:30 Stunden (bis hierher Taxi, € 8, Tel. 0664/1029354) – Greizer Hütte (2226 m), 1:30–2 Stunden, 1040 Höhenmeter. Großer Löffler (3379 m) 3:30–4 Stunden, 1150 Höhenmeter; Gigalitz (3001 m) 2–2:30 Stunden, 770 Höhenmeter.

**Charakter:** Eindrucksvolle Gletschertour auf den Großen Löffler oder trockenen Fußes auf den Gigalitz.

**Tipp:** Ein Mountainbike ist sehr hilfreich, besonders angenehm für den Rückweg. 6 km bis zur Materialseilbahn.

**Beste Jahreszeit:** ab Ende Juni/Anfang Juli bis September

**Ausgangspunkt:** Ginzling, Tristenbachalm (1180 m), Parkplatz

Eine prächtige Gletschertour zu einem der großen Zillertaler Eisriesen ist die Besteigung des Großen Löfflers, wogegen der Gigalitz ohne die geringste Schneeberührung erreicht wird – sein neues Gipfelkreuz steht genau einen Meter über der Dreitausendermarke. Hat man den Löffler im Visier, ist es ratsam, nicht zu lange zuzuwarten, sondern sein Unternehmen schon im Juli in die Tat umzusetzen. Denn mit fortschreitendem Sommer wird das Floitenkees immer mehr von Gletscherspalten durchzogen und kann dann Probleme bereiten. Seit die Greizer Hütte mit der neuen Materialseilbahn versorgt wird, lässt sich der knapp vierstündige Anstieg durch den Floitengrund fast auf die Hälfte verkürzen, wenn man das Taxi in Anspruch nehmen will. Auch ein Rucksacktransport ist möglich. Sportliche fahren auf dem Talweg mit dem Mountainbike bis zur Seilbahn, wobei zwei oder drei kurze Schnapper zum Schieben zwingen. Zwar auch nicht ohne Mühe, doch es lohnt sich für den Rückweg.

**So kommt man hin:** Durch das Zillertal bis Mayrhofen und weiter nach Ginzling. Gleich am Ortsanfang links aufwärts zur Tristenbachalm (3 km). Das Fahrverbot darf – bei eigener Haftung – ignoriert werden. Genügend Parkplatz vor der Alm. Nun entweder zu Fuß, mit dem Mountainbike oder mit dem Taxi im Floitengrund talein bis zur neu gebauten Materialseilbahn (Rucksacktransport möglich). Die Greizer Hütte thront auf einer Steilstufe über dem innersten Talgrund mit dem weitläufigen Floitenkees dahinter. Links des Baches allmählich ansteigend bis unter die von Wasserfällen durchrauschte Steilflanke und in vielen Windungen auf schönem Bergsteig zur geräumigen Hütte (85 Schlafplätze, 2 Stunden ab Seilbahn).

Gipfelkreuz am Löffler.

**Auf den Großen Löffler**

Er ist einer der großen Berge der Zillertaler Alpen, eine mächtige, eisgepanzerte Pyramide, und

Wasserfall beim Hüttenaufstieg.

erhält auch häufigen Besuch. Seine Besteigung auf dem Normalweg ist bei guten Verhältnissen nicht besonders schwierig, wenn man die auf Gletschern geltenden Spielregeln einhält und im Umgang mit Seil, Steigeisen und Pickel vertraut ist. Meist führt auch eine ausgetretene Spur durch die mittelsteile Flanke des Floitenkeeses, das normalerweise in einer geraden Linie durchstiegen werden kann, im fortschreitenden Sommer aber immer mehr von oft verdeckten Querspalten durchsetzt ist, welche dann zu einem Zickzackkurs zwingen. Es ist ratsam, beim Hüttenwirt anzurufen und sich über die Verhältnisse zu erkundigen.

Von der Hütte gleich auf dem markierten Steiglein in südlicher Richtung bergwärts bis zu den Felsblöcken der Seitenmoräne. Dahinter betritt man den Gletscher und hält sich an seinem rechten, südlichen Rand, weiter oben eher in seiner Mitte. Knapp unterhalb der Grathöhe wendet man sich nach links und erklimmt über eine Blockhalde den aus mächtigen Gneisblöcken aufgetürmten Gipfel (3–4 Stunden).

**Schneefrei zum Gigalitz:** Ein prächtiger Aussichtsberg ist dieser trapezförmige Gipfel direkt über der Hütte, der auf einem guten Steig erreicht wird. Flankiert vom plattengepanzerten Granitzacken des Gigalitzturms ist er mit seinem der Hütte zugewandten begrünten Schrofenhang die einzige auf einem Normalweg erreichbare Schwachstelle im gesamten Floitenkamm. Von der Hütte folgt man zuerst dem markierten Steig in Richtung Lapenscharte (Übergang zur Kasseler Hütte) bis zu einem von weitem sichtbaren großen Felsblock (2480 m). Dort nach links in die grasdurchsetzte Flanke des Gigalitz und zu seinem höchsten Punkt, den seit kurzem ein Gipfelkreuz schmückt (2–2:30 Stunden).

Tour 78 Großer Löffler/Gigalitz

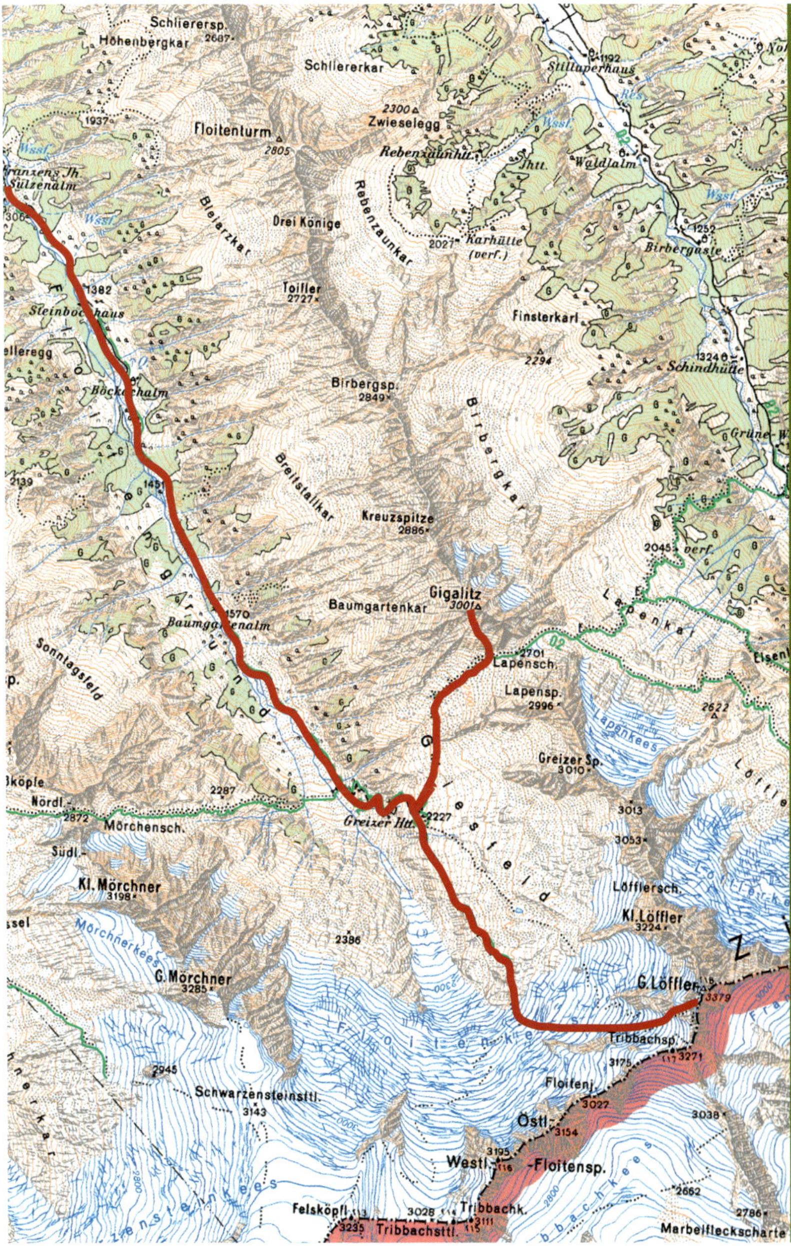

# 79 Ahornspitze 2976 m

Aufgetürmt von Zyklopenhand: der Gipfel der Ahornspitze.

**Zillertaler Alpen**
**Ahornkamm**

Mächtig erhebt sich die dunkle Felspyramide der Ahornspitze (2976 m) über dem Hauptort des Zillertals. Ihre Besteigung ist ein lohnendes Unterfangen.

**Stützpunkt:** Edelhütte (2237 m), Tel. 0664/9154851

**Zeit, Höhendifferenz:** Ahornbahn Bergstation (1965 m) – Edelhütte (2237 m) 1 Stunde, Aufstieg zur Ahornspitze (2976 m) 2 Stunden, über Popbergschneide ca. 30 Minuten länger, im Abstieg angenehmer. Insgesamt 1050 Höhenmeter.

**Charakter:** Berühmter Aussichtsberg über Mayrhofen, ideal mit Seilbahnhilfe.

**Tipp:** Bei regem Tourenbetrieb am Normalweg der Ahornspitze kann man ebenso gut über die Popbergschneide aufsteigen. Auf alle Fälle für den Abstieg benützen.

**Beste Jahreszeit:** ab Juli, Hochsommer

**Ausgangspunkt:** Ahornbahn, Bergstation (1965 m)

Die Ahornspitze ist der Ausläufer des wildzerrissenen Granitkammes, der sich zwischen Ziller- und Stilluppgrund nach Norden schiebt. Dieser freistehende Eckpfeiler mit seiner berühmten Aussicht lässt sich auf einem guten Steig und mit Hilfe der Ahornbahn relativ leicht erobern. Etwas mühsam wird es erst im obersten Gipfelbereich. Abwärts geht man besser nicht mehr am viel frequentierten Normalweg, denn es gibt hier eine angenehmere Alternative, die sich in letzter Zeit auch für den Aufstieg immer mehr eingebürgert hat. Der Westgrat, die Popbergschneide, ist nur unwesentlich länger, ebenfalls markiert, aber ohne Hinweisschilder und erfordert an einigen Stellen leichte Kraxelei in den großen Urgesteinsblöcken.

**So kommt man hin:** Ins Zillertal nach Mayrhofen, auf der Hauptstraße durch den Ort, der grünen Beschilderung folgend zur Talstation der Ahornbahn. Achtung: Nur bei ausgesprochenem Schönwetter fährt die erste Gondel bereits um 7 Uhr. Normalbetrieb erst ab 8.30 Uhr, halbstündlich, jedoch zeitmäßig leicht ausreichend für die Ahornspitze (Tel. 05285/62633). Berg-/Talfahrt für nicht zillertalerische Tiroler 11.80 €.

Von der Bergstation kurz bergan bis zum Wegweiser und links, leicht abwärts, rund um die Filzenschneide herum, ins Föllenbergkar zur von weitem sichtbaren Edelhütte (2237 m, bewirtschaftet, 1 Stunde). Von dort führt der übliche Weg, dem Wegweiser Ahornspitze folgend, durch die begrünten Hänge hoch hinauf bis zum Ansatz des felsigen Gipfelaufbaues. Nach der Querung einer schottrigen Rinne durchsteigt man eine begrünte Schrofenflanke (Steinschlaggefahr bei viel Betrieb), aus der nochmals eine kurze Steilrinne mit großblockigem Gestein bis knapp unter den Grat leitet. Nach links zum Gipfelkreuz am etwas niedrigeren Nordgipfel. Viel weniger Gedränge gibt es jedoch rechts auf dem nur von einem Steinmann gezierten höchsten Punkt, wo man sich zur Rast auf flachen Steinterrassen ausbreiten kann.

Aufstieg über Popbergschneide.

### Tipp für den Abstieg

Viel angenehmer, weniger frequentiert und nur unwesentlich länger als der Normalweg ist der Abstieg über die schmale Popbergschneide. Vom Hauptgipfel auf deutlichen Steigspuren mit verblassten, doch gut sichtbaren Markierungen im Blockgelände abwärts bis zum Ansatz der begrünten Gratschneide. Nun immer am Kamm oder knapp links davon (nur einmal muss man rechts, nordseitig, unterhalb des Grates einen Felsausbruch queren) bis in die Scharte vor dem Toreggenkopf. Hier trifft man auf den von der Edelhütte kommenden Weg zur Kasseler Hütte. Von der Scharte mit Drahtseilsicherungen ins grüne Kar und fast eben zurück zur Edelhütte. Die letzte Gondel ins Tal fährt um 17 Uhr.

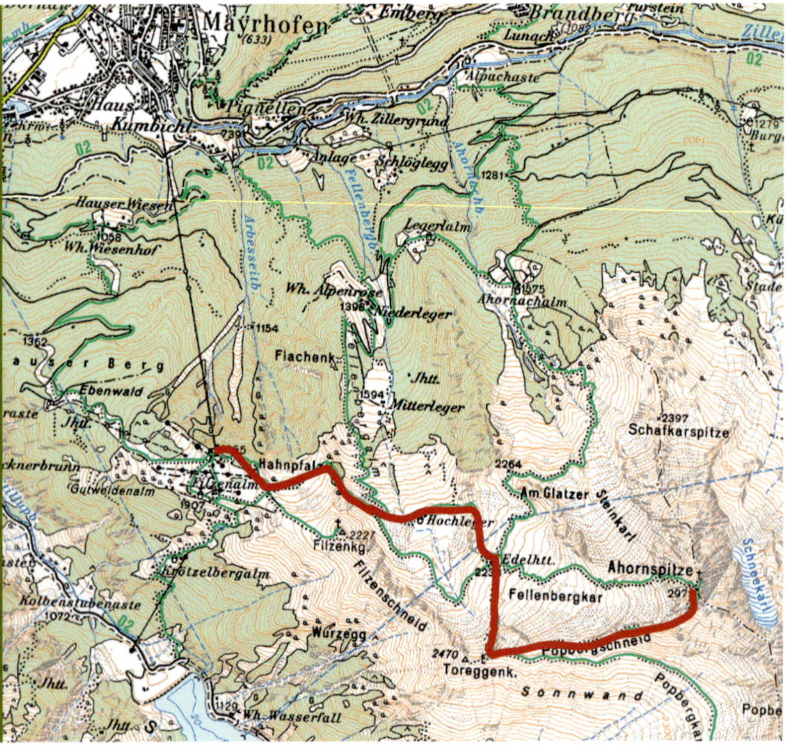

# 80 Brandberger Kolm 2701 m

Blick vom Heimjoch zu Torhelm und Brandberger Kolm.

**Zillertaler Alpen**
**Zillerkamm**

Als am weitesten nach Norden vorgeschobene Erhebung des Zillerkamms ist der Brandberger Kolm eine völlig freistehende Aussichtswarte.

**Stützpunkt:** Gerlosstein-Seilbahn oder Kolmhaus (1845 m)

**Zeit, Höhendifferenz:** Ab Bergstation (1630 m): Heimjoch (1984 m) 0:45 – 1 Stunde, Brandberger Joch (2307 m) 2 – 2:30 Stunden, Brandberger Kolm (2701 m) 3:30 Stunden, 1150 Höhenmeter.

**Charakter:** Etwas Ausdauer ist für den Kolm nötig, etwas näher wäre es zum Torhelm und ganz gemütlich ist die Wanderung vom Geißkopf zur Gerlossteinwand.

**Tipp:** Ohne Seilbahn mit Start in Brandberg ist es beträchtlich weiter. Zum Kolmhaus 2 Stunden, zum Gipfel 3, insgesamt 5 Stunden, 1600 Höhenmeter.

**Beste Jahreszeit:** ab Juli, Seilbahn bis Ende September, im Spätherbst von Brandberg

**Ausgangspunkt:** Hainzenberg/Gerlossteinbahn oder Brandberg

Die zwischen dem Gerlostal und dem Zillergrund aufragende schlanke Felspyramide wird üblicherweise von dem über Mayrhofen liegenden kleinen Bergdorf Brandberg aus bestiegen. Man hat dabei gut 1600 Höhenmeter zu überwinden. Von Hainzenberg am Eingang des Gerlostals und mit Hilfe der Gerlosstein-Seilbahn spart man jedoch 500 Höhenmeter, wobei der Zeitgewinn gar nicht so ins Gewicht fällt, weil man dafür eine etwas längere Wegstrecke durch das weitläufige Gelände der Schönberger Alm in Kauf nehmen muss. Weniger anstrengend ist es auf alle Fälle. Unter dem Brandberger Joch treffen dann beide Wege zusammen und die verbleibenden 400 Höhenmeter durch die Westflanke zum steil aufragenden Gipfel führt ein tadelloser Bergsteig, der dem halbwegs Geübten nicht die geringsten Probleme bereiten sollte. Wem es trotzdem zu weit ist, der könnte auch dem am Weg liegenden Torhelm einen Besuch abstatten oder am Wiesenkamm über den Geißkopf bis zur Gerlossteinwand zurückwandern.

Gipfelsteinmann am Kolm.

Von Zell im Zillertal (Ausfahrt von der Schnellstraße) nach Hainzenberg (Beschilderung Gerlos/Gerlossteinbahn). Parkplatz vor der Talstation und auf der anderen Straßenseite kurz vorher. Auffahrt mit der Seilbahn (Betriebszeiten 8:30–17 Uhr, Berg- und Talfahrt für Einheimische 5.60 €). Die Zeitangaben an den Wegweisern sind sehr üppig angegeben, Sie werden sie locker unterbieten. Von der Bergstation nach links zum Fahrweg und nach 10 Min. Abzweigung rechts zum Heimjoch östlich der Gerlossteinwand. Der Brandberger Kolm mit dem Torhelm als Trabanten steht jetzt beherrschend über dem grünen Almkessel. Vom Joch der Wegweiserrichtung nach leicht abwärts und über sanfte Almböden von Stufe zu Stufe ansteigend zur Grathöhe östlich des Geißkopfs, rot markiert und Pflöcke. Erst wo der Gipfelaufbau des Torhelm ansetzt, wird die Lixlkarschneide überschritten. (Gleich dahinter beim rot bemalten Stein Abzweigung zum Torhelm.) Leicht abwärts in die Almböden unterhalb des Brandberger Jochs zum Kolm hin und auf den bereits sichtbaren Steig durch die kurze Schuttreiße nach rechts, bis man mit dem vom Kolmhaus kommenden Weg zusammentrifft. Durch Grashänge und Schrofengelände quert der Steig die Nordflanke, erreicht den schwach ausgeprägten Gratrücken mit einem weithin sichtbaren Steinmann und erklimmt in engen Serpentinen, zum Schluss über eine kurze Felsstufe den geräumigen Gipfel. Abstieg am selben Weg.

Will man von Brandberg aus starten, fährt man kurz vor Mayrhofen links durch den Brandbergtunnel in den Zillergrund, beim Tunnelausgang scharf rechts und hinauf ins hoch über Mayrhofen liegende Bergdorf (1082 m). Weiter nach Ahornach und zum Kolmhaus.

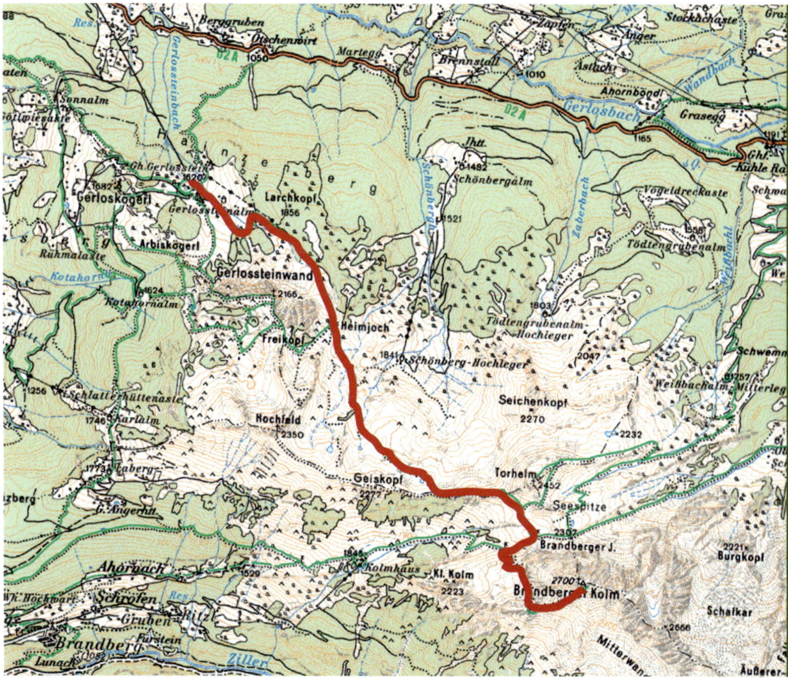

# 81 Kirchspitze 2312 m

Östlich der Kirchspitze führt das Schönachtal in die Gletscherregion.

**Zillertaler Alpen**
**Wimmerkamm**

▲

Die Kirchspitze im Gerlostal oberhalb der Fürstalm ist ein harmloser Wandergipfel mit einer wunderschönen Aussicht auf den Zillertaler Hauptkamm. Mit dem Abstieg ins Schönachtal ergibt sich eine ideale Rundtour.

**Stützpunkt:** Stackleralm, Lackenalm

**Zeit, Höhendifferenz:** Fürstalm (1801 m) – Lackenscharte – Kirchspitze (2312 m) 1:30 Stunden, Abstieg über Stackleralm 2 bis 2:30 Stunden. 520 Höhenmeter Aufstieg, 1100 im Abstieg.

**Charakter:** Mit Lifthilfe einfache Bergwanderung zu einem aussichtsreichen Gipfel. Kurzer Aufstieg und gleich vier verschiedene Abstiegsmöglichkeiten.

**Tipp:** Erkundigen, ob der von der Einstellung bedrohte Sessellift zur Fürstalm noch fährt. Ohne Lift wird es 1:30 bis 2 Stunden länger.

**Beste Jahreszeit:** ab Ende Juni

**Ausgangspunkt:** Talstation Fürstalmbahn, kurz vor Gerlos

Flankiert vom Schönachtal im Osten und dem Wimmertal im Westen ist die Kirchspitze die letzte markante Erhebung im Kamm, der vom Zillerkopf nach Norden streicht. Ihre Besteigung ist kurz und für den geeichten Wanderer mehr beschaulich als beschwerlich, etwas in die Länge ziehen könnte sich dann aber der Abstieg und der Rückmarsch im Schönachtal. Mit Lifthilfe kann man der Hitze im Tal rasch entfliehen und bereits auf 1800 m Seehöhe starten. Die Frage ist, ob der Sessellift zur Fürstalm im Sommer weiterhin in Betrieb bleibt, was wegen der bereits erfolgten ersatzlosen Einstellung des unrentablen Skibetriebes nicht sicher ist. Besser man erkundigt sich vorher beim TVB Gerlos. Die oberen Schlepplifte sind bereits abgebaut und entsorgt, die Pistentrassen werden der Natur zurückgegeben. Doch auch ohne Lifthilfe ist die Kirchspitze ein leicht erreichbares Tagesziel.

**So kommt man hin:** Von Zell im Zillertal auf der Gerlosstraße bis Gerlos-Gmünd zur Fürstalmbahn (14 km von Zell). Der Sessellift fährt ab 9 Uhr (Mo/Di Ruhetag), Bergfahrt (Einheimische) € 5.60. Von der Bergstation zuerst am Fahrweg gerade in der Talmulde einwärts. Nach Überschreiten eines betonierten Gerinnes erste Wegweisertafel und Beginn des Bergsteiges zum Arbiskogel, dem man bis zur Lackenscharte folgt. Dort rechts ab zur längst an ihrem Gipfelkreuz kenntlichen Kirchspitze. Über Almrosenmatten zum Ansatz der kleinen Gipfelpyramide. Auf gutem Steig durch ihre Ostflanke und zum Schluss mit scharfem Rechtsknick zum Gipfel (1:15 bis 1:30 Stdn). Wenn Sie sich nun am wunderschönen Panorama und dem Blick zu den Gletschern der Schönachschneid und der Wildgerlosspitze sattgesehen haben, haben Sie die Qual der Wahl, für welchen Abstieg Sie sich entscheiden wollen. Möglichkeiten gibt es gleich vier.

Sehr schön und romantisch ist der Abstieg nach Osten zur Inkarhöhe und weiter zur Stackleralm und ins Schönachtal. Dazu geht man von der Gipfelpyramide erst am Steig zurück bis zum Weidegelände und quert bei einem riesigen, schiffsbugartigen Felsblock mit Inschrift auf markiertem Steig die Hänge hinüber zur Inkarhöhe und steigt durch eine grüne Senke ab zur Stackleralm. (Man kann auch direkt vom Gipfel am Südgrat absteigen.) Im Vorjahr wurde die Stackleralm mit einem neuen Wirtschaftsweg erschlossen, was bedeutet, dass der alte Steig großteils nicht mehr passierbar ist, man muss die Fahrwegkehren ausgehen und mündet im Schönachtal kurz vor der Lackenalm. Am Talweg zurück nach Gerlos. Zum Liftparkplatz gelangt man mit dem Postbus, ab Oberwirt um 15.03 und 17.28 Uhr, € 2.10.

### Andere Möglichkeiten

Am direktesten und ohne Talmarsch ist der Weg Nr. 7, der vom Arbiskogel über den Waldrücken und die Arbisgrube unmittelbar nach Gerlos führt. Also am Aufstiegsweg zurück zur Lackenscharte, in ein paar Schritten auf den Arbiskogel und ins Tal. Oder: Ebenfalls von der Lackenscharte Richtung Osten hinab ins Schönachtal, das man bei der Lackenalm erreicht. Am Talweg in 45 Minuten zurück nach Gerlos. Und viertens kann man zurück zur Fürstalm und ins Wimmertal absteigen, was den Vorteil hat, dass man unweit des Liftparkplatzes ins Tal kommt.



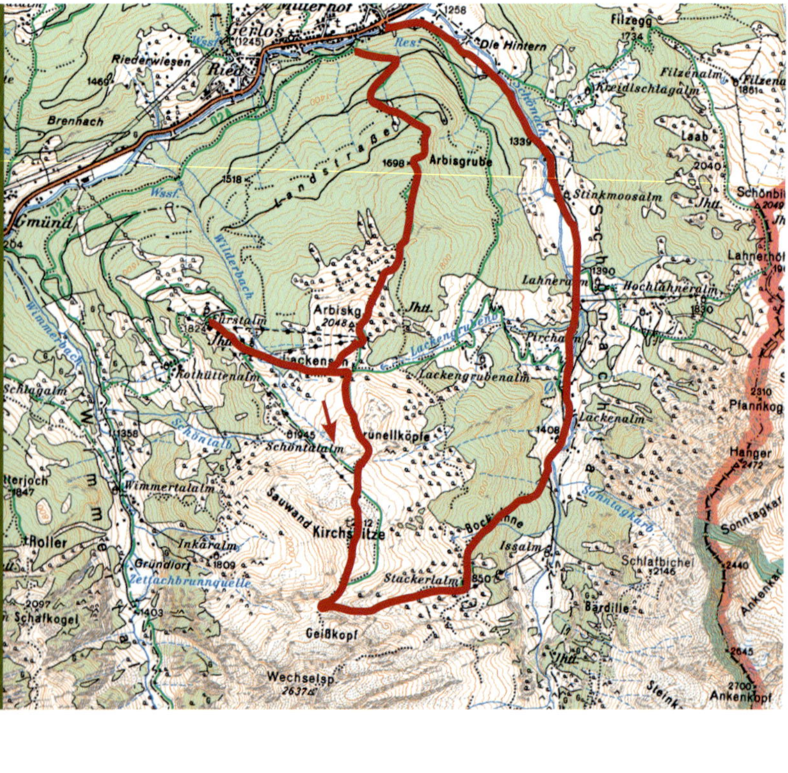

# 82 Speikspitze 2326 m über Schartenjoch 2217 m

Almrosenmatten, geschmückt mit Bergaugen, oberhalb der Brunnalm.

**Kitzbüheler Alpen**
**Stummerberg**
▲▲

Unsere garantiert einsame Höhenwanderung Schartenjoch–Speikspitze führt zwar über einen nördlichen Ausläufer der ehemals heftig umkämpften Wilden Krimml – zwischen Gerlostal und Märzengrund im Zillertal –, gehört aber geographisch noch zu den westlichen Kitzbüheler Alpen.

**Zeit/Höhendifferenz:** 3:00–3:30 Std./ 1260 Hm. plus Abstieg

**Charakter:** Leichte, einsame Höhenwanderung

**Tipp:** Im Sommer verkehrt täglich (8.30 Uhr) ab Bhf. Kaltenbach ein Wanderbus zur Tannenalm (Märzengrund); Kapaunsalm, Rosenalm (Tel. 0664/2636364)

**Beste Jahreszeit:** Möglich bis in den Spätherbst (ein paar Zentimeter Schnee bereiten kein Hindernis)

**Ausgangspunkt:** Stummerberg/Parkplatz vor der Tannenalm, ca. 1050 m

**GH Tannenalm, 1050 m** Geschlossen von ca. 22. Okt.–25. Dez.

Abwärts zur Kapaunsalm.

Einiges spricht für diese leichte Bergwanderung: ein gut erreichbarer Ausgangspunkt (mit super Aussichts-Berggasthof für danach) mit genügend neu geschaffenen – kostenlosen – Parkplätzen. *Das sei an dieser Stelle einmal gebührend zu loben und anderen Gemeinden zur Nachahmung ans Herz gelegt!* Weiters ein zwar etwas langweiliger, dafür aber wenig anstrengender Aufstieg auf Forstwegen bis zur Brunnalm. Ab hier wird es echt abwechslungsreich: Zum Schartenjoch führt noch ein markierter Pfad, der „Panoramaweg" hinüber zur Speikspitze ist nicht zu verfehlen, und der weglose Abstieg zum Kapaunsjoch über grüne Rücken und kleine Tälchen ist für „halbwegs Geübte" problemlos – gute Sicht vorausgesetzt –, sonst besser am Aufstiegsweg retour.

Zum Abschluss bringt uns Weg 20 durch Hochwald, grüne Lichtungen mit ferienmäßig ausgebauten Heustadeln und an vielen Almhütten vorbei ohne Orientierungsprobleme zum AP.

**Zum Ausgangspunkt:** Auf der Zillertal-Bundesstraße (Umfahrung) bis zum Kreisverkehr „Stumm/ Kaltenbach" und über den Ziller hinüber nach Stumm; links der Beschilderung „Stummerberg" (später auch „Tannenalm") folgend – an wunderschönen alten Bergbauernhöfen vorbei – 500 Hm./6 km bis zu den eingangs erwähnten Wanderparkplätzen.

Das Holzschild „Brunnalm" am WW-Baum zeigt uns den Wegbeginn: 5 Min. hinein in den Märzengrund und rechts weiter. Nach einer halben Stunde (ca. 200 Hm.) wieder rechts (links Forstweg Brunnalm) zum Ziachbach, über den Holzsteg und links den Fußweg steiler aufwärts gelangt man zum Fahrweg Kapaunsalm (hier mündet unser Rückweg ein). Nun links, ein längeres Weilchen hatschend, erreicht man die unbewirtschaftete Brunnalm. Achtung: Auf dem Grasweg 20 m nach links und den Markierungen entlang – die man aber nicht aus den Augen lässt – hinauf zum obersten Stadel und auf den mit den letzten Zirben bestandenen „Gupf" zu. Hier links an ihm auf nun besser ausgeprägtem Steig vorbei auf den immer flacher werdenden Rücken zum Grat. Am Weidezaun entlang südwärts zum neuen Holzkreuz des Schartenjochs (nun umbenannt in Schachtenjoch); 2:30–3:00 Std./ 1130 Hm. Der aussichtsreiche Weiterweg (s. Einleitung) führt auf gut sichtbaren Wegspuren – meist an der Steinmauer mit dem Weidezaun entlang – in leichtem Auf und Ab auf die zweite größere Erhebung, die Speikspitze (großer, flacher Steinmann); plus 20–30 Min./130 Hm.

**Rückweg:** Beliebig durch Tälchen oder rechts am Rücken westlich abwärts zur weithin sichtbaren Fahrstraße, die am Kapaunsjoch (mit Kreuz und Altar) vorbei hinaus zur Kapaunsalm zieht. Vom Kapaunsjoch nimmt man das mark. Steiglein abwärts zu einem Fahrweg mit Marterl (diesen nicht links hinaus zur von hier aus nicht sichtbaren Kapaunsalm), dort weiter über die Almwiesen 70 Hm. gerade abwärts, bis man beim Weidezaun vor dem Hochwald auf Weg 20 trifft, der vom Rifflerkogel über die Kapaunsalm zur Tannenalm führt. In zwei Stunden ab Speikspitze müsste man locker zu dieser gelangen.

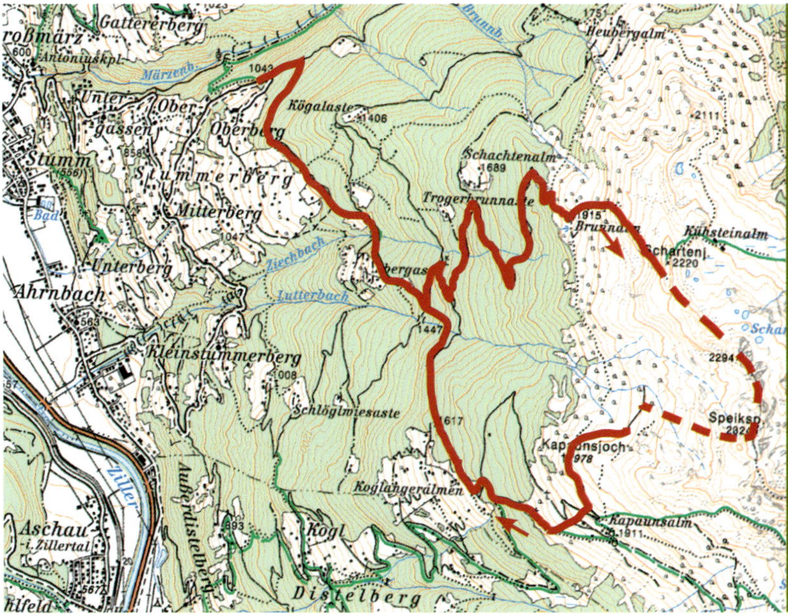

# 83 Galtenberg 2424 m
# Gamskopf 2205 m

Aufbruch zum Galtenberg beim Oberleger der Farmkehralm.

**Kitzbüheler Alpen westlicher Teil**

Von Inneralpbach über die Farmkehralm ist der Galtenberg eine feine, unschwierige Bergwanderung. Bikeunterstützung bietet sich geradezu an.

**Stützpunkt:** Farmkehralm, Niederleger (1521 m)

**Zeit, Höhendifferenz:** Inneralpbach (1070 m) – Farmkehralm (1521 m) 1:30 Stunden, Großer Galtenberg (2424 m) 2 bis 2:30 Stunden, 1350 Höhenmeter, gesamt 3:30 bis 4 Stunden; Gamskopf (2205 m) 3 bis 3:30 Stunden, 1100 Höhenmeter.

**Charakter:** Feine Bergwanderung – einmal so, wie man den Berg vom Winter her nicht kennt.

**Tipp:** Mit Bike 5 km zum Farmkehralm-Niederleger, plus 2,5 km zum Oberleger. Steigung großteils 10%, kurz 15%.

**Beste Jahreszeit:** ab Frühsommer bis Spätherbst

**Ausgangspunkt:** Inneralpbach, GH Leitner, Parkmöglichkeit

Die Skitourengeher verzichten meistens auf den obersten Gipfelaufbau dieses berühmten Skiberges in den Westlichen Kitzbüheler Alpen, der sich im Winter oft abgeblasen und unwirtlich präsentiert. Das kann man im Sommer einmal problemlos nachholen. Nimmt man bis zur Farmkehralm das Fahrrad mit, spart man sich den Talhatscher und ist in wenigen Minuten wieder beim Ausgangspunkt. Im Greiter Graben bis zur Greitalm könnte der Weg fürs Mountainbike nicht schöner sein, bis zum bewirtschafteten Niederleger ist er auch noch gut, erst weiter zum Oberleger wird er wesentlich holpriger, aber immer noch gut fahrbar. Wählt man dann für den Aufstieg zum Galtenberg den so genannten Gratsteig durch die Farmkehrpfanne, ergibt sich eine feine Runde und man braucht keinen Weg zweimal zu machen.

**So kommt man hin:** Von Brixlegg nach Reith und durch das Alpbachtal bis Inneralpbach und rechts über die Brücke in den Greiter Graben. Man kann noch einen guten Kilometer weiter fahren. Parkmöglichkeit gibt es unmittelbar nach dem GH Leitner. Mit dem Fahrrad oder auch zu Fuß am besten am ausgeschilderten Fahrweg (ohne die steilen Abkürzungen) talein zur Greitalm und weiter zur (bis Ende September) bewirtschafteten Farmkehralm. Achtung: Radler, die bis zum Oberleger wollen, müssen bereits unterhalb der Alm links weiterfahren. Vom Niederleger am Fußsteig, der die Almstraße mehrmals kreuzt, zum Oberleger. Das Mountainbike muss hier warten.

Nun kann man entweder direkt die breite Gipfelkuppe ansteuern oder – fast schöner – gleich beim ersten Wegweiser oberhalb der Almhütten rechts abbiegen und auf dem so genannten Gratsteig

Blick zum Gamskopf.

zur Farmkehrpfanne hinüberschwenken. Aus dieser in die Westflanke des Galtenbergs eingelagerten grünen Senke, in der die Kühe bis weit oben grasen, führt ein schmaler, aber recht guter Steig in den Sattel zwischen Großem und Kleinem Galtenberg. Dort trifft er mit dem von der Zillertaler Seite kommenden Weg zusammen. Sehr aufpassen muss man beim Gratsteig auf die nicht immer gut sichtbaren, aber stets vorhandenen gelb-roten Markierungen, die man nicht aus den Augen verlieren darf. Immer wieder wird man nämlich von den zahlreichen Kuhsteigen in die Irre geleitet. Erst wenn man den aus dem obersten Karboden der Farmkehrpfanne zur Grathöhe leitenden grünen Steilhang erreicht hat, gibt es kein Abweichen mehr und der Steig windet sich nach dem Weidezaun im rechten Teil der Karmulde in vielen kleinen Kehren in die Einsattelung zwischen dem Kleinen und dem Großen Galtenberg. Dort trifft man auf den vom Märzengrund kommenden, gut markierten Steig, über den der Gipfel erreicht wird.

**Oder zum Gamskopf:** Gegenüber der Farmkehralm erhebt sich der Gamskopf, den Tourengehern ebenfalls als rassige Skitour bekannt. Durch seine grünen Hänge führt ein markierter Steig über das Krinnjoch bis zum 2205 m hohen Gipfel. Ein wenig kürzer als der Galtenberg und 200 m niedriger. Abzweigung kurz unterhalb des Farmkehralm-Niederlegers (ab hier 2 Stunden).

Der Dristenkopf.

Inneralpbach
1031
1060
Egg
Bichl
Blaiken
Brandeggalm
1571
1143
Wiedersberger Alm
Auen
Radingeralm
1427
Buamalm
1376
Lueggeralm
Stettaueralm
Jhtt. Alpenkreuz
Ebnetalm
1201
Kolbentalalm
1582
1604
1603
Moser-baumgartenalm
Greitalm
1320
Heimjoch
(Mareitkopf)
2004
Farmkehr-Hochalm
Niederalm
Galtenberg
Tapenk.
Gamskopf
2205
Dristenkopf
2203
Kl. Galtenberg
2318
2070
2358
Torko
2116
Krinnjoch
1644
Hochbergalm
1863
1548
Obweinalm
1425
Baumgartenasten

# 84 Gratlspitze 1898 m

Blühen im Tal die Wiesen, ist die Südseite der Gratlspitze längst aper.

**Kitzbüheler Alpen**
**Alpbachtal**

▲▲

Wer kein eingeschworener Skitourengeher ist, wartet im Frühjahr schon sehnsüchtig, bis die Bergwege endlich aper werden. Die Alpbacher Seite der Gratlspitze ist ziemlich früh dran.

**Stützpunkt:** Bischofer Alm, Holzalm

**Zeit, Höhendifferenz:** Alpbach (974 m) – Gratlspitze (1898 m), Aufstieg 2 Stunden, Abstieg 1:30–2 Stunden; 920 Höhenmeter. Anstiege über Bischoferalm/Hauserjoch oder Steinweg/Hösljoch jeweils eine halbe Stunde länger.

**Charakter:** Kurze Bergtour auf der Sonnenseite des Alpbachtals. Ideal zum Einstieg in die Bergwandersaison – oder zum Ausklang, bis es „zuaschneibt".

**Tipp:** Noch kürzer geht es von der Brixlegger Seite mit Autoauffahrt über Zimmermoos bis zur Holzalm. In einer schwachen Stunde ist man am Gipfel.

**Beste Jahreszeit:** Mai bis November

**Ausgangspunkt:** Alpbach, Dorfzentrum

Vom Inntal gesehen schaut die Gratlspitze wie ein harmloser höckeriger Waldrücken aus, von der Alpbacher Seite präsentiert sie sich als zerschrundeter Zackenkamm mit tief eingeschnittenen Felsrinnen dazwischen. Aber gerade über die Südseite kann man schon ziemlich früh im Jahr problemlos und ohne Schneeberührung heraufsteigen. Der Weg zieht durch die gelben Löwenzahnwiesen am Alpbacher Hausberg schnurgerade nach oben, kommt nach einer kurzen Waldzone ins Latschengelände und erreicht durch eine steile Schotterrinne die Grathöhe. Dann kann es schon passieren, dass man noch ein paar Schritte im Schnee machen muss. Andererseits habe ich es auch noch ganz fein erlebt auf der Gratlspitze, als im Dorf die Kinder mit den Teufelslarven herumtollten und nervös auf den Nikolaus warteten.

Von Brixlegg nach Reith i. A. und ins Alpbachtal. In Alpbach großer Parkplatz gleich links an der Ortseinfahrt. In wenigen Schritten zur Kirche und zum Böglerhof. Hier sieht man die ersten gelben Wegweiser. Vom Schild „Alle Wanderwege“ folgt man dem Wiesensteig entlang der Trasse des Bögler-Schleppliftes, danach lautet die Beschilderung immer „Gratlspitze“. Am Stammgästewald vorbei führt unser Weg im Prinzip kerzengerade durch die gelben Löwenzahnwiesen bis zum obersten und gut sichtbaren Gehöft am Alpbacher Hausberg. Mündet man in eine asphaltierte Hofzufahrt, folgt man der Straße auf zwei kurzen Serpentinen und steigt erst beim Bauernhof wieder gerade zum Waldrand hinauf. In vielen Windungen zieht der Steig durch den Bergwald in das Latschengelände. Der Weg ist nicht allzu steil und wenn er trocken ist problemlos begehbar. Von der Gratscharte nach links und

Alpbach mit Gratlspitze.

evtl. noch ein paar Stapfen durch Schneereste – zum längst sichtbaren Gipfelkreuz. Schöne Sicht auf das Inntal und die Zillertaler Berge im Süden.

**Abstieg:** Auf der Nordseite hält sich der Schnee bedeutend länger, dann geht man besser wieder am gleichen Weg zurück nach Alpbach. Am schönsten ist jedoch die Rundtour mit dem Abstieg zur Bischoferalm. Man folgt dem Steig über den Westrücken, hat einen kurzen Gegenanstieg zum Hochstrickl (Westgipfel, ebenfalls mit Gipfelkreuz und Bank). Allmählich wird der Hang steiler, eine kurze Felsstufe mit Drahtseilsicherung ist zu beachten, dann im Grasgelände zum Hauserjoch und am weit ausholenden Serpentinenweg zur bewirtschafteten Bischoferalm. Am beschilderten Fahrweg zurück nach Alpbach (ganze Runde 3:30–4 Stunden).

# 85 Kragenjoch 1425 m

Am Kragenjoch, von der Wildschönau gegen das Inntal vorgeschobener Waldrücken.

**Kitzbüheler Alpen**
**Wildschönau**
▲

Nicht besonders hoch hinaus, dafür aber idyllisch und sonnig kommt man bei diesem kurzen Ausflug auf das Kragenjoch in der Wildschönau.

**Stützpunkt:** Boarstadl, Achentalalm, Gh. Zauberwinkel

**Zeit, Höhendifferenz:** Oberau (936 m) – Boarstadl (1184 m) – Achentalalm – Kragenjoch (1425 m) 1:30 Stunden, 500 Höhenmeter; Abstieg auf Weg Nr. 25 in den Zauberwinkel 1–1:15 Stunden, Rückweg nach Oberau 30–40 Minuten.

**Charakter:** Unbeschwerliche und kurze Verlegenheitstour für die gesamte schneelose Jahreszeit.

**Tipp:** Mit Abstieg zum Zauberwinkel lässt sich die Wanderung noch ein wenig verlängern.

**Beste Jahreszeit:** Frühling bis Spätherbst

**Ausgangspunkt:** Oberau, Dorfzentrum

Das Kragenjoch ist ein langgezogener Bergrücken, der mit tief zerfurchten Gräben auf der Höhe von Kundl und Wörgl gegen das Inntal hin abfällt. Seine Südflanke über dem Hochtal der Wildschönau hat jedoch ein viel freundlicheres Aussehen. Von Oberau führen mehrere Wanderwege zu dem bis oben hin bewaldeten Höhenzug. Am feinsten und am meisten in der Sonne ist vielleicht der Weg Nr. 11, der von der Ortsmitte über Boarstadl und die Achentalalm zum Kragenjochkreuz leitet. Weil der Aufstieg mit knapp 500 Höhenmetern ziemlich kurz ist, kann man mit dem Rückweg über den Zauberwinkel die Wanderung noch ein wenig verlängern. Ein feiner Ausflug mit mehreren Jausenstationen unterwegs, den man vom Frühling bis zum Spätherbst unternehmen kann, wenn die höheren Berge ringsum alle noch im Schnee stecken.

Stockschwämme.

Von Wörgl in die Wildschönau bis Oberau. In Oberau parkt man entweder unmittelbar rechts vor der Kirche oder unterhalb bei der Post. Wegbeginn in Oberau genau dort, wo die Straße nach der Kirche den Linksknick macht und hier beim Café Unterberger rechts bergwärts. Ein kleiner Steig über die Wiese führt zum Waldrand, wo man in den Weg Nr. 11 einmündet. Immer beschildert und markiert führt der Weg mäßig ansteigend durch den Wald bis zur Wiesenschulter beim Gh. Boarstadl. Auf dem Asphaltweg ein paar Schritte bergab bis zur Kurve und auf dem Fahrweg zur Achentalalm (bewirtschaftet). Den kurzen Erosionshang oberhalb der Alm verlässt man nach dem ersten Bankl nach rechts und steigt nun über freies Wiesengelände hinauf zum Kragenjochkreuz (1387 m, 1:15–1:30 Stunden). Der höchste Punkt des Kragenjochs (1425 m) liegt aber noch ein paar Minuten weiter westlich hinter dem von hier sichtbaren Wiesenkopf. Erst von dort hat man freie Sicht aufs Inntal, ansonsten begnügt man sich mit der Aussicht über die Wildschönau zum Schatzberg und Lämpersberg.

**Abstiegsmöglichkeiten:** Will man nicht am gleichen Weg absteigen, macht man die Runde über den Zauberwinkel auf Weg Nr. 25. Von der Achentalalm den Wegweisern folgend kurz bergauf über den Rücken und durch Wald hinunter bis zu einem Wirtschaftsweg. Dem Fahrweg nach rechts folgend, bis ein Pfeil wieder links abwärts weist. Auf steilem Wurzelsteig hinunter zu den Höfen von Ed und über die weiten Wiesenterrassen des Zauberwinkels und dem kurzen Gegenanstieg beim Sonnberger Joch zurück nach Oberau.

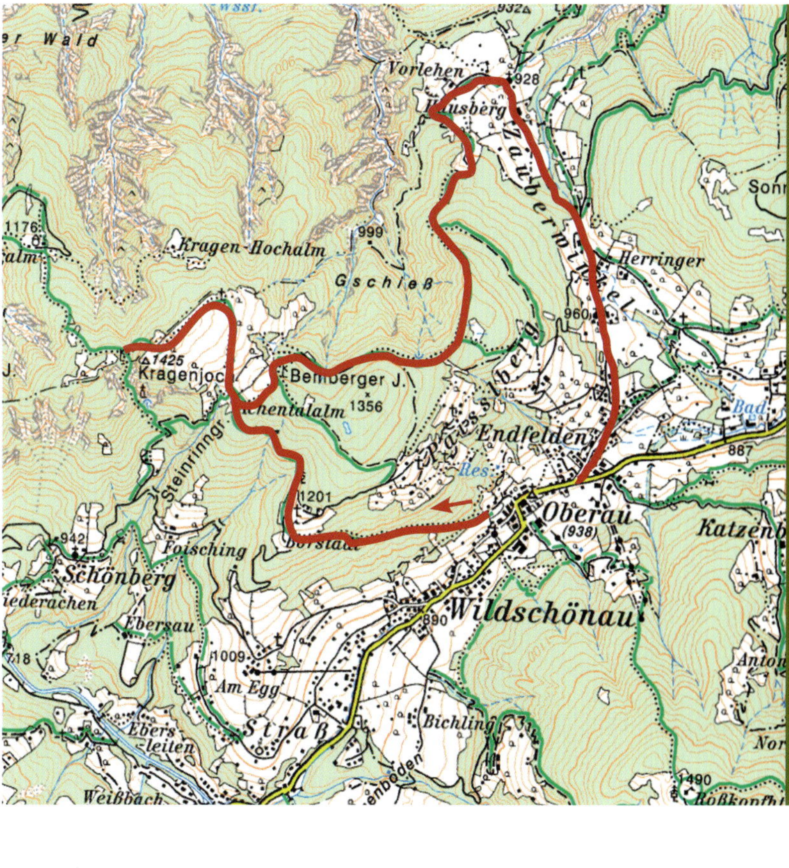

# 86 Großer Pölven 1595 m

Aussicht vom Westgipfel des Pölven auf das Inntal bei Kirchbichl.

**Pölven-Stock**
**Söllandl**

Der Pölven mit seinen drei Gipfeln ist ein gänzlich frei stehender, von Wald überzogener Kalkstock, der das Inntal bei Wörgl vom Söllandl abtrennt.

**Zeit, Höhendifferenz:** Aufstieg 2–2:15 Stunden, Übergang zum Mittagskogel 30 Min., Übergang zum Kl. Pölven 30 Min., Abstieg bis Reit 1:30 Stunden, Rückweg über Lengau 1 Stunde, insgesamt 5–6 Stunden; 1000 Höhenmeter.

**Charakter:** Gar nicht zu unterschätzende, vor allem nie langweilige Bergwanderung, kurzer Klettersteig inbegriffen.

**Tipp:** Der ganze Pölvenstock lässt sich an seinem Fuß komplett umrunden. Ausgiebige Wanderrunde, man kommt dabei auf 20 Kilometer. Auch für Läufer und Nordic-Walker.

**Beste Jahreszeit:** Früh im Jahr möglich, sobald die Schneegrenze auf 1600 m geklettert ist, bis Spätherbst.

**Ausgangspunkt:** Bad Häring, Ortsteil Burg (700 m)

Schon lange ist dieser Berg für die Zementindustrie ein Ziel der Begierde, wovon der Bergsteiger aber kaum etwas mitbekommt, denn die Bergwege verlaufen im grünen Bereich. Der Aufstieg über den Längerersteig mit anschließender Überschreitung zum Mittagskogel ist eine abwechslungsreiche Bergwanderung. Nach steilem Aufstieg gelangt man zu wunderschönen Aussichtspunkten und taucht danach wieder ein in den romantischen Märchenwald am Gipfeldach. Die in den Landkarten als Prof.-Simwel-Klettersteig bezeichnete Passage relativiert sich als eine mit Seilen bestens abgesicherte Wegstrecke über 100 Höhenmeter in Felsschrofen. Trittsicherheit ist erforderlich, sollte für „Geübte" aber kein Problem sein.

**So kommt man hin:** Von Kirchbichl nach Bad Häring. Bei der Kirche geradeaus bergwärts zum Ortsteil Burg bis zum Fahrverbot (parken). Auf der Forststraße nach Lengau (Ww. Juffinger Jöchl, steilere Abkürzung gleich bei der ersten Linkskurve möglich) ca. 20 Minuten, bis bei einem Bildstöckl der als „Längerersteig" beschilderte Weg beginnt. Auf dem schwach ausgeprägten Waldrücken immer kerzengerade empor. Wenn man sich (auf ca.1250 m) dem Felsgürtel nähert, zieht der Weg allmählich nach links zum Beginn der Drahtseile. Der Klettersteig überwindet auf einer schrägen Rampe ein paar Felsstufen, eine Leiter erleichtert das Höherkommen. Die Seile sind neu, der Steig tadellos in Ordnung. 20 Minuten braucht man höchstens für diesen Abschnitt. Danach ist man schon am schrägen Dach des Pölven und erreicht bald den ersten gegen das Inntal vorgeschobenen Aussichtspunkt mit Gipfelkreuz (Westgipfel, 1477 m). Ein paar Schritte zurück und weiter in Richtung Osten durch urigen Wald zum Mittagskogel (30 Min., 1596 m, höchster Punkt des Pölven, ebenfalls schöne Aussicht). Die Wegfindung am Gipfeldach des Pölven erfordert jedoch Ihre ganze Aufmerksamkeit. Schilder warnen: „Verlassen der Markierungen strengstens verboten!" Hilfreicher als der rüde Ton wäre jedoch, die blassen Farbtupfer wieder einmal aufzufrischen. (Vielleicht ist das mittlerweile längst geschehen.) Trotzdem, gut schauen und nie die roten Punkte aus den Augen verlieren, auf keinen Fall weglos absteigen.

Beim Übergang vom Großen zum Kleinen Pölven kommt man zu einer offenen Unterstandshütte, danach steiler Abstieg in den Sattel vor dem Kleinen Pölven, wo man sich entscheiden muss, ob man den Kleinen Pölven noch mitnehmen will oder gleich nach Söll absteigt. Blaue Perlonseile zwischen den Bäumen sind recht hilfreich, wenn der erdige Steig noch feucht ist, gleich darauf wird er wieder besser und man gelangt zur Lichtung der Reiteralm. Auf dem Forstweg Richtung Reit bis zur Einmündung in den Rundwanderweg, in den man nach rechts einschwenkt nach Lengau.

### Pölven-Rundwanderweg

Wer sich nicht auf steilen Wegen abplagen will, kann den ganzen Bergstock – im Uhrzeigersinn oder dagegen – auf dem gut beschilderten „Pölven-Rundwanderweg 20 km“ umkreisen. Man beginnt diesen Halbmarathon am besten in Häring direkt bei der Kirche, steigt Richtung Süden auf bis Lengau (ca. 200 Hm.) und wandert lange Zeit auf schönen Wegen bis oberhalb von Söll. Dort erfolgt wieder ein kurzer Anstieg bis zum Portal der TAL-Ölleitung. Abstieg über Wurzelsteige bis oberhalb von Schwoich und über Waldschönau zurück nach Häring (20 km, 4 bis 5 Stunden).

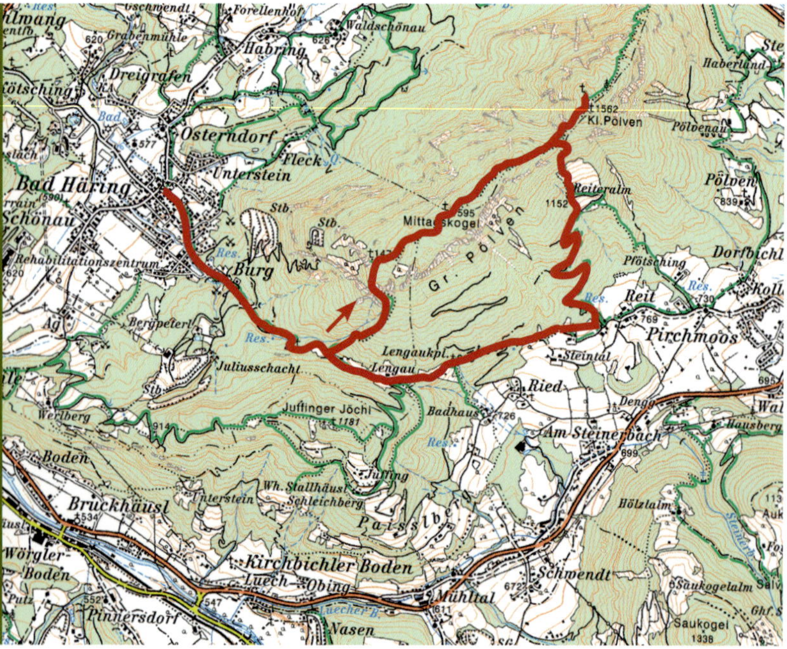

# 87 Scheffauer 2111 m

Der Scheffauer, ein Berg mit südseitigem Anstieg für späte Herbsttage.

**Wilder Kaiser Hauptkamm**

▲▲▲

Kommt man auf der Inntal-Autobahn auf Kufstein zu, steht er voll im Blickfeld – ein mächtiger, spitzer Felskegel, von dem der Hauptkamm des Wilden Kaisers seinen Anfang nimmt.

**Zeit, Höhendifferenz:** Scheffau/Bärnstatt (918 m) – Steiner-Hochalm (45 Min.) – Scheffauer (2111 m) 2:30–3 Stunden, Abstieg 1:30–2 Stunden; 1200 Höhenmeter.

**Charakter:** Ein felsiger Bergsteig, der ein wenig Trittsicherheit erfordert. Auch sollte man nicht gerade „oschauscheu“ sein, womit im Unterländer Dialekt ausgedrückt wird, dass man schwindelfrei sein muss.

**Beste Jahreszeit:** Juni bis Oktober

**Ausgangspunkt:** Scheffau, Bärnstatt

Eine ideale Bergtour für den Frühsommer oder den Spätherbst ist der Scheffauer im westlichen Kamm des Wilden Kaisers mit seinem direkten Anstieg durch die Südflanke. Im Sommer eher eine Tour für Frühaufsteher, welche die Morgenkühle noch ausnützen können. Aber man darf sich nicht auf einen Spaziergang einstellen, denn der Steig von Bärnstatt über die Steiner-Hochalm ist durchgehend steil, steinig und rau, dafür gewinnt man bei jedem Schritt kontinuierlich an Höhe. Oben wird die Mühe belohnt mit einer überwältigenden Rundumsicht, die vom Großglockner im Süden bis weit ins Alpenvorland reicht, wo der Inn in den dunstigen Nebelschwaden verschwindet. Ein wenig Berggewandtheit und vor allem feste Schuhe sind wichtig. Auch genügend Getränke mitnehmen, denn es gibt unterwegs kein Wasser.

Von Wörgl oder St. Johann kommend Abzweigung von der B 312 nach Scheffau. Durch das Dorf,

der Beschilderung „Hintersteiner See“ folgend, in 5 km auf steiler Straße bis Bärnstatt. Ausgewiesener Parkplatz am Waldrand gleich nach der Leonhardskapelle (gebührenpflichtig).

Dem Weg bei der Fahrverbotstafel folgend immer geradeaus aufwärts bis zum ersten Wegweiserschild. Erstes Ziel ist die Steiner-Hochalm, die bald, nachdem man einen Tiefblick auf den Hintersteiner See erhascht hat, erreicht ist. In einer freien Schneise links bergwärts. Danach durchquert man – stetig nach rechts ansteigend – einen Buchenwald, wo der Steig zur Gänze von dürrem Laub bedeckt ist, sodass man gut auf die schlecht sichtbaren Markierungen achten muss. Nach der Querung eines Schuttfeldes sind der schmale Latschengürtel und gleich darauf die sonnige Südflanke des Scheffauers erreicht. Der Anstieg verläuft nun vorwiegend im zerschrundenen Karrenfels, ist jetzt gut markiert und sollte für halbwegs trittsichere Geher kein Problem darstellen. Eine einzige ausgesetzte glatte Felsplatte ist mit behauenen Stufen, Trittleisten und einem Geländerseil entschärft. Auf der Grathöhe, wo unser Weg mit dem von Norden herauf kommenden Widauer-Klettersteig zusammentrifft, nach links, durch die grüne Mulde der Kegelstatt und in wenigen Schritten zum Gipfel. Absteigen muss man auf dem gleichen Weg.

Der Hauptkamm des Wilden Kaisers mit dem Scheffauer aus der Vogelschau.

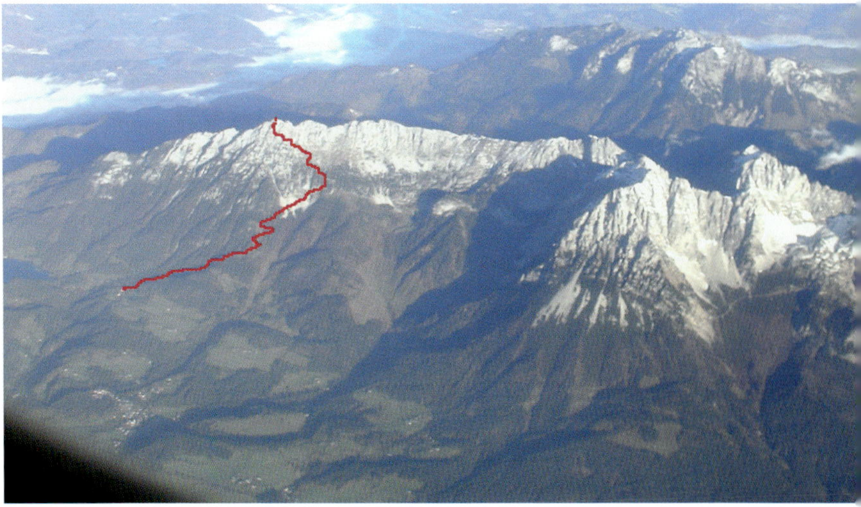

# 88 Pyramidenspitze 1997 m

Das Stripsenjochhaus mit Totenkirchl und Kleiner Halt.

**Kaisergebirge**
**Zahmer Kaiser**

Das Kaisergebirge hat den Ruf, „nur etwas für Kletterer“ zu sein. Wenn man einmal die imposanten Berge mit ihren respekteinflößenden Kraxelwänden von der Nähe gesehen hat – muss man das bestätigen. Aber es gibt neben den Kletterrouten, -steigen und ausgesetzten Höhenwegen auch Leichteres zum Kennenlernen dieses Gebirges.

**Zeit/Länge/Höhendiff.:** Bike: 1:45–2:00 Std./16 km/450 Hm. Hike: 5:30 Std./1650 Hm. Gesamt: 7:30–8:00 Std./2100 Hm.
**Charakter:** Lange kombinierte Rad-Berg-Tour
**Tipp:** Bergstöcke empfehlenswert
**Beste Jahreszeit:** Herbst/Spätherbst; im Sommer sehr heiß

**Ausgangspunkt:** Kufstein/Kaiseraufstieg; ca. 520 m

**Stripsenjochhaus, 1577 m** Geöffnet: Mitte Mai–Mitte Okt.; Tel. 05372/62579
**Hans-Berger-Haus, 936 m** Geöffnet: Mitte Mai–Mitte Okt.; Tel. 05372/62575

So etwas wollen wir im folgenden Tipp vorstellen. Er führt uns auf die Pyramidenspitze, die höchste Erhebung des Zahmen Kaisers (genau genommen wäre die etwas vorgelagerte Kesselschneid 5 m höher – aber die hat kein Gipfelkreuz) und/oder zum Stripsenjoch- und Hans-Berger-Haus, von wo aus man die tollsten Aus- und Nahblicke auf die fotogene Nordseite von Totenkirchl, Ellmauer und Kleine Halt hat und man bei einem Bierchen von der Terrasse aus den Kletterern bei ihrer luftigen Beschäftigung zusehen kann. Die beschriebene Runde bedeutet „eine ziemliche Latte" – Sie können sie aber mittels der angegebenen Varianten beliebig variieren: entweder mit Gipfel oder nur Höhenweg oder nur Kaisertal. Aber: aufs Stripsenjoch und das Bike sollten Sie auf gar keinen Fall verzichten. Die 20-minütige Schiebestrecke über die ca. 370 Treppen des Kaiseraufstiegs wird durch die 16 km lange Genussradelstrecke mehr als wettgemacht (wenig Wanderer, die benützen meist den Höhen- oder Nordalpenweg – aber Obacht auf den kennzeichenlosen Pkw-Verkehr!).

**Zum Ausgangspunkt:** Von der Autobahnabfahrt Kufstein-Nord zum Kreisverkehr, dort Richtung Ebbs und bei der ersten Abzweigung rechts (Schild Kaiseraufstieg) zum gebührenpflichtigen Parkplatz (300 m vorher wäre links kleine Parkmöglichkeit).

Bei der Holztafel „Ortsende Ebbs" beginnt der Aufstieg (viele Wegweisertafeln; z. B. Hans-Berger-Haus, 2:45). In 15–20 Min. wechselnder Steilheit über mehrere Kehren zum Parkplatz der Kaisertalbewohner (Tachostart); 110 Hm. Noch eine kurze Schiebestrecke und wir radeln an den ganzjährig geöffneten Wirtschaften Veitenhof und Pfandlhof – hier schon Aussicht auf den prächtigen Talschluss – vorbei zur Abzweigung Hinterkaiser/Antoniuskapelle; rechts flach weiter

Radgenuss pur am Rückweg.

und leicht abwärts durch zwei Tunnels zum Kaiserbach. Diesen entlang im schattigen Wald aufwärts zum ebenfalls bewirtschafteten Anton-Karg-Haus (829 m); 1:00 Std/8 km/380 Hm., Radldepot (will man nur auf die Strips, kann man noch bis zum Naturfreundehaus fahren).

**Bergrunde:** Von Hinterbärenbad links über die Brücke zu WW „Pyramidenspitze“. Nach 100 m links dem Schild „Hechleitalm“ folgend auf schönem Steig ums Längegg herum und 50 m abwärts ins Bärental (man erhascht Blicke auf die 1200 m über uns liegende Pyramidenspitze). Nach 20 Min. ist der Bach erreicht und wir haben von den bei Hinterbärenbad angegebenen 4:30 schon 1:30 Stunden hinter uns und „nur“ mehr drei bis zum Gipfel. Ein anfangs steiles, später mittelsteiles Steiglein durch schönen Mischwald bringt uns in einer guten Stunde zum Höhenweg. Hier heißt es eine Entscheidung treffen, denn die weitere Runde ist noch lang und für die 530 Hm. zur Pyramidenspitze benötigt man zusätzlich ca. zwei Stunden. Wegbeschreibung: Noch ein Stück links zu WW und im voll in der Morgensonne liegenden Latschengürtel aufwärts zum grünen Gipfelrücken und viel besuchten Gipfelkreuz (hierher auch über den Klettersteig, s. „Wandern und Bergsteigen in Tirol“, Tipp 30). Schöne Rundumsicht und Tiefblicke. Für die von Kufstein angegebenen 7 Std. hat ein flotter Bergradler/-geher mal eben die Hälfte benötigt.

**Weitere Runde:** Zurück zum Höhenweg und ostwärts in wenigen

Minuten zur „Kaiserquelle“, die aber im Hochsommer nur mehr tröpfelt. Wie es Höhenwege so an sich haben, sind es von hier aus nicht 100 Höhenmeter zum Strips, sondern im Auf und Ab über Hochalm (Wasser) und Feldalmsattel ca. 440, für die man fast zwei Stunden benötigt. Ob man hier oder im Hans-Berger-Haus der Naturfreunde einkehrt, ist Geschmackssache – beide liegen außerordentlich schön; das 45 Minuten und Hunderte Stufen tiefer liegende Hans-Berger-Haus ist aber bedeutend ruhiger, verspricht gastronomische Freuden, und: von hier aus sind es außerdem nur noch zehn Minuten zum Radl.

# 89 Maiklsteig 1205 m

Wo der Kaiser nicht mehr wild ist, erstreckt sich der Niederkaiser über St. Johann.

**Wilder Kaiser**
**Niederkaiser**

▲▲

Der Maiklsteig vermittelt einen direkten Zugang auf die Kammhöhe des Niederkaisers. Die Würze ist eine bestens gesicherte Klettersteigpassage und zum Schluss eine Leiter.

**Zeit, Höhendifferenz:** Rummlerhof (775 m) – Maiklsteig (Ausstieg 1205 m)
1:15–1:30 Stunden (Klettersteigpassage 15 Minuten). Runde nach Osten: Gmailkapelle – Einsiedelei – Ausgangspunkt 3–3:30 Stunden. Runde nach Westen: Gscheuerkopf – Kaiser-Niederalm – Granderalm – Maurern – Rummlerhof 3:30–4 Stunden. Jeweils ca. 600 Höhenmeter.

**Charakter:** Prickelnde Bergwanderung mit kurzer Klettersteigpassage am Auslauf des Kaisergebirges bei St. Johann. Vom Ausstieg des Maiklsteigs zwei Möglichkeiten.

**Tipp:** Nicht bei Nässe und vor allem die Markierungen nie aus den Augen verlieren!
**Beste Jahreszeit:** ab Anfang Mai bis Spätherbst.
**Ausgangspunkt:** St. Johann, Rummlerhof (775 m)

Wo die mächtigen Felsburgen des Wilden Kaisers enden, schickt er von der Maukspitze her noch einen langen, aber sehr niedrigen Ausläufer nach Osten – den sogenannten Niederkaiser. Genau auf seiner Kammhöhe verläuft der im weiteren Verlauf das ganze Gebirge durchstreifende Wilde-Kaiser-Steig, den wir auf unserer Wanderung für ein Stück benützen dürfen. Steil, aber kurz und schmerzlos gelangt man über den Maiklsteig etwa in der Mitte auf den langen Felszug des Niederkaisers. Die abschließende Wandstufe von genau hundert Höhenmetern ist mit Hilfe von Klammern und Leitern gut zu überwinden. Wer sich sicher genug fühlt, in der Linken einen Eisenbügel und in der Rechten ein Stahlseil zu haben, kann das Klettersteigset ruhig zu Hause lassen, nicht so Geübte hängen sich aber besser an. Hat man nach der letzten Leitersprosse die Kammhöhe erreicht, steht man unvermittelt auf dem WKS 9 im schattigen Buchenwald. Zwei Runden stehen nun zur Auswahl.

Klettersteigpassage für „Geübte“.

**So kommt man hin:** Kommt man aus Richtung Wörgl, zweigt man bereits kurz vor St. Johann bei Rettenbach links ab. In Weitau der grünen Beschilderung folgend Richtung Hinterkaiser/Rummlerhof. Direkt von St. Johann im Kreisverkehr beim Fussl abzweigen, ebenfalls Richtung Hinterkaiser. Parkmöglichkeit am Beginn des Maiklsteiges, 500 m vor dem Rummlerhof, wo ein Schotterweg zu einem Bundesheer-Schießplatz führt.

Wegbeginn rechts davon bei gelbem Wegweiser und gerade bergwärts (markiert). Am Beginn eines Grabens zieht der Weg kurz nach links (leicht zu übersehen) und dann immer direkt und steil bis unter den Wandgürtel. Auf sicheren Eisenbügeln wird die Wand leicht ansteigend gequert, danach führen zwei Leitern auf die Kammhöhe, womit man den Wilden-Kaiser-Steig (Weg-Nr. 9) erreicht hat. Ganz gleich in welche Richtung man nun die Runde zieht, immer wieder gelangt man zu wundervollen Aussichtsplätzen mit feinen Rastbänken, wo man genügend Zeit und Muße hat, die herrliche Landschaft des Tiroler Unterlandes zu genießen. Auf der Runde nach Osten – mit herrlichen Ausblicken zum Kitzbüheler Horn und aufs Leukental – wartet ein steiler, aber mit Seilen gesicherter Abstieg zur Gmailkapelle. Ab dort führen wieder schöne Wege zur Einsiedelei Maria Blut und zurück zum Ausgangspunkt. Nach Westen, über den Gscheuerkopf und weiter zur Granderalm, ist der Abstieg etwas angenehmer, dafür wird die Runde um eine Spur länger.

Eines sollte man noch berücksichtigen. Die Wege im Buchenwald sind auf der Kammhöhe oft bedeckt mit altem Laub und manchmal gar nicht so leicht erkennbar. Deshalb die Markierungen nicht aus den Augen verlieren und vor allem nicht unmittelbar nach längerem Regen.



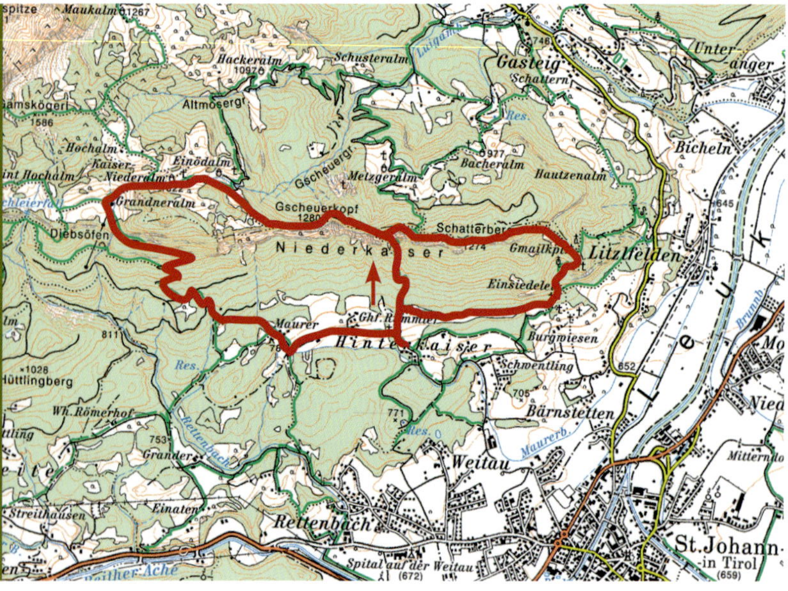

# 90 Fellhorn 1765 m

Das Fellhorn über Waidring nach dem ersten Schnee.

**Südliche Chiemgauer Alpen**

▲

Wie ein Horn schaut es nicht gerade aus und beeindruckt auch niemanden mit seiner Höhe, doch wegen seiner rundum freistehenden Lage ist dieser langgestreckte Latschenrücken über Waidring ein besonders schöner Aussichtspunkt.

**Stützpunkt:** Straubinger Haus (1551 m), mehrere Almen am Weg

**Zeit, Höhendifferenz:** Parkplatz Steinplatte (1374 m) – Brennhütte – Durchkaseralm – Straubinger Haus (1551 m) 2 Stunden, 180 Höhenmeter. Zum Fellhorn-Gipfel (1765 m) 30–40 Minuten, 200 Höhenmeter. Abstieg ebenfalls 2 Stunden.

**Charakter:** Ein kleinräumiges Landschaftsschutzgebiet zwischen dem Unterberghorn und der Steinplatte mit weitgehend ursprünglicher Landschaft, aber sanfteren Bergformen, die bereits ins Alpenvorland überleiten.

**Tipp:** Eine Supertour ist es auch mit dem Mountainbike. Dazu startet man aber in der Nähe von Erpfendorf. Länge 11,5 km, 930 Hm., Fahrzeit ca. 2 Stunden. Zu finden in unserem Führer „Mountainbiken in Tirol".

**Beste Jahreszeit:** Frühsommer bis Spätherbst

**Ausgangspunkt:** Waidring, Mautstraße zur Steinplatte

Von der Straubinger Hütte ist es nur mehr ein Katzensprung auf das Fellhorn.

Knapp unter dem Gipfel des Fellhorns und unweit der Landesgrenze zu Bayern, aber gerade noch auf Tiroler Seite, liegt das Straubinger Haus, welches bis Oktober durchgehend, im November bei Schönwetter nur mehr an den Wochenenden bewirtschaftet ist. Der Großteil seiner Besucher kommt ja von der bayerischen Seite von Reit im Winkl herauf. Für die Tiroler Wanderer ist der Ausgangspunkt am Parkplatz der Steinplatte, die von Waidring auf einer Mautstraße erreicht wird, aber viel nahe liegender. Von hier bis zur Hütte ist es eine unkomplizierte Wanderung mit wenig Höhenunterschied auf einem guten Bergsteig. Wissen muss man aber, dass man für den Rückweg wegen der Gegenanstiege fast genauso lange braucht wie für den Hinweg. Zum flachen Wiesengipfel, wo sogar im November noch ein paar verspätete Enziane aus dem dürren Gras hervorlugten, ist es nur mehr ein Katzensprung.

Auf der Loferer Bundesstraße bis Waidring und kurz vor der Ortseinfahrt links ab auf die Höhenstraße zur Steinplatte (1374 m, Maut pro Pkw 8 €). Gleich am Parkplatz links beschilderter Wegbeginn mit hübschem

Alpin- und Naturlchrpfad bis zur Brennhütte. Die Orientierung sollte kein Problem sein, nur bei den vielen Wegteilungen muss man der richtigen Beschilderung folgen. Danach durchschreitet man eine Wiesensenke mit der Durchkaseralm und marschiert im leichten Auf und Ab über ein paar Latschenköpfe auf das Fellhorn zu, das uns von hier seine unwirtliche Seite zeigt. Erst am vorgelagerten Markkogel kommt ein längcrcr Anstieg, danach geht es wieder abwärts zur Eggenalm und zum Straubinger Haus (1551 m). Der Steig zum Gipfel des Fellhorns führt genauso unschwierig im Rechtsbogen um den vorgelagerten Brunellenkogel in die Westflanke des Berges, durch breite Latschengassen und Grashänge zum Gipfelkreuz. Schöner Tiefblick ins Tal nach Waidring. Die Felswand der Steinplatte mit ihrer schrägen Skiabdachung im Osten und der geschlossene Stock des Wilden Kaisers sind die Aussichtshöhepunkte am Fellhorn.

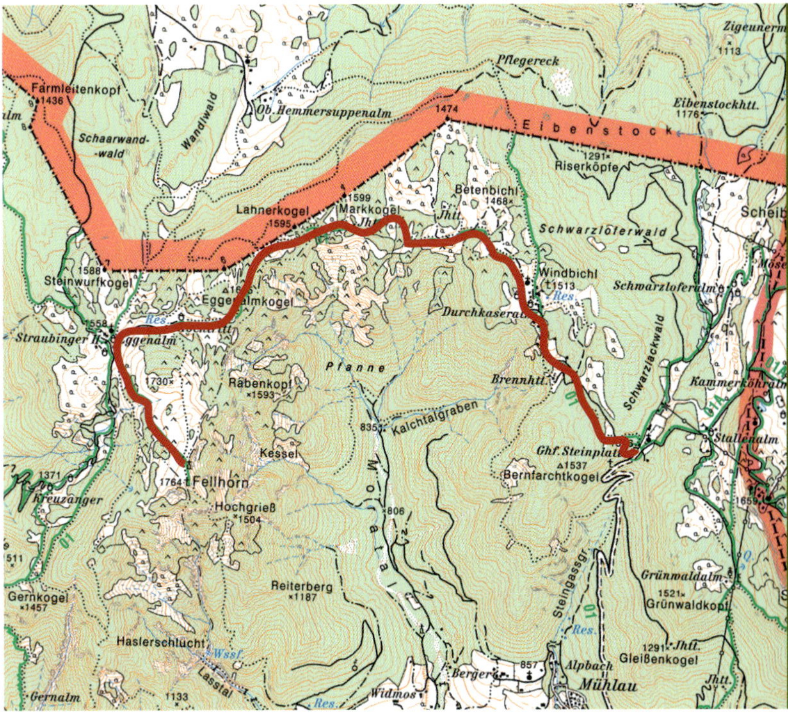


Tour 90 Fellhorn

# 91 Hohe Salve 1828 m

Die stetige Luftströmung soll der Windharfe auf der Hohen Salve süße Töne entlocken.

**Kitzbüheler Alpen**
▲

Die vollkommen frei stehende Graskuppe der Salve gilt als einer der schönsten Aussichtsberge Tirols. Der Großglockner scheint zum Greifen nahe.

**Stützpunkt:** Gipfelrestaurant, GH Rigi

**Zeit, Höhendifferenz:** Wegbeginn bei den Gehöften Troadstadel oder Ledererhof (ca. 1100 m) –Hohe Salve (1828 m) 2–2:30 Stunden, 730 Höhenmeter; Abstieg 1–1:30 Stunden;
von Moosen (760 m) 3:30 Stunden, 1100 Höhenmeter.

**Charakter:** Auf der dem Brixental zugewandten und von Liften unberührten Südseite auf den berühmten Aussichtsberg. Vom Tal aus oder vom höher gelegenen Startpunkt.

**Tipp:** Nehmen Sie sich genügend Zeit für den Gipfel, denn hier gibt es nicht nur die prächtige Aussicht zu bewundern! Ein Bergerlebnis für die Sinne.

**Beste Jahreszeit:** Frühling bis Wintereinbruch.

**Ausgangspunkt:** Ortsteil Moosen an der Bundesstraße in Westendorf

Rundum surren die Lifte und von Hopfgarten oder von Söll gelangt man auch ohne Skier mühelos auf den Tiroler Rigi, wie die Hohe Salve wegen ihrer berühmten Rundumsicht gerne genannt wird. Wandert man von Westendorf über den Inneren Salvenberg hier herauf zur höchstgelegenen Wallfahrtskirche Österreichs, kommt man erst ganz in Gipfelnähe mit den Errungenschaften unseres technischen Zeitalters in Berührung. Die Wege auf der Südseite sind bis in den Spätherbst trocken, wählen kann man zwischen einem breiten Forstweg oder einem steileren Waldsteig.

Fürs Erste überwältigt ist der Besucher an klaren Tagen vom Blick zu den Bergen in der Nähe und in der Ferne, vom Wilden Kaiser bis zu den Gletschern der Hohen Tauern. Mit den großen Panoramatafeln lassen sich die 70 Dreitausender ganz genau bestimmen. Auch sonst gibt es viel zu schauen und zu lesen. Man erfährt, wie in grauen Sagenzeiten der Salvenriese mit dem Wildschönauer Riesen gestritten hat oder wie Sonnenuhren funktionieren. Innehalten und Wahrnehmen heißt das Motto des deutschen Konzeptionisten Matthias Schenk, der hier heroben lehrreiche Inszenierungen zum Thema Sonne, Mond, Licht und Schatten, Zeit und Rhythmus geschaffen hat. Stationen auf den Spuren der Zeitmessung, für die es Führungen gibt, die aber genauso gut auf eigene Faust erobert werden können. Neueste Attraktion ist aber die überdimensionale, drehbare Windharfe, der jeder Luftzug geheimnisvolle Melodien entlockt.

**So kommt man hin:** Von Hopfgarten kommend bleibt man nach dem Ortsschild Westendorf auf der Bundesstraße. Unmittelbar nach der Bahnunterführung im Ortsteil Moosen links ab (Richtung Salvenberg). Kommt man von Brixen, ist es unmittelbar nach dem Bahnhof Westendorf. In Moosen bis zum Heißenhof, dort links aufwärts (Beschilderung Salvenberg, Alpenschule, Hohe Salve). Auffahrt ca. 3 km auf Asphaltstraße bis zum Schranken vor dem Gehöft Troadstadel (Lederer kurz unterhalb). Ab hier Fahrverbot.

Vom Schranken bis zum Ende des Asphaltweges, aber gleich danach rechts auf den Waldsteig, der immer in gerader Linie, beschildert und markiert, den Fahrweg mehrmals querend in einer Linie durch den Wald aufwärts zieht. An der Waldgrenze zieht der Weg allmählich nach rechts und führt oberhalb der Hochspannungsleitung ins Weidegelände der Kälbersalvenalm. Hier scheint die Kapelle am Gipfel bereits ganz nahe, aber noch sind 300 Höhenmeter zu überwinden. Am breiten Weg auf die blaue Liftstation zu, dann gerade, aber auf recht gutem Zickzacksteig, neben den Schneekanonen durch den steilen Grashang der Gipfelkuppe.

### Rundweg um die Salve

Lohnend ist auch der Höhenrundweg, der, beginnend bei den oberen Stationen der Kälbersalvenbahn und des Foischingliftes (ca. auf 1500 m), die Kuppe der Hohen Salve komplett umrundet. Am besten gegen den Uhrzeiger nach rechts, abwärts zur Inneren und Äußeren Keatalm und zurück zum Sattel zwischen Kleiner und Hoher Salve. Beim GH Rigi gelangt man wieder auf die Südseite und steigt von hier aus gleich auf den Gipfel oder macht die Runde fertig (200 Höhenmeter, 2 Stunden, Liftfahrer starten beim GH Rigi).

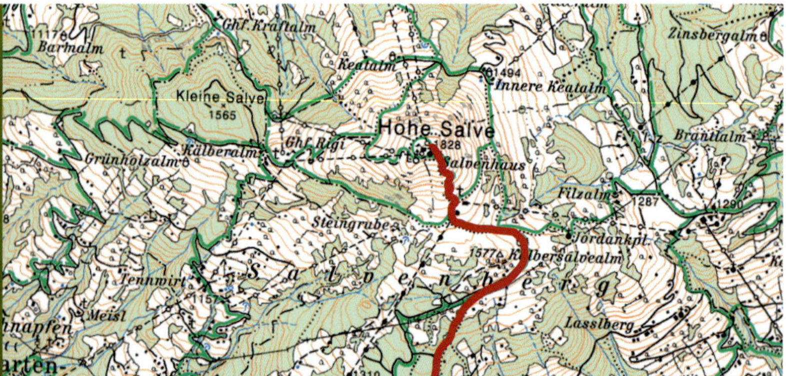

# 92 Gerstinger Joch 2035 m Floch, 2057 m Brechhorn, 2032 m

Aufstieg zum Gerstinger Joch, im Hintergrund das Brechhorn.

**Kitzbüheler Alpen**
**Spertental**
▲▲

Die Kitzbüheler Alpen entsenden von der Ländergrenze Tirol–Salzburg mehrere Bergkämme nach Norden, die durch die bekannten „Skitourentäler" Spertental, Windau, Kelchsau, Wildschönau und Alpbachtal – von Osten nach Westen – getrennt werden.

**Zeit/Höhendifferenz:** 4:30 Std./950 Hm.; gesamte Runde: 6:30–7:00/1450
**Charakter:** Landschaftlich idyllische Höhenwanderung
**Tipp:** Paradies für Beerenpflücker (bis in den Gipfelbereich)

**Beste Jahreszeit:** Frühjahr bis Spätherbst
**Ausgangspunkt:** Kirchberg/Aschau, ca. 1000 m

**Labalm, 1261 m** Geöffnet vom Frühsommer bis Spätherbst

Unser Tourenziel – der „Grashügel" Gerstinger Joch – erhebt sich 2035 m hoch zwischen dem Spertental bei Kirchberg, genauer der südlichen Verlängerung Unterer Grund, und dem Windautal. Zwei Varianten stehen zur Auswahl: entweder nur Gerstinger-Joch-Runde oder für ausdauernde – auch schwindelfreie – Geher die wunderschöne Überschreitung über den Floch zum Brechhorn, entlang von zig funkelnden Bergaugen (gut zwei Std./450 Hm. länger). Während der gesamten Wanderung lässt uns die atypische Felsgestalt des Großen Rettensteins – in den sonst grünen Kitzbühelern – nicht aus den Augen. Für beide Varianten ist Schönwetter Voraussetzung, bei Regen ist wegen der nassen Wiesen und bei Nebel wegen dürftiger Markierung und spärlichen (alten) Wegweisern die Orientierung problematisch. Bei guter Sicht sind die Gipfelkreuze, Steigspuren, Almen gut auszumachen und mit Hilfe einer neueren Karte auch gut zuordenbar.

An dieser Stelle ist etwas Kritik am Zustand des Wegenetzes in diesem Gebiet angebracht: Im „reichen" Tourismusgebiet Kitzbühel hält man anscheinend die alten, verwitterten Holztafen für ausreichend und dort wo sie durch neue gelbe Wegweiser ersetzt wurden – z. B. im Nahbereich von Liftanlagen – helfen die mit GPS-Daten versehenen Kotentafeln, die in keinen Wanderkarten aufscheinen, dem Begeher auch nicht wirklich weiter. Und: Warum gibt es keine markierte und beschilderte Verbindung vom Floch zur Hinterkarscharte, obwohl ein Steiglein vorhanden wäre?

**Zum Ausgangspunkt:** Von Kirchberg südlich 8 km bis Aschau und zur Mautstelle Unterer Grund (€ 4 per Pkw); entlang der Spertentaler Achе bis zur Wegteilung Hintenbachalm/Labalm (Parkplatz), 1160 m (zu Fuß hierher 1:00 Std.).

Auf der Fahrstraße in 15 Min. zur Labalm (mit Fahne), 1261 m.

Immer dabei: der Große Rettenstein.

Beim blauen Wegweiser „Gerstinger Joch“ über grüne Serpentinen hinauf zur Fahrstraße Haglangerlalm. Dort links vorbei aufwärts zu rotem WW und über Almwiesen (Holzpflöcke) steil bis sehr steil – kniehohe Stufen erfordern kräftigen Einsatz der Bergstöcke – bis zu einer Krüppelzirbe, ca. 1750 m. Nun am Ostgrat etwas leichter zum Gipfelkreuz; zwei Stunden vom Parkplatz. Der Ausblick nach Norden zu Kaiser, Loferer und Leoganger Steinbergen und nach Süden zu den Gletscherriesen der Hohen Tauern mit dem Großvenediger toppen unsere Gipfelrast.

Eine Wohltat für die Augen.

**Abstieg:** Durch Latschen 200 Hm. abwärts ins Almrosengelände und an den eingangs erwähnten unzähligen, kleinen Fjorden ähnelnden Seelein vorbei in ein kleines Sattele (darüber auffälliges neues Stahl-Gipfelkreuz). Nun nicht links hinaus zur eigentlichen Hintenkarscharte, sondern rechts auf Steigspuren zur weithin sichtbaren Hintenkar-Hochalm und am Almweg zur Niederalm, dort das Tälchen querend rechts hinüber zur Haglangeralm und Labalm oder am Fahrweg direkt zum Auto.

**Beschreibung der ganzen Runde (nur für Geübte):** Wir lassen unser Gefährt am Parkplatz vor dem Mauthäusl stehen und gehen zu Fuß – am Wasserfall vorbei – in einer guten Stunde zur Labalm. Weiterweg wie oben bis zum Jöchl – hier ist die kritisierte Wegunterbrechungsstelle im Höhenweg Brechhorn–Floch–Gerstinger Joch–Kleiner–Großer Tanzkogel. Achtung: Rechts/östlich unterhalb des Gamskogelkreuzes auf Gamssteiglein in wenigen Minuten hinüber zum Ansatz des Floch-Südgrats. Ab hier einem Steiglein folgend steil hinauf und flacher Richtung Norden zum umgefallenen Trigonometer und 100 m weiter zum Floch-Gipfelkreuz, 2057 m. Ab hier beginnen gleich zwei markierte Wege. Östlich unterhalb oder westlich über den Rücken gelangt man zum ersten gelben WW (Brandeggalm),

mit dem wir wenig anfangen können (eigentlich bräuchten wir einen WW zum Brechhorn) und weiter zum nächsten, ebenfalls mit UTM-Koordinaten. So bleibt wieder nur der gut sichtbare Steig über den felsigen Grat – sehr ausgesetzt –, den man teilweise links etwas leichter umgehen kann, zum Brechhorn; vom Gerstinger Joch 2:00 Std./450 Hm.
Abstieg: 10 Min. abwärts und rechts (Aschau) zur kleinen Wirtshochalm und weiter zum Mittelleger (rechts Straße zur Hintenbachalm). Links auf dem Steig abwärts, der früher direkt über die Wirtsgrundalm zur Mautstelle führte, seit einigen Jahren aber durch Steinschlag unterbrochen ist. Trotzdem kann man ihn gefahrlos benutzen, denn ein Umgehungsweg bringt uns an einer aufgelassenen Materialseilbahn vorbei hinunter zu einer neuen Brücke über die Spertentaler Ache und in einer Viertelstunde auf der Fahrstraße zum AP.



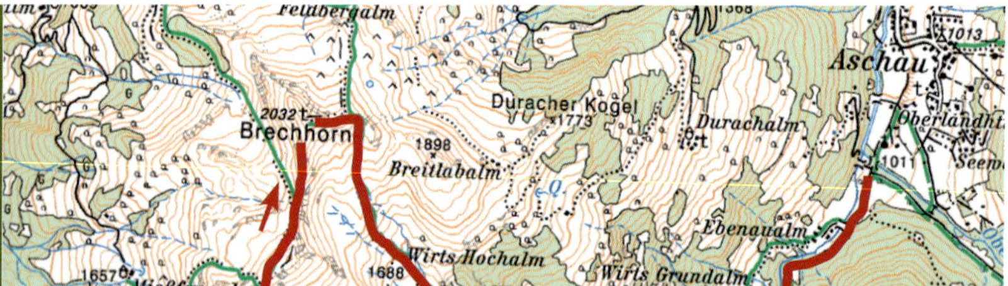

# 93 Großer Rettenstein 2366 m Spießnägel 1881 m

Stets gut besucht ist der Große Rettenstein im Spertental.

**Kitzbüheler Alpen**
**Spertental**
▲▲

Er schaut wohl so aus, ist aber bei weitem nicht der höchste Berg in den Kitzbüheler Alpen, hebt sich aber doch deutlich von den ringsum befindlichen sanften Skibergen ab.

**Stützpunkt:** Oberlandhütte (1006 m) am Ausgangspunkt

**Zeit, Höhendifferenz:** Aschau (1006 m) – Sonnwendalm/Schöntalalm (1601 m) – Großer Rettenstein (2366 m) 3:30–4 Stunden, 1350 Höhenmeter; Spießnägel 900 Höhenmeter.

**Charakter:** Ein steiler Zahn inmitten der grünen Kitzbüheler Graskuppen. Fast von jedem Berggipfel im Tiroler Unterland sticht seine markante Felspyramide ins Auge. Doch sein unnahbares Aussehen täuscht.

**Tipp:** Ab Hintenbachalm (bis hierher Mautstraße, 4 €) eine Stunde kürzer.

**Beste Jahreszeit:** Mitte Juni bis Oktober

**Ausgangspunkt:** Aschau im Spertental, Oberlandhütte

Kommt man durch das Spertental auf Aschau zu, dann erscheint der Rettenstein als dunkler, abweisender Felsklotz. Seine Nordostflanke, die sich über den Almhängen des Schöntals aufbaut, weist aber eine beträchtliche Schwachstelle auf. Ein riesiger Grashang, der allmählich in einen zerklüfteten Schrofenhang überleitet, durch den ein zwar steiler, aber ganz passabler Steig hinaufführt. Der Weg ist in gutem Zustand, mit vielen künstlichen Stufen und ein paar kurzen Stellen, wo man vielleicht auch einmal die Hände zu Hilfe nehmen muss. Die Steinschlaggefahr, vor der auf den Schildern gewarnt wird, sollte man auch auf sich selber beziehen und versuchen, möglichst sauber zu gehen und keine Steine abzutreten.

Felsnadel am Rettenstein.

**So kommt man hin:** In Kirchberg in die Ortsmitte und ins Spertental nach Aschau (9 km). Unmittelbar vor der Ortschaft geradeaus weiter, vorbei an der Oberlandhütte, zu großem Parkplatz. Ab hier muss man mit vier Stunden für den Rettenstein rechnen, fast eine Stunde kürzer wird es, wenn man mit dem Auto auf der Mautstraße (4 €) im Unteren Grund bis zur Hintenbachalm fährt. Von dort entweder am lang gezogenen Fahrweg oder direkt von den Almhütten auf dem alten Almweg steil, aber wesentlich kürzer und direkter hinauf ins Schöntal zur Schöntalalm. Weiter talein, noch auf breitem Almweg, zu den kleinen Hütten des Schöntalscherm. Ab hier geht es richtig bergauf. Nach einer Geländestufe (Quelle und Stempelstelle) gewinnt man die volle Übersicht über den riesigen Hang, durch den sich der Steig im Zickzack durchwindet. Weiter oben, wo es felsiger wird, im groben Blockwerk, aber gut gestuft und markiert auf den Gipfel zu, der mit einem schönen Kreuz geschmückt ist. Überwältigend ist die weite Rundumsicht, die von den Gletschern der Hohen

Tauern bis zu den Kalktürmen des Wilden Kaisers und der Loferer Steinberge reicht.

### Variante Spießnägel

Wem der Rettenstein zu mühsam erscheint, der kann es sich beim Schöntalscherm noch einmal überlegen und nach links hinauf auf das Rettensteinjoch steigen und dann ebenfalls wunderschön und aussichtsreich über den grünen Kamm zu den Spießnägeln (1881 m) hin wandern. Von dort kann man entweder direkt zur Oberlandhütte absteigen oder – wenn man zur Hintenbachalm zurück muss – weglos über Grasgelände hinunter zur Schöntalalm gelangen (1:30 bis 2 Stunden, 280 Höhenmeter, ab Schöntalalm).

# 94 Gamshag 2176 m

Das Gipfelkreuz vor Augen, wird der Gamshag im Sturm erobert.

**Kitzbüheler Alpen Ost**
**Kelchalmgraben**

Der Gamshag ist der beherrschende Berg am Ende des Kelchalmgrabens, aber für Gipfelsammler gibt es ein reiches Betätigungsfeld. Mit wenig Mehraufwand lassen sich noch Schütz, Tristkogel und Saalkogel dranhängen. Brandneu ist der Klettersteig auf den Tristkogel.

**Stützpunkt:** Bochumer Hütte (1430 m), geöffnet bis Ende Oktober

**Zeit, Höhendifferenz:** Parkplatz Bochumer Hütte (1250 m) – Oberkaseralm (1740 m) 1:15 Stunden – Schütz (2067 m) 45 Min. – Gamshag (2176 m) 45 Min. – Abstieg Torjoch (1933 m) 30 Min. – Tristkogel (2096 m) 30 Min. – Saalkogel (2006 m) 30 Min.; gesamt 3:30–4 Stunden. Rückweg zur Bochumer Hütte (1430 m, 1 Stunde). Bis Gamshag ca. 1000 Höhenmeter.

**Charakter:** Grasgipfel im Talschluss des Kelchalmgrabens. Feine Wanderberge, leicht besteigbar, einzeln oder im Multipack.

**Tipp:** Lohnender Klettersteig in der Nordflanke des Tristkogels.

**Beste Jahreszeit:** ab Mitte Juni bis Spätherbst

**Ausgangspunkt:** Aurach, Jochberg

Vor gar nicht so langer Zeit, bis ins Jahr 1928, wurde im Kelchalmgraben bei Jochberg noch Kupfer abgebaut. Aus dem ehemaligen Knappenhaus am Eingang der Bergwerksstollen wurde nun die Bochumer Hütte zum Bergsteigerstützpunkt, die ein ganzer Kranz von schönen Wanderbergen umgibt. Alle diese Gipfel sind leicht ersteigbar, auf alle führen markierte und bestens beschilderte Wege, und man braucht sich nur auszusuchen, in welcher Kombination man sie angehen will. Ideal ist es, wenn man die Hütte erst am Ende der Runde besucht und zuvor geradewegs zur Oberkaseralm aufsteigt, wo alle Berge in unmittelbarer Reichweite liegen. Dort peilt man als erstes den Schütz an, überschreitet in der Folge den Gamshag, steigt ab zum Torjoch und setzt die Gipfelsammlung über den Tristkogel bis zum Saalkogel fort. Danach Abstieg zur Bochumer Hütte, wo der Bergtag gemütlich ausklingt.

**So kommt man hin:** Von Kitzbühel kommend unmittelbar nach Aurach, aber noch vor Jochberg, direkt beim GH Hechenmoos, links abbiegen. Der Beschilderung Kelchalm/Bochumer Hütte folgend auf gutem Fahrweg (3,5 km) bis zum hütteneigenen Parkplatz im Kelchalmgraben. Kurz dahinter nochmals Parkmöglichkeit. Nun zu Fuß geradeaus bis zur Niederkaseralm, wo man den Fahrweg verlässt und am alten Almweg zur Oberkaseralm (zur Almzeit bewirtschaftet) aufsteigt. Von hier ist jeder Gipfel einzeln ersteigbar und auch die komplette Runde vom Schütz bis zum Saalkogel ist kein besonderer Aufwand. Will man die Rundtour angehen, wendet man sich bei der Oberkaseralm nach rechts und steigt durch einen steilen Bachgraben auf die Grathöhe, die man zwischen den beiden Schütz-Gipfeln erreicht. Nach rechts zum Schützkogel, links geht es in Gratnähe weiter über den Kleinen Schütz zum Gamshag, dem höchsten Punkt der Runde. Traumaussicht zu Großglockner und Großvenediger bis

Bochumer Hütte, rechts Gamshag.

zum Hochkönig im Osten. Abstieg durch die Grasflanke zum Torsee, den man zur Gänze umrundet, und zum Torjoch, wo die Querung (oder Abstecher zum Gipfel) des Tristkogels zum Saaljoch beginnt. Genauso gut kann man vom Torjoch auch wieder zur Oberkaseralm absteigen. Will man noch bei der Bochumer Hütte zukehren, bleibt man jetzt besser am Fahrweg, bis bei einer Kehre ein Steig zur Hütte hin abzweigt.

**Klettersteig Tristkogel:** Sogar einen ziemlich neuen Klettersteig (seit 2004) gibt es hier mitten in den Grasbergen. Unmittelbar über der Oberkaseralm führt er durch die nordseitige Felszone des Tristkogels. Allerdings ist er lange im tiefen Schatten. Ideal im Hochsommer, im Herbst besser erst nachmittags. Großteils mit luftigen Leiternpassagen, dazwischen kurze Quergänge, führt das dicke Fixseil im Zickzack durch die kompakte Wand bis zum Gamsband, danach im Grasgelände zum Gipfel. Schwierigkeitsgrad C, 220 Höhenmeter, 1 Stunde, Klettersteigset und Helm notwendig. Infotafel hinter der Almhütte rechts.



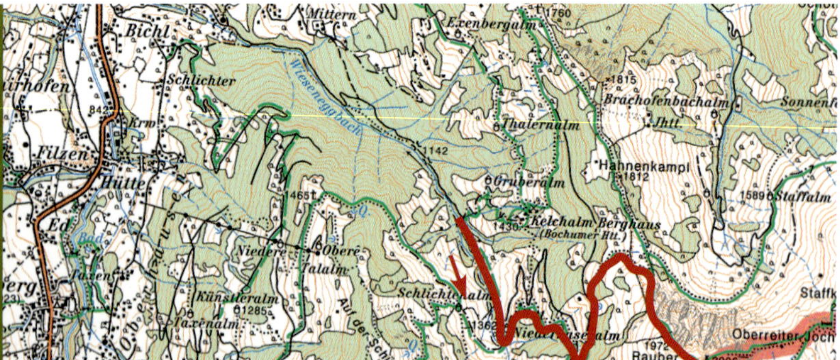

# 95 Wildseeloder 2117 m

Abstieg von der Henne zum Wildseeloderhaus.

**Kitzbüheler Alpen Ostteil**

Bergwandern, Mountainbiken und sogar einen Klettersteig erklimmen. Das kann man alles auf einmal oder jedes für sich beim Wildseeloderhaus.

**Stützpunkt:** Wildseeloderhaus (1854 m)

**Zeit, Höhendifferenz:** Bergstation Lärchfilzkogel (1654 m) – Abstieg Wildalmen – Wildseeloderhaus (1854 m) 1 Stunde; Gipfelbesteigung Henne (2078 m) 45 Minuten, Wildseeloder (2117 m) 45 Minuten. Insgesamt 500 Höhenmeter.

**Charakter:** Mit Seilbahnhilfe oder mit dem Mountainbike erschließen sich die beiden grünen Wanderberge über dem Wildsee.

**Tipp:** Neueste Attraktion ist der Miniklettersteig über die schwach ausgeprägte Felsrippe der Henne, eines kleinen Nebengipfels über dem Wildsee.

**Beste Jahreszeit:** ab Mitte Juni

**Ausgangspunkt:** Fieberbrunn, Talstation Fieberbrunner Bergbahn

Der Wildseeloder und die etwas niedrigere Henne, diese beiden Wanderberge links und rechts des Wildseeloderhauses, die sich im dunklen Wasser des Wildsees spiegeln, sind auf guten Bergsteigen erreichbar. Wer sich noch dazu einen der neueren Klettersteige Tirols anschauen will, macht als erstes den Aufstieg zur Henne von Osten her, steigt von ihr zur Wildseeloderhütte ab und schafft noch locker den nächsten Anstieg zum Wildseelodergipfel. Erst vor ein paar Jahren hat die Fieberbrunner AV-Sektion die im weiten Umkreis einzigen Felsen am Henngrat mit Drahtseilen überspannt – ein prickelndes Zuckerl im grünen Wandergebiet. Die Erwartungen darf man aber nicht allzu hoch schrauben.

Anfänger schaffen es locker.

**So kommt man hin:** In Fieberbrunn bis ans östliche Ortsende und kurze Auffahrt zu den Fieberbrunner Bergbahnen, großer Parkplatz. Seilbahnbetrieb ab 8.30 Uhr, halbstündlich. Berg-/Talfahrt 11 €, 10 € mit AV-Ausweis.

Auffahrt in zwei Sektionen zum vorgelagerten Lärchfilzkogel, wo man bereits einen umfassenden Überblick über seine Bergziele erhält. Der Nur-Wanderer steuert sogleich nach dem Abstieg zu den Wildalmen das genau darüber befindliche Wildseeloderhaus an, wer vorher noch zum Klettersteig will, muss – wenn die Almsenke erreicht ist – vorerst am Fahrweg noch etwas weiter absteigen bis zur ersten Serpentine, von wo er der Markierung Nr. 18 folgt. Im Pistengelände bis zur Bergstation des Reckmoosliftes und über den Latschenrücken zum Beginn des Klettersteiges zur Henne (gut beschildert und markiert). Bei den steileren Klammer-Passagen wurde eine leichtere, aber ebenfalls versicherte Umgehung geschaffen, markiert mit A für leicht und B für schwer. Die Klettersteiglänge beträgt 800 m bei 210 m Höhendifferenz, Gehzeit ca. 1 Stunde ab Reckmooslift. Routinierte Geher können wohl aufs Klettersteigset verzichten, Neulinge hängen sich besser an.

(Auch von der Wildseeloderhütte ist die neue Ferrata erreichbar. Dazu steigt man zuerst hinauf zum Seenieder und von dort in der Flanke südseitig auf dem „Blumenweg“ abwärts zur Hochhörndlerhütte und der darüber befindlichen Bergstation, über der der Klettersteig ansetzt.) Vom Henne-Gipfel Abstieg zur Hütte am See und am Gegenhang in steilen Serpentinen durch die Grasflanke auf den Wildseeloder (nochmals 260 Höhenmeter, 45 Minuten).

**Mit dem Mountainbike:** Ganz ideal sind die Wildseeloderberge als Kombitour mit dem Mountainbike. Start beim Parkplatz der Seilbahn. Links auf MB-Weg 502 zur Mittelstation Streuböden (beste Naturstraße, 4 km, 10–12%). Es folgt ein steiler Buckel bis zum GH Wildalpgatterl, dann aber eine weit ausholende flache Schleife zur Lärchfilzhochalm, wo man nach rechts in die Almmulden hinter dem Lärchfilzkogel einbiegt. Hier gibt es wieder einige sehr steile Passagen, die den Normalbiker zum Schieben zwingen. Danach immer wieder gut fahrbar (nochmals 4,5 km bis zu den Wildalmen, insgesamt 750 Hm., Fahrzeit 1:30 Stunden).

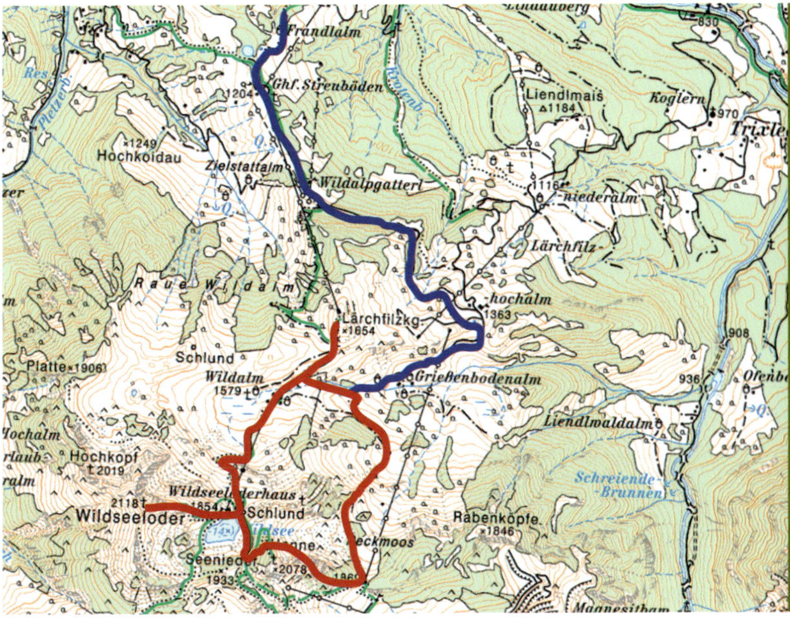

# 96 Schlieferspitze 3290 m Gamsspitzl 2880 m

Der Klettergarten bei der Warnsdorfer Hütte lädt zum Üben ein.

**Hohe Tauern**
**Krimmler Tal**

„Bedeutendster und höchster Gipfel des Krimmler Kammes, eine der schönsten Erhebungen der Venedigergruppe", so steht es im Rother AV-Bergführer Venedigergruppe – was der Autor so nicht 100%ig bestätigen kann, aber nur weil sich trotz guter Wetterprognose das Traumpanorama versteckt hielt.

**Zeit/Länge/Höhendiff.:** Schlieferspitze: 10:30 Std./37 km/2350 Hm. Gamsspitzl: gut 3:00 Std./500 Hm. weniger
**Charakter:** „Die" Top-Tagestour dieses Buches
**Tipp:** Nur bei stabiler Wetterlage (trockene Straße)
**Beste Jahreszeit:** Hochsommer (langer Tag)

**Ausgangspunkt:** Gerlospassstraße/ Kreiselkehre-Parkplatz vor Krimml, 1170 m
**Warnsdorfer Hütte, 2334 m** Geöffnet Mitte Juni–Ende Sept., Tel .06564/8241 Nationalparktaxi bis Materialseilbahn: Tel. 06564/281 od. 356
**Krimmler Tauernhaus, 1622 m** Ganzjährig geöffnet.

Die längste Eintages-hin-und-her-Tour in diesem Buch, die ein paar Kilometer jenseits der Tiroler Grenze liegt, kann nur den absoluten Konditionsbolzen unter den Lesern empfohlen werden – denen dafür aber wärmstens. Das größte Naturschauspiel der Ostalpen in Österreich – die Krimmler Wasserfälle (380 m hoch, Platz 5 weltweit) – in einem der schönsten Tauerntäler mit atemberaubendem Talschluss und rapide schwindendem Krimmler Kees, darüber die mächtigen Dreiherrn- und Simonyspitzen, lohnt allemal den km-Mehraufwand (95 ab Innsbruck). Und – wer weiß wie lange man noch Gletscher und wilde Wasser schauen kann. Die Mountainbiketour ins Krimmler Tal mit dem Kurzanstieg zur Warnsdorfer Hütte wurde in unserem Buch „Mountainbiken in Tirol" ja schon ausführlich vorgestellt, sodass eine Kurzbeschreibung davon genügt, dafür aber die Bergtour auf die Schlieferspitze – und eine kürzere Ersatzvariante – ausführlicher behandelt wird. Für Technische-Daten-Sammler: Parkplatz–Radlende: 2:00 Std./18,5 km/700 Hm.; Radlende–Warnsdorfer Hütte: 1:15/500; Warnsdorfer Hütte–Schlieferspitze: 3:30/1000; Rückweg: 3:45 Std./18,5 km/150 Hm.

**Zum Ausgangspunkt:** Von Tirol kommend im Zillertal bis Zell und hinauf nach Gerlos. Auf der mautpflichtigen Gerlospassstraße (€ 7/Pkw) hinab Richtung Krimml bis zum Straßenkreisel kurz vor Krimml (Parkplatz rechts mit Wasserfallblick).

Vom Parkplatz auf der Straße 100 m retour zu Wegweiser links ins Krimmler Tal (auch

Steinplattenweg zur Hütte.

MTB-Schild). Nach dem automatischen Schranken auf sehr gutem Untergrund – der aber bei oder nach Regen eine Vollreinigung von Mensch und Material mittels Dampfstrahler nötig macht – 2 km ziemlich steil hoch (bis 15%) zur obersten Stufe des Wasserfalls. Nach dem „Schönangerl" mittelsteil zum 300-m-Tunnel (Stirnlampe von Vorteil) und zur hier hurtig fließenden Ache; ab der Hölzlahneralm geht es im flachen Talboden weiter talein. Nach dem Ensemble des Krimmler Tauernhauses (das schon im Mittelalter als Stützpunkt für einen der wichtigsten Tauernübergänge diente) noch über 7 km und drei kurze Geländestufen wenig anstrengend zum Radlende zwischen Innerer Keesalm und der Brücke kurz vor der Materialseilbahn, ca. 1840 m. Nun zu Fuß auf dem super angelegten Hüttenweg (auch mit MTB-Schuhen gangbar) zur auf einem grünen Geländerücken thronenden Warnsdorfer Hütte mit ihrer tollen Gipfel- und Gletscheraussicht (hier Kees genannt).

**Zur Schlieferspitze** (im AV-Führer von 1969 sind noch 15 verschiedene Anstiege beschrieben; wir wählen den heute üblichen markierten Normalweg über den SW-Grat: Trittsicherheit, Schwindelfreiheit und alpine Erfahrung für IIer-Gelände erforderlich; Leichtbergschuhe genügen): Von der Hütte zurück abwärts zum WW. Auf Weg 936 (Schlieferspitze) sehr steil nordwärts hinauf zu Punkt 2501 (Steinmann mit Holzstange). Man gelangt in das riesige Sonntagskar und quert im Auf und Ab zahllose Wasserläufe und Gletscherschliffe, bis man endlich das blockige Schlieferkar erreicht, das vom SW-Grat abgeschlossen wird. Nun steiler – aber hier gut und ausreichend markiert – hinauf zum Punkt 3076 im SW-Grat (dieser wurde übrigens schon 1893 von F. Drasch erstbegangen). Ab der Gefahrentafel gibt es nur mehr Steinmandln als Orientierungshilfen, die entweder direkt über den Grat oder rechts davon in der Südflanke den Weg zum Gipfel zeigen (daher alpine Erfahrung nötig!). Zum Schluss fordert ein steiler Aufschwung noch volle Aufmerksamkeit vor dem ausgesetzten Gipfel (Kreuz); ab Hütte 3:30, ab Scharte 1:00 Std. Rückweg wie Aufstieg.

**Gamsspitzl** (Hüttenberg mit ebenfalls exzellenter Aussicht): Von der Hütte auf Weg 902 unschwierig in maximal eineinhalb Stunden erreichbar.

Von Krimml
Foißkarkopf
3029
Sonntagskark.
2571
Vorderjaidbachkar
Ht. Foißkarhtt. (verf.)
Mühleggalm
Humbachklamm
Humbach-kar
Vorderkopf
3024
Humbachalm
Schachenklamm
Schachenkark.
2982
Außerschachenalm
Hofrat-Keller-Htt.
Krausenkar
Krausenkark.
2757
Innerschachenalm
Weiglkark.
3009
Krimmler Tauernhaus
Blitzenbichlalm
Söllnerlehenalm
Hinterjaidbachkar
Roßmoos
Kl. Jaidbachkees
Weiglkar
Unlaßkark.
3074
Foißgemäueralm
Hintereggalm
Jaidbachsp.
3100
Gr. Jaidbachkees
Kesselalm
Unlaßeck
2554
Zollhtt.
Außerunlaßalm
Jaidbachkar (Unlaßkar)
Westl. Jaidbachkees
Schlieferspitze
3290
Innerunlaßalm
Jaidbach
Rinderwand
Schlieferkees
Schlieferkar
Schliefertürme
3142
Jaidbachalm
Schlieferköpfe
2765
Ht. Sonntagsköpfe
Schlachterkarl
Geißlerkar
Sonntagskar
Hochleger
Sonnwand
Leckerkopf
2477
Kl. Sonntagskees
Wiederkar
Krimmler Törlkopf
3053
Außerkeesalm
Wagner
2552
Krimmler
Glockenkar
Innerkeesalm
Gamsspitzl
2888
Steinkarklamm
Kühflecke
Käferfeld
Glockenkarkees
Steinkar
Warnsdorfer Htt.
2324
Zwillingsköpfe
Steinkarkees
Steinkarsp.
Dreieck
Der Hohe
Birnlücke
2665
Grasleiten
Birnlückenhtt.
2441
Krimmler Kees
Grasleitenkopf
2954
Vd. Maurerkeesk.
3325
Lahneralpe
Prettaukees
Östl. Simonysp.
3448
Westl. Simonysp.
3481

# 97 Hoher Zahn 2924 m
# Weißwand 3016 m

Die italienische Tribulaunhütte, dahinter das Sandesjoch und das Goldkappl.

**Stubaier Alpen**
**Grenzkamm**
**Pflerschtal**

▲▲▲

Entlang des Alpenhauptkamms zieht der „Tiroler Höhenweg" in elf Etappen von Mayrhofen nach Meran. Das eindrucksvollste Teilstück als Tagestour.

**Stützpunkt:** Magdeburger Hütte (2423 m), ital. Tribulaunhütte (2368 m), geöffnet ab Anfang Juli

**Zeit, Höhendifferenz:** Parkplatz Hölle (1465 m) – Magdeburger Hütte (2423 m) 2:30 Stunden, 950 Höhenmeter, Übergang über Weißwand und Hohen Zahn (2924 m) zur Tribulaunhütte (2368 m) 2:30–3 Stunden, 600 Höhenmeter; ganze Runde 6:30–7 Stunden, 1500 Höhenmeter.

**Charakter:** Hochalpine Bergtour hart an der Dreitausendergrenze mit der überwältigenden Kulisse von Goldkappl und Pflerscher Tribulaun.

**Tipp:** Das markante Felsband an der Weißwand sollte schneefrei sein. Man sieht es bereits von Gossensass aus.

**Beste Jahreszeit:** Mitte Juli bis September

**Ausgangspunkt:** Innerpflersch/Stein, Parkplatz Hölle

Er ist eine der vielen neuen Wegschöpfungen, die in den letzten Jahren als Via Alpina oder Adlerweg usw. kreuz und quer durch die Landkarten flattern. Immerhin folgt dieser „Tiroler Höhenweg" einer klar erkennbaren und logischen Linie. Er verläuft vom Pfitscher Joch entlang des Zillertaler Hauptkammes zur Landshuter Hütte, senkt sich hinunter zum Brenner und zieht dann auf der Südtiroler Seite des Stubaier Hauptkammes zu den Ötztaler Bergen und endet in Meran. Oft verläuft der Steig auch in steilem, alpinem Gelände. Die Seilsicherungen in diesen Bereichen wurden zwar komplett erneuert und sind in tadellosem Zustand, doch halten sich die hartnäckigen Schneefelder in steilen Schluchten und Rinnen oft bis in die Mitte des Sommers. Besser man erkundigt sich auf einer der Hütten über die Wegverhältnisse. Schlüsselstelle beim Übergang von der Magdeburger- zur Tribulaunhütte ist das steile Felsband unter dem Gipfel der Weißwand, das auf alle Fälle schneefrei sein sollte. Problemlos hingegen ist die Besteigung des Hohen Zahns, wenn man von der Tribulaunhütte kommt.

Überlegen muss man sich jetzt nur noch, in welcher Richtung man die Rundtour beginnt. Der Wirt der Magdeburger Hütte empfiehlt zwar, von der Tribulaunhütte zu kommen, weil dann die Steilflanke der Weißwand im Abstieg bewältigt wird, mir hingegen scheint es genau umgekehrt besser, weil man nach dem steilen, aber gut angelegten Aufstiegsweg zur Weißwand vom Hohen Zahn über die geschlichteten Granittreppen locker zu Tal springen kann.

**So kommt man hin:** Von Gossensass ins Pflerschtal. In St. Anton genau bei km 8,5 links über die Brücke und Auffahrt zu den Höfen von Stein, großer Parkplatz bei der blauen Brücke. Wenn man früh genug dran ist, kann man vor der Brücke auf dem groben Schotterweg noch 1 km bis zu einem ausgewiesenen Parkplatz weiterfahren (Beschilderung Hölle, Ochsenalm, Platz für ca. 20 Autos, Ausgangspunkt für beide Hütten). Vom Parkplatz über den Bach und talein. Nach wenigen Minuten Wegteilung. Auf Weg Nr. 6 gerade weiter zur Magdeburger Hütte, auf Weg Nr. 8 zur Tribulaunhütte, jeweils 2:30 Stunden. Die angenehme Weganlage mit weitläufigen Serpentinen lässt das steile Gelände fast vergessen. Beim Stubensee kurzer Abstecher nach links über die Gletscherschliffplatten zur Magdeburger Hütte.

**Höhenweg zur Tribulaunhütte:** Von der Magdeburger Hütte zurück zum Abfluss des Stubensees und auf Weg Nr. 7 scharf nach Osten. Nach einer grünen Terrasse öffnet sich hinter einem Sporn ein längliches begrüntes Kar. Wo es nach links umbiegt, sich erweitert und in Schutthalden übergeht, zieht der Steig allmählich nach rechts in vielen Serpentinen durch den zur Weißwand ziehenden Steilhang (gute Seilsicherungen) bis zu einer schmalen Terrasse, wo die weißen Felsen der Gipfelpyramide ansetzen (leichte Blockkletterei zum Gipfel, 15 Min.). Auf einem breiten Schuttband führt der Steig nach rechts, waagrecht durch die Ostflanke der Weißwand in die Scharte und über Steintreppen auf den Hohen Zahn. Eindrucksvolle Szenerie mit Goldkappl und Pflerscher Tribulaun. Danach angenehmer Abstieg durch Blockkare zur Tribulaunhütte und ins Tal.



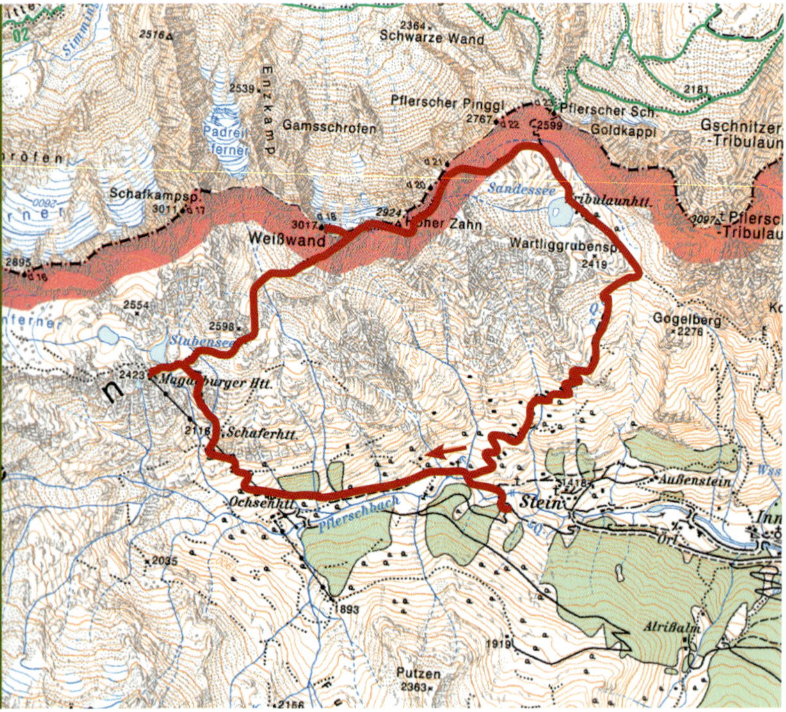

# 98 Krapfenkarspitze 2707 m

Über einen begrünten Rücken verläuft der Anstieg zur Krapfenkarspitze.

**Südliche Stubaier Alpen**
**Ridnauntal**

▲▲▲

Eine ausgiebige Rundtour ist die Überschreitung der Krapfenkarspitze, weniger beschwerlich eine Wanderung zur Aglsbodenalm oder Grohmannhütte.

**Stützpunkt:** Aglsbodenalm (1717 m), Grohmannhütte (2254 m)
**Zeit, Höhendifferenz:** Maiern (1426 m) – Horn (2164 m) 2–2:30 Stunden, Krapfenkarspitze (2707 m) 3:30–4 Stunden, 1280 Höhenmeter. Abstieg plus Gegenanstieg zur Grohmannhütte (20 Min.) ca. 3 Stunden. Insgesamt 6–7 Stunden.
**Charakter:** Nur zu einem der sieben Seen, dafür über einen stolzen Gipfel führt dieser Weg ins berühmte Siebenseental.
**Tipp:** Wer nur die heroische Landschaft genießen will und die wilden Bäche, die durch enge Schluchten rauschen, ist mit der Wanderung zur Grohmannhütte (2:30 Stunden) ebenfalls ausgelastet.
**Beste Jahreszeit:** Juni bis September
**Ausgangspunkt:** Ridnauntal/Maiern, Parkplatz beim Bergbaumuseum

Es ist ein einsames Hochtal in den südlichen Stubaier Bergen, in dem die bekannten Sieben Seen glitzern. Der Wilde Freiger und der Hohe Becher mit dem berühmten Becherhaus auf seinem Gipfel spiegeln sich darin. Will man dieses Landschaftskleinod durchwandern, muss man jedoch recht gut zu Fuß sein. Entweder man marschiert zuerst durch das Lazzachertal zur Poschalm und von dort hinauf aufs Egetenjoch, oder umgekehrt über die Grohmannhütte.

Die langen Talmärsche vermeiden und zugleich einen stolzen Gipfel mitnehmen kann man aber, wenn man vom Aglsboden gleich direkt über das „Horn" auf die Krapfenkarspitze steigt und von ihr hinunter zum Trüben See, dem untersten und größten der sieben Bergaugen. Nach kurzem Gegenanstieg zur Grohmannhütte schließt sich diese großzügige Runde wieder bei der Aglsbodenalm. An sich eine unschwierig Tour, Berggewandtheit und Trittsicherheit im Blockgelände sind jedoch Voraussetzung.

Der Trübe See ist erreicht.

**So kommt man hin:** Über den Brenner nach Sterzing und ins innerste Ridnauntal bis zum Parkplatz vor dem Südtiroler Bergwerksmuseum (1426 m). Den Weg zur Poschalm verlässt man sofort nach der Brücke und folgt dem Fußsteig rechts zur Aglsbodenalm. Weiter oben trifft man auf den von der anderen Talseite kommenden Fahrweg, bleibt auf den Abkürzungen und gelangt bei einer kleinen Staumauer zum Eingang des weiten Almkessels (45 Min.). Gleich hinter dem Viehzaun, bei Wegweiser, zweigt der Steig auf die Krapfenkarspitze ab. Durch den langen Grashang, wobei man gut auf die Markierungen achten muss, bis zum ersten ausgeprägten Köpfl auf der Grathöhe, dem Horn (2164 m). Ab hier ist der Weiterweg eindeutig. Man bleibt ziemlich genau auf dem deutlich ausgeprägten begrünten Rücken, steigt über mehrere Buckel bis ins Schottergelände. Unterhalb des Gipfelaufbaus zieht der Steig links hinaus zum Südgrat. In leichter Blockkletterei nach rechts zum Gipfel.

### Zum Trüben See

Vom Gipfel am Grat nach Norden in die erste Senke und jetzt links in der Flanke erst im Schuttgelände, weiter unten durch grobe Blockhalden hinunter zum See. Am rechten (östlichen) Seeufer talaus, aufsteigend auf eine grüne Schulter und über Grashänge in den großen Schotterkessel unter der Zunge des Übeltalferners. Ab hier ist der Weg bestens markiert, gut verankerte Hängebrücken führen sicher über die Bachläufe. Längst hat man die Grohmannhütte im Blick, zu der einem der 20-minütige Gegenanstieg nicht erspart bleibt. Danach auf gutem Steig talaus und zum Schluss steil hinunter zur Aglsbodenalm. Nach der einsamen Bergtour ist man jetzt wieder mitten im Ausflugsgetümmel.

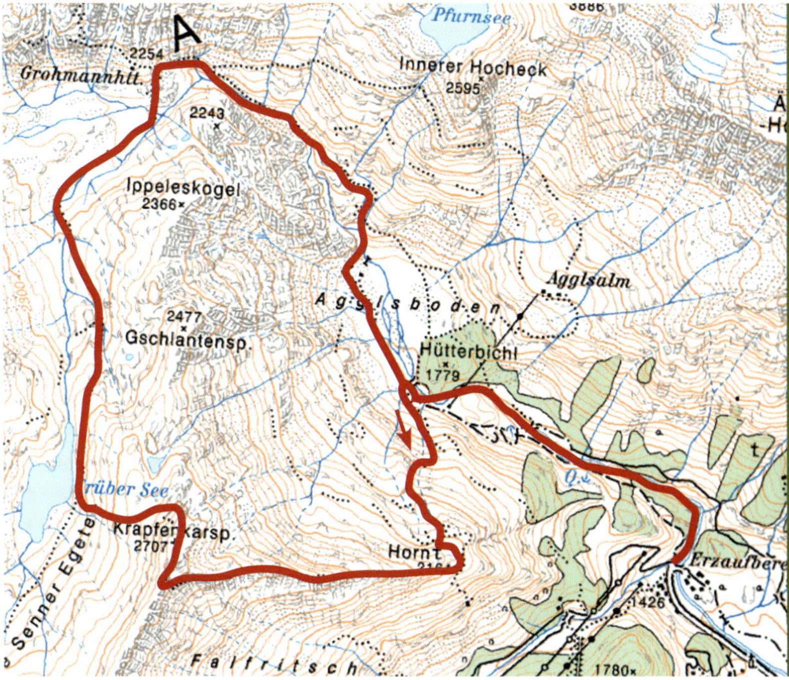

# 99 Telfer Weißen 2588 m über Roßkopf 2189 m

Der „Wintereinbruch" am Telfer Weißen ist mittags schon wieder vorbei.

**Stubaier Alpen**
**Sterzing**

Wenn in Nordtirol eine hartnäckige Schlechtwetterperiode – wie Ende August 2006 – das Aktionsfeld eines Bergsteigers stark einengt, ist es fein, ein paar Kilometer südlich des Brenners – zur Not auch noch etwas weiter – ein Ausweichziel zu finden, noch dazu ein wenig anstrengendes.

**Zeit/Höhendifferenz:** 4:00–4:30 Std./ 950 Hm.
**Charakter:** schöne, aussichtsreiche Seilbahntour
**Tipp:** Ausweichtour bei Nordtiroler Schlechtwetter
**Beste Jahreszeit:** Während der Seilbahnbetriebszeiten

**Ausgangspunkt:** Sterzing/Bergstation Roßkopfbahn, 1860 m
**Roßkopf-Bergrestaurant, 1860 m; dazu Ochsenalm, Freundalm:** Alle geöffnet während der Betriebszeiten: Juni an Wochenenden, 10. Juli–17. Sept. täglich, 18. Sept.–8. Okt an Wochenenden

Fast zwanzig Zentimeter Schnee oberhalb der 2000er-Marke und eine Schlechtwetterprognose für Tirol gaben den Ausschlag dafür, es mit einer Bergtour in Südtirol zu versuchen. Und das mit durchschlagendem Erfolg. Schon in Sterzing spannte sich ein tiefblauer Himmel über die Landschaft, und die leicht angezuckerten Berge „schrien" geradezu nach einer Begehung. War beim Aufstieg gerade noch etwas Weiß unterhalb der Schuhsohlen, fand der Abstieg schon im Trockenen statt, wobei uns der Großteil der Höhenmeter durch die Roßkopfseilbahn abgenommen wurde (Berg-/Talfahrt um preiswerte € 8.80, für Senioren um € 7.20; ab 9 Uhr). Wem die 950 Hm. über den Roßkopf zum Telfer Weißen immer noch zu viel sind, dem empfehlen wir eine leichte Wanderung auf dem neu geschaffenen Dolomieu-Weg mit 20 Schaustationen (Übersichtstafel bei der Bergstation), den man beliebig weit in zwei Richtungen begehen kann.

**Zum Ausgangspunkt:** Über den Brenner bis vor Sterzing zur Talstation der Monte-Cavallo-(Roßkopf-)Seilbahn, 960 m.

**Bergrunde:** Von der Bergstation 100 m rechts zu WW und links aufwärts (Roßkopf/Nr. 24) zwischen Schlepp- und Sesselliften, Skihütten geht es über sanft buckeliges Skigelände – links am Sterzinger Haus vorbei – mittelsteil hinauf zu einem grünen Gratrücken, von dem aus unser Tagesziel, der Telfer Weißen, noch aus einiger Entfernung grüßt (rechts unten das Vallmingtal). Durch Almrosen-, Schwarzbeer- und Grantenstauden aussichtsreich zum Gipfelkreuz; 45–60 Min./330 Hm.

**Weiterweg** (alpinistisch unschwierig, aber Schwindelfreiheit geboten): Am Steiglein abwärts zum Paragleiterstartplatz und über mehrere grüne „Tutten" zum breiten Ansatz des SO-Rückens (150 m Höhenverlust); ebenfalls 45–60 Min. Nun sind es noch 400 Hm. auf dem weithin sichtbaren Weg – den riesigen Hang von links nach rechts hinaus querend – hinauf zum felsigen Kratergelände und weniger steil zum Wintergipfel (anspruchsvolle Skitour); 2:30–3:00 Std./860 Hm. ab AP. Zum Sommergipfel mit Kreuz steigt man seilversichert eine dunkle, nasse Rinne hinab und gegenüber steil schottrig aufwärts (plus 15–20 Min./50 Hm.). Vom Osten mit den Zillertaler Alpen über die Marmolada im

Süden und zu den hier nahen Tribulaunen im Norden reicht die grandiose Gipfelschau.

**Rückweg:** Abwärts ins Ochsenjoch (verfallener WW), 2146 m; hier rechts/südlich ab zu den Almen bis zur Wegteilung bei Markierungsbalken (rechts zur Ochsenalm). Links hinunter erreicht man beim WW „Telfer Weißen" den Fahrweg bei der Kuhalm und gelangt noch einmal etwas ansteigend zum AP bei der Bergstation; 1:30 Std.

**Telfer Weißen für Nichtschwindelfreie:** Am Dolomieu-Weg links zur Kuhalm und rechts aufwärts (Weg 23) zum Gipfel (etwas kürzer, aber lange nicht so abwechslungs- und aussichtsreich).

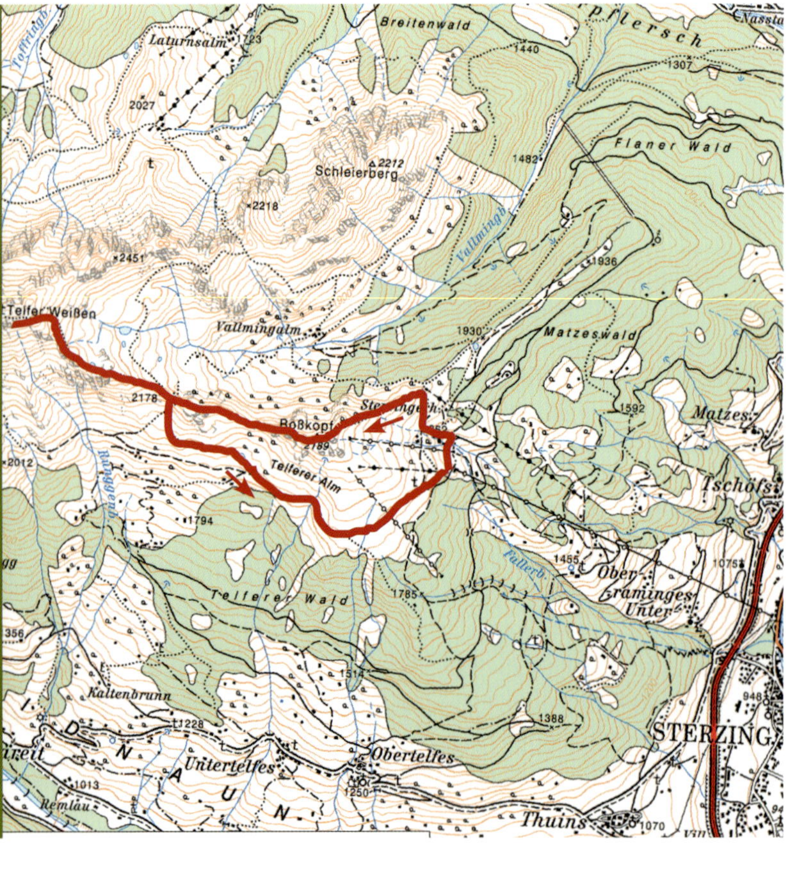

# 100 Meraner Höhenweg

Unmittelbar über Meran verläuft dieser Abschnitt des Höhenweges.

**Südliche Ötztaler Alpen**
**Texelgruppe**

Bergbauernhöfe, Schlösser, Erdpyramiden, Waalwege – eingehüllt in eine aufknospende rosa Blütenpracht – machen diesen Ausflug besonders im Frühling zum Erlebnis.

**Stützpunkt:** Leiteralm, Steinegg, Hochmuth, Farmerkreuz

**Zeit, Höhendifferenz:** Lift-Bergstation Leiteralm (1522 m) – Meraner Höhenweg – Hochmuth (1361 m) 1 Stunde, Abstieg Thalhof – Farmerkreuz – Schloss Tirol, 1–1:30 Stunden; Rückweg über St. Peter zur Talstation 1 Stunde, insges. 3–3:30 Stunden, 1100 Höhenmeter, nur abwärts

**Charakter:** Abwechslungsreiche und unbeschwerliche Wanderung auf einem Teilstück des Meraner Höhenweges, dazu alle Südtirol-Höhepunkte.

**Tipp:** Nur für ganz Bequeme, welche einen langen Abstieg scheuen: Von Hochmuth verkehrt eine Gondelbahn ins Dorf Tirol.

**Beste Jahreszeit:** oft schon ab April möglich, bis Spätherbst

**Ausgangspunkt:** Algund, Lift-Bergstation Leiteralm (1522 m)

Weit muss man den Kopf zurücklegen, um die hochgelegenen Bergbauernhöfe an den Sonnenhängen des Vinschgaus zu erblicken. Tausend Höhenmeter über dem Talboden kleben sie an den steilen Wiesen, die meist nur händisch bewirtschaftet werden können. In der heutigen Zeit erleichtern wenigstens gut ausgebaute Zufahrtswege oder kleine Seilbahnen das Leben der Bergbauern. Hier verläuft auch der 110 Kilometer lange Meraner Höhenweg, der in ca. 1500 m Seehöhe an den Bergen der Texelgruppe entlang zieht und sie zur Gänze umrundet. Genusswanderer brauchen für die ganze Strecke fünf Tage, Extrembergsteiger wie Hans Kammerlander nur 24 Stunden.

Wir erkunden mit Seilbahnhilfe einen kleinen Teilabschnitt, der direkt über Meran verläuft. Schneearme Winter, der stürmisch heranbrausende Frühling und überhaupt 300 Sonnentage im Jahr machen es oft möglich, schon ab Anfang April diese Wanderung auf bröseltrockenen Wegen zu unternehmen. Allerdings nur, wenn man sich mit dem Lift auf die Leiteralm tragen lässt, wo man in den rund 1000 Höhenmeter über dem Talgrund verlaufenden Höhenweg einbindet. Von dort marschiert man ohne die geringste Gegensteigung auf dem breit in die Bergflanke eingekerbten Wanderweg zu den Bergbauernhöfen von Hochmuth. Beim Thalhof verlässt man den ins Spronser Tal weiterziehenden Höhenweg wieder, steigt hinunter zum Schloss Tirol und wandert durch die Weinberge auf Waalwegen zurück zum Ausgangspunkt.

Schloss Tirol.

**So kommt man hin:** Auf der Autobahn nach Bozen (Maut 5.10 €) und nach Meran bis zur Ausfahrt Meran-Nord (Algund). Nach der Ausfahrt fährt man links und gleich nach der Ortstafel von Mitterplars rechts zur Talstation (Wegweiser Vellau/Seilbahn, großer Parkplatz). Erste Sektion mit Sessellift (ab 9 Uhr, € 3.75) nach Vellau. Weiter mit Korblift (€ 5) zur Leiteralm.

Von der Bergstation in 5 Min. zur Alm, wo man auf den Meraner

Höhenweg trifft (aber nicht schon vorher auf den „Vellauer Felsensteig“ einschwenken). Der durch die steilen Bergflanken ziehende Panoramaweg lässt durch seine Breite erst gar kein Schwindelgefühl aufkommen. Immer in gleichbleibender Höhe erreicht man als erstes den Steinegghof, steigt ab nach Hochmut, wo die Luftseilbahn von Dorf Tirol heraufschwebt. Abstieg zu den Muthöfen und nochmalige Querung zum Thalhof, wo man die Wahl hat, entweder am steilen, aber gut angelegten alten Zickzackweg oder auf einem neuen Fahrweg abzusteigen. Trifft man am Fuß der Bergflanke auf einen Fitnessparcours, geht man rechts zum GH Farmerkreuz, von dort Abstieg mit Blick zu den Erdpyramiden zum Schloss Tirol und über St. Peter und den Ochsentodsteig zum Algunder Waalweg und zurück zum Liftparkplatz. Alle Wege sind bestens beschildert, bei den meisten Höfen gibt es Gasthäuser.

Apropos: Natürlich geht es auch ohne Lift, in der genau umgekehrten Richtung.

### Rückfahrt ohne Autobahn

Hat man noch genügend Zeit, kann man zur Heimreise die Fahrt durch das Passeiertal über den Jaufenpass nach Sterzing wählen. Die Strecke ist ca. 30 km kürzer, vom Zeitaufwand jedoch ziemlich gleich.

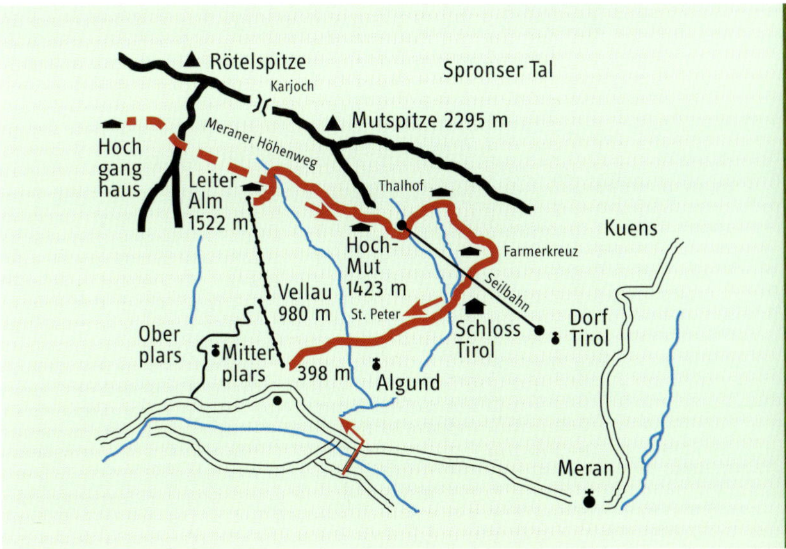

# 101 Sarner Weißhorn 2705 m

Nicht viel Höhenmeter, aber eine lange Wegstrecke erwartet die Wanderer.

**Sarntaler Alpen**
**Penser Joch**
▲▲

Das Weißhorn ist ein formschöner und viel besuchter Berg in den Sarntaler Alpen. Ausgangspunkt ist unmittelbar am Penser Joch auf 2200 m.

**Stützpunkt:** Gasthaus Alpenrose am Penser Joch

**Zeit, Höhendifferenz:** Penser Joch (2211 m) – Penser-Joch-See – Steinwandseen – Gröllerjoch (2557 m) – Sarner Weißhorn (2705 m) 2–2:30 Stunden, 500 Höhenmeter. Rückweg 1:30–2 Stunden.

**Charakter:** Hochgelegener Ausgangspunkt, relativ wenig Höhenmeter – dafür eine längere Wegstrecke – sind das Kriterium am Sarner Weißhorn.

**Beste Jahreszeit:** Mitte Juni bis Oktober

**Ausgangspunkt:** Penser Joch, Passhöhe, 16 km von Sterzing

Ganz gleich, ob Sie ihn als Sarner oder als Penser Weißhorn in Ihrer Landkarte stehen haben, wir meinen schon beide denselben Berg. Eben jenes kecke Horn, das westlich des Penser Jochs ganz fürwitzig in den Himmel sticht. Seine Besteigung ist gar nicht so schwierig, wie es den Anschein haben mag. Ein guter Wanderweg führt erst einmal recht flach durch die grünen Hänge bis an seinen Fuß, wo es endlich einmal richtig bergauf geht, und erst ab dem Gröllerjoch, auf den letzten 150 Höhenmetern, erklimmt der Steig die steile und felsdurchsetzte Gipfelflanke, wo ein paar Fixseile das Höherkommen erleichtern. Fein ist der hochgelegene Ausgangspunkt, wo man die Sommerhitze überhaupt nicht mehr spürt und meistens ein frisches Lüfterl um die Grate zieht. Zweieinhalb Stunden sind als Zeitaufwand angegeben – aber „gemiatlich", wie man im Gasthaus am Penser Joch die Auskunft erhält. Die berühmte Bergeinsamkeit finden werden Sie auf diesem Berg aber sicher nicht, denn bei meinem Besuch hielten mindestens an die 30 Personen aufgefädelt am Grat und um das Gipfelkreuz herum ihre Gipfelrast. Dafür gibt es eine grandiose Rundumsicht von den Gletscherbergen des Alpenhauptkamms bis zu den zum Greifen nahen Dolomiten.

**So kommt man hin:** In Sterzing nach Westen, an der Autobahneinfahrt vorbei, aber dann gleich links ab auf die Penser-Joch-Straße (von der Autobahn kommend ebenfalls gleich links). Schön ausgebaute Bergstrecke, 16 km bis zur Passhöhe. Wegbeginn (12a) unmittelbar am Joch.

Leicht abwärts, den Gänsekragen umrundend, zum Penser-Joch-See. Nun lange Zeit durch die begrünten Flanken unterhalb der Röthenspitze mit nur wenig Höhengewinn auf das Weißhorn zu. Erst wenn die beiden unterhalb des Weges liegenden Steinwandseen passiert sind (1 Stunde), gewinnt der Weg allmählich an Höhe. Durch eine braune Schotterflanke, aber gut gangbar erreicht man das Gröllerjoch (2557 m, 1:45–2 Stunden). Die mit

Haflinger auf der Bergweide.

Grasschrofen durchsetzte Gipfelflanke, für die man aber nicht viel mehr als 20 Minuten braucht, ist ordentlich steil. Für Berggewohnte jedoch kein Problem, schwindelfrei sollte man aber schon sein. Die Passagen in den kurzen Felszonen verlaufen auf gut gestuften Bändern und sollten mittlerweile mit nagelneuen Fixseilen versichert sein. Im vergangenen Sommer waren bereits lauter neue Bohranker gesetzt und die verschlissenen Perlonkabel warteten nur mehr auf die Montage der neuen Stahlseile.

Zurück zum Penser Joch marschiert man auf demselben Weg, höchstens Sie wollen sich auf die Sarner Hufeisentour begeben, die in sieben Tagesetappen beiderseits des Sarntals von Hütte zu Hütte führt und am Rittner Horn endet. In diesem Falle müsste man vom Gröllerjoch auf Weg Nr. 9 ins Weißenbachtal absteigen.



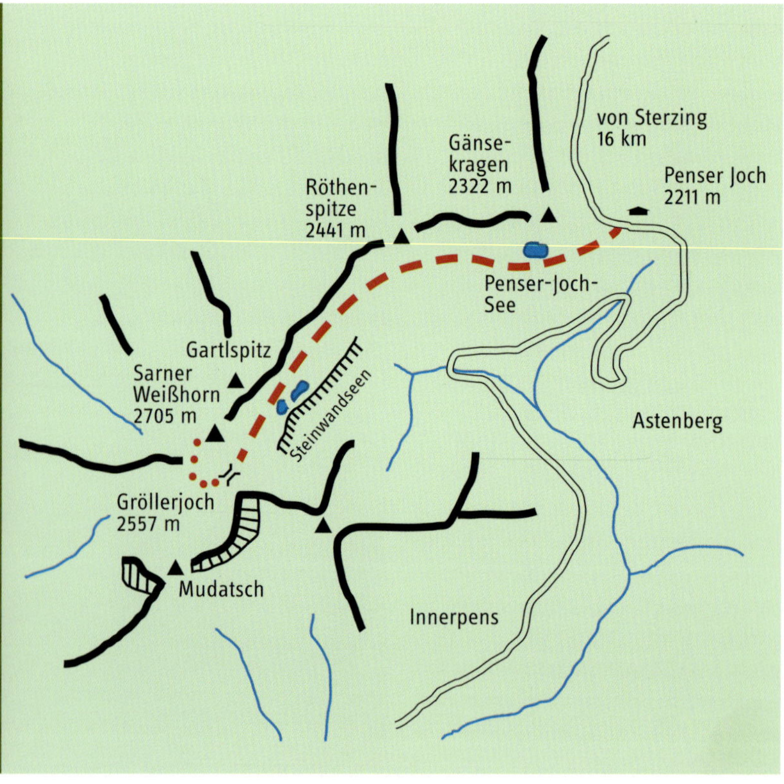

# 102 Stoanerne Mandln 2001 m

Alpiner Spieltrieb schuf über hundert Steinmandln.

**Sarntaler Alpen**
**Sarntal**
▲

Eine kuriose Sehenswürdigkeit sind sie allemal, die aufgeschlichteten Steinsäulen, welche zu Hunderten eine Bergkuppe oberhalb von Sarnthein zieren.

**Stützpunkt:** Sarner Skihütte (1618 m), Auener Alm (1798 m), Meraner Hütte (1960 m)

**Zeit, Höhendifferenz:** Sarner Skihütte (1618 m) – Auenjoch (1924 m) – Stoanerne Mandln (2001 m) 1:15–1:30 Stunden, 300 Höhenmeter; Umrundung des Karkofels über Kreuzjoch – Kreuzjöchl – Meraner Hütte 2–2:30 Stunden.

**Charakter:** Ausflug ins Südtiroler Sarntal. Von der Sarner Skihütte zu den Steinmännern am Schönegg. Alle Wege im Wiesengelände.

**Tipp:** Hat man sich an den Mandln sattgesehen und alle fotografiert, bietet sich die feine Wanderung übers Kreuzjoch zur Meraner Hütte geradezu an.

**Beste Jahreszeit:** Juni bis Spätherbst, Winterbeginn

**Ausgangspunkt:** Sarner Skihütte, 8 km von Sarnthein

Üblicherweise dienen Steinmandln als weithin sichtbare Wegweiser im Hochgebirge. Doch in solcher Anzahl wie hier am Schönegg, noch dazu in allen möglichen Gebilden und Formen, findet man sie wirklich selten. Bereits im 16. Jahrhundert soll an diesem sagenträchtigen Platz eine der Hexerei angeklagte Magd mit dem Teufel Umgang gehabt haben. Ob nun Hexenkult, Tummelplatz der Geister oder einfach Puzzlespielereien der Almhirten mit den herumliegenden Steinplatten (wobei sich heutzutage sogar Touristen daran beteiligen sollen) – am besten Sie schauen sich das selber einmal an. Schon die Fahrt über das Penser Joch ins Sarntal ist landschaftlich wunderschön, von Sarnthein kann man auf guter Straße noch bis zur Sarner Skihütte (1618 m) herauffahren. Von dort sind die Stoanernen Mandln in einer guten Stunde erreichbar.

Steinburgen mit Gebetsfahnen.

**So kommt man hin:** Über den Brenner nach Sterzing, auf das Penser Joch und ins Sarntal bis zum Hauptort Sarnthein (ca. 95 km ab Innsbruck). Über Bozen ins Sarntal muss man eine etwas längere Fahrzeit (+15 Min.) einkalkulieren. In Sarnthein (vom Penser Joch kommend) erst bei der zweiten Einfahrt ins Dorf und von der Brücke, ungefähr auf Höhe der Kirche, geradeaus weiter zur Sarner Skihütte (beschildert, Asphalt, 8 km). Die Hütte ist fast das ganze Jahr über bis Mitte November geöffnet, dann nach kurzer Pause wieder ab Anfang Dezember. Ideale Gegend für Schneeschuhgeher.

Von der Sarner Skihütte wandert man auf breitem Fahrweg zur Auener Alm (bewirtschaftet), über Wiesengelände weiter zum Auenjoch (1924 m, 1 Stunde, bewirtschaftet), von wo man schon von weitem die zackige Silhouette der „Steinmandln“ ausmachen kann. Am Weidezaun entlang nach links. In 20 Minuten hat man die von dichten Almrosenbüschen bewachsenen Hänge des Schöneggs (2001 m) erreicht und kann die vielfältigen Formen der steinernen Gebilde bewundern.

## Rund um den Karkofel

Weil es zu den Steinmandln nur kurz war, könnte man noch gut die Umrundung des Karkofels (2113 m) anhängen, der über der Auenalm nach Osten vorspringt. Vom Auenjoch steigt man auf Weg 4 (identisch mit dem Europäischen Fernwanderweg € 5, Via Alpina) nach Norden über Wiesengelände hinauf zum Kreuzjoch (2086 m, 30 Min., höchster Punkt). Dann folgt man in gerader Linie dem breiten Grasrücken in Richtung „Meran 2000" bis zur Meraner Hütte (1980 m). Will man jedoch nicht so weit marschieren, hat man bereits am Kreuzjöchl (1984 m) den ersten Wendepunkt erreicht, wo bei einem Wegkreuz der Weg 15 rechts abwärts ins Tal des Ottenbaches führt, der einmal nach links, später wieder nach rechts überschritten wird. Ab der Kuhseite-Almhütte auf Weg 2a an der rechten Hangseite zurück zur Sarner Skihütte (2–2:30 Stunden für die Umrundung). Von der Meraner Hütte geht man besser am selben Weg ein kurzes Stück zurück und folgt dem Weg Nr. 3, der im Bachgraben mit Weg Nr. 15 zusammentrifft.

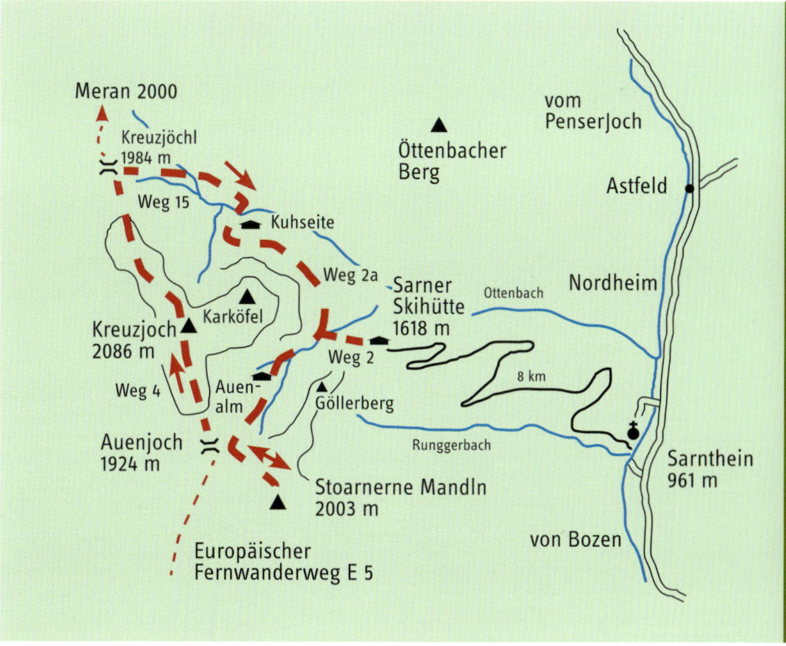


Tour 102 Stoanerne Mandln

# 103 Salten, Tschögglberg

Eingezäunte Wanderwege führen durch die gepflegte Kulturlandschaft.

**Sarntaler Alpen südlicher Ausläufer**

▲

Südtirolkenner schwärmen in den höchsten Tönen von den Lärchenwiesen, die den Höhenrücken des Salten oberhalb von Jenesien überziehen.

**Stützpunkt:** mehrere Berggasthäuser unterwegs

**Zeit, Höhendifferenz:** Jenesien (1087 m) – GH Tomanegger (1328 m, 1–1:15 Stunden) – Salten, GH Langfenn (1525 m, 1:30 Stunden). Ganze Runde Jenesien – Edelweiß – Langfenn – zurück über Gschnoferstall 4:30–5 Stunden. Alle Wege sind ausreichend beschildert.

**Charakter:** Millionen lila Krokusse im Frühling, im Herbst die „brennenden" Lärchen. Nicht umsonst gilt der Tschögglberg als eine der schönsten Landschaften Südtirols.

**Tipp:** Einen Prospekt mit allen Wandermöglichkeiten gibt es im TV-Büro in Jenesien neben der Kirche.

**Beste Jahreszeit:** Ganzjährig möglich, Winterwanderwege

**Ausgangspunkt:** Jenesien, von Bozen 8 km

Seit dem achten Jahrhundert hat der Mensch hier begonnen, den Mischwald zu roden und eine einmalige Kulturlandschaft geschaffen. Besonders schön ist es im Herbst, wenn die Lärchen zu „brennen“ beginnen. Wie gelbe Flammen leuchten die knorrigen Bäume und ein wahrer Flächenwaldbrand überzieht die weiten Lichtungen des Tschögglberges, in denen sich die blonden Pferde tummeln. Im Kontrast dazu das einmalige Panorama von den Dolomiten bis zu den Ortlerbergen. Allerdings muss man den Zeitpunkt dieses Naturschauspiels, wo die Farbe Gelb dominiert, genau erwischen und Fotografen stellen sich darauf ein, dass die Verfärbung der Nadeln erst ab Mitte Oktober einsetzt. Nicht weniger spektakulär bietet sich die Landschaft im Frühling, wenn die Wiesen mit einem unübersehbaren Teppich weißer und lila Krokusse übersät sind.

Ein ausgedehntes Wegenetz überzieht diesen Höhenzug, unbeschwerlich zum Wandern, ohne große Höhenunterschiede und mit Einkehrstationen im Stundentakt. Frequentierteste Hauptrichtung ist wohl der Weg Nr. 1, der von Jenesien in einer geraden Linie über den Salten bis nach Langfenn zieht. Als schöner empfohlen wurde mir aber der Waldweg zum GH Tomanegger, weil ohne Asphalt und Verkehr, danach ist man im Nu in den sanften Wiesenhängen des Salten.

**So kommt man hin:** Nach Jenesien führt eine super Straße, beginnend am Eingang des Sarntals. Bozen durchfährt man am besten durch das Zentrum. Ausfahrt Bozen-Nord (Maut 4.50 €). Auf der Staatsstraße ins Zentrum, dort Richtung Meran, über die Talferbrücke, gleich darauf durchgehende Beschilderung „Jenesien/Sarntal“. Durch gewundene Tunnels zu dem hoch über Bozen liegenden Dorf (8 km). Zur Kirche, gerade bergwärts und nach der Apotheke scharf rechts zu kleinem Parkplatz vor Pizzeria Saltenhof (Ausgangspunkt zu Gasthof Tomanegger). Einen größeren Parkplatz (wenn man direkt nach Langfenn gehen will) gibt es noch einen halben Kilometer weiter oben, Richtung GH Edelweiß.

Zum Tomanegger folgt man der rot-weißen Markierung mit einem „T“. Beim Saltenhof nach rechts, erst noch auf Straße, dann Beginn des Waldweges, vorbei am Pircher Weiher und weiter im Wald zum Gasthof. Dort überquert man die Straße (Ww. Salten), steigt direkt über die gegenüberliegende Wiese auf und erreicht rasch die Lärchenwiesen. Bei einer Panoramatafel mündet man in den Hauptweg Nr. 1 ein. Neugierig strecken die

Haflinger ihre blonden Mähnen über die Planken des beidseitig eingezäunten Wanderweges, der nun in gerader Linie über den sanften Hügel des Salten nach Langfenn (GH) führt.

### Zurück nach Jenesien

Zurück entweder direkt am Nr.-1-Weg (Langfenn – Edelweiß, ca. 4 km) oder vielleicht etwas länger, dafür aussichtsreicher mit einem kleinen Abstecher zum Gschnoferstall (GH) und der Beschilderung folgend zum GH Edelweiß. Von dort am Wanderweg rechts der Straße zurück nach Jenesien. Verlängern lässt sich die Wanderung beliebig, etwa von Langfenn über Verschneid zum Tschaufenhaus, weiter zum Wieserhof (mit Erdpyramiden) und vom Locher zurück nach Jenesien.

Natürlich auch in der umgekehrten Richtung.



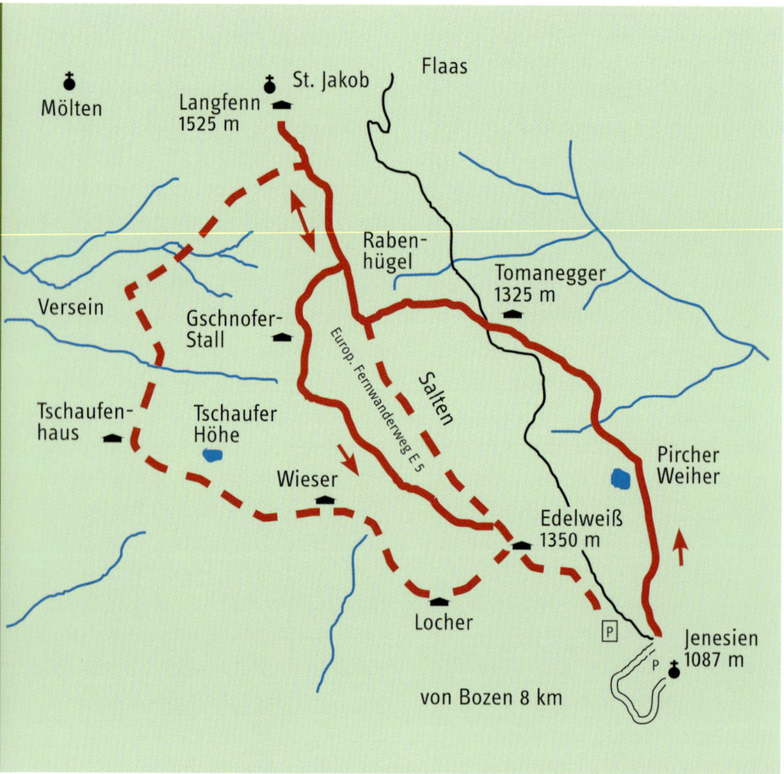

# 104 Bozner Erdpyramiden

Die Erdpyramiden im Katzenbachgraben sind die höchsten in Europa.

**Sarntaler Alpen**
**Rittner Horn**
▲

**Das Naherholungsgebiet der Bozner an den Hängen des Rittner Horns bietet feine Wanderungen mit hohem Erholungswert und Bildungsgehalt.**

**Zeit, Höhendifferenz:** Rundwanderung Rittner Themenweg 2 Stunden; Oberbozen – Kaseracker – Klobenstein 1–1:30 Stunden.

**Charakter:** Ein Themenweg mit neun Schautafeln. Zu historischen Schauplätzen und geologischen Sehenswürdigkeiten.

**Tipp:** Ausdehnen kann man die Wanderung bis nach Klobenstein, wo ebenfalls Erdpyramiden zu bestaunen sind. Zurück mit der Tram, Fahrzeit 12 Minuten.

**Beste Jahreszeit:** ab März bis Spätherbst

**Ausgangspunkt:** Oberbozen (ca. 1100 m)

Wenn im Frühjahr die Schneegrenze in Nordtirol nur zaghaft nach oben klettert, mag das die Skitourengeher noch freuen, wer aber den Schnee lieber aus der Ferne sehen will, ist am Ritten oberhalb von Bozen genau richtig. 350 km Wanderwege, stets gut beschildert, mit einem überwältigenden 360-Grad-Panorama, werden von der Gemeinde Ritten angeboten. Der Rittner Themenweg in Oberbozen eignet sich gut zum ersten Schnuppern und ist meist schon gegen Ende März, sicher aber ab April möglich. Die Wanderwege sind bereits trocken und die blonden Haflingerpferde tummeln sich auf den gerade zu grünen beginnenden Wiesen. Nach der Begegnung mit dem Mittelalter am Kaiserweg sind als geologische Besonderheit die Erdpypramiden im Katzenbachgraben zu bestaunen. Die bis zu 30 m hohen Lehmtürme mit dem auf der Spitze balancierenden Deckelstein sind die höchsten und formschönsten in ganz Europa. Neun informative Schautafeln erzählen viel Wissenswertes.

Erdpyramiden in Klobenstein.

**So kommt man hin:** Auf der Brennerautobahn bis Bozen-Nord (Maut € 4.30). Gleich nach der Ausfahrt auf der Staatsstraße folgt man den braunen Schildern „Ritten“. Auf der schönen Serpentinenstraße hinauf nach Unterinn, weiter bis zur Gabelung, wo man links abzweigt nach Oberbozen (rechts Klobenstein). Angezeigte Parkplätze in Oberbozen findet man gleich nach der Kirche oder bereits vorher am Wolfsgrubensee (beim Kiosk, Bienenmuseum).

### Der Rittener Themenweg

In Oberbozen westlich der Kirche und Seilbahn/Tramstation bei Wegweiser links abwärts auf Weg 23, blau-weiße Markierung. Bald trifft man auf ein kleines Teilstück der gepflasterten historischen Kaiserstraße, auf der die alten Römer und die deutschen Kaiser ihren Weg nach Rom über den Ritten nehmen mussten, weil die Schlucht des Eisacks bis ins 14. Jahrhundert unpassierbar war.

Einige Kehren im Wald abwärts (der Zugangsweg vom Wolfsgrubensee mündet hier ein) bis zu einer großen Wiesenterrasse, die steil in den Katzenbachgraben abbricht. Knapp unter der Abbruchkante befinden sich die berühmten Erdpyramiden – stumme Zeugen der Erdgeschichte, entstanden aus dem Moränenlehm, den der Eisacktaler Hauptgletscher in der Späteiszeit hier ablagerte. Vom Ende der Wiese wieder aufwärts zum breiten Weg, der Beschilderung folgend zum Mair im Loch und zu der auf einem Waldhügel thronenden St.-Georgs-Kapelle, deren frühgotische Fresken leider versperrt bleiben (Schlüssel wäre im Tourismusbüro in Oberbozen erhältlich). Am Weiterweg begeistert die Aussicht über das Eisacktal zum Schlern und den wilden Türmen des Latemar. Von Maria Himmelfahrt auf Weg Nr. 3 oder 4 zurück nach Oberbozen (2 Stunden).

Wem diese lockere Runde zu kurz war, wandert im Anschluss von Oberbozen oberhalb der Kirche auf Weg Nr. 1 in einer Stunde nach Klobenstein, oder weiter ausholend und etwas länger auf den Wegen Nr. 5 und 6. Mit der stündlich (im Sommer im 20-Minuten-Takt) verkehrenden Schmalspurbahn zurück nach Oberbozen (€ 2.50).

# 105 Villanderer Berg 2504 m Rittner Horn 2260 m

Ein Königreich für ein Pferd – doch zu Fuß ist es genauso schön.

**Sarntaler Alpen**
**Klausen**

▲

Sie gilt als eine der schönsten Almen Südtirols, was bereits unsere Vorvorfahren wussten, denn Besiedlungsspuren lassen sich bis in das 5. Jahrhundert v. Chr. nachweisen.

**Stützpunkt:** zahlreiche Almgasthäuser

**Zeit, Höhendifferenz:** Gasserhütte (1744 m) – Totenkapelle (2170 m) 1:30 Stunden, 430 Höhenmeter; zum Totensee 10 Min., Villanderer Berg (2504 m) 1–1:15 Stunden, 750 Höhenmeter, Rundwanderung mit Rückweg über Gasteiger Sattel ca. 4 Stunden.

**Charakter:** Ein Berg, genau in der geografischen Mitte Südtirols, zwischen Eisack- und Sarntal. Schöne Wanderung auf guten Wegen über die weiten Matten und Hochmoore der Villanderer Alm. Zum Greifen nahe die Dolomiten.

**Tipp:** Genauso schön, aber etwas kürzer ist die Wanderung über den Gasteiger Sattel zum Rittner Horn (2260 m).

**Beste Jahreszeit:** Juni bis Spätherbst, Winterwander- und Langlaufgebiet

**Ausgangspunkt:** Villanders, Parkplatz über dem Sambergerhof, Auffahrt bis Gasserhütte möglich.

Als feines Wandergebiet mit breiten Wegen präsentiert sich bis weit in den Spätherbst die riesige Hochfläche der Villanderer Alm hoch über dem Eisacktal.

Sie ist leicht erreichbar, es gibt große Parkplätze und eine Menge von im Umkreis verstreuten Almgasthäusern laden zur Einkehr. Interessant ist auch die am Weg zum Villanderer Berg liegende Totenkapelle. Die bekannte Andachtsstätte mit ihrer den ganzen Raum ausfüllenden Christusfigur wurde in ihrer heutigen Form im Jahr 1861 erbaut, dürfte als Pestkapelle aber bereits seit dem 14. Jahrhundert bestehen. Es ist Brauch, Sterbebildchen von Verstorbenen der Eisacktaler und Sarner Gemeinden in der Kapelle aufzuhängen.

Lassen an schönen Tagen die vielen Autos auch einen Massenauftrieb befürchten – in wenigen Minuten haben sich die Wanderer in alle Richtungen zerstreut. Was auffällt – unter den Autonummern dominieren die Fahrzeuge mit bayrischem Kennzeichen, von den Nordtirolern kennen dieses wunderschöne Ausflugsgebiet – so scheint es wenigstens – nur die echten Südtirolexperten.

Von der Autobahnausfahrt Klausen (Maut 2.90 €) auf die Staatsstraße nach Klausen und gleich nach dem Tunnel Auffahrt auf gut ausgebauten Kehren nach Villanders. Die Dorfstraße dieses typischen Südtiroler Bergdorfes diente einst dem Tiroler Maler Franz Defeschgger als Hintergrund für sein Gemälde „Das letzte Aufgebot“. Nach der Dorfdurchfahrt immer der Beschilderung „Villanderer Alm“ folgend bis zum Hotel Samberger Hof und noch ein kurzes Stück weiter zu den geräumigen Parkplätzen. Die Weiterfahrt vom letzten Parkplatz (mit Ampel) beim Rodelziel zur Gasserhütte ist an den Wochenenden gebührenpflichtig (€ 2.50). Zu Fuß braucht man 20 Minuten.

Nach kurzer Orientierung an den Panoramatafeln bei der Gas-

Der Totensee.

serhütte links auf dem breiten Fahrweg bergwärts (parallel verläuft ein verkehrsfreier Steig). Nach dem kurzen Waldgürtel sind die weitläufigen Hochmoorflächen der Villanderer Alm erreicht. Weit voraus am Sattel zwischen dem Villanderer Berg und dem flachen Totenrücken rechts ist bereits das weiße Kirchlein erkennbar. Bei der Pfroder Alm endet der Fahrweg, in wenigen Minuten gelangt man auf einem Steig zur Kapelle „am Toatn“ (1:30 Stunden ab Gasserhütte).

### Zum Villanderer Berg

Nach links auf schönem Weg erreicht man in 10 Minuten den Totensee, der idyllisch in eine Karmulde eingebettet ist. Ein steiles Steiglein, gut markiert, leitet durch die steinige Flanke auf den lang gezogenen Wiesenrücken und über diesen zum aussichtsreichen Gipfel des Villanderer Berges, der – genau zwischen Eisack- und Sarntal gelegen – die geographische Mitte Südtirols markiert.

Abstieg entweder am gleichen Weg oder gerade über den Rücken abwärts zum Gasteiger Sattel am Übergang zum Rittner Horn und auf breitem Fahrweg zum Moar in Plun und zur Gasserhütte.



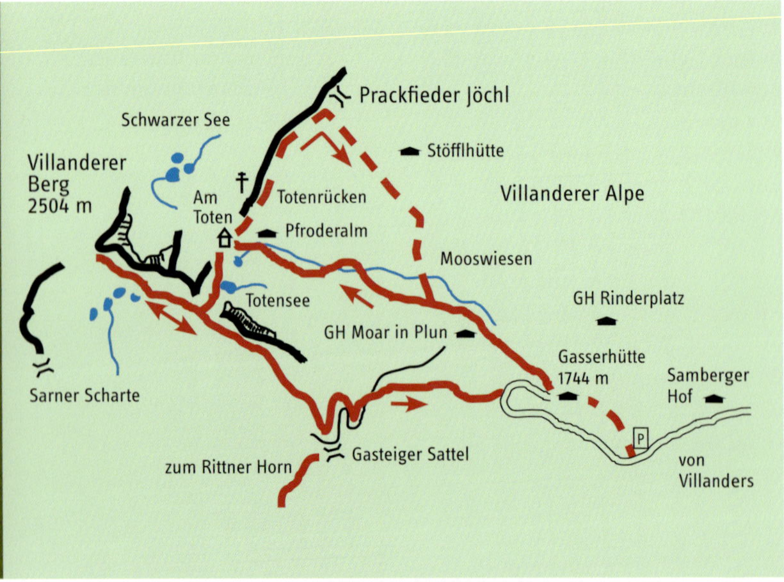

# 106 Kassianspitze 2581 m

Schutzhaus und Wallfahrtskirche Latzfonser Kreuz. In der Ferne der Langkofel.

**Östliche Sarntaler Alpen**
**Eisacktal**
▲

Der unschwierige Gipfel liegt in den Sarntaler Bergen, genau zwischen dem Eisack- und Sarntal. Berühmt ist das Wallfahrtskirchlein Latzfonser Kreuz.

**Stützpunkt:** Schutzhaus Latzfonser Kreuz (2311 m)

**Zeit, Höhendifferenz:** Kasereck (1959 m) – Jocherer Berg – Latzfonser Kreuz (2311 m) 1:30 Stunden, 400 Höhenmeter. Ausgangspunkt Steineben (1544 m) – Klausner Hütte – Saltnerhütte – Latzfonser Kreuz 2:15–2:30 Stunden, 800 Höhenmeter. Kassianspitze (2581 m) 45 Min., 270 Höhenmeter.

**Charakter:** Das Latzfonser Kreuz und die Kassianspitze bei Klausen sind ein feines, vor allem früh im Jahr schneefreies Ziel. Die Dolomiten sind zum Greifen nahe.

**Tipp:** Der Kreuzweg mit 15 Stationen zur höchstgelegenen Wallfahrtskirche Europas beginnt bei der Saltnerhütte (oberhalb der Klausner Hütte).

**Beste Jahreszeit:** Mai/Juni bis Oktober

**Ausgangspunkt:** Latzfons, Parkplatz Kasereck (1959 m) oder Steineben (1544 m)

Im Frühling zwingen die verschneiten Nordtiroler Berge den Bergwanderer oft zur „Flucht" über den Brenner. Ziemlich früh schneefrei und dann mit tausenden Enzianen übersät sind die sonnigen Hänge oberhalb des Südtiroler Bergdorfes Latzfons. Meist schon ab Pfingsten erreicht man trockenen Fußes auf gutem Steig die Kassianspitze über dem als Südtirolmotiv bekannten Kirchlein am Latzfonser Kreuz und hat mit dem Schutzhaus auch eine Einkehrstation. Das im Jahr 1868 errichtete neugotische Kirchlein gilt als höchstgelegener Wallfahrtsort Südtirols (oder sogar Europas) und beherbergt das vor Gewittern schützende Kruzifix mit dem Schwarzen Herrgott, das alljährlich im Frühsommer mit einer Prozession heraufgebracht und im Herbst wieder zu Tal geleitet wird.

Der Kassiansee, noch unter Eis.

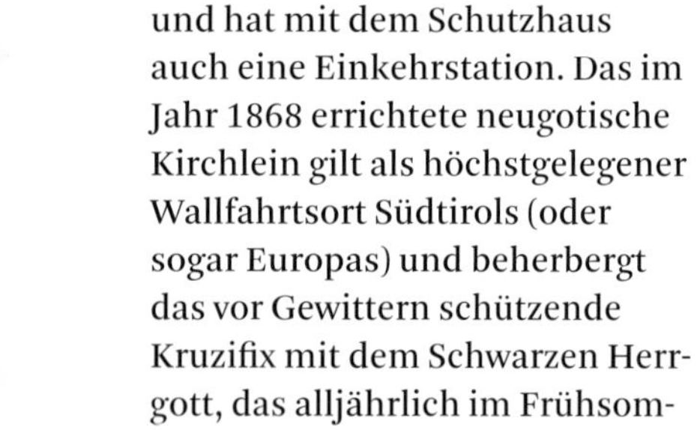

Üblicherweise beginnt der Zustieg in Steineben oberhalb von Latzfons und führt in der Folge über die bewirtschaftete Klausener Hütte zur Wallfahrtskirche. Einen wesentlich höheren Ausgangspunkt hat man jedoch am Kasereck, zu dem ebenfalls eine tadellose Straße heraufführt. Große Parkplätze sind an beiden Ausgangspunkten vorhanden. Schön sind beide Wege, der Unterschied ist eine gute Stunde Gehzeit. Am weitesten ist der Anstieg vom Parkplatz Kühhof.

**So kommt man hin:** Von der Autobahnausfahrt Klausen (Maut € 3.20) zur Staatsstraße. Richtung Klausen einbiegen, aber sofort Auffahrt rechts nach Feldthurns, dort angelangt links nach Latzfons (9 km). Durch den Ort und sogleich Wegteilung. Achtung: Die Beschilderung Latzfonser Kreuz (rechts) leitet in der Folge zum Ausgangspunkt Steineben (1 Stunde längerer Anstieg). Will man zum höher gelegenen Ausgangspunkt, fährt man links (Wegweiser Jochalm/Kasereck), durchfährt leicht abwärts den tiefen Einschnitt des Plankenbaches und auf der anderen Seite des Grabens auf dem steilen, aber asphaltierten Bergsträßchen bis zum Kasereck (gut beschildert, großer Parkplatz, 9 km von Latzfons). Man befindet sich hier bereits am Ostrand der weitläufigen Hochfläche des Villanderer Berges, knapp auf 2000 m Seehöhe.

Vom Parkplatz entweder rechts dem Fahrweg folgend (oder besser gleich am alten Weg etwas steiler hinauf in die enzianübersäten Almwiesen). Die Hütten der Pichleralm bleiben linker Hand unberührt. Einem Zaun entlang steigt man zum oberen Rand der Einzäunung und Wegmauern. Genau vor sich hat man nun die runde Kuppe des Jocherer Berges. Besser verlässt man hier den breiten Weg und folgt den gut ausgetretenen Steigspuren, die direkt durch die Almhänge auf den Jocherer Berg zuführen, bis man weiter oben wieder mit dem weit ausholenden Weg zusammentrifft. Nun in der östlichen Bergflanke leicht abwärts, durch die Senke und zur längst sichtbaren Kirche mit dem Schutzhaus dahinter.

**Zur Kassianspitze:** Direkt über dem Kirchlein erhebt sich der Ritzlar, die etwas höhere Kassianspitze schließt links an. Ein problemloser Steig führt durch das Blockwerk hinauf zu einer Karstufe mit dem immer noch lange zugefrorenen Kassiansee, und weiter auf die Grathöhe südlich des Gipfels. Nach rechts im Grasgelände zum schönen Gipfelkreuz. Nicht sattsehen kann man sich an der prächtigen Aussicht, die von den Schneebergen im Norden bis zu den zum Greifen nahen Dolomiten reicht.

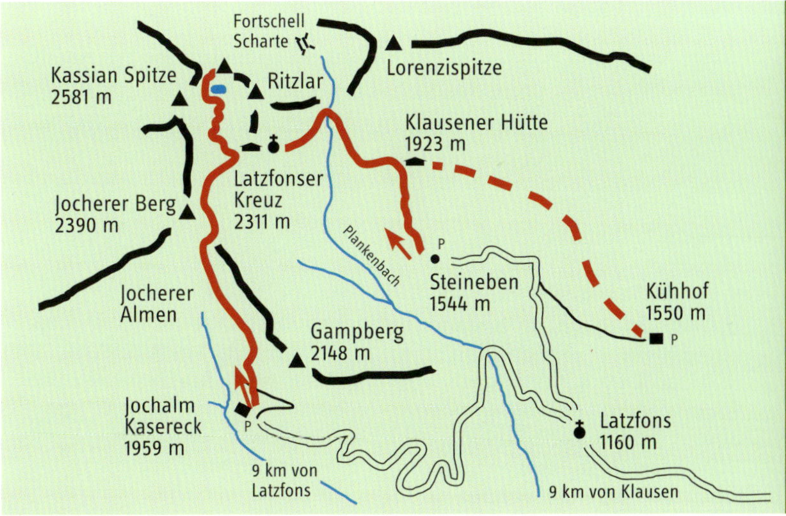

# 107 Karspitze 2517 m

Ein bisschen Schneestapfen ist auf der Karspitze kein Problem.

**Sarntaler Alpen**
**Schalderer Tal**
▲

Spiluck, ein kleiner Bergweiler über dem Eingang des Schalderer Tales bei Vahrn, ist Ausgangspunkt für diese leichte Tour in den Sarntaler Alpen.

**Stützpunkt:** Zirmaitalm, Gostnerhof, Hanser

**Zeit, Höhendifferenz:** Spiluck/Gostnerhof (1380 m) – Zirmait-Alm (1:30 Stunden) – Karspitze (2517 m) 3 Stunden, Abstieg 1:30 Stunden; 1130 Höhenmeter.

**Charakter:** Leichte Bergtour bei Brixen für das ganze Jahr, sogar wenn man ein wenig schneestapfen muss. Beliebt bei Schneeschuhgehern.

**Tipp:** Alternativ kann von der Zirmait-Alm auch der Scheibenberg (1925 m) bestiegen werden.

**Beste Jahreszeit:** Juni bis zum ersten Schnee

**Ausgangspunkt:** Schalderer Tal, Weiler Spiluck

Die Sarntaler Alpen sind ein kleinräumiges Berggebiet zwischen dem Eisack- und dem Passeiertal und schließen am Jaufenpass nahtlos an die südlichen Stubaier Alpen an. Hier gibt es aber keine großen Landschaftssensationen, keine Gletscher und keine wilden Felsszenerien. Nicht einmal einen Dreitausender findet man in der Landkarte der 140 Gipfel umfassenden Gruppe. Dafür sind die Sarntaler ein feines Wandergebiet und gerade von der Karspitze ist die Aussicht eine der tollsten, die man im Raum Brixen haben kann: die Gletscherberge im Norden und über dem Eisacktal die Dolomiten. Ideal, wenn sich, wie so oft, der Alpenhauptkamm wieder einmal als Wetterscheide präsentiert. In Innsbruck Regen, am Brenner Schneetreiben, in Sterzing die ersten blauen Flecken am Himmel, in Brixen Sonnenschein. Und sogar wenn im Spätherbst die Bergspitzen über dem Brixner Talkessel schon leicht angezuckert erscheinen, ist die Karspitze immer noch ein ideales Tourenziel. Und sie ist, ob nun mit oder ohne Schnee und bis die Skitourensaison einsetzt – immer problemlos zu besteigen. Von der Almregion bis zum Gipfel unschwieriges, nicht einmal sehr steiles Gelände, droben eine großartige Aussicht und eine warme Gaststube, wenn man von der Tour zurückkommt. Feste Schuhe und Skistöcke sind das einzige, was man an Ausrüstung braucht. Gut Acht geben sollte man jedoch auf die Markierungen, wenn sie am Almweg manchmal vom Schnee verdeckt sein sollten. Oberhalb der Waldgrenze im freien Gelände ist der Anstieg über einen ausgedehnten Höhenrücken vorgegeben und nicht mehr zu verfehlen. Lange blättern muss man im Gipfelbuch, um Bergsteiger von nördlich des Brenners zu entdecken.

Blick auf Brixen.

Autobahnausfahrt Brixen-Nord (Maut 2.10 €), auf die Staatsstraße Richtung Brixen und in 2 km nach Vahrn. Rechts abbiegen in die Ortsmitte und der Beschilderung „Schalders/Spiluck" folgend bis zur Kehre Nr. 5 und danach wieder Abzweigung rechts und auf gut ausgebauter Bergstraße nach Spiluck (5 km ab Vahrn). Nach dem GH Hanser noch eine Kehre höher und links ab zum GH Gostnerhof. Parkplatz am Weg bei der Panoramatafel. Die Karspitze thront bereits gut erkennbar an ihrem großen Gipfelkreuz über dem Talkessel.

Am Fahrweg bis zur Steinwies-Almhütte, dort links ab und immer auf Weg Nr. 2, bestens beschildert und markiert, zur Zirmait-Alm (im Sommer bewirtschaftet). Von den Almhütten durch lockeren Lärchenbestand leicht links haltend auf den steilen Almrosenhang zu und erst im Zickzack, dann weit nach links ausholend, auf den baumlosen Rücken, den die Karspitze nach Südosten aussendet und der – unverfehlbar – bis zum Gipfel verfolgt wird.

Eine noch einfachere Runde ergibt sich, wenn man von der Zirmait-Alm auf Weg 2A nach rechts zum Spilucker Sattel geht und von dort auf den wesentlich niedrigeren Scheibenberg steigt. Dazu braucht man nur die Panoramatafel am Ausgangspunkt zu studieren.

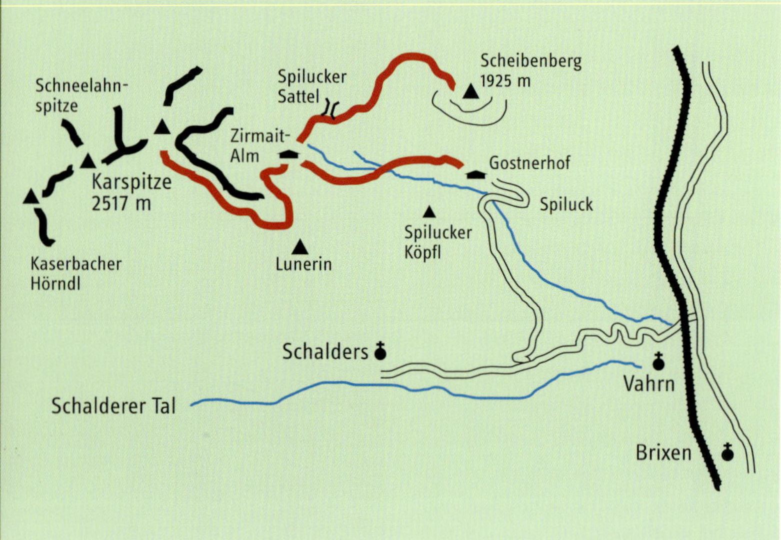

# 108 Wilde Kreuzspitze 3132 m

Eines der berühmtesten Almdörfer Südtirols ist die Fanealm im Valser Tal.

**Pfunderer Berge**
**Valser Tal**
▲▲

Wen es nicht auf einen Dreitausender zieht, macht einen lockeren Ausflug zur Brixner Hütte oder zum Wilden See. Nur nicht am Tag des Südtiroler Milchfestes, weil dann an die 5000 Menschen dieses urigen Almdorf bevölkern.

**Stützpunkt:** Brixner Hütte (2344 m), geöffnet Juni bis Oktober, drei Almgasthäuser auf der Fanealm
**Zeit, Höhendifferenz:** Fanealm (1739 m) – Brixner Hütte (2344 m, 1:30–2 Stunden, 600 Höhenmeter; Rundwanderung Wilder See (2532 m) – Rauhtaljoch (2808 m) 5–5:30 Stunden, 1070 Höhenmeter; mit Wilder Kreuzspitze (3132 m) +1 Stunde, insgesamt 6:30 Stunden, 1400 Höhenmeter.
**Charakter:** Hüttenbummel oder ausgiebige Bergwanderung in großartiger Umgebung, die sich sogar mit einem stolzen Dreitausender aufwerten lässt.
**Tipp:** Im Sommer kann es sein, dass die Auffahrt zur Fanealm von 9.30 bis 17 Uhr gesperrt wird. Dafür verkehrt ab dem Talschluss ein Shuttlebus.
**Beste Jahreszeit:** Zur Hütte ab Juni, Kreuzspitze im Hochsommer
**Ausgangspunkt:** Vals im Valser Tal, Fanealm (1739 m)

Sie ist eine der berühmten Südtiroler Almen. Aber hier gibt es keine ausgedehnten Hochflächen wie etwa auf der Seiser Alm oder am Villanderer Berg, sondern die vierzig schindelgedeckten Almhütten drängen sich am Fuße eines weitläufigen grünen Kessels zu einem kleinen Dorf zusammen. Alljährlich mit Anfang September findet hier das bekannte Milchfest der Südtiroler Sennereien statt, wo an die 5000 Besucher die Almwiesen bevölkern.

Drei Möglichkeiten haben Sie hier, den Bergtag zu gestalten. Einmal als gemütliche Wanderung auf Almwegen an der Sonnenseite der Pfunderer Berge zur Brixner Hütte. Oder als Ausflug in die hochalpine Umgebung zu einem idyllischen Bergsee, der sich zur Rundtour verlängern lässt. Vom höchstgelegenen Punkt der Runde ist auch die Wilde Kreuzspitze in unmittelbarer Reichweite. Sie ist der am weitesten nach Süden, gegen das Pustertal hin, vorgeschobene Dreitausender der Pfunderer Berge, unvergletschert und verhältnismäßig leicht ersteigbar. Bleibt noch die Frage, in welcher Richtung diese Rundtour schöner ist. Die Einheimischen, die es wissen müssten, machen sie im Uhrzeigersinn, steigen immer zuerst zum Wilden See auf und lächeln nachsichtig über die Fremden, welche die Runde umgekehrt machen. Einziger Vorteil ist, dass man sich beim Hüttenwirt über die Wegverhältnisse zum Rauhtaljoch erkundigen kann.

**So kommt man hin:** Von der Autobahn-Ausfahrt Brixen (Maut € 2.30) ins Pustertal und in Mühlbach Auffahrt in Richtung Meransen. Nach 3 km Abzweigung ins Valser Tal und in 5 km nach Vals. Bis zur Fanealm im hintersten Valser Tal führt eine asphaltierte Fahrstraße (4,5 km), großer Parkplatz 5 Min. vor dem urigen Almdorf.

Speziell für Nordic-Walker, aber auch für stocklose Normalgeher wurde ein als Fanealm-Trail beschilderter Wanderweg vom Tal herauf zur Fanealm angelegt (identisch mit dem für das jährliche Almfest neu gebauten Milchsteig, Start bei der Jochalm-Seilbahn, 1:30 Stunden).

Die in einem weiten Kessel unter der Sandspitze und Rübespitze liegende Brixner Hütte erreicht man über einen angenehmen Wanderweg. Ein feiner Hüttenbummel im grünen Almgelände. Von der Fanealm am linken Hang talein und auf breitem Fahrweg durch die Schrammeschlucht mit den vielen Wasserfällen bis zur Wegteilung am Ende der Klamm. Geradeaus rechts auf Weg Nr. 17 durch Alm- und Wiesengelände zur Brixner Hütte (1:30 Stunden).

### Wilder See und Kreuzspitze

Vorausgesetzt, die hochgelegenen Regionen an der Dreitausendergrenze sind schneefrei, ist die große Wanderrunde vom Wilden See über das Rauhtaljoch zur Brixner Hütte eine ganz tolle Sache. Die Kreuzspitze bekommt man mit ein wenig Mehraufwand gratis dazu. Von der Fanealm bis zum Ende der Schrammeschlucht. Dort links ab und auf Weg Nr. 18 zur Labisebenalm. Immer noch im Weidegelände aufwärts, im Linksbogen um den Salzbichl herum und im talartigen Auslauf zum Wilden See, dem größten Gewässer in den Pfunderer Bergen. An seinem östlichen Ufer entlang und allmählich im Schottergelände, zum Schluss recht steil, aufwärts zum Rauhtaljoch, wo man in den Pfunderer Höhenweg einbindet. Der Abstecher zum Gipfel der Wilden Kreuzspitze (links) kostet eine knappe Stunde. Vom Joch nordseitiger Abstieg durch das Rauhtal in einen von vielen Bächen durchzogenen flachen Schotterkessel und im Rechtsbogen zur Brixner Hütte.

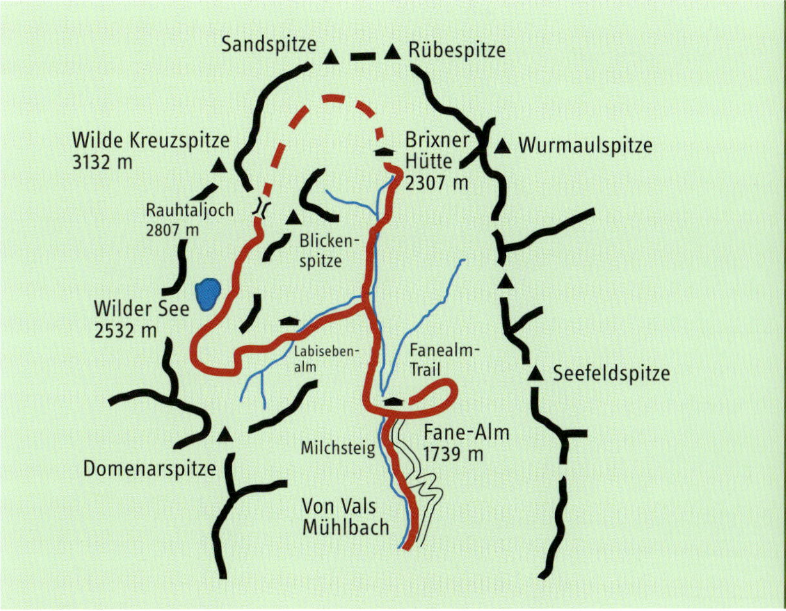


Tour 108 Wilde Kreuzspitze

# 109 Eidechsspitze 2738 m Kempspitze 2704 m

Die Tiefrastenhütte unter der Kempspitze.

**Pfunderer Berge**
**Pustertal**
▲▲

Es ist ein stilles Bergrevier, das sich vom Zillertaler Hauptkamm gegen das Pustertal vorschiebt. Als berühmter Aussichtspunkt gilt die Eidechsspitze.

**Stützpunkt:** Tiefrastenhütte (2312 m), offen von Juni bis Oktober
**Zeit, Höhendifferenz:** Parkplatz Winnebachtal (ca. 1450 m) – Tiefrastenhütte (2312 m) 2–2:15 Stunden, 850 Höhenmeter, Kempspitze (2704 m) 400 Höhenmeter, 1 Stunde; Kompfossee (2452 m), 150 Höhenmeter, 30 Min., Eidechsspitze (2738 m), 420 Höhenmeter, 1:30 Stunden.
**Charakter:** Wunderschöner Anstieg zur Tiefrastenhütte, idyllische Bergseen und Gipfel, von denen die Rundumsicht von den Dolomiten bis zur Bernina reicht.
**Tipp:** Abkürzen lässt sich die Rundtour am Kompfossee. Abstieg zur Engelalm und am Almrosensteig zurück zu Astenbergalm und Parkplatz. 2:30–3 Stunden ab Hütte.
**Beste Jahreszeit:** Juni bis Oktober
**Ausgangspunkt:** Terenten, Eingang Winnebachtal, Parkplatz

Das sollten Sie wissen: Auf die Eidechsspitze ginge es auch etwas kürzer. Und zwar direkt von Terenten am geraden Weg über die Engelalm. Landschaftlich viel schöner und abwechslungsreicher ist jedoch der Anstieg durch das Winnebachtal. Erstens hat man mit der Tiefrastenhütte eine angenehme Raststation, kommt zu schönen Bergseen und kann dann beim Rückweg über die Engelalm absteigen und mit dem Almrosensteig die ausgiebige Runde schließen. Oder man macht es sich überhaupt etwas leichter und besteigt nur die Kempspitze unmittelbar über der Hütte. Die Bergwege sind alle gut beschildert und markiert, aber wie es so schön heißt „für Geübte". Ein bisschen geländegängig im steinigen Blockgewirr der Gipfel sollte man also sein.

**So kommt man hin:** Von der Autobahnausfahrt Brixen (Maut € 2.20) ins Pustertal und bis Niedervintl (12 km). Auffahrt nach Terenten (5 km) am Beginn der Pustertaler Höhenstraße. In Terenten noch 1 km weiter Richtung Osten, dann bei der Brücke links in das Winnebachtal und ca. 2 km zum gebührenfreien Wandererparkplatz.

Am breiten Almweg talein, vorbei an der Astenbergalm und immer am Fahrweg weiter. Bei der Abzweigung folgt man dem Weg Nr. 23, erreicht die Waldgrenze und steigt rechts des Wasserfalles auf gutem Bergsteig zu einer flachen Geländestufe. Nach links über den Almboden und durch eine Karmulde hinauf zur unmittelbar neben dem See liegenden Tiefrastenhütte. Selten kommt man auf eine Hütte, wo der Wirt auch dem durstigen Bergsteiger einschenkt, der keinen Knopf Geld im Sack hat. „Kimmsch halt a anders Mal wieder."

**Kempspitze, Eidechsspitze:** Hausberg und einfachste Gipfeltour ist die dunkelbraune Kempspitze unmittelbar rechts über

Am Kompfossee.

der Hütte. Ein „Stoanergraffl", aber mit gut angelegtem Weg, 1 Stunde. Etwas mehr Aufwand erfordert die Eidechsspitze (1:30 Stunden), wobei man aber bereits am Kompfossee entscheiden kann, ob man nicht schon früher ins Tal zurückkehren will. Mit dem Abstieg ins Terententa und dem Rückmarsch von der Engelalm über den Almrosensteig bietet sich hier eine ausgiebige Rundtour an. Zuerst folgt man von der Hütte dem Steig Nr. 8K zum idyllisch in einem Felskessel liegenden Kompfossee (Seilsicherungen, 30 Min.). Erste Abstiegsmöglichkeit auf Weg Nr. 8 zur Engelalm oder Weiterweg zur Eidechsspitze (Nr. 22) und eigenständiger Abstieg bis zum Zusammentreffen der Steige 22 und 8 bei der obersten Almhütte und jetzt auf wesentlich besserem Weg hinunter zur Engelalm. Von der Almhütte auf Weg Nr. 8 am linken Talhang in leichtem Auf und Ab durch den Lärchenurwald, bis die äußere Spitze des Höhenrückens erreicht ist. Allmählich biegt der Steig nach links, erreicht eine große Almwiese (Gols) mit freiem Blick auf die Pustertaler Berge und biegt jetzt endgültig wieder ins Winnebachtal ein. Bei der Astenbergalm wird der Talboden erreicht und zurück zum Parkplatz.

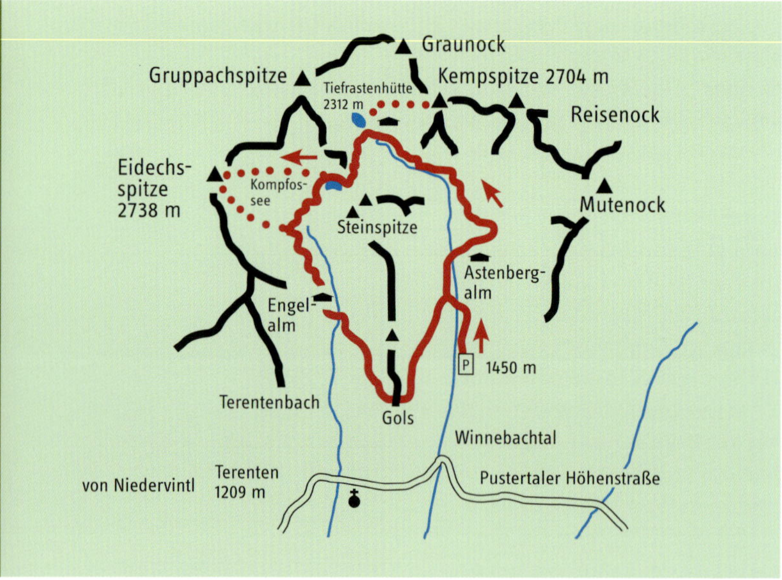

# 110 Großer Moosstock 3059 m

Der Moosstock in seiner vollen Größe über dem Bergdorf Ahornach.

**Durreckgruppe**
**Naturpark Ahrntal/ Rieserfernergruppe**
▲▲

Der Moosstock thront als beherrschende Pyramide über dem flachen Talboden von Sand in Taufers. Ausgangspunkt ist das Bergdorf Ahornach.

**Stützpunkt:** unterwegs keiner
**Zeit, Höhendifferenz:** Ahornach, Parkplatz (1570 m) – Großer Moosstock (3059 m) 3:30–4 Stunden, 1500 Höhenmeter, Abstieg 2–2:30 Stunden
**Charakter:** Ein mächtiger, formschöner Berg, in manchen Landkarten auch als Moosnock bezeichnet, erreichbar auf einem guten Steig, der fast vergessen lässt, dass 1500 Höhenmeter zu überwinden sind.
**Tipp:** Für Geologen ist der Naturpark Ahrntal/Rieserfernergruppe interessant, weil genau hier die afrikanische und die europäische Kontinentalplatte aufeinander prallen.
**Beste Jahreszeit:** Juli bis September
**Ausgangspunkt:** Ahornach, Parkplatz am Ausgangspunkt

Der Große Moosstock ist der Hausberg von Sand in Taufers, ein herrlicher Aussichtspunkt, viel besucht, zentral gelegen und genau am Zwickel, wo sich das Tauferer Ahrntal und das Reintal teilen. Er befindet sich in der kleinräumigen Durreckgruppe, einem südlichen Ausläufer der Venedigerberge.

Er ist auch der Hausberg des hier an seinem Fuß lebenden Südtiroler Extrembergsteigers Hans Kammerlander, der sich an diesen Berg immer die Ausdauer für seine Himalayatouren holte. 13 Achttausender hat er schon bezwungen und gehört damit fast zum erlauchten Kreis derer, die auf allen Himalajariesen standen (auf den Manaslu als letzten verzichtet er aber ganz bewusst und aus persönlichen Gründen).

Eine kunstvolle Steinpyramide.

Auf dem Moosstock ist er sicher schon an die hundert Mal gestanden. Seine persönliche Bestzeit, die er als austrainierter Bergläufer für die gut 1500 Höhenmeter aufgestellt hat, verrate ich Ihnen gerne, aber nur damit Sie sie schnell wieder vergessen. In 1:08 (einer Stunde und acht Minuten) sprintete Kammerlander von Ahornach hinauf zum Gipfel dieses prächtigen Dreitausenders. Eine Zeit, in der bedächtige Geher gerade die Alm mit den Schlafhütten an der Waldgrenze erreicht haben.

Wen keine Himalaya-Ambitionen plagen, der kann diesen Aufstieg richtig genießen, denn der Weg, der in einer direkten Linie auf den Gipfel führt, ist in seiner Linienführung geradezu ideal. Nicht extrem steil, aber kein Schritt ohne Höhengewinn, bis auf wenige Stellen immer gut markiert. Nur im Gipfelbereich wird ein wenig Kraxelei im gutmütigen Blockgelände gefordert.

**So kommt man hin:** Über den Brenner bis Ausfahrt Brixen (Maut

€ 2.30) und ins Pustertal nach Bruneck. Gleich die erste Einfahrt Bruneck-West benützen und der Beschilderung Ahrntal folgen bis Sand in Taufers (11 km ab Bruneck) bzw. bereits kurz vorher rechts ab nach Ahornach (9 km). Auf gut ausgebauter Serpentinenstraße zu dem verstreut liegenden Bergdorf, bei der Kirche (1334 m) rechts und noch 2 km bis zum Ende der Fahrstraße vor dem Gasteigerhof (1570 m, Parkplatz, ab Innsbruck 125 km).

Bei der Panoramatafel auf dem Asphaltweg nach links, in ein paar Minuten bis zur Kehre und ab dort beginnt der Weg Nr. 10 B (Ww. Schlafhütten). In einer geraden Linie zieht der mit vielen Steinstufen gepflasterte Weg bergwärts und in einer Stunde sind die Schlafhütten an der Waldgrenze erreicht. Weiter geht es entlang eines schwach ausgeprägten begrünten Rückens, bis sich der Steig, schon weit oben, zur rechten Bergflanke hinwendet und hinter einer Gratrippe, jetzt etwas steiler, in die Höhe windet. Bei einer Felsstufe kurze Drahtseilsicherung, danach leichte Blockkletterei. Oberhalb des in seiner Granitwanne schlummernden Moosstocksees waagrecht, eher sogar ein paar Schritte abwärts und eine grobe Blockhalde querend, hin zum Gratansatz des Gipfelaufbaues und jetzt wieder auf gut kenntlichen Steigspuren und Markierungen immer in Gratnähe oder knapp links davon zur breiten Gipfelkuppe mit dem schönen Kreuz und den vielen Steinmandln. Abstieg am besten auf demselben Weg. Es gibt aber auch einen direkten Abstieg ins Reintal. Oberhalb der Ortschaft Rein mündet man in den Durreck-Höhenweg ein, dem man nach Westen bis zu den Schlafhütten folgt, dann am bekannten Weg zurück ins Tal.

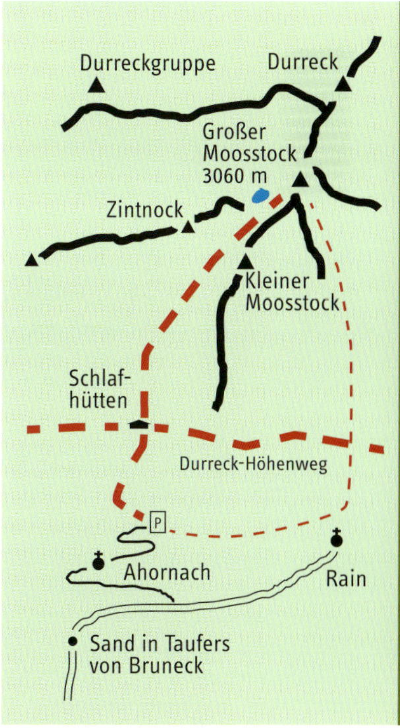

# 111 Piz da Peres 2507 m<br>Dreifingerspitze 2479 m

Blick übers Pustertal zum angeschneiten Zillertaler Hauptkamm.

**Pragser Dolomiten**
**Pustertal**

▲▲

Im Norden der Großglockner, im Süden die Marmolada, dazwischen alle Dolomitenberge – das 360-Grad-Panorama am Piz da Peres ist gewaltig.

**Stützpunkt:** unterwegs keiner
**Zeit, Höhendifferenz:** Furkelsattel (1759 m) – Piz da Peres (2507 m) 2–2:30 Stunden, 750 Höhenmeter, Gegenanstieg von der Scharte (2330 m) zur Dreifingerspitze (2479 m) 20–30 Minuten, 150 Höhenmeter. Abstieg 1–1:15 Stunden. Rundwanderung über Lapedurscharte +1 Stunde.

**Charakter:** Schroffe Dolomitengipfel von ihrer Butterseite. Lange nicht so wild, wie sie von Norden ausschauen, präsentiert sich die Grasabdachung dieser beiden Berge auf ihrer Südseite.
**Beste Jahreszeit:** Juni bis Oktober
**Ausgangspunkt:** Furkelpass, Olang

Die Physiognomie dieser beiden Berge in den Pragser Dolomiten ist grundverschieden. Zerklüftete Felsen auf der dem Pustertal zugewandten Nordseite, ein flaches Grasdach auf der sonnigen, ins Rautal abfallenden Seite. Dazwischen die Dreifingerscharte, von der man nach links oder rechts zu unseren beiden Gipfeln steigen kann. Der übliche Weg dort hinauf beginnt genau auf der Passhöhe am Furkelsattel bei der Panoramatafel links an der Straße. Doch dieser Weg Nr. 3 verläuft die längste Zeit an der kühlen Schattenseite des Berges und erklimmt zum Schluss recht mühsam die zur Dreifingerscharte führende riesige Schutthalde. Besser machen Sie es so wie die wegkundigen Einheimischen, die noch ein paar Meter über den Sattel fahren, am Speichersee vorbei, und dann links entlang der ersten Lifttrasse zur Bergstation des Pre da Peres aufsteigen. Von dort führt ein schöner Weg nach rechts in die Sonnenseite des Berges und trifft mit dem von St. Vigil kommenden Steig auf den Piz da Peres zusammen.

Ausgangspunkt ist der Furkelsattel an der Ostseite des Kronplatz. Ausfahrt von der Brenner-Autobahn in Brixen und ins Pustertal. Auf der Umfahrung Bruneck bis Olang (42 km ab Ausfahrt Brixen) und auf schöner Bergstraße zum Furkelsattel (11 km ab Olang). Von der Passhöhe (hier parken) mit dem neuen Speichersee ein paar Schritte in Richtung Enneberg abwärts bis zur ersten Rechtskurve, dort links auf einen Waldweg, der sogleich zu einer Schlepplifttrasse führt. Direkt unter dem Seil in der Lifttrasse aufwärts, bis zur Bergstation am Pre da Peres. Oberhalb sieht man schon die rote Markierung auf den Bäumen. Auf schönem Erd-

Grasflanken auf der Südseite.

steig erst noch zwei Serpentinen am Hang empor, dann nach rechts, zwei Gräben querend, bis zum sonnigen Rücken, wo man bei einem Wegkreuz mit dem von St. Vigil kommenden Steig Nr. 12 zusammentrifft. Im oberen Teil sind ein paar felsige Passagen zu überwinden, unschwierig zwar, aber doch ist Trittsicherheit erforderlich. Zum Schluss über die Grasabdachung zum Gipfelkreuz.

### Rückweg in der Sonne

Abstieg über den Wiesenhang in Richtung Osten in die Dreifingerscharte, von der man noch gemütlich auf die Dreifingerspitze steigen kann (30 Min.). Zurück zur Scharte folgt man dem gut in den mächtigen Schutthang gearbeiteten Steig abwärts bis kurz vor die Waldgrenze, wo man die angezeigte Abzweigung unseres Weges Nr. 3 zum Furkelsattel nicht übersehen darf.

Verlängern lässt sich die schöne Tour noch, wenn man von der Dreifingerscharte weiter nach Osten zum Hochalpensee hinüber wandert, über die Lapedurscharte nach Norden absteigt und auf gut bezeichneten Wegen zum Furkelsattel zurückkehrt.



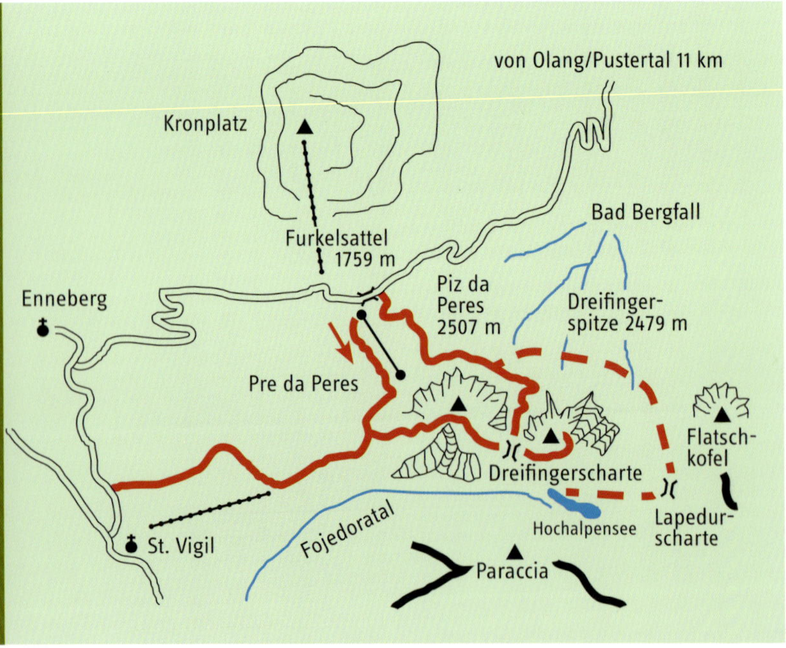

# 112 Astjoch 2194 m

Die Panoramatafeln in Granit erklären alle Gipfel im weiten Umkreis.

**Dolomiten-Ausläufer**
**Pustertal-Eingang**
▲

Vorausgesetzt, der Alpenhauptkamm erweist sich wie so oft als echte Wetterscheide, ist ein Ausflug nach Südtirol immer eine lohnende Sache.

**Stützpunkt:** Gasthäuser Ronerhütte, Rastnerhütte, Starkenfeldhütte
**Zeit, Höhendifferenz:** Parkplatz Zumis (1725 m) – Ronerhütte (1837 m, 2,5 km, 40 Min.) – Rastnerhütte (1920 m) – Starkenfeldhütte (1938 m, 6 km, 1:30 Stunden) – Astjoch (2194 m) 2:30 Stunden, 470 Höhenmeter. Rückweg nur unwesentlich kürzer.

**Charakter:** Unbeschwerliche Almenwanderung am Eingang des Pustertales über den Höhenrücken des Astjochs.
**Tipp:** Ab Weihnachten werden parallel zu den Loipen gewalzte Winterwanderwege angeboten.
**Beste Jahreszeit:** Juni bis Spätherbst
**Ausgangspunkt:** Mühlbach/Rodeneck, Parkplatz Zumis (1725 m)

Der grüne Kamm, der vom Würzjoch gegen das Pustertal hin zieht und mit sanften Bergkuppen bestückt ist, ist im Sommer ein wahres Blumenparadies und bis spät in den Herbst ein angenehmes Wandergebiet. Das hochgelegene Almplateau, das sich aus der Froschperspektive des Tales gar nicht vermuten lässt, ist von einem weitläufigen Wegenetz überzogen. Besonders die nach Norden vorgeschobene runde Kuppe des Astjochs ist ein feines Ziel und besticht mit einer gewaltigen Rundumsicht. Die Höhendifferenz von knapp 500 m, die man ab dem Parkplatz zu bewältigen hat, fällt dabei gar nicht so ins Gewicht, nicht zu unterschätzen ist aber die ca. 6 km lange Wanderstrecke bis zum Ansatz des Berges. Mehrere am Weg liegende Berggasthäuser laden zur Einkehr ein. Der Ausgangspunkt Zumis wird auf einer ausgezeichneten Asphaltstraße erreicht, sowohl von Rodeneck als auch von Lüsen her. Vor kurzem wurden Parkautomaten installiert, welche mit € 2.50/Tag gefüttert werden wollen.

**So kommt man hin:** Von der Autobahnausfahrt Brixen (Maut € 2.30) nach Mühlbach und Einfahrt ins Ortszentrum. Beim Hauptplatz rechts abwärts zur Brücke und auf der südlichen Talseite nach Rodeneck. Die Wegweiserrichtung auf den braunen Schildern lautet durchwegs „Rodenecker Almen“. Auffahrt auf schöner Bergstraße zum großen Parkplatz in Zumis (gebührenpflichtig). Über dem Parkplatz auf der breiten Almstraße nach rechts. Nach einigen Minuten zweigt links ein als Weg Nr. 4 bezeichneter und parallel oberhalb der Straße ver-

Immer im Blickfeld steht der Peitlerkofel über den Rodenecker Almen.

laufender Fußweg ab, der bei der Ronerhütte wieder in die Straße einmündet. Ab jetzt ist der Weg zum Astjoch mit Nr. 2 beschildert. Kurzer Aufstieg zur Kapelle am Pianer Kreuz, danach völlig flach durch das weitläufige Weideland. Endlich rückt auch der Gipfel des Astjochs ins Blickfeld. Die Rastnerhütte liegt etwas links des Weges, bald darauf ist die Starkenfeldhütte erreicht. Bei der Astalm durchquert man eine kleine Senke mit einem Biotop, und erst nach einer Wegstrecke von bereits 6 km ist man am Gipfelansatz des Astjochs angekommen. Auf ruppigem Traktorweg eine Kehre aufwärts, von dem zum Schluss ein schmaler Pfad zum Gipfel abzweigt. Interessant ist hier der ungewöhnliche Orientierungsplan neben dem Gipfelkreuz, wo die Namen aller Berge im 360-Grad-Umkreis in Granitplatten eingraviert sind.

### Für Winter vormerken

Sollte das spätherbstliche Wanderwetter zu Ende gehen, muss man sich dieses Gebiet unbedingt für den Winter vormerken. Auf dem welligen Almplateau gibt es ab Weihnachten eine 16 km lange Loipe und parallel dazu einen gewalzten Winterwanderweg. Alle Gasthäuser sind geöffnet und die Zufahrtsstraße nach Zumis immer bestens geräumt, sodass nie Ketten erforderlich sind.

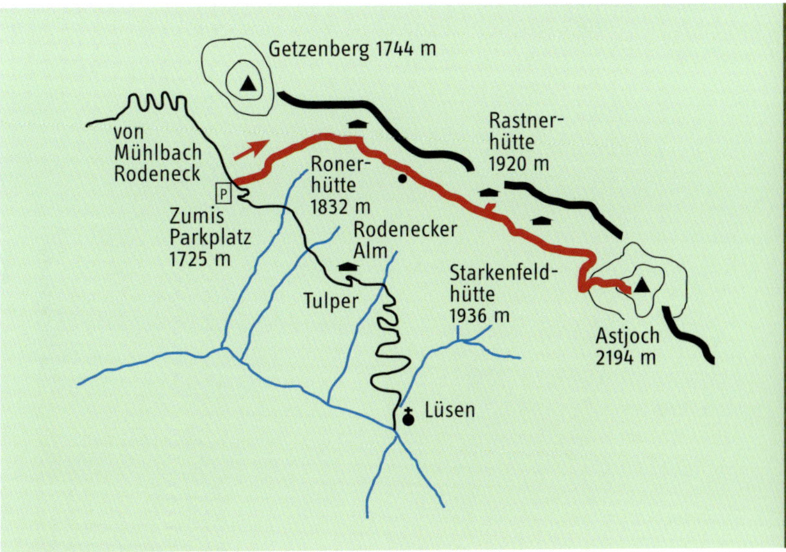

# 113 Peitlerkofel 2875 m

Erst ganz zum Schluss hat man am Peitlerkofel Felsberührung.

**Dolomiten**
**Villnösstal**
▲▲

Super Bergwege, ganz zum Schluss an Drahtseilen. Ohne Seile kommt man auf den Kleinen Peitler oder umrundet den mächtigen Bergstock in halber Höhe.

**Stützpunkt:** Halslhütte (1866 m), Würzjochhaus (2002 m)

**Zeit, Höhendifferenz:** Cianciagn (Parkplatz beim Schartenbach, 1825 m) – Peitlerscharte (2357 m, 1:15–1:30 Stunden) – Peitlerkofel (2875 m), insgesamt 3–3:30 Stunden (Klettersteig 15 Min.), 1050 Höhenmeter. Abstecher zum Kleinen Peitler (2813 m) 10 Min.

**Charakter:** Der mächtige Dolomitenberg lässt sich überraschend leicht besteigen. Erst zum Schluss wartet noch ein kurzer Klettersteig.

**Tipp:** Schön ist auch die Umrundung des ganzen Bergstockes. Man beginnt am Würzjoch und umwandert den Peitler im Uhrzeigersinn.

**Beste Jahreszeit:** Juli bis Oktober

**Ausgangspunkt:** Passstraße zum Würzjoch, km 25,5

So abwcisend er mit seiner prallen Nordwand auch aussieht – der Peitlerkofel ist sehr einfach zu besteigen. Denn hat man die steile Peitlerscharte einmal erreicht, öffnet sich auf der Südseite des Berges ein weites Wiesenkar, durch das ein gut angelegter Serpentinensteig bis knapp unter den klotzigen Felsgipfel führt. Erst auf den letzten hundert Höhenmetern geht es an gestuften Felsbändern entlang eincs Sicherungsseiles auf das Gipfeldach. Geübte können das Klettersteigset ruhig zu Hause lassen. Wer kein Stahlseil angreifen will, erreicht in wenigen Minuten den etwas niedrigeren Kleinen Peitler und hat genauso sein Gipfelerlebnis. Viele landschaftliche Eindrücke sammelt der Wanderer bei der Umrundung des gesamten Bergstockes. Der mühsame Aufstieg zur Peitlerscharte bleibt ihm aber nicht erspart.

Einfachste Zufahrt durch das Villnösstal. Autobahnausfahrt Klausen (Maut € 3,10), nach rechts zur Staatsstraße, 2 km in Richtung Brixen bis zum Eingang des Villnösstales. In St. Peter (nach 6 km) links ab zum Würzjoch, gut beschildert. Bei km 24 hat man die Halslhütte erreicht, die Straße senkt sich leicht abwärts bis zur Brücke am Schartenbach bei km 25,5 (Parkplatz, 1825 m).

Von hier kürzester Anstieg auf dem gut ausgebauten Bergsteig Nr. 4 zur tief eingekerbten Peitlerscharte (1:151:30 Std.). Etwas bequemer, aber mit längerer Flachstrecke, ist der höher gelegene Ausgangspunkt direkt am Würzjoch (km 30), wo man erst nach langer Querung der Westflanke mit dem Steig Nr. 4 zusammentrifft. Hinter der Scharte befindet man sich überraschend in den Blumenwiesen. Lange Zeit auf bequemem Steig in der Südflanke aufwärts, bei einer Wegteilung ist die Variante über links die gemütlichere, beide Wege treffen danach wieder zusammen. Links drüben das Holzkreuz des Kleinen

Lange Zeit im Grasgelände.

Peitlers. Hat man die oberste Gratrippe erreicht, wartet noch der mächtige Felsklotz des Gipfelaufbaues. 100 Höhenmeter mit einem straffen Sicherungsseil an der Hand über gut gestufte Felsbänder im festen Gestein, danach noch ein paar Schritte auf der flachen Abdachung zum Gipfelkreuz.

**Peitlerkofel-Rundtour:** Wer nur die Umrundung macht, startet direkt am Würzjoch. Erst auf breitem Weg in Richtung Süden zur Ütja Fornella, dann auf schönem Steig nach rechts durch die Wiesenhänge an der Westseite des Peitlerkofels in den großen Schottergraben und hinauf zur Peitlerscharte (2357 m). Schlagartig ändert sich nun die Landschaft. Südseitig auf breitem Weg durch die Matten der Peitlerwiesen leicht abwärts zur Ütja Vaciara und weiter zum Gomajoch (2109 m), wo man im Linksbogen wieder auf die Nordseite wechselt. Mit kurzen Gegenanstiegen gelangt man zur Ütja de Goma und zurück zur Fornellahütte und zum Würzjoch (ca. 4 Stunden für die Runde).

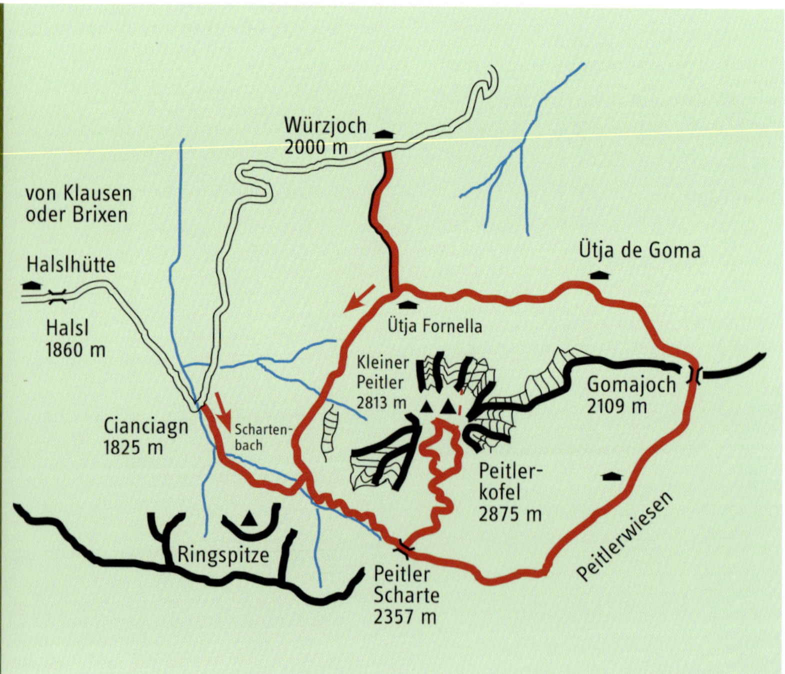

# 114 Stevia-Klettersteig

Klettersteig mit Aussicht zum Langkofel. Oben warten lange Leitern.

**Dolomiten**
**Puezgruppe**

Gebaut ganz super, aber ohne Genehmigung, hat sich um diesen Klettersteig eine endlose Polemik entfacht. Er wurde nie offiziell eröffnet, eventuell muss er sogar wieder abgebaut werden. Wer ihn durchstiegen hat, ist aber voll des Lobes.

**Stützpunkt:** Stevia-Hütte (2312 m)
**Zeit, Höhendifferenz:** La Ciajota (1620 m) – Klettersteig – Rifugio Stevia (2312 m). Zum Einstieg 20 Min., Klettersteig 2–2:30 Stunden, 400 Höhenmeter, 20–30 Min. zur Hütte. Abstieg auf Weg 17 und 17a über Forcella Silvester zurück zum Parkplatz 1:30 Stunden.
**Charakter:** Durch die Felsabstürze des Langentals in Wolkenstein hinauf zur grünen Abdachung des Mont de Stevia führt einer der jüngsten Klettersteige Südtirols.
**Tipp:** Unbedingt erkundigen, ob es den Klettersteig noch gibt. Internet oder Auskunft im Tourismusbüro Wolkenstein, Tel. 0039/0471/795122.
**Beste Jahreszeit:** Mai bis Oktober
**Ausgangspunkt:** Wolkenstein, Eingang Langes Tal, Parkplatz La Ciajota

Ein Zankapfel ersten Ranges war dieser Klettersteig im Grödental bereits von seiner Entstehung an. Als Schwarzbau in einer Blitzaktion mitten im Natura-2000-Schutzgebiet des Langentals errichtet, hat der Sandro-Pertini-Klettersteig bei den Ferratafreunden aber gleich großen Anklang gefunden und erfreut sich regen Zuspruchs. Die Befürworter empfinden das durch die Wände ziehende Eisenseil als wesentlich geringeren Eingriff in die Natur als z. B. die Skipisten und Lifte in der unmittelbaren Umgebung. Abgefunden mit den Eisenleitern hat sich auch das hier heimische Adlerpärchen, das sich von den Klettersteiggehern nicht stören ließ und sogar für doppelten Nachwuchs in seinem Horst sorgte. Nicht abfinden können sich aber die Gegner, die mittlerweile sogar einen Abbruchbescheid erwirkt haben. Der Abriss des Klettersteiges war bereits für den Herbst 2006 geplant, wurde vorerst auf das kommende Frühjahr verschoben, hängt aber immer noch als Damoklesschwert über dem Steviafelsen. Immerhin hat die neue Ferrata durch die vielen Querelen genügend Publicity erfahren und der neutrale Beobachter darf gespannt sein, wie es weitergeht. Der Kampf geht also in die nächste Runde und der Ausgang ist völlig offen. Aus der Sicht des Klettersteig-Benützers ist gegen die neue Via Attrezzata sicher nichts Nachteiliges einzuwenden, denn der Klettersteig ist gut gebaut, nicht übermäßig schwierig und hat keinen langen Zustieg. Durch die Talnähe ist er früh im Jahr und bis spät in den Herbst begehbar.

**So kommt man hin:** Auf der Brenner-Autobahn bis Ausfahrt Klausen (Maut 3.10 €) und im Grödental bis Wolkenstein. Im Ort so lange auf der Hauptstraße, bis die Ciampinoi-Seilbahn passiert ist, danach links aufwärts zur Dantercepies-Seilbahn. Vor der Parkplatzeinfahrt scharf links und leicht abwärts zum Eingang des Langentals. Auf dem schmalen Asphaltsträßchen bis La Ciajota (großer Parkplatz, € 4, Kiosk).

Vom Parkplatz aus betrachtet, zieht der Klettersteig durch die zweite markante Erhebung an der linken Talseite. Die Felsbastionen setzen sich über dem sichtbaren Horizont als weitläufige Hochflächen fort. Drum endet der Klettersteig nicht auf einem Gipfel, sondern mitten in den Edelweißwiesen unterhalb der Stevia-Hütte.

### Zum Klettersteig

Vom Parkplatz talein, aber nicht auf die Kapelle zu, sondern gleich auf dem links aufwärts führenden Fahrweg und immer geradeaus bis zu seinem Ende bei der Materialseilbahn (20 Min.). Vom Verankerungsblock ein paar Schritte nach links zum Einstieg. Ein durchgehendes, straff gespanntes und gut in der Hand liegendes Stahlseil zieht ohne Unterbrechung durch die Grasschrofen in die Höhe, wo es steiler wird, helfen Trittbügel weiter und die ausgesetztesten Stellen werden mit Leitern überwunden. An sich ist der Klettersteig super gebaut, wissen muss man noch, dass die Felspassagen vorwiegend im unteren Teil oft von Gras- und Erdpolstern unterbrochen sind. Die Wand im oberen Teil wird großteils auf Leitern überwunden. Die Schwierigkeit bewegt sich im mittleren Bereich (vergleichbar evtl. mit Ochsenwand-Klettersteig im Stubai), Helm und Klettersteigset sind natürlich obligatorisch (ca. 400 Höhenmeter, 2 Stunden). Vom Ende des Stahlseiles steigt man durch die grünen Matten geradeaus hinauf zur unmittelbar darüber liegenden Stevia-Hütte.

**Abstieg:** Zuerst auf Steig Nr. 17 in westlicher Richtung zur Forcella S. Silvester, bei Wegteilung am linken Steig Nr. 17a über steile Treppen hinunter zum Wald und zurück zum Ausgangspunkt.

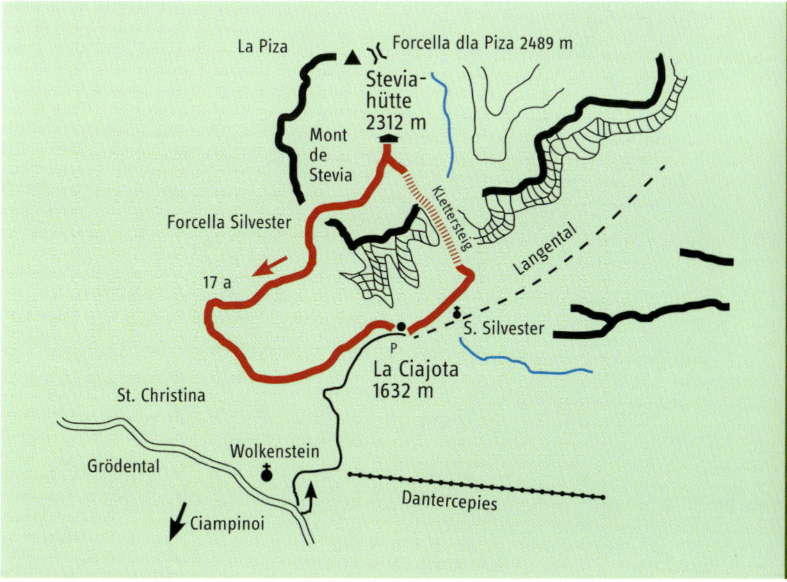

# 115 Völseggspitze 1834 m

Im Waldbrandweiher spiegeln sich die Zacken der Vajoletttürme.

**Dolomiten**
**Schlerngebiet**
▲

Der kleine Berg steht zwar ganz im Schatten des Schlern, ist aber ein super Aussichtspunkt. Vom Frühjahr bis spät in den Herbst begehbar, im Winter ideal für Schneeschuhgeher.

**Stützpunkt:** Tschafonhütte (1733 m), GH Schönblick (1150 m)

**Zeit, Höhendifferenz:** Ums (932 m) – Tschafonhütte (1733 m) – Völseggspitze (1834 m) 2–2:30 Stunden, 900 Höhenmeter; Abstieg nach Völsegg – GH Schönblick (1150 m) 2 Stunden; Rückweg nach Ums 45 Min. Ganze Runde 5–5:30 Stunden.

**Charakter:** Ein Südtirolpanorama wie selten hat man von diesem kleinen Waldberg: vom Rosengarten bis zu den Ortlerbergen und den Bozner Talkessel zu Füßen.

**Tipp:** Abkürzen lässt sich die Rundtour, wenn man vom Berggasthof Schönblick startet. Zufahrt über Völser Aicha.

**Beste Jahreszeit:** April bis November

**Ausgangspunkt:** Völs am Schlern, Weiler Ums

Die unscheinbare Völseggspitze ist der gegen Westen vorspringende letzte Ausläufer im Schlernmassiv, eine bis oben hin bewaldete, markante Pyramide. Bei den Einheimischen besser bekannt als Tschafon, so wie die Hütte knapp unter seinem Gipfel. Erreichbar auf bequemen Waldsteigen und besonders geschätzt bei den Wanderern wegen der Aussicht über halb Südtirol. Sogar die Menschen der Frühzeit schätzten bereits diesen Platz, denn die Archäologen machten auf dem lang gestreckten Gipfelplateau Funde, die von der frühen Steinzeit bis zur mittleren Eisenzeit reichen. Ob es sich hier um eine Höhensiedlung oder um einen Opferplatz gehandelt hat, ist offen.

Besonders schön und abwechslungsreich ist die Umrundung dieses freistehenden Berges, wobei man sowohl für den Aufstieg als auch für den Abstieg auf der Tierser Seite meist zwischen zwei parallel verlaufenden Wegen wählen kann. Comodo oder ripido heißt die Devise auf den Wegweisern – gemütlich oder steil, wie es euch gefällt.

**So kommt man hin:** Ausgangspunkt ist der Weiler Ums, 3 km oberhalb von Völs. Zufahrt am einfachsten von der Autobahnausfahrt Bozen-Nord, 3 km zurück bis Blumau, der Beschilderung „Schlerngebiet" folgend hinauf nach Völs. Beim Kreisverkehr bergwärts nach Ums. Großer Parkplatz. Hier sofort links hinauf, die Beschilderung heißt „Tschafon", immer Weg Nr. 4. Zuerst noch auf Asphalt bis zum Gehöft Platzlunger, dort nach rechts in den als Mongaduischlucht bezeichneten weiten Waldgraben zum eigentlichen Wegbeginn. Gleich kann man sich aussuchen, ob man lieber flach oder steil aufsteigen will, wobei der direkte Weg bestens mit Prügelstufen ausgestattet ist. Hat man die Tschafonhütte erreicht, wo der Gast fast ausschließlich mit selbst erzeugten Produkten versorgt wird, ist es nur mehr ein Katzensprung von 100 Höhenmetern hinauf zum Gipfel mit seiner einmaligen Rundumsicht vom Rosengarten bis hinaus nach Bozen.

Die Lärchen brennen.

**Abstieg:** Von der Tschafonhütte auf der Tierser Südseite auf Weg Nr. 4 abwärts. Am betonierten Fahrweg oder parallel am Fußsteig hinunter zum Wuhnleger, einer Almwiese mit Waldbrandweiher, in dem sich die Vajoletttürme spiegeln. Am Fahrweg nach rechts, bei Kehre (gut beschildert) nochmals rechts ab und auf Steig weiter bis zu einem Marterl (Völsegger Bild). Hier scharf rechts und mit kurzen Gegensteigungen nach Schönblick. Auf dem beschilderten Wanderweg zurück nach Ums (alles in allem braucht man 5 Stunden).

**Es geht auch kürzer:** Eine gute Stunde kürzer ist die Runde, wenn man beim höher liegenden Berggasthaus Schönblick startet. Auffahrt von Blumau nach Völs, aber gleich nach dem GH Faust rechts aufwärts in Richtung Tiers, vorbei am Völser Aicha und hinauf zum Gasthaus, ebenfalls genügend Parkplatz. Dann dem mit Nr. 7 bezeichneten Steig folgend, bis man mit dem von Ums kommenden Weg Nr. 4 zusammentrifft. Man spart 200 Höhenmeter und die Querung zurück nach Ums.



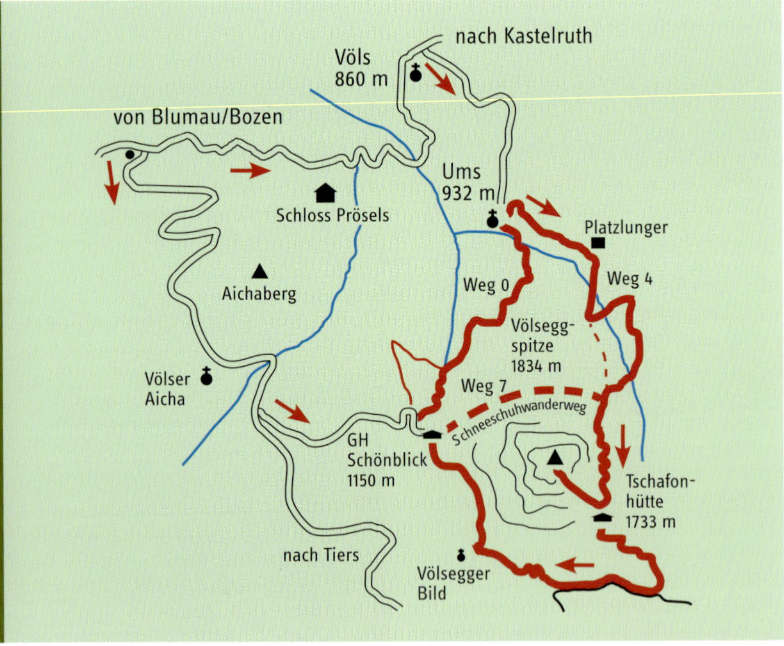

# 116 Naturpark Truden Trudner Horn 1781 m

Wanderweg nahe der Cisloner Alm.

**Naturpark Truden Höhenrücken zwischen Etsch und Fleimstal**

▲

Eine vielseitige Tier- und Pflanzenwelt, ein abwechslungsreicher Tourenverlauf und viele gemütliche Einkehrmöglichkeiten erwarten Sie auf dieser ausgedehnten Wanderung im Naturpark Truden.

**Stützpunkt:** Cislonalm, Trudner-Horn-Alm, Krabesalm

**Zeit, Höhendifferenz:** Wanderung 1: Umrundung der Cisloner Hochwand 2:30–3 Stunden, 300 Höhenmeter.
Wanderung 2: Ziss-Sattel – Trudner Horn (1781 m) – Krabesalm – Truden 4–5 Stunden.

**Charakter:** Der Naturpark Truden begeistert mit leichten Wanderungen, vorwiegend im Waldgelände. Zwei Rundstrecken zur Auswahl. Neuland für Nordtiroler.

**Tipp:** Für Wanderung 2: Zufahrt besser ab Montan links über Glen. Man kommt zum unteren Ortsrand.

**Beste Jahreszeit:** Frühling bis Spätherbst

**Ausgangspunkt:** Truden (1110 m), Zufahrt von Auer auf der Straße nach Cavalese, Abzweigung in Kaltenbrunn.

Der Naturpark Trudner Horn ist das südlichste aller Südtiroler Naturschutzgebiete. Ein von Wald dominierter Höhenzug zwischen der Etsch und dem italienischen Fleimstal, wo sich für den Botaniker bereits der Übergang in die submediterrane Vegetationszone vollzieht. In den Lärchenwiesen und Hochmooren des Trudener Naturparks soll sich auch die artenreichste Flora und Fauna ganz Südtirols finden. Ob man nun Feuersalamander, Gottesanbeterin und Singzikaden zu Gesicht bekommt und was es sonst noch an Wissenswertem gibt, erfährt man umfassend im Naturparkhaus in Truden. Der Wanderer freut sich vor allem an den abwechslungsreichen Wegen im schattigen Wald, zu Biotopen und sonnigen Lichtungen mit schönen Aussichtspunkten und gemütlichen Almen. Zwei schöne Rundwanderungen kann ich Ihnen hier vorschlagen. Ausgangspunkt ist jeweils das hinter der Cisloner Hochwand versteckte, in einen grünen Sattel gebettete Dorf Truden. Für die Umrundung der Hochwand startet man besser am oberen Dorfrand. Zum Trudner Horn beginnt man am unteren Ortsende.

Truden, Ausgangspunkt für beide Wanderungen.

Auf der Brenner-Autobahn bis Ausfahrt Neumarkt-Auer südlich von Bozen (Maut 5.80 €). Gleich bei der ersten Kreuzung mit der Staatsstraße über Vill nach Montan. Ab Montan gibt es zwei Zufahrten. Entweder man bleibt auf der Fleimstalstraße nach Cavalese und zweigt in Kaltenbrunn rechts ab nach Truden. Man erreicht das Dorf von oben (ca. 14 km ab Auer). Oder in Montan rechts auf schmalen Straßen über Glen, und man kommt zum unteren Ortsrand. Man muss gut auf die Beschilderung achten. Parken am unteren Dorfrand sowie in der Ortsmitte bei der Kirche.

**Rund um die Cisloner Hochwand:** Wegbeginn am oberen Dorfrand beim Feuerwehrhaus auf steingepflastertem Weg Nr. 2 bis zur ersten Kehre mit Wegverzweigung, wo „Hochwand und Cisloner Alm“ sowohl nach links und nach rechts angezeigt sind. Beide Wege treffen sich wieder, man geht vielleicht besser links auf dem steileren breiten Weg bis zu einem Wegkreuz mit zwei Bänken und hier scharf rechts auf dem völlig waagrecht verlaufenden Waldsteig (mit 2b markiert). Er trifft später mit 2a zusammen. Unter einer kleinen Felswand ist der Weg bergseitig mit einem Drahtseil und talseitig mit einem massiven Geländer gesichert. Bald darauf mündet man in die Kehre eines breiten Fahrweges. Abwärts geht es direkt zur bewirtschafteten Cislonalm, bergauf zu wunderschönen, lichtdurchfluteten Lärchenwiesen, durch die man mit einem unbedeutenden Umweg ebenso die Wiesen der Alm erreicht (2 Stunden). Zurück nach Truden am Fahrweg (45 Min.).

**Zum Trudner Horn (1781 m):** Vom Parkplatz am unteren Ortsrand abwärts Richtung Sportplatz und nun auf Weg E5, stets der reich-

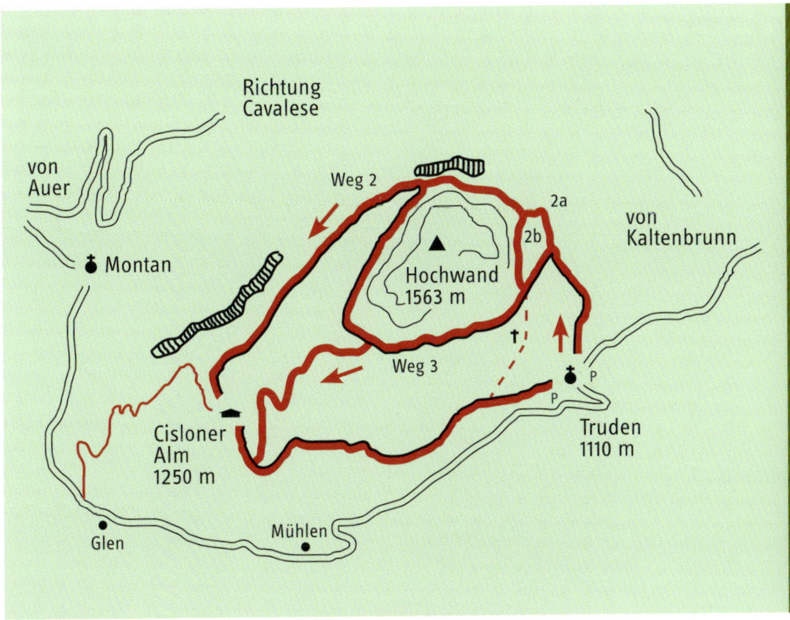

lichen Beschilderung folgend, auf Forststraßen und Almwegen zum Ziss-Sattel. Rechts aufwärts am Fahrweg oder auf dem die Serpentinen abkürzenden Waldsteig zur Trudner-Horn-Alm mit ihrer traumhaften Aussichtslage. Den Horngipfel mit seinen Sendern muss man nicht unbedingt besteigen, besser man umrundet den Waldmugel, geht bis zum Schwarzen See, einer kleinen Moorlacke unterhalb des Weges, und auf der Westseite mit freien Ausblicken aufs Bozner Unterland zurück, bis man auf Weg 9 trifft. Auf diesem wieder zurück zur Alm und hinunter zum Ziss-Sattel. Von hier nach links (Osten) auf Waldsteig Nr. 9, dann über Almböden zur Krabesalm, wiederum in herrlicher Lage mit Sicht über das Fleimstal. Das Lange Moos, eines der schönsten Hochmoore Südtirols, liegt etwas unterhalb der Almböden. Vom Moor auf Weg 5 über Pera-Schupf durch lichte Lärchenwälder und Bergmähder zurück nach Truden (4:30–5 Stunden, 600 Höhenmeter).



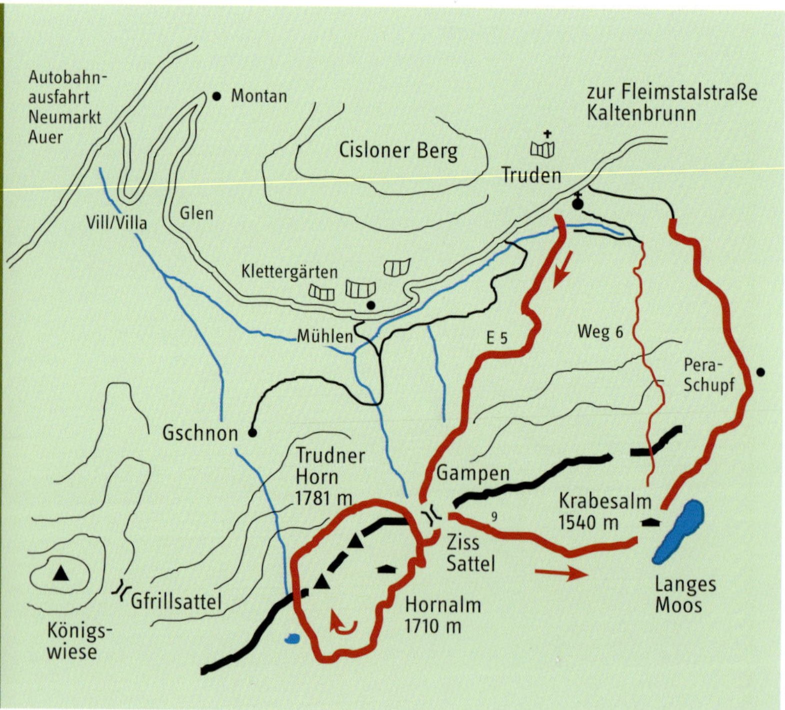

e-mail: loewenzahn@studienverlag.at
homepage: www.loewenzahn.at

Bibliografische Information Der Deutschen Bibliothek
Die Deutsche Bibliothek verzeichnet diese Publikation in der Deutschen Nationalbibliografie; detaillierte bibliografische Daten sind im Internet über <http://dnb.ddb.de> abrufbar.

**ISBN 978-3-7066-2405-3**

Fotos: Kurt Pokos und Franz Hüttl

Kartenunterlagen:
Touren 1–99 (außer Tour 13): © BEV 2007, Vervielfältigt mit Genehmigung des BEV – Bundesamtes für Eich- und Vermessungswesen in Wien, EB 2007/00419.
Touren 13, 100–116: Thomas Auer unter Verwendung von Vorlagen von Kurt Pokos
Einzeichnen der Routen: Kurt Pokos und Franz Hüttl/Thomas Auer

Buchgestaltung nach Entwürfen von Kurt Höretzeder
Grafische Ausstattung, Satz und digitale Aufbereitung der Karten: loewenzahn/Thomas Auer
Umschlag: loewenzahn/Stefan Rasberger



Gedruckt auf umweltfreundlichem, chlor- und säurefrei gebleichtem Papier.

**Hinweis:**
Die einzelnen Angaben wurden von den Autoren sorgfältig nach bestem Wissen und Gewissen zusammengestellt. Für die Richtigkeit der Angaben kann keinerlei Haftung übernommen werden. Wandern im alpinen Gelände erfolgt stets auf eigene Gefahr. Eine Haftung der Autoren oder des Verlages für selbst erlittene oder anderen zugefügte Schäden ist ausgeschlossen.

FLORA & PARTNER
Erobere mich!

# lœwenzahn –
# Bleiben Sie in Bewegung!

**Peter Freiberger**
**Genusswandern in Tirol**

Einkehren, entspannen und Natur erleben

208 Seiten
€ 19.90/sfr 34.90
ISBN 978-3-7066-2362-9

*„Dieses Buch macht große Lust, die Bergwelt Tirols auf gemütliche Weise zu erwandern.“*

Land der Berge

**Kurt Pokos und Franz Hüttl**
**Mountainbiken in Tirol 2**

50 neue Routen und eine Tiroldurchquerung

240 Seiten, zahlreiche Farbfotos
€ 19.90/sfr 34.90
ISBN 978-3-7066-2357-5

Tirol ist zum Mountainbiken wie geschaffen: Faszinierende Landschaft und dramatische Bergkulissen verführen viele Tiroler zum regelmäßigen Bike-Erlebnis.

*„... Darin präsentieren die beiden Innsbrucker 50 Touren, die nahezu alle Tiroler Täler abdecken. Ein besonderes Highlight ist eine Tirol-Durchquerung von West nach Ost: Ausgehend vom Lechtal kann man in fünf Tagen bis Hochfilzen radeln.“*

Tiroler Tageszeitung

Weitere Informationen zu unserem umfangreichen Aktivprogramm finden Sie unter
**www.loewenzahn.at**